Winfried Schwabe

Lernen mit Fällen
Allgemeiner Teil des BGB

Winfried Schwabe

Lernen mit Fällen

Allgemeiner Teil des BGB

Materielles Recht
& Klausurenlehre

10., überarbeitete Auflage, 2016

AchSo! | BOORBERG

Bibliografische Information der Deutschen Nationalbibliothek | Die Deutsche Nationalbibliothek verzeichnet diese Publikation in der Deutschen Nationalbibliografie; detaillierte bibliografische Daten sind im Internet über www.dnb.de abrufbar.

10. Auflage, 2016
ISBN 978-3-415-05800-2

Gesamtherstellung: Beltz Bad Langensalza GmbH, Neustädter Straße 1–4, 99947 Bad Langensalza

Richard Boorberg Verlag GmbH & Co KG | Scharrstraße 2 | 70563 Stuttgart
Stuttgart | München | Hannover | Berlin | Weimar | Dresden
www.boorberg.de

Vorwort

Die 10. Auflage bringt das Buch auf den Stand von Juli 2016. Rechtsprechung und Literatur sind bis zu diesem Zeitpunkt berücksichtigt und eingearbeitet.

Dem Leser lege ich ans Herz, zunächst die Hinweise zur sinnvollen Arbeit mit diesem Buch – gleich folgend auf der nächsten Seite – sorgfältig durchzusehen.

Köln, im August 2016 Winfried Schwabe

Zur Arbeit mit diesem Buch

Das Buch bietet dem Leser *zweierlei* Möglichkeiten:

Zum einen kann er anhand der Fälle das ***materielle Recht*** erlernen. Zu jedem Fall gibt es deshalb zunächst einen sogenannten »Lösungsweg«. Hier wird Schritt für Schritt die Lösung erarbeitet, das notwendige materielle Recht aufgezeigt und in den konkreten Fallbezug gebracht. Der Leser kann so in aller Ruhe die einzelnen Schritte nachvollziehen, in unzähligen Querverweisungen und Erläuterungen die Strukturen, Definitionen und sonst notwendigen Kenntnisse erwerben, die zur Erarbeitung der Materie, also hier konkret des Allgemeinen Teils des BGB, unerlässlich sind.

Zum anderen gibt es zu jedem Fall nach dem gerade beschriebenen ausführlichen Lösungsweg noch das klassische ***Gutachten*** im Anschluss. Dort findet der Leser dann die »reine« Klausurfassung, also den im Gutachtenstil vollständig ausformulierten Text, den man in der Klausur zum vorliegenden Fall hätte anfertigen müssen, um die Bestnote zu erzielen. Anhand des Gutachtens kann der Leser nun sehen, wie das erarbeitete Wissen tatsächlich nutzbar gemacht, sprich in ***Klausurform*** gebracht wird. Der Leser lernt die klassische zivilrechtliche Gutachtentechnik: Gezeigt wird unter anderem, wie man richtig subsumiert, wie man einen Obersatz und einen Ergebnissatz vernünftig aufs Papier bringt, wie man einen Meinungsstreit in der Klausur angemessen darstellt, wie man Wichtiges von Unwichtigem trennt, mit welchen Formulierungen man im Gutachten arbeiten sollte, mit welchen Formulierungen man im Gutachten ***nicht*** arbeiten sollte, usw. usw.

Und noch ein Tipp zum Schluss: Die im Buch zitierten Paragrafen sollten auch dann nachgeschlagen und gelesen werden, wenn der Leser meint, er kenne sie schon. Das ist nämlich leider zumeist ein Irrtum. Das Bürgerliche Recht erschließt sich nur mit der sorgfältigen Lektüre des Gesetzes. Wer anders arbeitet, verschwendet seine Zeit.

Inhaltsverzeichnis

1. Abschnitt

Die Rechtsgeschäftslehre – Teil 1: Die Willenserklärung

1. Abschnitt

Die Rechtsgeschäftslehre – Teil 1: Die Willenserklärung

Fall 1

Chef, ich bin einverstanden!

Rechtsstudent R ist auf Wohnungssuche und liest samstags in der örtlichen Tageszeitung unter der Rubrik »Vermietungsangebote« folgenden Text:

»2 Zimmer KDB, 45 qm2, Balkon, 500 Euro, Hauptstraße Nr. 53, ab Montag 9:00 Uhr«

R erscheint am Montag um 9:05 Uhr als erster Interessent in der Hauptstraße 53. Dort macht er einen Rundgang durch die Wohnung, stellt sich anschließend dem Vermieter V vor und meint dann zu V: »*Chef, ich bin einverstanden!*«. V erklärt daraufhin, an Rechtsstudenten vermiete er grundsätzlich nicht, die machten ihm zuviel Ärger.

Steht R gegen V ein Anspruch auf Überlassung der Wohnung zu?

Schwerpunkte: Die Willenserklärung; die Abgrenzung zur invitatio ad offerendum; Begriff des Rechtsbindungswillens; Auslegung nach dem Empfängerhorizont; die Vertragsfreiheit; das Zustandekommen eines Vertrages; Antrag und Annahme im Sinne der §§ 145 ff. BGB.

Lösungsweg

Anspruch des R gegen V auf Überlassung der Wohnung

AGL.: **§ 535 Abs. 1 Satz 1 BGB (Mietvertrag)**

Voraussetzungen: R kann von V die Überlassung der Wohnung gemäß § 535 Abs. 1 Satz 1 BGB (aufschlagen!) verlangen, wenn zwischen V und R ein wirksamer Mietvertrag im Sinne des § 535 Abs. 1 BGB zustande gekommen ist. Ein Mietvertrag kommt, wie jeder Vertrag, zustande durch zwei übereinstimmende Willenserklärungen, den ***Antrag*** und die ***Annahme***.

> **Durchblick:** Dass ein Vertrag durch die Annahme eines Antrages zustande kommt, folgt aus den **§§ 145 ff. BGB** und steht im Übrigen sogar wörtlich in **§ 151 Satz 1, 1. Halbsatz BGB** drin. Beachte des Weiteren, dass anstelle des vom Gesetz in den §§ 145 ff. BGB benutzten Wortes »Antrag« im herkömmlichen Sprachgebrauch und auch in diversen Lehrbüchern gerne das Wort »**Angebot**« verwendet wird (etwa bei *Brox/Walker* AT Rz. 165; *Rüthers/Stadler* AT § 19 Rz. 2 oder auch *Köhler* BGB-AT § 8 Rz. 7). Die beiden Worte »Antrag« und »Angebot« haben in diesem Falle eine identische Bedeutung und können somit in der Klausur – ohne Sanktionen des Korrektors

befürchten zu müssen – alternativ benutzt werden. Richtig wäre demnach auch der Satz, dass der Vertrag zustande kommt durch die Annahme des ***Angebots***.

Wir wollen uns hier im Buch allerdings zunächst mal an den Wortlaut des Gesetzes halten, belassen es demnach beim Wörtchen »Antrag« und stellen fest, dass wir einen Antrag und eine Annahme zum Entstehen eines Mietvertrages gemäß § 535 BGB zwischen R und V benötigen.

1.) Der Antrag

a) Der Antrag zum Abschluss des Mietvertrages könnte von V ausgegangen sein, und zwar in Form der Anzeige in der Zeitung. Dort stand ja unter der Rubrik »Vermietungsangebote« die Auflistung mit den einzelnen Eckdaten hinsichtlich der Wohnung. Sollte es sich hierbei um einen ***Antrag*** im Sinne der §§ 145 ff. BGB gehandelt haben, hätte R mit seinem an V gerichteten Satz »*Chef, ich bin einverstanden*« diesen Antrag auch angenommen, und ein Mietvertrag gemäß § 535 BGB wäre zustande gekommen. R könnte einziehen.

Aber: Es stellt sich zunächst die Frage, ob die Anzeige in der Zeitung tatsächlich ein ***Antrag*** gemäß den §§ 145 ff. BGB gewesen ist.

> **Definition:** Ein ***Antrag*** im Sinne der §§ 145 ff. BGB ist eine empfangsbedürftige Willenserklärung und muss von seinem Gegenstand und seinem Inhalt her so formuliert sein, dass der andere Vertragsteil mit einem schlichten »**Ja**« den Vertrag zustande bringen kann (BGH NJW **2013**, 598; BAG NJW **2006**, 1832; BGH NJW **1990**, 1234; MüKo/*Busche* § 145 BGB Rz. 5; *Medicus* AT Rz. 358; *Erman/Armbrüster* § 145 BGB Rz. 2; *Palandt/Ellenberger* § 145 BGB Rz. 1).

Auf den ersten Blick wird man hier in unserem Fall nun sagen müssen, dass die in der Definition genannten Voraussetzungen erfüllt sind, denn die Anzeige in der Zeitung beinhaltet sämtliche Daten, die für den Abschluss eines Mietvertrages wesentlich sind. Hierauf kann man mit »**Ja**« antworten und den Vertrag zustande bringen.

Aber: Klären müssen wir noch, ob es sich bei der Anzeige des V überhaupt um eine **»Willenserklärung«** handelt (bitte gerade noch mal die Definition des Antrages lesen). Sowohl der Antrag als auch die Annahme im Sinne der §§ 145 ff. BGB müssen nämlich solche Willenserklärungen sein, da man nur mit einer Willenserklärung eine rechtliche Wirkung erzielen und am Rechtsverkehr teilnehmen kann.

> **Definition:** Eine ***Willenserklärung*** ist eine private Willensäußerung, die auf das Herbeiführen einer Rechtsfolge gerichtet ist (BGH NJW **2002**, 363; BGH NJW **2001**, 289; MüKo/*Armbrüster* vor § 116 BGB Rz. 3; *Palandt/Ellenberger* vor § 116 BGB Rz. 1; *Rüthers/Stadler* AT § 17 Rz. 1; *Bamberger/Roth/Wendtland* § 133 BGB Rz. 4).

Das Problem liegt im vorliegenden Fall bei der Frage, ob die Willensäußerung des V in der Anzeige überhaupt auf die Herbeiführung einer ***Rechtsfolge*** gerichtet war und V in jedem Falle rechtlich binden sollte.

Denn: Nicht mit jeder geschäftlichen Willensäußerung will man sich immer gleich zwingend und vor allem ***verbindlich*** am Rechtsverkehr beteiligen bzw. einen Vertrag schließen. Das ist zwar durchaus die Regel, so z.B. wenn ich im Supermarkt an der Kasse eine Tafel Schokolade zum Bezahlen auf das Band lege, an der Tankstelle das Benzin in meinen Tank fülle oder am Kiosk eine Zeitung kaufe. In all diesen Fällen gibt es hinsichtlich der rechtlichen Bindung keinen Zweifel; ich ***will*** den Vertrag schließen und die Umstände des Vertragsschlusses (Vertragspartner, Gegenstand und auch der Preis) sind mir bekannt und so auch gewollt. Insoweit möchte ich als Erklärender eine Rechtsfolge mit den mir bekannten Bedingungen unmittelbar herbeiführen (Vertragsschluss). Und wenn ich eine solche rechtliche Bindung herbeiführen will, dann habe ich einen sogenannten **»Rechtsbindungswillen«**, der vorliegt, wenn die betroffene Person mit ihrem Handeln eine verbindliche rechtliche Geltung bezwecken möchte (BGHZ **21**, 102; BGH ZIP **1993**, 1076; MüKo/*Armbrüster* vor § 116 BGB Rz. 23; *Medicus* AT Rz. 191). Das ist, wie gesagt, der Normalfall.

Es gibt allerdings auch Erklärungen, bei denen ein solcher Rechtsbindungswille fehlt. Diese Erklärungen werden häufig im ***Vorfeld*** eines Vertragsschlusses abgegeben und dienen lediglich der ***Vertragsanbahnung*** bzw. der ***Vertragsvorbereitung***. Der Erklärende möchte mit seiner Erklärung in diesen Fällen noch keinen Vertrag schließen, sondern vielmehr mögliche Interessenten dazu bringen, ihrerseits verbindliche Anträge abzugeben. Das kann aus unterschiedlichen Gründen sinnvoll sein: Wer z.B. am schwarzen Brett der Betriebskantine sein gebrauchtes Auto zum Verkauf anbietet, möchte natürlich, dass sich möglichst ***viele*** potenzielle Käufer melden; dann kann er sich nämlich denjenigen aussuchen, der den höchsten Preis bietet. Oder wer etwa – wie in unserem Fall – eine Wohnung zu vermieten hat und diese in der Zeitung oder im Internet anbietet, möchte sich natürlich von den Interessenten den möglichst »**besten**« Mieter (= Einzelperson, zahlungsfähig, ruhig, nett, kein Jurist!, ohne Kinder, ohne Hund usw.) aussuchen können. Wäre der Aushang am schwarzen Brett oder die Anzeige in der Zeitung oder im Internet nun schon ein »**Antrag**« im Sinne der §§ 145 ff. BGB, wäre die jeweilige Erklärung ***bindend*** und der erste, der sich meldet und »Ja« (oder »einverstanden« oder etwas ähnliches) sagt, hätte den Vertrag geschlossen.

Das aber ist offensichtlich vom Erklärenden nicht gewollt, denn der will sich ja z.B. den Vertragspartner (beim Mietvertrag) oder auch den Kaufpreis (beim Autoverkauf) noch offenhalten. Bei solchen Erklärungen nimmt man deshalb an, dass der Erklärende (noch) keinen Rechtsbindungswillen hat, sondern vielmehr die möglichen Interessenten dazu auffordert, ***ihrerseits*** Anträge bzw. Angebote im Sinne der §§ 145 ff. BGB abzugeben. Es handelt sich um eine sogenannte »Aufforderung zur Abgabe eines

Antrages« (RGZ **170**, 387; BGHZ **21**, 102; BGHZ **56**, 210; *Staudinger/Bork* § 145 BGB Rz. 4; MüKo/*Busche* § 145 BGB Rz. 10; *Rüthers/Stadler* AT § 19 Rz. 5). Und die lateinische Übersetzung des letzten Satzes lautet:

Invitatio ad offerendum (= Aufforderung zur Abgabe eines Antrages)

Ob es sich nun im konkreten Fall schon um eine Willenserklärung (= Rechtsbindungswille) oder eben nur um eine *invitatio ad offerendum* (= kein Rechtsbindungswille) handelt, muss am Einzelfall mithilfe der Auslegung ermittelt werden. Hierbei gelten die für die Auslegung von Willenserklärungen anwendbaren §§ 133, 157 BGB entsprechend, wobei die Auslegung wegen der Empfangsbedürftigkeit der Erklärung aus der Sicht des ***Erklärungsempfängers*** zu erfolgen hat. Man hat also zu prüfen, wie ein objektiver Empfänger nach Treu und Glauben und unter Berücksichtigung der Verkehrssitte die Erklärung verstehen musste (BGH NJW **2013**, 598; BGH NJW **2010**, 2873; BGH NJW **1990**, 3206; OLG Köln NJW-RR **1997**, 940; PWW/*Brinkmann* § 145 BGB Rz. 6; *Wolf/Neuner* § 37 Rz. 6; *Palandt/Ellenberger* § 133 BGB Rz. 9).

Zum Fall: Wer in der Zeitung unter der Rubrik »**Vermietungsangebote**« eine Wohnungsanzeige liest, weiß, dass der Vermieter nicht an den ersten Interessenten vermieten will. Solche Anzeigen werden geschaltet, um möglichst ***viele*** potenzielle Kandidaten anzusprechen. Wer auf eine solche Anzeige reagiert bzw. antwortet, weiß deshalb, dass dies nicht automatisch zum Vertragsschluss führt, sondern die Entscheidung letztlich vom Vermieter abhängt. Wohnungs-, aber auch sonstige Verkaufsanzeigen in Zeitungen oder im Internet sind nach allgemeinem Verständnis und der Verkehrssitte demnach keine Anträge zum Abschluss eines Vertrages im Sinne der §§ 145 ff. BGB, sondern lediglich Aufforderungen zur Abgabe eines Vertragsangebotes (= *invitatio ad offerendum*). Denn so muss ein objektiver Empfänger bzw. hier der Leser diese Anzeigen verstehen, selbst wenn die Anzeigen unter der Rubrik »Vermietungs***angebote***« aufgeführt sind (*Erman/Armbrüster* § 145 BGB Rz. 10).

<u>ZE.</u>: Die von V geschaltete Anzeige in der Zeitung war ***kein*** Antrag zum Abschluss eines (Miet-) Vertrages im Sinne der §§ 145 ff. BGB. Es fehlt der für eine Willenserklärung notwendige Rechtsbindungswille.

> **Klausurtipps:** Außerordentlich beliebt bei der Problematik um den fehlenden Rechtsbindungswillen ist zum einen die berühmte ***Schaufensterauslage*** im Laden. Auch diese hat ***keinen*** verbindlichen Charakter, sondern stellt – selbst wenn sie mit einem Preisschild versehen ist – lediglich eine *invitatio ad offerendum* dar (BGH NJW **1980**, 1388; *Wolf/Neuner* § 37 Rz. 7; MüKo/*Busche* § 145 BGB Rz. 11; *Erman/Armbrüster* § 145 BGB Rz. 10). Und zwar deshalb, weil der Verkäufer ansonsten unter anderem Gefahr laufen würde, in mehrere Verträge über ***eine*** Sache gleichzeitig verwickelt zu werden: Nämlich z.B. dann, wenn zwei oder noch mehr Personen kurz hintereinander den Laden betreten und erklären, sie wollten den im Fenster ausgestellten Mantel kaufen, den der Verkäufer allerdings nur noch ***einmal*** hat (*Medicus* AT Rz. 360; *Soergel/Wolf* § 145 BGB Rz. 7). Wäre die Auslage schon ein Antrag im Sinne der §§ 145 ff. BGB, hätte der Verkäufer dann mehrere Verträge geschlossen, könnte aber nur einen

davon erfüllen (→ Schadensersatzpflicht). Des Weiteren zu beachten ist, dass der Verkäufer sich in der Regel seine potenziellen Kunden bzw. Käufer vorher wird auch ansehen wollen, etwa um die Zahlungsfähigkeit abschätzen zu können. Auch deshalb handelt es sich bei der Schaufensterauslage noch nicht um einen verbindlichen Antrag, sondern nur um eine *invitatio ad offerendum* (*Wolf/Neuner* § 37 Rz. 7; MüKo/*Busche* § 145 BGB Rz. 11). Merken.

Und merken sollte man sich zudem – wir haben das oben schon mal kurz angesprochen –, dass das Anbieten von Waren im ***Internet***, die der potentielle Käufer dann zum Beispiel zunächst in einen virtuellen Warenkorb legt, um sie nachher verbindlich zu bestellen, in aller Regel auch noch ***kein*** Angebot im Rechtsinne, sondern nur eine ***invitatio ad offerendum*** darstellt (BGH NJW **2013**, 598; BGH GRUR **2011**, 638; MüKo/*Busche* § 145 BGB Rz. 13). Das Angebot (den Antrag) gibt im Zweifel erst der **Kunde** ab, indem er dem Verkäufer eine verbindliche Bestellung zuschickt bzw. mailt. ***Diesen*** Antrag muss der Verkäufer dann erst noch annehmen, vorher kommt kein Vertrag zustande. Gleiches gilt übrigens auch für Internetseiten, die das Herunterladen von Software anbieten (MüKo/*Busche* § 145 BGB Rz. 13). Insgesamt bieten die Regeln über den Vertragsschluss im Internet aber durchaus noch viel Spielraum für Einzelfälle und Klausurfallen, wie etwa die Entscheidung des BGH aus der MDR **2005**, 674 zeigt: Dort erhielt der (Internet-)Kunde auf seine Bestellung hin zwar nur eine Eingangsbestätigung der Versand- und Abpackabteilung des Verkäufers, was der BGH indes schon als ***Annahme*** und damit als einen Vertragsschluss wertete. Des Weiteren kann eine Internetverkaufsseite mit dem Button »*Sofort kaufen!*« ebenfalls bereits ein ***Antrag*** im Rechtssinne sein, da der Kunde diese Aussage nicht anders deuten kann, als dass er mit dem Anklicken einen Vertrag schließt (OLG Hamm vom 15.12.**2011** Az.: 4 U 116/11; OLG Hamburg MMR **2010**, 400). Grundsätzlich gilt aber: Allein das Einstellen und Anbieten von Waren im Netz ist noch ***kein*** Antrag im Sinne der §§ 145 ff. BGB, sofern keine besonderen Umstände hinzutreten (BGH NJW **2013**, 598; BGH GRUR **2011**, 638; OLG Hamm vom 15.12.**2011** Az.: 4 U 116/11; OLG Hamburg MMR **2010**, 400; OLG Nürnberg MMR **2010**, 31).

Sonderproblem → **Internetauktionen** (z.B. bei »**ebay**«): Sehr gerne abgefragt werden auch die Regeln über den Vertragsschluss bei Internetauktionen, der normalerweise so funktioniert: Das Einstellen der Kaufsache – verbunden mit dem Starten der Auktion durch den Verkäufer – ist die Abgabe eines ***verbindlichen Verkaufsangebots*** an diejenige Person, die innerhalb der Auktionslaufzeit das höchste Gebot einstellt (BGH NJW **2016**, 395; BGH NJW **2005**, 54; BGHZ **149**, 129; MüKo/*Busche* § 145 BGB Rz. 14; NK/*Kremer* Anh. zu § 156 BGB Rz. 17; PWW/*Brinkmann* vor § 145 BGB Rz. 52; vgl. aber auch den Sonderfall des BGH in NJW **2002**, 363). Bei einem verdeckten Mindestpreis muss das Angebot des Verkäufers zudem als aufschiebend bedingt durch das Erreichen dieses Mindestpreises verstanden werden (BGH NJW **2015**, 548; BGH MDR **2014**, 202; PWW/*Brinkmann* vor § 145 BGB Rz. 52; NK/*Kremer* Anh. zu § 156 BGB Rz. 18). Der Käufer nimmt dieses Angebot des Verkäufers verbindlich an, wenn er am Ende der Versteigerungszeit das höchste Gebot abgegeben hat (BGH NJW **2015**, 548; *Brox/Walker* AT Rz. 165a; PWW/*Brinkmann* vor § 145 BGB Rz. 52). Interessant und wichtig ist in diesem Zusammenhang des Weiteren, dass das Angebot des Verkäufers auch die »Allgemeinen Geschäftsbedingungen« (AGB) der jeweiligen, die Versteigerung ausrichtenden Internetplattform (z.B. »ebay«) mit umfasst. Diese Bedingungen gehören zum Angebot dazu, auch wenn sie gar nicht vom Verkäufer, sondern vom Internetanbieter der Versteigerung gestellt werden (unstreitig: BGH NJW **2016**, 395; BGH NJW **2015**, 548; BGH MDR **2014**, 202; BGH NJW **2011**, 2643). Verkäufer und Käufer sind demnach beim Abschluss des Kaufvertrages und der späteren Abwicklung an Geschäftsbedingungen gebunden, die sie gar nicht selbst verfasst haben – mit überraschenden **Konsequenzen**: So ermöglicht beispielsweise »ebay« in seinen AGB unter anderem das Zurücknehmen eines Angebots sowie das entschädigungslose Streichen der bislang erfolgten Gebote trotz laufender Versteigerung, wenn beim Verkäufer ein »rechtlich relevanter Irrtum« vorliegt oder der Verkäufer hierzu einen »berechtigten Grund« hat (BGH NJW **2016**, 395). Der BGH gestattete kürzlich dem Verkäufer eines Kfz-Motors daher das Zurücknehmen seines Angebots aus der laufenden Versteigerung, weil dem Verkäufer während der Versteigerung zufällig aufgefallen war, dass der Motor gar keine Zulassung zum Straßenverkehr hatte (BGH NJW **2014**, 202). Nach den Regeln des BGB wäre dieser Irrtum des Verkäufers erst nachträglich, also ***nach*** Vertragsschluss und mit etwaigen Schadensersatzzahlungen zu korrigieren gewesen (instruktiv: NK/*Kremer* Anh. zu § 156 BGB Rz. 25 ff.). In einem anderen Fall erklärte der BGH die Rücknahme eines Angebots hingegen für unwirksam: Der Verkäufer einer Jugendstil-Heizungsanlage hatte aus Sorge um die Zahlungsfähigkeit des Meistbietenden sein Angebot gestrichen, was der BGH nicht als »berechtigten Grund« für die Rücknahme des Angebots anerkannte und den Verkäufer zu hohem Schadensersatz verurteilte (→ BGH NJW **2016**, 395). **Merke**: Die AGB (von »ebay«) ermöglichen dem Verkäufer nur bei einem rechtlich relevanten Irrtum das vorzeitige Beenden der Versteigerung, er kann das eigentlich verbindliche Angebot dann – aber nur dann! – wieder aufheben und somit schon im ***Vorfeld*** den Vertragsschluss verhindern. Wer hingegen ***unberechtigt*** sein Angebot vor Ablauf der Versteigerung zurückzieht, etwa weil er privat zufällig einen Käufer gefunden oder andere, aber rechtlich unerhebliche Gründe hat, verhindert damit nicht den Vertragsschluss (mit dem zum Zeitpunkt des Abbruchs Höchstbietenden) und muss dann mit Schadensersatzforderungen des Bieters rechnen (BGH NJW **2016**, 395; BGH NJW **2015**, 1009; BGH NJW **2015**, 548).

Und ganz zum Schluss wollen wir bitte noch beachten, dass die beschriebenen Internetauktionen ***keine*** Versteigerungen im Sinne des § 156 BGB sind, da der Vertrag – wie gesehen – nicht durch den Zuschlag eines Auktionators, sondern durch Zeitablauf und das Höchstgebot zustande kommt (BGH NJW **2012**, 2737; BGH NJW **2005**, 53; *Staudinger/Singer* vor § 116 BGB Rz. 57; MüKo/*Busche* § 156 BGB Rz. 3). Internetauktionen sind daher nicht nach § 156 BGB abzuwickeln, sondern nach den oben aufgezeigten Regeln (NK/*Kremer* Anh. zu § 156 BGB Rz. 11). Merken.

Jetzt aber zurück zu unserem Fall:

b) Der Antrag zum Abschluss des Mietvertrages könnte nun in der Erklärung des R gegenüber V (*»Ich bin einverstanden«*) gesehen werden. Dann muss diese Erklärung des R sämtliche Voraussetzungen eines Antrages erfüllen. Wir erinnern uns bitte:

Definition: Ein ***Antrag*** im Sinne der §§ 145 ff. BGB ist eine empfangsbedürftige Willenserklärung und muss von seinem Gegenstand und seinem Inhalt her so formuliert sein, dass der andere Vertragsteil mit einem schlichten »**Ja**« den Vertrag zustande bringen kann (BGH NJW **2013**, 598; BAG NJW **2006**, 1832; BGH NJW **1990**, 1234; *Palandt/Ellenberger* § 145 BGB Rz. 1; MüKo/*Busche* § 145 BGB Rz. 5; *Brox/Walker* AT Rz. 165; PWW/*Brinkmann* § 145 BGB Rz. 1).

Angesichts der Umstände des Falles kann und muss in der Erklärung des R nun ein solcher Antrag zum Abschluss eines Mietvertrages im Sinne des § 535 BGB gesehen werden. Denn der R dokumentiert mit seiner Erklärung, dass er die Wohnung – nach Besichtigung – zu den bekannten Bedingungen haben möchte. Der Satz *»Ich bin einverstanden!«* lässt insoweit jetzt keinen Spielraum mehr dergestalt zu, dass man meinen könnte, R wolle sich noch nicht rechtsverbindlich verpflichten. R will mit dieser Erklärung eine verbindliche Rechtsfolge (Vertragsschluss) herbeiführen.

ZE.: Die Erklärung des R gegenüber V stellt somit einen ***Antrag*** gemäß den §§ 145 ff. BGB zum Abschluss eines Mietvertrages im Sinne des § 535 BGB dar.

2.) Die Annahme

Diesen Antrag muss der V nun aber auch ***angenommen*** haben, denn ein Vertrag kommt – wie wir mittlerweile wissen – erst und nur zustande durch die ***Annahme*** des Antrages (vgl. § 151 Satz 1, 1. Halbsatz BGB).

Definition: Die ***Annahme*** ist eine – regelmäßig – empfangsbedürftige Willenserklärung, die in der vorbehaltlosen Bejahung des Antrages besteht und den Vertrag damit zustande bringt (BGH NJW **2013**, 598; MüKo/*Busche* § 147 BGB Rz. 2; *Staudinger/Bork* § 146 BGB Rz. 1; *Palandt/Ellenberger* § 147 BGB Rz. 1).

Zum Fall: Der V müsste also den Antrag des R vorbehaltlos bejaht und damit angenommen haben. Davon aber kann vorliegend ja nun gerade ***nicht*** die Rede sein; vielmehr erklärt der V sogar das Gegenteil, nämlich dass er mit Rechtsstudenten grundsätzlich keine Verträge schließen wolle. In der Erklärung des V liegt folglich keine Annahme, sondern vielmehr eine ***Ablehnung*** des Antrages des R. V wollte mit R keinen Vertrag schließen.

Beachte: Dass der V mit Rechtsstudenten und damit auch mit R keine Verträge schließen will, ist leider sein gutes Recht, denn es besteht im Privatrecht kein Zwang zum Abschluss eines Vertrages – auch nicht im Mietrecht. Jeder schließt nur die Verträge, die er möchte, und das nennt man dann »**Vertragsfreiheit**« oder auch »**Privatautonomie**«. Eine Pflicht zum Abschluss eines Vertrages gibt es nur in wenigen Ausnahmefällen, und zwar dann, wenn der Anbieter einer Leistung eine **Monopolstellung** innehat und es sich bei der angebotenen Leistung um ein für die Versorgung der Bevölkerung wichtiges und notwendiges Gut handelt: Das kann z.B. gelten für die Versorgung mit Strom und Wasser, bei Monopolleistungen der Post oder auch beim Personentransport; hier müssen die Anbieter bei einem entsprechenden Antrag die Verträge schließen, es besteht dann ausnahmsweise ein sogenannter

»**Kontrahierungszwang**« (BGH NJW-RR **1991**, 409; MüKo/*Busche* vor § 145 BGB Rz. 12; *Rüthers/Stadler* AT § 3 Rz. 10; *Palandt/Ellenberger* vor § 145 BGB Rz. 8; Einzelheiten dazu weiter unten in Fall Nr. 10). Alle sonstigen Verträge des Privatrechts aber werden, wie gesagt, nur geschlossen, wenn die jeweiligen Parteien das auch beide möchten; und wenn nun der eine Vertragspartner – aus welchen Gründen auch immer – nicht will, dann kommt eben auch kein Vertrag zustande. Das mag sich gelegentlich ungerecht anfühlen, ist aber notwendig, um jedem Menschen die im Grundgesetz verankerte Freiheit zu gewähren, mit seinem Vermögen nach Belieben zu verfahren und nur mit den Menschen Verträge zu schließen, mit denen man das auch möchte. Wichtiges Prinzip, bitte merken.

Zurück zum Fall: Es fehlt die für den Vertragsschluss notwendige Annahme des Antrages des R von Seiten des V. V wollte mit R keinen Vertrag abschließen. Ein Mietvertrag gemäß § 535 Abs. 1 BGB ist somit zwischen R und V ***nicht*** zustande gekommen.

Erg.: Dem R steht gegen V folglich auch kein Anspruch auf Gebrauchsüberlassung der Wohnung aus § 535 Abs. 1 BGB zu.

Gutachten

Und jetzt kommt, wie oben im Vorspann (vgl. dort: »Zur Arbeit mit diesem Buch«) schon angekündigt, die ausformulierte Lösung, also das, was man dem Prüfer als Klausurlösung des gestellten Falles vorsetzen sollte, das ***Gutachten***.

Hierzu vorab zwei Anmerkungen:

1.) Zunächst ist wichtig zu verstehen, dass diese ausformulierte Lösung – also das Gutachten – sich sowohl vom Inhalt als auch vom Stil her maßgeblich von dem eben dargestellten Lösungsweg, der ausschließlich der ***inhaltlichen*** Erarbeitung der Materie diente, unterscheidet:

In der ausformulierten (Klausur-) Lösung haben sämtliche Verständniserläuterungen nichts zu suchen. Da darf nur das rein, was den konkreten Fall betrifft und ihn zur Lösung bringt. Inhaltlich darf sich die Klausurlösung, die man dann zur Benotung abgibt, ausschließlich auf die gestellte Fall-Frage beziehen. Abschweifungen, Erläuterungen oder Vergleiche, wie wir sie oben in den Lösungsweg haufenweise zur Erleichterung des Verständnisses eingebaut haben, dürfen ***nicht*** in das Niedergeschriebene aufgenommen werden. Die ausformulierte Lösung ist mithin deutlich kürzer und inhaltlich im Vergleich zum gedanklichen Lösungsweg erheblich abgespeckt. Wie gesagt, es darf nur das rein, was den konkreten Fall löst. Alles andere ist überflüssig und damit – so ist das leider bei Juristen – ***falsch***.

2.) Man sollte sich als Jura-StudentIn rechtzeitig darüber im Klaren sein, dass die Juristerei eine Wissenschaft ist, bei der – mit ganz wenigen Ausnahmen – nur das ***geschriebene*** Wort zählt. Sämtliche Gedanken und gelesenen Bücher sind deshalb leider so gut wie wertlos, wenn die gewonnenen Erkenntnisse vom Kandidaten nicht vernünftig, das heißt in der juristischen Gutachten- bzw. Subsumtionstechnik, zu Papier gebracht werden können. Die Prüfungsaufgaben bei den Juristen, also die Klausuren und Hausarbeiten, werden nämlich bekanntermaßen *geschrieben*, und nur dafür gibt es dann auch die Punkte bzw. Noten. Übrigens auch und gerade im Staats-Examen.

Deshalb ist es außerordentlich ratsam, frühzeitig die für die juristische Arbeit ausgewählte (Gutachten-) Technik zu erlernen. Die Gutachten zu den Fällen stehen aus genau diesem Grund hier stets im Anschluss an den jeweiligen Lösungsweg und sollten im höchsteigenen Interesse dann auch nachgelesen werden. Es ist nur geringer Aufwand, hat aber einen beachtlichen Lerneffekt, denn der Leser sieht jetzt, wie das erworbene Wissen tatsächlich nutzbar gemacht wird. Wie gesagt: In der juristischen Prüfungssituation zählt nur das *geschriebene* Wort. Alles klar!?

Und hier kommt der (Gutachten-) Text für unseren ersten Fall:

R könnte gegen V einen Anspruch auf Überlassung der Wohnung aus § 535 Abs. 1 Satz 1 BGB haben.

Voraussetzung für das Bestehen dieses Anspruchs ist ein wirksamer Mietvertrag im Sinne des § 535 BGB zwischen R und V. Ein Mietvertrag kommt zustande durch zwei übereinstimmende Willenserklärungen, den Antrag und die Annahme.

1.) Der Antrag zum Abschluss des Mietvertrages könnte im vorliegenden Fall von V in Form der Anzeige in der Zeitung ausgegangen sein. Ein Antrag im Sinne der §§ 145 ff. BGB ist eine empfangsbedürftige Willenserklärung und muss von seinem Gegenstand und seinem Inhalt her so formuliert sein, dass der andere Vertragsteil mit einem schlichten »Ja« den Vertrag zustande bringen kann.

a) Angesichts der Tatsache, dass die Anzeige sämtliche relevanten Gesichtspunkte beinhaltete, die für den Abschluss eines Mietvertrages wesentlich sind, könnte zunächst angenommen werden, dass es sich insoweit um einen Antrag im Sinne der eben genannten Definition handelt.

b) Indessen stellt sich die Frage, ob die Anzeige des V überhaupt eine Willenserklärung ist. Eine Willenserklärung als notwendiger Bestandteil der Antragsdefinition ist eine private Willensäußerung, die auf das Herbeiführen einer Rechtsfolge gerichtet ist.

Im vorliegenden Fall ist problematisch, inwieweit V mit der Anzeige tatsächlich eine Rechtsfolge herbeiführen und sich damit bereits rechtlich binden wollte. Der für das Vorliegen einer Willenserklärung erforderliche Rechtsbindungswille setzt voraus, dass die betroffene Person mit ihrem Handeln eine verbindliche rechtliche Geltung bezwecken will. Demgegenüber stehen solche – rechtlich nicht verbindliche – Erklärungen, die im Vorfeld eines Vertragsschlusses abgegeben werden und lediglich der Vertragsvorbereitung dienen. Erklärungen dieser Art haben in der Regel den Zweck, die möglichen Interessenten an einem Vertragsschluss dazu zu bringen, ihrerseits verbindliche Angebote abzugeben. Es handelt sich dabei dann um Aufforderungen zur Abgabe eines Antrages (invitatio ad offerendum). Ob es sich im vorliegenden Fall um eine Willenserklärung oder aber nur um eine invitatio ad offerendum handelt, ist mithilfe der Auslegung zu ermitteln.

Hierbei gelten die für die Auslegung von Willenserklärungen anwendbaren §§ 133, 157 BGB entsprechend, wobei die Auslegung wegen der Empfangsbedürftigkeit der Erklärung aus der Sicht des Erklärungsempfängers zu erfolgen hat. Es ist zu prüfen, wie ein objektiver Empfänger nach Treu und Glauben und unter Berücksichtigung der Verkehrssitte die Erklärung verstehen musste.

Insoweit ist im vorliegenden Fall Folgendes zu beachten: Wer in der Zeitung unter der Rubrik »Vermietungsangebote« eine Wohnungsanzeige liest, weiß, dass der Vermieter nicht zwingend an den ersten Interessenten vermieten will. Solche Anzeigen werden geschaltet, um möglichst viele potenzielle Kandidaten anzusprechen. Wer auf eine solche Anzeige reagiert bzw. antwortet, weiß deshalb, dass dies nicht automatisch zum Vertragsschluss führt, sondern die Entscheidung letztlich vom Vermieter abhängt. Wohnungs-, aber auch sonstige Verkaufsanzeigen in Zeitungen sind nach allgemeinem Verständnis und der Verkehrssitte demnach keine Anträge zum Abschluss eines Vertrages im Sinne der §§ 145 ff. BGB, sondern lediglich Aufforderungen zur Abgabe eines Vertragsangebotes. In dieser Form muss ein objektiver Empfänger bzw. hier der Leser diese Anzeigen verstehen, selbst wenn die Anzeigen unter der Rubrik »Vermietungsangebote« aufgeführt sind. Es fehlt der Anzeige der für die Willenserklärung erforderliche Rechtsbindungswille.

Die von V geschaltete Anzeige in der Zeitung war demnach kein Antrag zum Abschluss eines (Miet-) Vertrages im Sinne der §§ 145 ff. BGB.

2.) Der Antrag zum Abschluss des Mietvertrages könnte dann aber in der Erklärung des R gegenüber V (*»Ich bin einverstanden!«*) gesehen werden. Dann muss diese Erklärung des R sämtliche Voraussetzungen eines Antrages erfüllen. Ein Antrag im Sinne der §§ 145 ff. BGB ist eine empfangsbedürftige Willenserklärung und muss von seinem Gegenstand und seinem Inhalt her so formuliert sein, dass der andere Vertragsteil mit einem schlichten »Ja« den Vertrag zustande bringen kann. R dokumentiert mit seiner Erklärung, dass er die Wohnung zu den bekannten Bedingungen haben möchte. Der Satz *»Ich bin einverstanden!«* lässt keinen anderen Beurteilungsspielraum zu, insbesondere kann nicht angenommen werden, R wolle sich mit seiner Erklärung noch nicht rechtlich binden. Die Erklärung des R gegenüber V stellt somit einen Antrag gemäß den §§ 145 ff. BGB zum Abschluss eines Mietvertrages im Sinne des § 535 BGB dar.

3.) Diesen Antrag muss der V auch angenommen haben. Die Annahme ist eine empfangsbedürftige Willenserklärung, die in der vorbehaltlosen Bejahung des Antrages besteht und den Vertrag damit zustande bringt.

V müsste den Antrag des R demnach vorbehaltlos bejaht und damit angenommen haben. Davon aber kann vorliegend nicht ausgegangen werden. V erklärt, dass er mit Rechtsstudenten grundsätzlich keine Verträge schließen wolle. Und da der R sich vorgestellt hatte und V somit wusste, wen er vor sich hat, liegt in der Erklärung des V keine Annahme, sondern vielmehr eine Ablehnung des Antrages des R. V wollte mit R keinen Vertrag schließen.

Es fehlt mithin die für den Vertragsschluss notwendige Annahme des Antrages. Ein Mietvertrag gemäß § 535 Abs. 1 BGB ist somit zwischen R und V nicht zustande gekommen.

Ergebnis: Dem R steht gegen V folglich auch kein Anspruch auf Gebrauchsüberlassung der Wohnung aus § 535 Abs. 1 BGB zu.

Fall 2

Das Ende einer Freundschaft

Rechtsanwalt R aus Köln hat zu seinem Geburtstag einige Freunde eingeladen, unter anderem seinen ehemaligen Kommilitonen K, der mittlerweile in Düsseldorf eine Anwaltskanzlei betreibt. K hat freudig zugesagt, macht sich nachmittags mit seinem Auto auf den Weg nach Köln und klingelt eine halbe Stunde später an der Haustür des R. Diese wird geöffnet vom Sohn des R, der dem verdutzten K erklärt, sein Papa habe sich kurzfristig entschieden, zur Stärkung seines gerade angeschlagenen Immunsystems lieber in die Sauna zu gehen.

K fühlt sich auf den Arm genommen und will wissen, ob er von R die Spritkosten für die Fahrt (20 Euro) verlangen kann.

> **Schwerpunkte:** Die Abgrenzung der Willenserklärung zur Gefälligkeit; der fehlende Rechtsbindungswille bei sozial motiviertem Verhalten; der Begriff des Schuldverhältnisses aus § 241 BGB; Auslegung einer Willenserklärung; Ersatzansprüche bei Vermögensschäden.

Lösungsweg

Anspruch des K gegen R auf Ersatz der 20 Euro

<u>AGL.</u>: **§ 280 Abs. 1 BGB (Schadensersatz wegen Pflichtverletzung)**

Voraussetzungen: Damit ein solcher Anspruch aus § 280 Abs. 1 BGB für K begründet sein kann, muss zunächst zwischen K und R ein *Schuldverhältnis* vorliegen (bitte § 280 Abs. 1 BGB lesen).

Die erste Frage unseres Falles lautet somit, ob die Einladung des R, die der K angenommen hat, ein solches *Schuldverhältnis* mit entsprechenden Rechten und Pflichten begründen kann. In Betracht kommt insoweit, da es im Gesetz natürlich keinen »Geburtstagseinladungsvertrag« gibt, nur ein sogenanntes Vertragsverhältnis eigener Art (»**sui generis**«). Ein solches ist wegen **§ 311 Abs. 1 BGB** und der darin zum Ausdruck kommenden Vertragsfreiheit des Privatrechts grundsätzlich möglich und umfasst sämtliche Vertragsarten, die gesetzlich nicht ausdrücklich geregelt sind (BGHZ **75**; 301; BGHZ **74**, 207; BGHZ **137**, 220; PWW/*Stürner* § 311 BGB Rz. 2; MüKo/*Emmerich*

§ 311 BGB Rz. 1; *Jauernig/Stadler* § 311 BGB Rz. 3; *Palandt/Grüneberg* vor § 311 BGB Rz. 11; *Brox/Walker* AT Rz. 74).

Ansatz: Dass R und K sich über die Einladung zur Geburtstagsfeier ***geeinigt*** haben, steht außer Zweifel. Und dass der K aufgrund dieser Einladung den Weg von Düsseldorf aus nach Köln antreten würde, ist ebenfalls unproblematisch. Es fragt sich jedoch, ob diese Vereinbarung auch tatsächlich einen ***vertraglichen***, also einen ein Schuldverhältnis begründenden Charakter hat. Erforderlich für einen Vertrag ist nämlich, dass beide Parteien zum Abschluss der vertraglichen Vereinbarung übereinstimmende Willenserklärungen abgeben, demnach also Erklärungen, die eine ***rechtliche Bindung*** bewirken sollen. Das Ganze haben wir im letzten Fall schon kennengelernt und dort als »**Rechtsbindungswillen**« bezeichnet. Der Rechtsbindungswille ist notwendiger und zwingender Bestandteil einer jeden Willenserklärung (BGH NJW **2010**, 3087; BGH NJW **1993**, 2100; *Bamberger/Roth/Grüneberg/Sutschet* § 241 BGB Rz. 18; *Medicus* AT Rz. 191; *Palandt/Ellenberger* vor § 116 BGB Rz. 4).

Ob ein solcher Rechtsbindungswille hier vorliegt, ist problematisch:

Es fragt sich nämlich, ob der R mit seiner Einladung aus der Sicht des Erklärungsempfängers K tatsächlich eine solche ***rechtliche Bindung*** herbeiführen wollte oder aber ob diese Erklärung sozusagen »außerhalb der rechtlichen Ebene« (*Medicus* AT Rz. 184) und damit im rein ***gesellschaftlichen*** Bereich anzusiedeln ist. Im letzteren Fall läge nur eine sogenannte »Gefälligkeit« vor, die aber regelmäßig ***keine*** vertraglichen Ansprüche begründen kann, da ihr kein rechtsgeschäftlicher Charakter zukommt (BGH NJW **2015**, 2880; BGH NJW **2010**, 3087; BGH NJW **2009**, 1482; BGH NJW **1971**, 1404; BGH NJW **1968**, 1874; NK/*Schulze* vor § 145 BGB Rz. 21; *Rüthers/Stadler* AT § 17 Rz. 17; *Palandt/Grüneberg* vor § 241 BGB Rz. 7).

Durchblick: Die Abgrenzung zwischen einer reinen Gefälligkeit, die keinerlei rechtliche Wirkung für die Parteien haben soll, und einem Rechtspflichten begründenden geschäftlichen Akt ist nötig, um die vielschichtigen Vorgänge des täglichen Lebens zutreffend einordnen zu können. Denn häufig nehmen Personen Handlungen oder Geschäfte vor, die man zwar theoretisch auch als Rechtsgeschäfte ansehen könnte, die aber von den betreffenden Personen offensichtlich nicht so, sondern als rein ***gesellschaftlicher Akt***, der gerade ***keine*** rechtliche Bindung begründen soll, gemeint bzw. gedacht sind (BGH NJW **2015**, 2880; NK/*Schulze* vor § 145 BGB Rz. 21; *Medicus* AT Rz. 185). In solchen Fällen muss nun gewährleistet sein, dass an einen rein gesellschaftlichen Vorgang keine Rechtspflichten geknüpft werden, die den Erklärenden dann vom eigentlich gedachten gesellschaftlichen in den rechtlichen Rahmen mit allen möglichen Ersatzpflichten aus einem Vertragsverhältnis bringen.

> **Beispiele:** Wer seinen Nachbarn zum Dank für den am Vortag ausgeliehenen Schlagbohrer zum Essen einlädt, will ***keine*** rechtliche Pflicht begründen, sondern handelt aus rein gesellschaftlichen bzw. sozialen Motiven (Dank, Freundschaft oder ähnliches); wer verspricht, für einen anderen einen Brief in den Briefkasten zu wer-

fen, will ***keine*** Rechtspflicht erfüllen oder begründen; wer einen Bekannten im Auto mitnimmt, um ihn zur nächsten Bahnhaltestelle zu bringen, will ebenfalls ***kein*** Rechtsgeschäft mit entsprechenden Pflichten begründen; Gleiches gilt für das Mitnehmen der Nachbarskinder zum Kindergarten oder das Bringen von Kindern/Spielern zu einem Jugend-Fußballspiel (vgl. instruktiv: BGH NJW **2015**, 2880); wer sich bereit erklärt, bei Urlaubsabwesenheit das Haus der Nachbarn zu beaufsichtigen, will im Zweifel diesbezüglich auch ***keine*** Rechtspflicht im klassischen Sinne übernehmen; oder wer sich etwa bereit erklärt, für einen anderen aus der Reinigung ein Kleidungsstück abzuholen, will sich dadurch selbstredend auch ***keiner*** vertraglichen Pflicht gegenüber dem Kleidungseigentümer unterwerfen (weitere Beispiele bei *Palandt/Grüneberg* vor § 241 BGB Rz. 9)

In all diesen Fällen handelt es sich vor allem um ***sozial motiviertes*** Verhalten. Um dieses sozial motivierte Verhalten nun nicht in eine rechtliche Ebene und damit die Parteien in die Gefahr von Rechtspflichten, unter Umständen sogar mit möglichen vertraglichen Schadensersatzpflichten zu bringen (sonst würde das ja auch niemand mehr machen!), nimmt man an, dass die betreffenden Personen mit ihren Zusagen ***keine*** Schuldverhältnisse im Sinne des **§ 241 Abs. 1 BGB** (aufschlagen!) begründen. Man spricht vielmehr davon, dass *»Leistungen zwar aufgrund einer Vereinbarung, aber ohne erkennbare Gegenleistung«* erbracht werden sollen – und definiert dies dann als »**Gefälligkeit**« (NK/*Schulze* vor § 145 BGB Rz. 21). Der diese Gefälligkeit vornehmenden Partei fehlt der Wille, eine rechtliche Bindung einzugehen. Der Betreffende gibt mangels eines Rechtsbindungswillens konsequenterweise dann auch ***keine*** Willenserklärung ab (BGH NJW **2015**, 2880; BGHZ **30**, 46; BGH NJW **1968**, 1874; NK/*Schulze* vor § 145 BGB Rz. 21; *Jauernig/Mansel* § 241 BGB Rz. 24; *Staudinger/Bork* vor § 145 BGB Rz. 82; PWW/*Ahrens* vor § 116 BGB Rz. 6).

Und dies hat zur Folge, dass natürlich auch keine vertraglichen Pflichten entstehen und mithin solche auch nicht verletzt werden können. Eine Vertragshaftung bzw. eine Haftung aus einem Schuldverhältnis nach § 280 Abs. 1 BGB entfällt bei einer bloßen Gefälligkeit (BGH NJW **2015**, 2880; *Palandt/Grüneberg* vor § 241 BGB Rz. 7; NK/*Schulze* vor § 145 BGB Rz. 21). In Betracht kommt dann lediglich eine mögliche Einstandspflicht aus den deliktsrechtlichen Vorschriften der **§§ 823 ff. BGB**, sofern absolute Rechte des anderen schuldhaft verletzt worden sind: Wer also etwa beim zufälligen Mitnehmen eines Bekannten zur nächsten Straßenbahnhaltestelle mit dem Auto fahrlässig einen Unfall verursacht, bei dem der mitgenommene Insasse verletzt wird, muss unter Umständen aus § 823 Abs. 1 BGB wegen Körperverletzung haften, nicht aber aus Vertrag (BGHZ **21**, 102; BGH NJW **1992**, 2474; BGH NJW **1993**, 2611; *Medicus* AT Rz. 185; *Medicus/Petersen* BR Rz. 369; *Rüthers/Stadler* AT § 17 Rz. 20). **Beachte:** Anders soll dies übrigens bei einer klassischen »**Fahrgemeinschaft**« (etwa zur Arbeitsstätte) sein: Hier nimmt die Rechtsprechung sehr wohl eine vertragliche Verbindung zwischen den Beteiligten an, bei der allerdings wechselseitige und stillschweigende ***Haftungsausschlüsse*** in Betracht kommen, um das vergleichsweise hohe Haftungsrisiko im Straßenverkehr einzudämmen (BGH NJW **2009**, 1482; OLG Köln VersR **2004**, 189; *Palandt/Sprau* vor § 662 BGB Rz. 8; *Palandt/Grüneberg* vor § 241 BGB Rz. 9; NK/*Schulze* vor § 145 BGB Rz. 21, Fn. 106; *Seibl* in IPRax 2010, 347).

Zurück zum Fall: Wir müssen nach dem soeben Gesagten jetzt also klären, ob die Einladung des R an K eine reine ***Gefälligkeit*** darstellen sollte oder aber einen rechtsgeschäftlichen Charakter hatte mit der möglichen Konsequenz, dass dann Vertragspflichten entstanden sind, deren Verletzung über § 280 Abs. 1 BGB zu regeln wäre. Und das geht so:

Merke: Bei der Frage, wie die Erklärung des anderen zu verstehen ist – Gefälligkeit oder Rechtsgeschäft –, stellt man in Anlehnung an die Auslegung von Willenserklärungen gemäß den **§§ 133, 157 BGB** auf den objektiven ***Empfängerhorizont*** ab. Es ist zu prüfen, wie ein objektiver Dritter in der Person des Erklärungsempfängers unter Berücksichtigung der Verkehrssitte die Erklärung des anderen verstehen musste (BGH NJW **2015**, 2880; BGH NJW **2013**, 598; BGH NJW **2010**, 3087; BGHZ **21**, 107; BGHZ **56**, 210; *Staudinger/Bork* vor § 145 BGB Rz. 84; *Medicus* AT Rz. 185). Kriterien für diese Auslegung der Erklärung können insoweit etwa Art und Zweck der Gefälligkeit sowie deren Bedeutung für die Beteiligten, ein erkennbarer rechtlicher Bindungswille oder zum Beispiel auch die Frage der Zumutbarkeit einer rechtlichen Bindung im Hinblick auf ein mögliches Schadensersatzrisiko sein (BGH NJW **2015**, 2880; BGH NJW **2009**, 1141; BGHZ **123**, 126; *Palandt/Grüneberg* vor § 241 BGB Rz. 7; NK/*Schulze* vor § 145 BGB Rz. 21; *Jauernig/Mansel* § 241 BGB Rz. 24).

Hier: Bei einer Einladung zu einer Geburtstagsfeier weiß man als Eingeladener, dass es sich um ein ***gesellschaftliches Ereignis*** handelt. Eine solche Einladung ist sozial motiviert und der Gastgeber will sich selbstverständlich ***nicht*** rechtlich binden. Art und Zweck der Gefälligkeit sowie deren Bedeutung für die Beteiligten sprechen bei einer (herkömmlichen) Geburtstagseinladung daher tendenziell für eine Gefälligkeit: Für den Eingeladenen besteht zudem weder eine »Pflicht« zum Erscheinen noch ein »Anspruch« auf Einlass oder Schadensersatz, wenn die Veranstaltung – aus welchen Gründen auch immer – ausfällt (*Palandt/Grüneberg* vor § 241 BGB Rzn. 7/8; *Rüthers/Stadler* AT § 17 Rz. 17; PWW/*Ahrens* vor § 116 BGB Rz. 6). Desgleichen kann und will der Gastgeber niemanden auf Erfüllung oder Schadensersatz verklagen, wenn die Gäste trotz Einladung nicht erscheinen. Einladungen zu Geburtstagen oder Festen sind daher in aller Regel rein gesellschaftlicher Natur und begründen grundsätzlich ***keine*** Rechtspflichten; es handelt sich um eine klassische alltägliche Gefälligkeit im weiter oben beschriebenen Sinne (*Medicus* AT Rz. 185; *Rüthers/Stadler* § 17 Rz. 17; *Palandt/Grüneberg* vor § 241 BGB Rz. 8).

Folge: Wer einen anderen zum Geburtstag (Hochzeit, Dienstjubiläum, Einweihungsfeier, Abendessen usw.) einlädt, gibt ***keine*** Willenserklärung ab; es fehlt der dafür erforderliche ***Rechtsbindungswille***.

ZE.: Bei der Einladung, die R gegenüber K ausgesprochen hat, handelt es sich nicht um eine Willenserklärung zum Abschluss eines Vertrages; dem R fehlt der Wille, sich mit dieser Erklärung rechtlich zu binden.

ZE.: Und damit fehlt es beim Anspruch des K gegen R aus § 280 Abs. 1 BGB schon an der ersten Voraussetzung, nämlich dem erforderlichen Schuldverhältnis.

Erg.: K steht gegen R somit kein Anspruch auf Ersatz der aufgewendeten Kosten gemäß § 280 Abs. 1 BGB zu.

AGL.: § 823 Abs. 1 BGB (unerlaubte Handlung)

Problem: R müsste eines der in § 823 Abs. 1 BGB genannten ***absoluten Rechte*** des K verletzt haben. Das aber kann hier nicht angenommen werden, denn K hat in Erwartung der Feier lediglich ***Vermögensaufwendungen*** (Spritkosten) getätigt, ist hingegen nicht in einem der in § 823 Abs. 1 BGB genannten Rechte verletzt worden. K hat nur einen sogenannten ***Vermögensschaden*** erlitten, der indessen über § 823 Abs. 1 BGB grundsätzlich ***nicht*** ersatzfähig ist (BGHZ **41**, 127).

Erg.: K steht gegen R auch kein Anspruch aus § 823 Abs. 1 BGB zu.

AGL.: § 826 BGB (sittenwidrige Schädigung)

Über diese deliktsrechtliche Norm ist nun grundsätzlich auch ein Anspruch auf Ersatz eines Vermögensschadens möglich, allerdings ist dafür erforderlich, dass der Anspruchssteller vom Anspruchsgegner ***vorsätzlich*** und gegen die ***guten Sitten*** geschädigt wurde.

Davon aber kann hier nicht die Rede sein. R wollte den K nicht vorsätzlich schädigen, sondern lediglich sein angeschlagenes Immunsystem in der Sauna zu stärken. Dass sich eine Handlung als unbillig darstellt (kann man hier wohl sagen!), genügt nicht schon für die Annahme einer vorsätzlichen sittenwidrigen Schädigung im Sinne des § 826 BGB; die Anforderungen sind wegen der umfassenden Ersatzpflicht hoch anzusetzen (BGH BB **1988**, 226; *Palandt/Sprau* § 826 BGB Rz. 2).

Erg.: K kann auch aus § 826 BGB gegen R keinen Anspruch herleiten und geht, da andere Anspruchsgrundlagen nicht mehr in Betracht kamen, insgesamt leer aus.

Gutachten

I.) K könnte gegen R ein Anspruch auf Ersatz der 20 Euro Spritkosten aus § 280 Abs. 1 BGB zustehen.

Damit der Anspruch aus § 280 Abs. 1 BGB für K begründet sein kann, muss zunächst zwischen K und R ein Schuldverhältnis vorliegen. Es ist zu prüfen, ob die Einladung des R, die der K angenommen hat, ein solches Schuldverhältnis mit entsprechenden Rechten und Pflichten begründet. In Betracht kommt ein Vertragsverhältnis eigener Art, das wegen § 311 Abs. 1 BGB und der darin zum Ausdruck gebrachten Vertragsfreiheit des Privatrechts grundsätzlich möglich ist und sämtliche Vertragsarten umfassen kann, die gesetzlich nicht ausdrücklich geregelt sind.

1.) Zunächst ist hinsichtlich einer entsprechenden vertraglichen Grundlage insoweit festzustellen, dass R und K sich über die Einladung zur Geburtstagsfeier geeinigt haben. Übereinstimmende Willen liegen demnach vor.

2.) Es fragt sich jedoch, ob diese Vereinbarung auch einen vertraglichen – also ein Schuldverhältnis begründenden – Charakter hat. Erforderlich für einen Vertrag ist, dass beide Parteien übereinstimmende Willenserklärungen abgeben, demnach also Erklärungen, die eine rechtliche Bindung bewirken sollen.

a) Im vorliegenden Fall ist problematisch, ob ein Rechtsbindungswille seitens der Parteien, insbesondere bei R angenommen werden kann. Dies stößt deshalb auf Bedenken, da die hier in Frage stehende Einladung sich möglicherweise im rein gesellschaftlichen Bereich bewegt und mithin von den Parteien ohne rechtliche Bindungswirkung verabredet worden ist. In diesem Falle läge lediglich eine sogenannte Gefälligkeit vor, die keinen rechtsgeschäftlichen Charakter hat und mithin auch keine Rechte und Pflichten begründen kann.

b) Fraglich ist demnach, ob die Einladung des R an K eine reine Gefälligkeit darstellen sollte oder aber einen rechtsgeschäftlichen Charakter auswies mit der möglichen Konsequenz, dass dann Vertragspflichten entstanden sind, deren Verletzung über § 280 Abs. 1 BGB zu regeln wäre. Bei der Frage, wie die Erklärung des anderen zu verstehen ist (Gefälligkeit oder Rechtsgeschäft), stellt man in Anlehnung an die Auslegung von Willenserklärungen gemäß den §§ 133, 157 BGB auf den Empfängerhorizont ab. Es zu prüfen, wie ein objektiver Dritter in der Person des Erklärungsempfängers unter Berücksichtigung der Verkehrssitte die Erklärung des anderen verstehen musste. Im vorliegenden Fall gilt folgendes: Bei einer Einladung zu einer Geburtstagsfeier weiß man als Eingeladener, dass es sich um ein gesellschaftliches Ereignis handelt. Eine solche Einladung ist sozial motiviert und der Einladende will sich regelmäßig nicht rechtlich binden. Für den Eingeladenen besteht ebenso weder eine Pflicht zum Erscheinen noch ein Anspruch auf Einlass oder Schadensersatz, wenn die Veranstaltung – aus welchen Gründen auch immer – ausfällt. Desgleichen kann und will der Gastgeber niemanden auf Erfüllung oder Schadensersatz verklagen, wenn die Gäste trotz Einladung nicht erscheinen. Einladungen zu Geburtstagen oder anderen Festen sind rein gesellschaftlicher Natur und begründen grundsätzlich keine Rechtspflichten, es handelt sich um eine klassische alltägliche Gefälligkeit. Wer einen anderen zum Geburtstag einlädt, gibt keine Willenserklärung ab, es fehlt der dafür erforderliche Rechtsbindungswille.

Bei der Einladung, die R gegenüber K ausgesprochen hat, handelt es sich somit nicht um eine Willenserklärung zum Abschluss eines Vertrages; dem R fehlt der Wille, sich mit dieser Erklärung rechtlich zu binden. Mithin fehlt es beim Anspruch des K gegen R aus § 280 Abs. 1 BGB schon an der ersten Voraussetzung, nämlich dem erforderlichen Schuldverhältnis.

Ergebnis: K steht gegen R kein Anspruch auf Ersatz der aufgewendeten Kosten gemäß § 280 Abs. 1 BGB zu.

II.) K könnte aber gegen R ein Anspruch auf Ersatz der 20 Euro Spritkosten aus § 823 Abs. 1 BGB zustehen.

Dann müsste R zunächst eines der in § 823 Abs. 1 BGB genannten absoluten Rechte des K verletzt haben. Das aber kann hier nicht angenommen werden; K hat in Erwartung der Feier lediglich Vermögensaufwendungen in Form der Benzinkosten getätigt, ist hingegen nicht in einem der in § 823 Abs. 1 BGB genannten Rechte verletzt worden. K hat nur einen sogenannten Vermögensschaden erlitten, der indessen über § 823 Abs. 1 BGB grundsätzlich nicht ersatzfähig ist.

Ergebnis: K steht gegen R auch kein Anspruch aus § 823 Abs. 1 BGB zu.

III.) K könnte schließlich gegen R einen Anspruch auf Ersatz der 20 Euro Spritkosten aus § 826 BGB haben.

Dafür erforderlich ist, dass der Anspruchssteller von dem anderen vorsätzlich und gegen die guten Sitten geschädigt wurde.

Dies kann allerdings im vorliegenden Fall ebenfalls nicht angenommen werden. R wollte den K nicht vorsätzlich schädigen, sondern lediglich sein angeschlagenes Immunsystem in der Sauna behandeln. Dass sich eine Handlung als unbillig oder unmoralisch darstellt, genügt nicht schon für die Annahme einer vorsätzlichen sittenwidrigen Schädigung im Sinne des § 826 BGB; die Anforderungen sind wegen der umfassenden Ersatzpflicht hoch anzusetzen.

Ergebnis: K kann auch aus § 826 BGB gegen R keinen Anspruch herleiten und erhält, da andere Anspruchsgrundlagen nicht mehr in Betracht kommen, sein Benzin-Geld nicht ersetzt.

Fall 3

Die Mitgliederversammlung

Auf der Mitgliederversammlung seines Fußballvereins bekommt M im Vereinsheim eine herumgereichte Liste in die Hand. Im Glauben, er habe die lediglich der Statistik dienende Anwesenheitsliste vor sich, trägt M, ohne weitere Fragen zu stellen, handschriftlich seinen Namen und seine Adresse ein. Tatsächlich handelt es sich um eine Liste des Sportartikelhändlers H zur Bestellung eines Trainingsanzuges zum Preis von 70 Euro. Dies hatte der Vereinspräsident wenige Augenblicke vorher, als M gerade auf der Toilette war, den Mitgliedern erläutert und im Namen des ebenfalls anwesenden H darum gebeten, sich bei Interesse in die Liste einzutragen.

Der ahnungslose M erhält drei Tage später von H per Post den Trainingsanzug inklusive der Rechnung. M ruft umgehend bei H an und erklärt, er werde die 70 Euro nicht zahlen, da er nur die Mitgliederliste unterschreiben und keinen Anzug bestellen wollte. H meint, das sei nicht sein Problem, M müsse eben besser aufpassen, was er unterschreibe; notfalls müsse er ihm (H) zumindest die Portokosten in Höhe von 12 Euro, jeweils sechs Euro für Hin- und Rücksendung, ersetzen. M verweigert jede Zahlung und erklärt am Telefon vielmehr noch »den Widerruf jeglichen Vertrages«, da das Geschäft im Klubheim des Vereins geschlossen und damit nicht verbindlich sei.

Ansprüche des H gegen M?

> **Schwerpunkte:** Bestandteile der Willenserklärung: Handlungswille und Erklärungsbewusstsein; das Fehlen des Erklärungsbewusstseins; das Anfechtungsrecht gemäß §§ 119 Abs. 1, 142 Abs. 1 BGB; Ersatzanspruch des Anfechtungsgegners aus § 122 Abs. 1 BGB; die »Verträge außerhalb von Geschäftsräumen« gemäß § 312b Abs. 1 BGB; das Widerrufsrecht des Verbrauchers aus den §§ 312g, 312b, 355 BGB; Konkurrenz von Anfechtung und Widerruf; die »Trierer Weinversteigerung«.

Lösungsweg

Anspruch des H gegen M auf Zahlung von 70 Euro

<u>AGL.</u>: § 433 Abs. 2 BGB (Kaufvertrag)

Voraussetzung für das Bestehen des Anspruchs ist ein Kaufvertrag im Sinne des § 433 BGB zwischen M und H über den Anzug zum Preis von 70 Euro. Ein solcher Kaufvertrag setzt sich zusammen aus zwei übereinstimmenden Willenserklärungen, dem Antrag und der Annahme.

I.) Der *Antrag* könnte im vorliegenden Fall von M ausgegangen sein, als er sich mit Namen und Adresse in die Liste eintrug. Dann muss aus diesem Eintrag erkennbar sein, dass M einen Trainingsanzug zum Preis von 70 Euro kaufen will; in diesem Falle könnte H mit einem schlichten »Ja« den Vertrag zustande bringen, und das Einschreiben in die Liste wäre ein Antrag im Sinne der §§ 145 ff. BGB (BGH NJW **2013**, 598; BAG NJW **2006**, 1832; BGH NJW **1990**, 1234; MüKo/*Busche* § 145 BGB Rz. 5; *Medicus* AT Rz. 358; *Palandt/Ellenberger* § 145 BGB Rz. 1). Folgendes ist beachtlich:

1.) Der H musste den Eintrag des M in die Liste aus seiner Sicht als eine solche Erklärung werten, denn er hatte den Vereinspräsidenten ja entsprechend beauftragt und konnte somit davon ausgehen, dass jeder, der sich in die Liste einträgt, einen Trainingsanzug bestellen wollte. Nach der ***äußeren Erscheinung*** haben wir es folglich bei dem Eintrag in die Liste mit einem Antrag und somit selbstverständlich auch mit einer ***Willenserklärung*** zu tun.

Bitte noch mal erinnern: Ein Antrag im Sinne der §§ 145 ff. BGB ist eine empfangsbedürftige ***Willenserklärung*** und muss von seinem Inhalt und seinem Gegenstand so formuliert sein, dass der andere Vertragsteil mit einem schlichten »Ja« den Vertrag zustande bringen kann (BGH NJW **2013**, 598; BAG NJW **2006**, 1832; MüKo/*Busche* § 145 BGB Rz. 5; *Rüthers/Stadler* § 19 Rz. 3; *Medicus* AT Rz. 358).

Wie gesagt, ***nach außen*** hin sieht das für H aus wie eine Willenserklärung, denn H musste glauben, dass der M einen Trainingsanzug bestellen wollte. Und diese Wirkung nach außen nennt man nun den **»äußeren Erklärungstatbestand«** der Willenserklärung, der für das Vorliegen einer Willenserklärung zwingend erforderlich ist (NK/*Feuerborn* vor § 116 BGB Rz. 10; PWW/*Ahrens* vor § 116 BGB Rz. 19; *Palandt/Ellenberger* vor § 116 BGB Rz. 7; MüKo/*Busche* § 145 BGB Rz. 6).

> **Durchblick:** Das Vorliegen des äußeren Erklärungstatbestandes schützt den ***Erklärungsempfänger***, denn der soll das glauben können und dürfen, was an Erklärungen in den Rechtsverkehr gelangt ist. Der Erklärungsempfänger kann nicht jedes Mal, wenn er eine Erklärung empfängt, nachfragen ob der andere das dann auch tatsächlich so gemeint hat und auch so will. Deshalb werden empfangsbedürftige Willenserklärungen so ausgelegt, wie ein objektiver Dritter in der Person des Erklärungsempfängers die Erklärung verstehen durfte (BGH WM **2012**, 122; BGH NJW **1990**, 3206; BGH NJW **1992**, 1446; BGHZ **103**, 280). Das dient dem Schutz des Erklärungsempfängers (vgl. insoweit auch weiter unten Fall Nr. 6).

2.) Zum Schutz des Erklärenden und dessen Privatautonomie muss andererseits aber auch gewährleistet sein, dass im Rechtsverkehr nur das als rechtlich erhebliche Erklärung angesehen wird, was der Erklärende ***willentlich*** in den Rechtsverkehr gebracht hat. Aus diesem Grund gehört zu einer Willenserklärung neben dem eben erläuterten äußeren Erklärungstatbestand immer auch ein »**innerer Erklärungstatbestand**«, der danach fragt, ob der Erklärende aus seiner Sicht überhaupt eine rechtserhebliche Erklärung abgeben wollte. Wir haben diesen inneren Erklärungstatbestand in den beiden vorherigen Fällen schon kennengelernt und ihn dort als »**Rechtsbindungswillen**« bezeichnet (vgl. die Fälle 1 und 2). Diesen Rechtsbindungswillen müssen wir uns hier im Fall nun mal etwas genauer anschauen, denn unser M wollte augenscheinlich gerade ***keine*** rechtserhebliche Erklärung abgeben, sondern vielmehr nur die rechtlich unerhebliche Mitgliederliste unterschreiben.

Zum inneren Erklärungstatbestand einer Willenserklärung gehören zum einen der sogenannte »**Handlungswille**« und zum anderen das sogenannte »**Erklärungsbewusstsein**« (NK/*Feuerborn* vor § 116 BGB Rz. 6/7; PWW/*Ahrens* vor § 116 BGB Rz. 16; *Brox/Walker* AT Rz. 84; *Palandt/Ellenberger* § vor 116 BGB Rz. 17):

→ »**Handlungswille**« bedeutet, dass der Erklärende das Bewusstsein gehabt haben muss, überhaupt zu handeln, also einen bewussten Willensakt zu tätigen, der auf die Vornahme äußeren Verhaltens gerichtet ist (*Palandt/Ellenberger* vor § 116 BGB Rz. 16; MüKo/*Armbrüster* vor § 116 BGB Rz. 22; NK/*Feuerborn* vor § 116 BGB Rz. 6; *Brox/Walker* AT Rz. 84). Nicht darunter fallen daher sämtliche Sachen, die man etwa in Hypnose oder im Schlaf macht. Wer also in Hypnose seinen Mietvertrag kündigt (Original-Beispiel (!) bei *Brox/Walker* AT Rz. 87), gibt keine wirksame Willenserklärung ab. Das leuchtet ein und kommt deshalb in Klausuren oder Hausarbeiten auch nicht vor. Der Handlungswille ist in der Regel also nicht problematisch. Im vorliegenden Fall z.B. weiß der M, als er sich in die Liste einträgt, dass er ***handelt***.

→ »**Erklärungsbewusstsein**« hingegen bedeutet, dass der Erklärende weiß, dass seine Handlung eine ***rechtserhebliche Erklärung*** darstellen kann. Und das ist schon ein beachtliches Mehr im Vergleich zum Handlungswillen, denn neben dem Handlungswillen muss der Erklärende, um tatsächlich eine Willenserklärung abzugeben, auch noch das Bewusstsein haben, eine für den Rechtsverkehr bedeutsame Erklärung abzugeben (BGH WRP **2015**, 198; BGH WM **2012**, 122; BGH NJW **2010**, 2873; *Palandt/Ellenberger vor* § 116 BGB Rz. 17; NK/*Feuerborn* vor § 116 BGB Rz. 7; *Wolf/Neuner* § 32 Rz. 20). Das ist auch gut nachvollziehbar, denn nur derjenige, der ein solches Bewusstsein hat, will auch am Rechtsverkehr teilnehmen und nicht nur irgendeine rechtlich unerhebliche Erklärung von sich geben. Wer also beispielsweise einem Freund sagt, er werde mit ihm am Abend in die Kneipe gehen, gibt zwar eine Erklärung ab (= Handlungswille), will mit dieser Erklärung aber offensichtlich nicht am ***Rechts***verkehr teilnehmen (NK/*Schulze* vor § 145 BGB Rz. 21; MüKo/*Armbrüster* vor § 116 BGB Rz. 27; *Jauernig/Mansel* § 241 BGB Rz. 24; *Staudinger/Bork* vor § 145 BGB Rz. 82). Es handelt sich dabei dann um eine Erklärung rein privater bzw. gesellschaftlicher Natur und vor allem ***ohne*** rechtlichen Bindungswillen (vgl. insoweit den vorherigen Fall mit der Einladung zum Geburtstag).

Übertragen auf unseren Fall, können wir nun feststellen, dass der M zwar mit einem ***Handlungswillen*** ausgestattet war, denn er wusste – wie oben schon gesagt – zweifelsfrei, dass er handelt. Allerdings fehlt unserem M ebenso zweifelsfrei das Erklärungsbewusstsein, denn ihm war ***nicht*** klar, dass er mit dem Eintrag in die Liste eine von der äußeren Wirkung her rechtlich erhebliche Erklärung in den Rechtsverkehr bringt.

Problem: Es stellt sich demnach die Frage, ob trotz fehlenden Erklärungsbewusstseins dennoch vom Vorliegen einer Willenserklärung ausgegangen werden kann. Und das ist deshalb fraglich, weil wir oben ja gesehen haben, dass der innere Erklärungstatbestand einer Willenserklärung, zu dem das Erklärungsbewusstsein gehört, notwendig ist, um den Erklärenden und dessen Privatautonomie zu schützen. Ob trotz fehlenden Erklärungsbewusstseins eine Willenserklärung mit den daraus resultierenden Rechten und Pflichten vorliegen kann, ist streitig:

- Nach ***einer Meinung*** (Mindermeinung) ist das Erklärungsbewusstsein stets erforderlich und dessen Fehlen hindert das Vorliegen einer Willenserklärung; wer kein Erklärungsbewusstsein hat, gibt auch keine Willenserklärung ab, unabhängig davon, wie der Rechtsverkehr diese Erklärung verstehen durfte (OLG Düsseldorf OLGZ **1982**, 240; *Brehmer* in JuS 1986, 440; *Einsenhardt* in JZ 1986, 880; *Singer* in JZ 1989, 1034; *Hübner* AT Rz. 383; *Fabricius* in JuS 1966, 1, 8; *Wieacker* JZ 1967, 385; *Canaris* in NJW 1974, 521; *Thiele* in JZ 1969, 407).

Zur Begründung verweist diese Ansicht hauptsächlich auf die ***Privatautonomie*** des Erklärenden, die nicht verletzt werden dürfe. Jemand, der rechtsgeschäftlich nicht tätig werden wolle, dürfe nicht gegen diesen eigenen Willen behandelt werden, als hätte er eine Willenserklärung abgegeben. Im Übrigen folge dies auch aus **§ 118 BGB** (bitte lesen!), der für den Fall des fehlenden Erklärungsbewusstseins ausdrücklich die Nichtigkeit der Willenserklärung anordne. Da § 118 BGB den Fall der ***bewussten*** Erklärung ohne Erklärungsbewusstsein behandelt und die Nichtigkeit vorschreibe, müsse dies ***erst Recht*** für unbewusste Erklärung ohne entsprechendes Bewusstsein gelten.

- Nach ***anderer Auffassung*** (herrschende Meinung) hingegen hindert das fehlende Erklärungsbewusstsein ***nicht*** das Vorliegen einer Willenserklärung, wenn der Erklärende bei Anwendung der im Verkehr erforderlichen Sorgfalt hätte erkennen können, dass seine Erklärung vom Empfänger als Willenserklärung aufgefasst werden durfte (BGH WRP **2015**, 198; BGH WM **2012**, 122; BGH NJW **2010**, 2873; BGHZ **91**, 324; BGHZ **109**, 171; BGH NJW **1995**, 953; NK/*Feuerborn* vor § 116 BGB Rz. 7; *Bamberger/Roth/Wendtland* § 133 BGB Rz. 6; *Medicus/Petersen* BR Rz. 130; *Medicus* AT Rz. 607; *Palandt/Ellenberger* vor § 116 BGB Rz. 17; *Brox/Walker* AT Rz. 137; *Erman/Arnold* vor § 116 BGB Rz. 3; *Soergel/Hefermehl* vor § 116 BGB Rz. 12; *Ahrens* in JZ 1984, 986; *Röder* in JuS 1982, 125). Die Erklärung sei in diesem

Falle *wirksam*, jedoch stehe dem Erklärenden dann aber das Anfechtungsrecht aus § 119 Abs. 1 BGB zu.

Diese Auffassung stützt sich auf folgende Argumente: Die Schutzwürdigkeit des Empfängers bzw. des Rechtsverkehrs gebiete die Wirkung der Erklärung, da die Erklärung dem *Verantwortungsbereich* des Erklärenden entstamme (BGH WM **2012**, 122). Dieses Prinzip finde sich im Übrigen ausdrücklich in § 119 Abs. 1 BGB wieder, wonach die Erklärung, die man in der nach außen getretenen Form so nicht abgeben wollte, grundsätzlich wirksam, aber dafür *anfechtbar* sei (BGH WRP **2015**, 198). Des Weiteren sei die Privatautonomie – wie von der Gegenmeinung behauptet – nicht beschränkt, denn es bestehe ja grundsätzlich das Anfechtungsrecht, das eine rückwirkende Nichtigkeit des gesamten Geschäfts gemäß § 142 Abs. 1 BGB zur Folge hat. Schließlich sei § 118 BGB zur Begründung für das gegenteilige Ergebnis nicht geeignet, denn diese Vorschrift behandelt die *bewusst* nicht ernst gemeinte Erklärung, bei der die Erwartung besteht, dass der Rechtsverkehr diesen Mangel der Ernstlichkeit erkennt. In den Fällen der vorliegenden Art aber liege eine völlig andere Situation vor, nämlich die, dass der Erklärende hier zurechenbar nicht erkannt hat, dass der Rechtsverkehr seine Erklärung ernst nimmt.

Zum Fall: Nach der erstgenannten Meinung läge in unserem Fall *keine* Willenserklärung vor, denn dem M fehlt bei seiner Erklärung das Erklärungsbewusstsein. Nach der zweiten Auffassung aber muss sich M sein Verhalten als Willenserklärung zurechnen lassen, wenn er bei Anwendung der im Verkehr erforderlichen Sorgfalt hätte erkennen können, dass seine Erklärung vom Empfänger als Willenserklärung aufgefasst werden durfte. Und davon wird man hier ausgehen müssen, denn M hätte einfach nur fragen müssen, aus welchem Grund die Liste auf der Mitgliederversammlung herumgereicht wird. Hätte er dies getan und damit die im Verkehr erforderliche Sorgfalt beachtet, hätte er gemerkt, dass seine Erklärung als Willenserklärung aufgefasst wird.

ZE.: Wir wollen uns hier der herrschenden und in der Klausur unbedingt zu favorisierenden Meinung anschließen und können daher feststellen, dass das Eintragen in die Liste eine Willenserklärung gewesen ist (zur Streitdarstellung vgl. das Gutachten). Dem M fehlt zwar der innere Erklärungstatbestand in Form des Erklärungsbewusstseins, allerdings muss er sich so behandeln lassen, als hätte er eine wirksame Willenserklärung abgegeben. M hat einen wirksamen Antrag zum Abschluss eines Kaufvertrages über einen Trainingsanzug zum Preis von 70 Euro abgegeben.

II.) Diesen Antrag hat der H auch ***angenommen***, was spätestens dadurch erkennbar wird, dass er dem M den Anzug drei Tage später zuschickt.

ZE.: Es liegt ein wirksamer Kaufvertrag im Sinne des § 433 BGB über den Trainingsanzug zum Preis von 70 Euro zwischen H und M vor. Aus diesem Kaufvertrag ist M grundsätzlich verpflichtet, gemäß § 433 Abs. 2 BGB den Anzug abzunehmen und auch zu bezahlen.

Problem: Ist dieser Anspruch wieder untergegangen?

Achtung: An dieser Stelle muss man nun gut aufpassen, denn der M gibt bei genauer Betrachtung gleich ***zwei*** rechtlich relevante Erklärungen ab, die die Wirksamkeit des Vertrages und den möglichen Untergang des Kaufvertragsanspruchs des H betreffen könnten:

→ Zum einen verweigert M die Zahlung, weil er gar keinen Anzug bestellen, sondern vielmehr nur eine Anwesenheitsliste unterzeichnen wollte. Ihm fehlte insoweit, wie wir inzwischen wissen, das Bewusstsein, überhaupt eine rechtlich relevante Erklärung abzugeben (→ mangelndes Erklärungsbewusstsein). Diese Erklärung des M, er habe keinen Anzug bestellen wollen, könnte daher eine ***Anfechtung*** des Kaufvertrages gemäß den §§ 119 Abs. 1, 142 Abs. 1 BGB mit den Rechtsfolgen einer ***rückwirkenden*** Nichtigkeit des Vertrages (→ § 142 Abs. 1 BGB) sowie dem Untergang des Kaufpreisanspruchs bedeuten.

→ Zum anderen erklärt M gegenüber H ausdrücklich auch noch den »Widerruf jeglichen Vertrages« mit der Begründung, das Geschäft habe im Klubheim des Vereins stattgefunden und sei daher nicht verbindlich. Hinter dieser Erklärung könnte sich die Ausübung eines gesetzlichen Widerrufsrechts wegen eines »Vertrages außerhalb von Geschäftsräumen« gemäß den §§ 312b Abs. 1, 312g Abs. 1, 355 Abs. 1 BGB verbergen mit der Folge, dass sich das Schuldverhältnis bei Wirksamkeit des Widerrufs in ein Rückabwicklungsschuldverhältnis umwandeln und der Kaufpreisanspruch demzufolge ebenfalls untergehen würde (lies: **§§ 355 Abs. 1** und **Abs. 3, 357 Abs. 1** BGB).

Fazit: Beide Rechtsbehelfe würden demnach, sofern ihre Voraussetzungen vorliegen, den hier zu prüfenden Erfüllungsanspruch des H gegen M aus § 433 Abs. 2 BGB untergehen lassen.

Und jetzt?

Durchblick: Das gesetzliche Widerrufsrecht des Verbrauchers (hier: aus den §§ 312b Abs. 1, 312g Abs. 1, 355 ff. BGB) und das Anfechtungsrecht (hier: aus den §§ 119, 142 BGB) können zwar nebeneinander bestehen, allerdings nur ***alternativ*** ausgeübt bzw. geltend gemacht werden. Einen einmal wirksam angefochtenen Vertrag kann man nicht mehr widerrufen – und umgekehrt (PWW/*Ahrens* § 142 BGB Rz. 3; *Erman/Arnold* § 142 BGB Rz. 6; *Palandt/Ellenberger* § 142 BGB Rz. 2). Grundsätzlich hat der Verbraucher in solchen Situationen aber die Wahl: Er kann seine Willenserklärung widerrufen, auch wenn diese Willenserklärung zudem aus anderen Gründen noch anfechtbar wäre (BGH ZGS **2010**, 78; *Erman/Koch* § 355 BGB Rz. 15; PWW/*Stürner* § 355 BGB Rz. 3). Andererseits kann er auch dann seine Erklärung anfechten, wenn ihm parallel dazu ein vom Gesetz eingeräumtes Recht auf Widerruf zustehen würde (*Erman/Koch* § 355 BGB Rz. 15). Nur beides gemeinsam geht nicht. Welche der möglichen Varianten die betroffene Partei meint und für sich geltend machen möchte, muss man durch

Auslegung der Erklärung sowie nach dem mutmaßlichen Willen unter Berücksichtigung von Treu und Glauben bestimmen. Hierbei ist davon auszugehen, dass der im Zweifel rechtsunkundige Verbraucher – unabhängig vom Wortlaut seiner Erklärung – stets den ihm ***günstigeren Weg*** zur Auflösung des zunächst geschlossenen Vertrages gehen will (BGHZ **87**, 113; BGH ZIP **1982**, 1212; NK/*Ring* § 355 BGB Rz. 105; *Erman/Koch* § 355 BGB Rz. 15).

> Für die **Fallprüfung** heißt das nun Folgendes: Zunächst muss geklärt werden, ob tatsächlich zwei Wege zur Lösung vom Vertrag zur Verfügung stehen; ist dies der Fall, prüft man im zweiten Schritt mithilfe der Auslegung der jeweils abgegebenen Erklärung(en) und unter Berücksichtigung von Treu und Glauben, welcher der beiden Rechtsbehelfe vom Verbraucher mutmaßlich gewollt, weil nämlich konkret für ihn günstiger ist (*Erman/Koch* § 355 BGB Rz. 15).

Machen wir mal:

1.) Die Erklärung des M, er habe einen solchen Vertrag über den Trainingsanzug gar nicht abschließen, sondern nur die Mitgliederliste unterschreiben wollen, kann zum einen eine wirksame Anfechtung nach den **§§ 119 Abs. 1, 142 Abs. 1 BGB** sein, was auch kein wirkliches Problem darstellt, **denn**: In den Fällen, in denen trotz fehlenden Erklärungsbewusstseins ein Vertragsschluss angenommen wird, steht dem Erklärenden nach allgemeiner Ansicht das Anfechtungsrecht aus § 119 Abs. 1 BGB zu (BGH WRP **2015**, 198; BGHZ **109**, 171; OLG Dresden WM **1999**, 949; NK/*Feuerborn* vor § 116 BGB Rz. 7; PWW/*Ahrens* § 119 BGB Rz. 22; *Medicus* AT Rz. 607; *Palandt/Ellenberger* vor § 116 BGB Rz. 17). Mit der wirksamen Anfechtung wäre der Kaufvertrag dann gemäß § 142 Abs. 1 BGB als von Anfang an nichtig anzusehen (siehe oben).

Noch mal: Zunächst einmal ist – wie weiter oben erörtert – der Erklärende trotz fehlenden Erklärungsbewusstseins grundsätzlich an seine Erklärung, die er so ja gar nicht abgeben wollte, dennoch gebunden. Das haben wir oben geprüft und hauptsächlich damit begründet, dass der Rechtsverkehr von einer wirksamen Willenserklärung ausgehen musste und insoweit dann schutzbedürftig ist, als dass er auf die Gültigkeit der Erklärung vertrauen durfte (BGH WM **2012**, 122). Die nach außen getretene Erklärung des M war auszulegen aus der Sicht des ***Erklärungsempfängers***. Der Erklärende hat dafür aber nun die Möglichkeit, diesen einmal durch die Erklärung zustande gekommenen Vertrag mit einer Anfechtung nach den §§ 119, 142 BGB ***rückwirkend*** wieder zu vernichten. Der Vertrag wird dann so behandelt, als habe er ***nie*** bestanden (BGH WRP **2015**, 198; BGH NJW **2010**, 289; MüKo/*Busche* § 142 BGB Rz. 15; NK/*Feuerborn* § 142 BGB Rz. 7; PWW/*Ahrens* § 142 BGB Rz. 3; *Palandt/Ellenberger* § 142 BGB Rz. 2). Die Anfechtung erfolgt unter Einhaltung der Frist des § 121 BGB anhand einer Anfechtungserklärung nach § 143 BGB, in der übrigens das Wort »**Anfechtung**« nicht notwendig genannt werden muss; es genügt, dass zum Ausdruck kommt, dass der Berechtigte einen solchen Vertrag nicht habe abschließen wollen (BGH NJW-RR **1995**, 859; BGHZ **91**, 324). In unserem Fall gibt der M genau ***diese*** Erklärung ab, denn er sagt, er habe keinen Anzug bestellen, sondern nur die Mitgliederliste unterschreiben wollen (= Anfechtungserklärung).

Folge: Mit der möglichen Anfechtung des Vertrages würde dann der vertragliche Anspruch der Gegenseite aus § 433 Abs. 2 BGB erlöschen, denn ohne Vertrag (der wird ja rückwirkend vernichtet, vgl. § 142 Abs. 1 BGB) kann logischerweise auch kein »vertraglicher« Anspruch mehr bestehen (vgl. zu den Einzelheiten der Anfechtung weiter unten die Fälle 23-25). Als weitere Konsequenz einer solchen Anfechtung käme zudem eine Ersatzpflicht des Anfechtenden gemäß **§ 122 Abs. 1 BGB** (aufschlagen!), gerichtet auf den sogenannten **»Vertrauensschaden«** (auch »negatives Interesse«), in Betracht. M müsste dem H den Schaden ersetzen, den H »im Vertrauen auf die Gültigkeit des Vertrages« erlitten hat, und das wären im Zweifel die Portokosten für die Hin- und die Rücksendung des Trainingsanzuges, denn ohne Vertrauen auf die Gültigkeit des Vertrages hätte H den Anzug natürlich nicht verschickt.

ZE.: Der zunächst entstandene Erfüllungsanspruch des H gegen M aus § 433 Abs. 2 BGB wäre durch eine Anfechtung des M nach den §§ 142 Abs. 1, 119 Abs. 1 BGB rückwirkend wieder erloschen. M müsste allerdings gemäß § 122 Abs. 1 BGB dem H den ihm entstandenen Schaden ersetzen, den H durch das Vertrauen auf die Gültigkeit des Vertrages erlitten hat (= Portokosten für Hin- und Rücksendung).

2.) Möglicherweise hat M aber (auch) einen ***Widerruf*** gemäß den §§ 312b Abs. 1, 312g Abs. 1, 355 BGB erklärt. In diesem Falle entfielen gemäß §§ 357, 355 Abs. 1 und 3 BGB ebenfalls die vertraglichen Pflichten auf Erfüllung, die Parteien wären nämlich »nicht mehr an ihre auf den Vertragsschluss gerichteten Willenserklärungen gebunden«, bitte lies: **§ 355 Abs. 1 Satz 1 BGB**!

> Dazu müssten die **Voraussetzungen** für einen wirksamen Widerruf vorliegen: Angesichts der Schilderung im Sachverhalt kann insoweit zunächst davon ausgegangen werden, dass der Käufer M ein *Verbraucher* im Sinne des § 13 BGB und der Verkäufer H (»Sportartikelhändler«) ein *Unternehmer* im Sinne des § 14 Abs. 1 BGB ist. Des Weiteren muss es sich für einen wirksamen Widerruf des Vertrages gemäß den §§ 312b Abs. 1, 312g Abs. 1, 355 BGB mit den gerade geschilderten Rechtsfolgen um einen »Vertrag außerhalb von Geschäftsräumen« im Sinne des § 312b Abs. 1 BGB handeln, was vorliegend indessen zwanglos bejaht werden kann, **denn**: H und M befinden sich im Klubheim des örtlichen Fußballvereins, als M sein Vertragsangebot abgibt. Damit fehlt es offensichtlich an einem »Geschäftsraum« des H. Die Voraussetzungen des § 312b Abs. 1 Nr. 1 oder 2 BGB (abhängig davon, ob man einen Vertragsschluss schon ***im*** Klubheim annimmt) liegen mithin vor, es handelt sich um einen »Vertrag außerhalb der Geschäftsräume« (vgl. etwa MüKo/*Wendehorst* § 312b BGB Rz. 11 ff).

Folge: M steht grundsätzlich auch ein Widerrufsrecht aus **§ 312g Abs. 1 BGB** zu. Dieses Widerrufsrecht ist gemäß § 355 Abs. 2 BGB an eine 14-tägige Frist gebunden, die nach § 356 Abs. 2 Nr. 1a BGB vorliegend im Zeitpunkt des ***Warenerhaltes*** zu laufen beginnt. Hat der Unternehmer den Verbraucher über das Widerrufsrecht nicht unterrichtet, beträgt die Widerrufsfrist gemäß § 356 Abs. 3 Satz 2 BGB sogar ein Jahr und 14 Tage. Schließlich ist der Widerruf gemäß § 355 Abs. 1 Satz 2 BGB an keine Form gebunden, kann also auch mündlich und somit auch über das Telefon gegenüber dem Unternehmer erklärt werden. Und letztlich bedarf es gemäß der Vorschrift des § 355 Abs. 1 Satz 4 BGB für den Widerruf noch nicht einmal einer Begründung.

Hier: Unser M hat am Tage der Anlieferung des Anzugs gegenüber H am Telefon den »Widerruf jeglichen Vertrages« erklärt und folglich sämtliche oben aufgelisteten Voraussetzungen für einen wirksamen Widerruf erfüllt. Ob H die potentiellen Käufer über ein mögliches Widerrufsrecht auf der Liste oder anderweitig im Klubheim informiert bzw. unterrichtet hat (im SV steht davon nichts), ist daher unerheblich. M hat auf jeden Fall die Frist für die Erklärung des Widerrufs eingehalten.

ZE.: Der von M erklärte »Widerruf« unter Hinweis auf ein Geschäft im Klubheim wäre daher gemäß den §§ 312b Abs. 1, 312g Abs. 1, 355 ff. BGB grundsätzlich wirksam. M könnte folglich auch mithilfe dieser Widerrufserklärung die Primäransprüche aus dem mit H geschlossenen Vertrag gemäß **§ 355 Abs. 1 Satz 1 BGB** zum Untergang bringen, denn nach der gerade genannten Norm sind die Parteien bei einem wirksamen Widerruf – wie oben schon mal erwähnt – »nicht mehr an ihre auf den Vertragsschluss gerichteten Willenserklärungen gebunden«.

ZE.: Damit stehen M zur Auflösung des Vertrages tatsächlich zwei Rechtsbehelfe zur Verfügung, nämlich zum einen die Anfechtung des Vertrages gemäß den §§ 119, 142 BGB und zum anderen ein Widerruf gemäß den §§ 312b, 312g, 355 ff. BGB.

Es fragt sich somit, welcher der beiden Rechtsbehelfe der für M im konkreten Fall »günstigere« und damit von ihm mutmaßlich gewollt ist. Da die Erfüllungsansprüche nach beiden Varianten untergehen (siehe oben), kann es insoweit nur noch auf die Kosten der Versendung ankommen.

Und jetzt **aufgepasst**: Anders als bei der Anfechtung, wo der Anfechtende – wie weiter oben gesehen – gemäß § 122 Abs. 1 BGB in jedem Falle den Vertrauensschaden des Anfechtungsgegners zu tragen hat (was vorliegend im Zweifel sowohl die Hin- als auch die Rücksendekosten bedeutet), verteilt das Gesetz die Kostentragungslast bzgl. Versendung im Falle des Widerrufs tendenziell zulasten des Unternehmers/Verkäufers, und zwar so: Gemäß **§ 357 Abs. 6 Satz 1 BGB** (aufschlagen!) trägt der den Vertrag widerrufende Verbraucher grundsätzlich nur die unmittelbaren Kosten der ***Rücksendung*** der Kaufsache. **Und**: Das gilt gemäß **§ 312e BGB** auch nur dann, wenn der Unternehmer den Verbraucher über diese gesetzliche Kostentragungspflicht im Sinne des Art. 246a § 1 Abs. 2 Satz 1 Nr. 2 EGBGB vorher ***informiert*** hat – wofür der Unternehmer übrigens die Beweislast trägt (*Palandt/Grüneberg* § 357 BGB Rz. 7). Hat der Unternehmer den Verbraucher nicht über die möglichen Rücksendekosten informiert oder kann er eine solche Information des Verbrauchers nicht nachweisen, trägt der Unternehmer auch die Kosten der Rücksendung (§ 312e BGB). **Und, logisch**: Die Kosten der Versendung/ Anlieferung trägt gemäß § 357 Abs. 2 Satz 1 BGB sowieso grundsätzlich der Unternehmer (MüKo/*Fritsche* § 357 BGB Rz. 12; *Erman/Koch* § 357 BGB Rz. 3; *Palandt/*

Grüneberg § 357 BGB Rz. 3); beachte insoweit aber bitte auch den § 357 Abs. 2 Satz 2 BGB, der diese Kostentragungspflicht nach oben hin begrenzt.

Zum Fall: Vorliegend können wir somit feststellen, dass aus Sicht des M in jedem Falle der ***Widerruf*** gemäß den §§ 312b Abs. 1, 312g Abs. 1, 355 BGB die im Vergleich zur Anfechtung günstigere und demnach sinnvollere Variante wäre. Bei der Anfechtung wäre M nach § 122 Abs. 1 BGB nämlich weiterhin zum Ersatz des »Vertrauensschadens« verpflichtet, was in der Regel sowohl die Kosten der Hin- als auch die Kosten der Rücksendung des Trainingsanzuges bedeuten würde (siehe oben). Beim Widerruf wäre M indes gemäß § 357 Abs. 6 Satz 1 BGB lediglich zur Tragung der ***Rücksendekosten*** verpflichtet. Und wenn wir davon ausgehen, dass auf der im Klubheim herumgereichten Liste kein Wort von einer möglichen Kostentragungspflicht vermerkt ist (im Sachverhalt steht auch hiervon nichts), entfällt wegen der Regelung aus § 312e BGB in Verbindung mit Art. 246a § 1 Abs. 2 Satz 1 Nr. 2 EGBGB auch diese Pflicht des M. Der M müsste folglich bei einem wirksam erklärten Widerruf im vorliegenden Fall gar nichts zahlen; seine einzige Pflicht bestünde darin, den Trainingsanzug innerhalb von 14 Tagen nach Abgabe der Widerrufserklärung an H (auf dessen Kosten!) zurück zu schicken, bitte lies: § 357 Abs. 1 und 355 Abs. 3 Satz 2 und Satz 3 BGB (vgl. MüKo/*Fritsche* § 355 BGB Rz. 56).

<u>ZE.</u>: Die Auslegung der Erklärungen des M gegenüber H ergibt, dass M den Vertrag mit H nicht anfechten, sondern ***widerrufen*** wollte. Aufgrund dieses Widerrufs sind die beiderseitigen Erfüllungsansprüche gemäß § 355 Abs. 1 Satz 1 BGB erloschen.

Ergebnis: H steht gegen M kein Anspruch auf Zahlung und Abnahme des Trainingsanzuges aus § 433 Abs. 2 BGB zu.

Anspruch des H gegen M auf Erstattung der Versendungskosten

<u>AGL.</u>: § 357 Abs. 6 Satz 1 BGB

Aber: Wie soeben erörtert, gewährt das Gesetz im Falle des (wirksamen) Widerrufs dem Unternehmer gemäß § 357 Abs. 6 Satz 1 BGB zum einen sowieso nur die Kosten der Rücksendung. Im vorliegenden Fall scheidet freilich selbst diese Zahlungspflicht aus, da nicht erkennbar ist, dass H den M über eine möglichen Kostentragungspflicht gemäß Art. 246a § 1 Abs. 2 Satz 1 Nr. 2 EGBGB informiert hat (§ 312e BGB). In diesem Falle aber trägt der Unternehmer gemäß § 357 Abs. 2 Satz 1 BGB sowohl die Kosten der Hin- als auch die Kosten der Rücksendung (MüKo/*Fritsche* § 357 BGB Rz. 12; *Erman/Koch* § 357 BGB Rz. 7). Der Unternehmer kann lediglich verlangen, dass der Verbraucher die Kaufsache innerhalb von 14 Tagen nach der Widerrufserklärung an ihn zurückschickt, vgl. § 357 Abs. 1 in Verbindung mit § 355 Abs. 3 Satz 2 und 3 BGB.

Ergebnis: H stehen gegen M keinerlei Zahlungsansprüche zu. M muss den Trainingsanzug nur innerhalb von 14 Tagen nach dem erklärten Widerruf an H zurückschicken.

Und noch ein kleines Schmankerl zum Abschluss

Wir haben uns weiter oben mit dem fehlenden Erklärungsbewusstsein beschäftigt und gesehen, dass dies für die Wirksamkeit der Willenserklärung bzw. des Vertrages zunächst einmal unbeachtlich ist. An diese Stelle gehört nun auch die oberberühmte und in Prüfungsarbeiten immer wieder gerne abgefragte Geschichte um die **»Trierer Weinversteigerung«** (MüKo/*Armbrüster* § 119 BGB Rz. 93; *Brox/Walker* AT Rz. 85/137; NK/*Feuerborn* vor § 116 BGB Rz. 7; *Dötsch* in MietRB 2010, 240; erwähnt auch in LAG Hamm in NZA-RR **2000**, 27–32), die wir uns hier am Ende noch kurz anschauen wollen. Folgendes hatte sich zugetragen:

> Der ortsfremde O betritt in Trier (→ Rheinland-Pfalz) eine Gaststätte, in der gerade eine Weinversteigerung stattfindet. Als O zufällig einen Bekannten im Saal sieht, hebt er zum Gruß die Hand und erhält prompt vom Auktionator den Zuschlag (bitte lies: **§ 156 BGB**) für ein Weinfass, das genau in diesem Moment zur Versteigerung aufgerufen wurde. **Frage**: Muss O, der die Bedeutung seines Handhebens bei einer Versteigerung nicht kannte, zahlen?

Lösung: Auch hier haben wir es mit einem Fall des fehlenden Erklärungsbewusstseins zu tun, denn O wollte zwar handeln (= Handlungswille), ihm war aber nicht bekannt, dass er mit dem Handheben bei der Versteigerung eine rechtliche bedeutsame Erklärung abgab (= fehlendes Erklärungsbewusstsein).

Wie das rechtlich zu beurteilen ist, wissen wir mittlerweile, wollen hier aber bitte noch die Feinheit beachten, dass die Erklärung des O – im Unterschied zur Erklärung unseres M im Ausgangsfall – sogar nur ***schlüssig*** erfolgt (Handheben = Gebot), was aber die rechtliche Bewertung letztlich nicht ändert: Auch hier muss sich der Erklärende (O) so behandeln lassen, als hätte er eine ***wirksame*** Willenserklärung abgegeben, obwohl ihm das Erklärungsbewusstsein fehlt (vgl. instruktiv MüKo/*Armbrüster* § 119 BGB Rz. 93/94 und NK/*Feuerborn* vor § 116 BGB Rz. 7; vgl. auch *Dötsch* in MietRB 2010, 240; BGHZ **109**, 171; gegen die Annahme einer Willenserklärung: *Wolf/Neuner* § 32 Rz. 11/20). Schutzwürdig ist der Rechtsverkehr, konkret der Auktionator, der auf die Gültigkeit der Erklärung vertrauen durfte. Ein Kaufvertrag im Sinne des § 433 BGB über das Weinfass ist folglich mit dem Zuschlag nach § 156 BGB zustande gekommen. Diesen Vertrag kann O aber nach den §§ 119 Abs. 1, 142 Abs. 1 BGB ***anfechten*** und das Geschäft damit ***rückwirkend*** vernichten. Und sofern dem Auktionator dann im Vertrauen auf die Gültigkeit der Erklärung ein Schaden entstanden wäre, könnte er diesen nach der Vorschrift des **§ 122 Abs. 1 BGB** von O ersetzt verlangen. Alles klar!? Gut.

Gutachten

H könnte gegen M einen Anspruch auf Zahlung der 70 Euro aus § 433 Abs. 2 BGB haben.

Voraussetzung für das Bestehen des Anspruchs ist ein Kaufvertrag im Sinne des § 433 BGB zwischen M und H über den Anzug zum Preis von 70 Euro. Ein solcher Kaufvertrag setzt sich zusammen aus zwei übereinstimmenden Willenserklärungen, dem Antrag und der Annahme.

I.) Der Antrag könnte im vorliegenden Fall von M ausgegangen sein, als M sich mit Namen und Adresse in die Liste einträgt. Dann muss aus diesem Eintrag erkennbar sein, dass M einen Trainingsanzug zum Preis von 70 Euro kaufen will; in diesem Falle könnte H mit einem schlichten »Ja« den Vertrag zustande bringen, und das Einschreiben in die Liste wäre ein Antrag im Sinne der §§ 145 ff. BGB.

Es fragt sich indessen, ob der Eintrag in die Liste auch als Willenserklärung gewertet werden kann. Eine Willenserklärung setzt sich zusammen aus einem inneren und einem äußeren Erklärungstatbestand.

1.) Der H musste den Eintrag des M in die Liste aus seiner Sicht als eine solche Erklärung werten, denn er hatte den Vereinspräsidenten entsprechend beauftragt und konnte somit davon ausgehen, dass jeder, der sich in die Liste einträgt, einen Trainingsanzug bestellen wollte. In der äußeren Erscheinung handelt es sich folglich bei dem Eintrag in die Liste um einen Antrag und somit auch um eine Willenserklärung. Der äußere Erklärungstatbestand einer Willenserklärung liegt damit vor.

2.) Fraglich ist aber, ob auch der innere Erklärungstatbestand der Willenserklärung bei M vorliegt. Dies ist deshalb problematisch, weil M aus seiner Sicht keine rechtlich erhebliche Erklärung abgeben, sondern nur die rechtlich unerhebliche Mitgliederliste unterschreiben wollte.

a) Zum inneren Erklärungstatbestand einer Willenserklärung gehören zum einen der sogenannte Handlungswille und zum anderen das sogenannte Erklärungsbewusstsein. Handlungswille bedeutet, dass der Erklärende das Bewusstsein gehabt haben muss, überhaupt zu handeln, also einen bewussten Willensakt zu tätigen, der auf die Vornahme äußeren Verhaltens gerichtet ist. Dieser Handlungswille ist vorliegend nicht problematisch, der M weiß, als er sich in die Liste einträgt, dass er handelt.

b) Das Erklärungsbewusstsein beinhaltet den Umstand, dass der Erklärende weiß, dass seine Handlung eine rechtserhebliche Erklärung darstellen kann. Der Erklärende muss das Bewusstsein haben, eine für den Rechtsverkehr bedeutsame Erklärung abzugeben. Im vorliegenden Fall ist insoweit nun zunächst festzustellen, dass der M zwar mit einem Handlungswillen ausgestattet war, denn er wusste, dass er handelt. Allerdings fehlt M das Erklärungsbewusstsein, ihm war nicht klar, dass er mit dem Eintrag in die Liste eine von der äußeren Wirkung her rechtlich erhebliche Erklärung in den Rechtsverkehr bringt. Es stellt sich demnach die Frage, ob trotz fehlenden Erklärungsbewusstseins dennoch vom Vorliegen einer Willenserklärung ausgegangen werden kann. Die Beantwortung dessen ist streitig:

aa) Nach einer Meinung sei das Erklärungsbewusstsein stets erforderlich und dessen Fehlen hindere das Vorliegen einer Willenserklärung; wer kein Erklärungsbewusstsein habe, gebe auch keine Willenserklärung ab, unabhängig davon, wie der Rechtsverkehr diese Erklärung verstehen durfte. Dies wird mit der Privatautonomie des Erklärenden, die nicht verletzt werden dürfe, begründet. Jemand, der rechtsgeschäftlich nicht tätig werden wolle, dürfe nicht gegen seinen eigenen Willen behandelt werden, als hätte er eine Willenserklärung abgegeben. Im Übrigen folge dies auch aus § 118 BGB, der für den Fall des fehlenden Erklärungsbewusstseins ausdrücklich die Nichtigkeit der Willenserklärung anordne. Da § 118 BGB den Fall der bewussten Erklärung ohne Erklärungsbewusstsein behandelt und die Nichtigkeit vorschreibe, müsse dies erst Recht für unbewusste Erklärung ohne entsprechendes Bewusstsein gelten.

bb) Dieser Auffassung kann jedoch nicht gefolgt werden. Das fehlende Erklärungsbewusstsein hindert dann nicht das Vorliegen einer Willenserklärung, wenn der Erklärende bei Anwendung der im Verkehr erforderlichen Sorgfalt hätte erkennen können, dass seine Erklärung vom Empfänger als Willenserklärung aufgefasst werden durfte. Die Erklärung ist in diesem Falle wirksam, dem Erklärenden steht aber das Anfechtungsrecht aus § 119 Abs. 1 BGB zu.

Die Schutzwürdigkeit des Empfängers bzw. des Rechtsverkehrs gebietet die Wirkung der Erklärung, da die Erklärung dem Verantwortungsbereich des Erklärenden entstammt. Dieses Prinzip findet sich ausdrücklich in § 119 Abs. 1 BGB wieder, wonach die Erklärung, die man in der nach außen getretenen Form so nicht abgeben wollte, grundsätzlich wirksam, aber dafür anfechtbar ist.

Des Weiteren ist die Privatautonomie – wie von der Gegenmeinung behauptet – nicht beschränkt, denn es besteht grundsätzlich das Anfechtungsrecht, das eine rückwirkende Nichtigkeit des gesamten Geschäfts gemäß § 142 Abs. 1 BGB zur Folge hat. Schließlich ist § 118 BGB zur Begründung für das gegenteilige Ergebnis nicht geeignet, denn diese Vorschrift behandelt die bewusst nicht ernst gemeinte Erklärung, bei der die Erwartung besteht, dass der Rechtsverkehr diesen Mangel der Ernstlichkeit erkennt. In den Fällen der vorliegenden Art aber liegt eine völlig andere Situation vor, nämlich die, dass der Erklärende hier zurechenbar nicht erkannt hat, dass der Rechtsverkehr seine Erklärung ernst nimmt.

Im vorliegenden Fall muss sich M demnach sein Verhalten als Willenserklärung zurechnen lassen, wenn er bei Anwendung der im Verkehr erforderlichen Sorgfalt hätte erkennen können, dass seine Erklärung vom Empfänger als Willenserklärung aufgefasst werden durfte. Und davon ist hier auszugehen, M hätte einfach nur fragen müssen, aus welchem Grund die Liste auf der Mitgliederversammlung herumgereicht wird. Hätte er dies getan und damit die im Verkehr erforderliche Sorgfalt beachtet, hätte er gemerkt, dass seine Erklärung als Willenserklärung aufgefasst wird.

Es ist daher festzustellen, dass das Eintragen in die Liste eine Willenserklärung gewesen ist. Dem M fehlt zwar der innere Erklärungstatbestand in Form des Erklärungsbewusstseins, allerdings muss er sich so behandeln lassen, als hätte er eine wirksame Willenserklärung abgegeben. M hat einen wirksamen Antrag zum Abschluss eines Kaufvertrages über einen Trainingsanzug zum Preis von 70 Euro abgegeben.

II.) Diesen Antrag hat der H angenommen, was spätestens dadurch erkennbar wird, dass er M den Anzug zuschickt.

Zwischenergebnis: Es liegt somit ein wirksamer Kaufvertrag im Sinne des § 433 BGB über den Trainingsanzug zum Preis von 70 Euro zwischen H und M vor. Aus diesem Kaufvertrag ist M grundsätzlich verpflichtet, gemäß § 433 Abs. 2 BGB den Anzug abzunehmen und auch zu bezahlen.

III.) Dieser Anspruch des H gegen M aus § 433 Abs. 2 BGB könnte aber wieder untergegangen sein.

Insoweit beachtlich ist zunächst der Umstand, dass M gegenüber H zwei unterschiedliche Erklärungen abgibt, die rechtlich relevant sein können. Zum einen meint M, er habe gar keinen Vertrag schließen, sondern nur die Mitgliederliste unterschreiben wollen. Des Weiteren erklärt M gegenüber H den »Widerruf jeglichen Vertrages«, da das Geschäft im Klubheim des Fußballvereins geschlossen worden sei. Es kommen damit zum einen eine Anfechtung wegen eines Erklärungsirrtums gemäß den §§ 119, 142 BGB und zum anderen ein Widerruf gemäß den §§ 312b, 312g, 355 ff. BGB in Betracht. Nach beiden Rechtsinstituten würden, sofern deren Voraussetzungen vorliegen, die Erfüllungsansprüche aus dem Vertrag erlöschen. Es fragt sich somit, welches der beiden Rechtsinstitute für den M im vorliegenden Fall in Betracht kommt und namentlich in welchem Konkurrenzverhältnis Anfechtung und Widerruf zueinander stehen.

Das Widerrufsrecht und das Anfechtungsrecht können zwar nebeneinander bestehen, allerdings nur alternativ ausgeübt bzw. geltend gemacht werden. Welche der möglichen Varianten die betroffene Partei für sich geltend machen möchte, ist durch Auslegung und nach dem mutmaßlichen Willen unter Berücksichtigung von Treu und Glauben zu bestimmen. Hierbei ist davon auszugehen, dass der im Zweifel rechtsunkundige Verbraucher – unabhängig vom Wortlaut seiner Erklärung – stets den ihm günstigeren Weg zur Auflösung des zunächst geschlossenen Vertrages gehen will.

Es ist daher zunächst zu klären, ob die beiden oben genannten Rechtsbehelfe vorliegend überhaupt tatbestandlich zur Verfügung stehen, um anschließend mithilfe der Auslegung der abgegebenen Erklärungen zu prüfen, welchen Weg der M sinnvollerweise beschreiten kann.

1.) In den Fällen, in denen trotz fehlenden Erklärungsbewusstseins ein Vertragsschluss angenommen wird, steht dem Erklärenden nach allgemeiner Auffassung das Anfechtungsrecht aus § 119 Abs. 1 BGB zu. M kann seine Willenserklärung somit anfechten nach den §§ 119 Abs. 1, 142 Abs. 1 BGB und damit das einmal zustande gekommene Rechtsgeschäft rückwirkend wieder vernichten.

Die Anfechtung erfolgt anhand einer Anfechtungserklärung nach § 143 BGB, in der das Wort »Anfechtung« nicht notwendig genannt werden muss; es genügt, dass der Wille zum Ausdruck kommt, dass der Berechtigte einen solchen Vertrag nicht habe abschließen wollen. Im vorliegenden Fall gibt der M diese Erklärung ab, er sagt, er habe keinen Anzug bestellen, sondern nur die Mitgliederliste unterschreiben wollen. Dies ist als Anfechtungserklärung im vorbenannten Sinne zu werten. Die Erklärung des M könnte daher zum einen als wirksame Anfechtung des Rechtsgeschäfts mit H gewertet werden. Der zunächst entstandene Anspruch aus § 433 Abs. 2 BGB wäre durch die Anfechtung des M dann nach den §§ 142 Abs. 1, 119 Abs. 1 BGB rückwirkend wieder erloschen.

2.) Möglicherweise hat M aber (auch) einen Widerruf gemäß den §§ 312b Abs. 1, 312g Abs. 1, 355 BGB erklärt. Lägen die Voraussetzungen eines wirksamen Widerrufs vor, entfielen gemäß § 355 Abs. 1 und 3 BGB in Verbindung mit § 357 Abs. 1 BGB ebenfalls die vertraglichen Pflichten auf Erfüllung, die Parteien wären gemäß § 355 Abs. 1 Satz 1 BGB an ihre auf den Vertragsschluss gerichteten Willenserklärungen nicht mehr gebunden.

Dazu müssten die Voraussetzungen für einen wirksamen Widerruf nach den genannten Vorschriften vorliegen. Angesichts der Schilderung im Sachverhalt kann insoweit zunächst davon ausgegangen werden, dass der Käufer M ein Verbraucher im Sinne des § 13 BGB und der Verkäufer H (»Sportartikelhändler«) ein Unternehmer im Sinne des § 14 Abs. 1 BGB ist. Weitere Voraussetzung für einen wirksamen Widerruf des Vertrages gemäß den §§ 312b Abs. 1, 312g Abs. 1, 355 BGB mit den gerade geschilderten Rechtsfolgen ist das Vorliegen eines »Vertrages außerhalb von Geschäftsräumen« im Sinne des § 312b Abs. 1 BGB. Dies begegnet vorliegend indessen keinen Bedenken: H und M befinden sich im Klubheim des örtlichen Fußballvereins, als M sein Vertragsangebot abgibt. Dieses Klubheim des Fußballvereins ist kein Geschäftsraum des H. Folglich liegen die im Gesetz formulierten Voraussetzungen des § 312b Abs. 1 Nr. 2 BGB und demnach auch ein »Vertrag außerhalb der Geschäftsräume« vor. Sollte der Vertragsschluss bereits im Klubheim erfolgt sein, wäre es ein Fall des § 312b Abs. 1 Nr. 1 BGB.

Somit steht M neben der Anfechtung wegen Irrtums grundsätzlich auch ein Widerrufsrecht aus § 312g Abs. 1 BGB zu. Dieses Widerrufsrecht ist gemäß § 355 Abs. 2 BGB an eine 14-tägige Frist gebunden, die nach § 356 Abs. 2 Nr. 1a BGB vorliegend im Zeitpunkt des Warenerhaltes zu laufen beginnt. Hat der Unternehmer den Verbraucher über das Widerrufsrecht nicht unterrichtet, beträgt die Widerrufsfrist gemäß § 356 Abs. 3 Satz 2 BGB sogar ein Jahr und 14 Tage. Schließlich ist der Widerruf gemäß § 355 Abs. 1 Satz 2 BGB an keine Form gebunden, kann also auch mündlich und somit über das Telefon gegenüber dem Unternehmer erklärt werden. M hat am Tage der Anlieferung des Anzugs gegenüber H am Telefon den »Widerruf jeglichen Vertrages« erklärt und folglich sämtliche oben aufgelisteten Voraussetzungen für einen wirksamen Widerruf erfüllt. Ob H die potentiellen Käufer über ein mögliches Widerrufsrecht auf der Liste im Klubheim informiert bzw. unterrichtet hat, ist daher unerheblich. M hat auf jeden Fall die Frist für die Erklärung des Widerrufs eingehalten.

Der von M erklärte »Widerruf« unter Hinweis auf ein Geschäft im Klubheim wäre daher gemäß den §§ 312b Abs. 1, 312g Abs. 1, 355 ff. BGB grundsätzlich wirksam. M könnte folglich auch mithilfe dieser Widerrufserklärung die Primäransprüche aus dem mit H geschlossenen Vertrag gemäß § 355 Abs. 1 Satz 1BGB wieder zum Untergang bringen.

Zwischenergebnis Damit stehen M zur Auflösung des Vertrages zwei Rechtsbehelfe zur Verfügung, zum einen die Anfechtung des Vertrages gemäß den §§ 119, 142 BGB und zum anderen ein Widerruf gemäß den §§ 312b, 312g, 355 ff. BGB.

3.) Es ist somit abschließend zu klären, welcher der beiden Rechtsbehelfe der für M im konkreten Fall günstigere ist. Da die Erfüllungsansprüche nach beiden Varianten untergehen würden, kann es insoweit nur noch auf die Kosten der Versendung des Trainingsanzuges ankommen.

In Betracht kommt zunächst die vorrangige Ausübung des Anfechtungsrechts, da hierdurch das Rechtsgeschäft rückwirkend vernichtet würde und für den Anfechtenden lediglich der Ersatz des Vertrauensschadens aus § 122 Abs. 1 BGB fällig wird. Gegen diesen Weg bestehen im vorliegenden Fall indes Bedenken: Anders als bei der Anfechtung, wo der Anfechtende, wie gerade gesehen, gemäß § 122 Abs. 1 BGB den Vertrauensschaden des Anfechtungsgegners zu tragen hat, was im Zweifel sowohl die Hin- als auch die Rücksendekosten der Ware sind, verteilt das Gesetz die Kostentragungslast im Falle des Widerrufs tendenziell zulasten des Unternehmers. Gemäß § 357 Abs. 6 Satz 1 BGB trägt der den Vertrag widerrufende Verbraucher grundsätzlich nur die unmittelbaren Kosten der Rücksendung der Kaufsache. Und dies gilt gemäß § 357 Abs. 6 Satz 1 BGB auch nur dann, wenn der Unternehmer den Verbraucher über diese gesetzliche Kostentragungspflicht im Sinne des Art. 246a § 1 Abs. 2 Satz 1 Nr. 2 EGBGB vorher informiert hat. Hat der Unternehmer den Verbraucher nicht über die möglichen Rücksendekosten informiert oder kann er eine solche Information des Verbrauchers nicht nachweisen, trägt der Unternehmer auch die Kosten der Rücksendung. Die Kosten der Lieferung trägt gemäß § 357 Abs. 2 Satz 1 BGB grundsätzlich der Unternehmer.

Vorliegend kann somit festgestellt werden, dass aus Sicht des M der Widerruf gemäß den §§ 312b Abs. 1, 312g Abs. 1, 355 ff. BGB die im Vergleich zur Anfechtung günstigere und damit sinnvollere Variante wäre. Bei der Anfechtung wäre M nach § 122 Abs. 1 BGB weiterhin zum Ersatz des Vertrauensschadens verpflichtet, womit sowohl die Kosten der Hin- als auch die Kosten der Rücksendung des Trainingsanzuges umfasst wären. Beim Widerruf wäre M indes gemäß § 357 Abs. 6 Satz 1 BGB lediglich zur Tragung der Rücksendekosten verpflichtet. Ausgehend davon, dass auf der im Klubheim herumgereichten Liste kein Wort von einer möglichen Kostentragungspflicht vermerkt ist, entfällt wegen der Regelung aus § 357 Abs. 6 Satz 1 BGB in Verbindung mit Art. 246a § 1 Abs. 2 Satz 1 Nr. 2 EGBGB vorliegend auch diese Pflicht des M. Der M müsste folglich im hier zu entscheidenden Fall gar nichts zahlen.

Seine einzige Pflicht bestünde gemäß § 357 Abs. 1 und 355 Abs. 3 Satz 2 und Satz 3 BGB darin, den Trainingsanzug innerhalb von 14 Tagen nach Abgabe der Widerrufserklärung an H – auf dessen Kosten – zurück zu schicken.

Zwischenergebnis: Die Auslegung der Erklärung des M gegenüber H ergibt, dass M den Vertrag mit H nicht anfechten, sondern widerrufen wollte. Aufgrund dieses Widerrufs sind die beiderseitigen Erfüllungsansprüche gemäß § 355 Abs. 1 Satz 1 BGB erloschen.

Ergebnis: H steht gegen M kein Anspruch auf Zahlung und Abnahme des Trainingsanzuges aus § 433 Abs. 2 BGB zu.

Anspruch des H gegen M auf Erstattung der Versendungskosten

H könnte gegen M einen Anspruch auf Zahlung der Versendungskosten aus § 357 Abs. 6 Satz 1 BGB zustehen.

Wie soeben erörtert, gewährt das Gesetz im Falle des wirksamen Widerrufs dem Unternehmer indes gemäß § 357 Abs. 6 Satz 1 BGB zum einen nur die Kosten der Rücksendung.

Im vorliegenden Fall scheidet freilich selbst diese Zahlungspflicht aus. Es ist nicht erkennbar, dass H den M über einer möglichen Kostentragungspflicht gemäß Art. 246a § 1 Abs. 2 Satz 1 Nr. 2 EGBGB informiert hat. In diesem Falle aber trägt der Unternehmer gemäß § 357 Abs. 2 Satz 1 BGB sowohl die Kosten der Hin- als auch die Kosten der Rücksendung. Der Unternehmer kann lediglich verlangen, dass der Verbraucher die Kaufsache innerhalb von 14 Tagen nach der Widerrufserklärung an ihn zurückschickt, dies ergibt sich aus § 357 Abs. 1 in Verbindung mit § 355 Abs. 3 Satz 2 und 3 BGB.

Ergebnis: H stehen gegen M keinerlei Zahlungsansprüche zu. M muss den Trainingsanzug nur innerhalb von 14 Tagen nach dem erklärten Widerruf zurückschicken.

Fall 4

Dancing-Queen

Rechtsstudentin R sucht für ihre Geburtstagsfeier am 25.05. einen Diskjockey und telefoniert – nach vorheriger Kontaktaufnahme per E-Mail – am 05.05. mit dem Musikstudenten M, der ihr mitteilt, dass er zum Preis von 250 Euro bereit sei, am 25.05. abends zu erscheinen und für die Musik zu sorgen; an dieses Angebot fühle er sich bis zum 10.05. gebunden. R bedankt sich und verspricht, rechtzeitig Bescheid zu geben. Am frühen Vormittag des 10.05. übermittelt R dem M per E-Mail ihre Zustimmung. Diese E-Mail wird wenige Augenblicke später auf dem Rechner des Internetanbieters des M gespeichert.

Abrufen kann M die Mail allerdings zunächst nicht, da er am 09.05. unverschuldet in einen Verkehrsunfall verwickelt worden war und wegen einer Gehirnerschütterung anschließend vier Tage stationär behandelt werden muss. M kehrt erst am 13.05. aus dem Krankenhaus zurück und ruft nun seine E-Mails ab. Da er dort – neben der Zusage der R – auch ein finanziell lukrativeres Angebot für den 25.05. findet, ruft M die R an und erklärt, er werde am 25.05. nicht erscheinen, die Annahme der R sei verspätet. R meint, sie habe rechtzeitig zugesagt – und besteht auf Erfüllung des Vertrages.

Zu Recht?

> **Schwerpunkte:** Wirksamwerden einer Willenserklärung; Abgabe und Zugang im Sinne des § 130 Abs. 1 Satz 1 BGB; räumlicher Machtbereich bei Internetverkehr; Möglichkeit der Kenntnisnahme einer Willenserklärung bei Krankheit und Ortsabwesenheit. Im Anhang: Zugang von Briefsendungen und Einschreiben.

Lösungsweg

Anspruch der R gegen M auf Erfüllung des Vertrages

<u>AGL.</u>: **§ 311 Abs. 1 BGB (»Diskjockeyvertrag«)**

Vorab: Wir haben im Fall Nr. 2 weiter oben – das war die Geschichte mit der Geburtstagseinladung– schon gelernt, dass es in der Rechtswirklichkeit durchaus Vereinbarungen geben kann, die das BGB nicht ausdrücklich nennt und geregelt hat. Und dazu gehört auch der hier in Frage stehende Vertrag über die Arbeit eines Diskjockeys; die steht so natürlich nirgendwo im BGB. Verträge mit »**Künstlern**« im weitesten Sinne lassen sich je nach Inhalt der Vereinbarung entweder als Dienstverträge nach § 611 BGB, als Werkverträge gemäß § 631 BGB oder aber als gemischte Verträge – ohne konkrete Zuordnung an einen gesetzlich geregelten Fall – im Sinne des § 311 BGB subsumieren (PWW/*Lingemann* § 611 BGB Rz. 23; *Palandt/Sprau* vor § 631 BGB Rz. 26). Wir wollen es uns nun im vorliegenden Fall insoweit einfach machen, die gerade erwähnte Abgrenzungsproblematik im Hinblick auf die Vertragsart außen vor lassen und den **§ 311 Abs. 1 BGB**, der die im Bürgerlichen Recht geltende ***Vertragsfreiheit*** normiert und daher auf alle gemischten Verträge passt, als Anspruchsgrundlage wählen (*Erman/Kindl* § 311 BGB Rz. 1; PWW/*Stürner* § 311 BGB Rz. 1). Das ist hier deshalb zulässig und vor allem auch sinnvoll, weil es auf die konkrete Art des Vertrages augenscheinlich nicht ankommt (darüber streiten die Parteien gar nicht!), sondern vielmehr allein fraglich ist, ob ***überhaupt*** eine wirksame Einigung vorliegt. In solchen Fällen ärgert man den Prüfer, wenn man ihn mit Fragen bzw. Antworten belästigt, die für die Lösung unerheblich sind. Merken.

Die Verträge nach § 311 BGB nennt man übrigens dann Verträge »sui generis« (zu Deutsch: »eigener Art«), und sie können selbstverständlich auch Anspruchsgrundlage sein. Man zitiert in der Klausur bitte nur den § 311 BGB.

Voraussetzungen eines Anspruchs aus § 311 Abs. 1 BGB:

Es muss ein Vertrag über die Leistung des M zum Preis von 250 Euro zwischen R und M zustande gekommen sein. Dafür erforderlich sind, wie bei jedem Vertrag, zwei übereinstimmende Willenserklärungen, der *Antrag* und die *Annahme*.

I.) Der Antrag

Im vorliegenden Fall kann der Antrag von M ausgegangen sein und gesehen werden im Telefonat vom 05.05., wenn dieses Telefonat bzw. die dort von M abgegebene Erklärung alle Voraussetzungen erfüllt, die an einen Antrag zu stellen sind.

> **Definition:** Ein *Antrag* im Sinne der §§ 145 ff. BGB ist eine empfangsbedürftige Willenserklärung und muss von seinem Gegenstand und seinem Inhalt her so formuliert sein, dass der andere Vertragsteil mit einem schlichten »**Ja**« den Vertrag zustande bringen kann (BGH NJW **2013**, 598; BAG NJW **2006**, 1832; BGH NJW **1990**, 1234; MüKo/*Busche* § 145 BGB Rz. 5; PWW/*Brinkmann* § 145 BGB Rz. 1; *Palandt/Ellenberger* § 145 BGB Rz. 1).

M hat gegenüber R erklärt, er sei bereit, am 25.05. zum Preis von 250 Euro Musik zu machen. In dieser Erklärung ist sowohl der Gegenstand des Vertrages, das Datum und auch die Vergütung enthalten, und R hätte dies demnach mit einem schlichten »Ja« zum Vertragsschluss bringen können. Es handelt sich folglich um einen Antrag im Sinne der §§ 145 ff. BGB. Und dieser Antrag enthält zudem eine Fristbestimmung im Sinne des **§ 148 BGB** auf den 10.05. Gemäß § 148 BGB kann die Annahme demzufolge nur innerhalb der gesetzten Frist erklärt werden, andernfalls ***erlischt*** dieser Antrag wieder (BGH BB 2016, 1474; BGH NJW **2014**, 854; *Brox/Walker* AT Rz. 172; PWW/*Brinkmann* § 148 BGB Rz. 10).

II.) Die Annahme des Antrages

Und genau das – also die Fristbestimmung nach § 148 BGB – ist eben unser Problem, denn angenommen hat die R den Antrag des M, so steht es ausdrücklich in der Sachverhaltsschilderung. Die Frage ist nur, ob die Annahmeerklärung der R auch gegenüber dem M innerhalb der gesetzten Frist ***wirksam geworden*** ist.

Eine empfangsbedürftige Willenserklärung durchläuft bis zu ihrer ***Wirksamkeit*** in der Regel ***zwei*** Stufen, nämlich zum einen die ***Abgabe*** seitens des Erklärenden und zum anderen den ***Zugang*** auf Seiten des Empfängers. Und wie das im Einzelnen funktioniert, schauen wir uns jetzt mal in Ruhe an:

1.) Die Abgabe der Annahmeerklärung:

Definition: Eine empfangsbedürftige Willenserklärung ist dann ***abgegeben***, wenn der Erklärende alles Erforderliche getan hat, um die Willenserklärung in den Rechtsverkehr zu bringen und bei ungestörtem Fortgang mit dem Zugang gerechnet werden kann (BGH WM **2013**, 666; BGHZ **65**, 13; NK/*Faust* § 130 BGB Rz. 6; *Staudinger/Singer/Benedict* § 130 BGB Rz. 28; MüKo/*Einsele* § 130 BGB Rz. 13; *Medicus* AT Rz. 263; *Palandt/Ellenberger* § 130 BGB Rz. 4).

Insoweit wird man hier feststellen können, dass die R durch das Schreiben und spätere Absenden der E-Mail an M alles in ihrer Macht Stehende getan hat, um die Willenserklärung in den Rechtsverkehr zu bringen. Elektronische Erklärungen, wie etwa die per E-Mail übermittelten Erklärungen, sind unstreitig echte Willenserklärungen und stehen einer mündlich oder handschriftlich abgegebenen Erklärung gleichwertig gegenüber (BGH NJW **2002**, 363; OLG Hamm NJW **2001**, 1142; MüKo/*Busche* vor § 145 BGB Rz. 37; *Palandt/Ellenberger* vor § 116 BGB Rz. 1; PWW/*Ahrens* vor § 116 BGB Rz. 23). Mehr als das hier vorliegende Absenden geht bei einer E-Mail nicht, insbesondere kann man die E-Mail nicht direkt auf den PC des Empfängers spielen bzw. schicken; man schickt eine Mail immer zu dem jeweiligen Anbieter (Provider), der dann diese E-Mail zwischenspeichert und bei entsprechender Abfrage an den Kunden weiterleitet (LG Hamburg MMR **2010**, 654; *Palandt/Ellenberger* § 130 BGB Rz. 7a; *Vehslage* in DB 2000, 1803; *Dörner* in AcP 2002, 363).

ZE.: R hat ihre Willenserklärung in jedem Falle schon mal ***abgegeben***.

2.) Der Zugang der Annahmeerklärung

Durchblick: Dieser Zugang einer Willenserklärung ist nur erforderlich bei ***empfangsbedürftigen*** Willenserklärungen, also bei solchen Erklärungen, die einem anderen gegenüber abzugeben sind (bitte lies: **§ 130 Abs. 1 Satz 1 BGB**). Demgegenüber stehen die nicht empfangsbedürftigen Willenserklärungen, die per Definition gar keinen Empfänger haben (z.B. Testament) und folglich auch natürlich niemandem zugehen können; diese Erklärungen werden bereits wirksam mit der ***Abgabe***, ein Zugang ist nicht notwendig, weil gar nicht möglich (*Erman/Arnold* § 130 BGB Rz. 2; *Rüthers/Stadler* AT § 17 Rz. 36; *Brox/Walker* AT Rz. 142).

Wir haben es hier in unserem Fall zu tun mit einer Annahmeerklärung hinsichtlich eines gegenseitigen Vertrages, und eine solche Erklärung ist natürlich ***empfangsbedürftig***, da sie dem anderen Vertragspartner gegenüber erklärt werden muss (*Medicus* AT Rz. 259). Und da es sich zudem auch noch um eine Willenserklärung unter ***Abwesenden*** handelt, müssen wir nun das Zugangserfordernis aus § 130 Abs. 1 Satz 1 BGB prüfen. Und wir starten selbstverständlich mit der

Definition: *Zugegangen* ist eine empfangsbedürftige Willenserklärung im Sinne des § 130 Abs. 1 Satz 1 BGB dann, wenn sie derart in den Herrschaftsbereich des Empfängers gelangt ist, dass der Empfänger unter normalen Umständen die ***Möglichkeit*** hat, von ihrem Inhalt Kenntnis zu nehmen; eine tatsächliche Kenntnisnahme ist ***nicht*** erforderlich (BGH WM **2013**, 666; BAG BB **2012**, 2111; BGH NJW **2008**, 843; BGH NJW **2003**, 3270; BGH NJW **1998**, 977; BGHZ **67**, 271; *Erman/Arnold* § 130 BGB Rz. 5; *Medicus* AT Rz. 274; *Palandt/Ellenberger* § 130 BGB Rz. 4).

Diese Definition teilt sich auf in ***zwei*** Teile, die in der Klausur bitte sorgsam auseinander gehalten werden müssen: Zum einen muss die Erklärung in den ***Herrschaftsbereich*** des Empfängers gelangt sein, und zum anderen muss der Empfänger dann unter normalen Umständen auch die ***Möglichkeit*** haben, von dieser Erklärung Kenntnis zu nehmen.

a) Der Herrschaftsbereich des Empfängers

Der Herrschaftsbereich des Empfängers umschreibt in der Regel den ***räumlichen Machtbereich*** – also die Wohnung oder die Geschäftsräume – und umfasst insbesondere sämtliche Vorkehrungen, deren sich der Empfänger zur Entgegennahme von Willenserklärungen bedient: Gemeint sind damit z.B. der Briefkasten, der Anrufbeantworter, das Telefon, das Faxgerät, der Internetanschluss; trotz räumlicher Ferne kann aber etwa auch ein Postfach bei der örtlichen Poststelle dazu gehören (*Palandt/Ellenberger* § 130 BGB Rz. 5; *Jauernig/Jauernig* § 130 BGB Rz. 4). Erforderlich ist nur, dass der Empfänger in der Lage ist, anhand der Vorkehrungen von dem Inhalt der Erklärung Kenntnis zu nehmen.

Zum Fall: Es stellt sich somit die Frage, ob die E-Mail der R innerhalb der von M gesetzten Frist in den eben beschriebenen Machtbereich des M gelangt ist. Und das ist deshalb problematisch, weil die Mail am 10.05. vormittags lediglich auf den ***Rechner*** des ***Internetanbieters*** des M gelangt ist, nicht aber auf den Rechner des M selbst.

Ob unter diesen Umständen eine E-Mail schon im Machtbereich im Sinne der Zugangsdefinition des § 130 Abs. 1 Satz 1 BGB eingetroffen ist, beantwortet sich wie folgt:

- Nach ziemlich ***herrschender Meinung*** genügt es für das Gelangen in den Machtbereich des Empfängers, wenn die E-Mail zur Zwischenspeicherung auf dem Rechner des Internetanbieters eintrifft. Nicht erforderlich ist das Abrufen seitens des Empfängers; etwas anderes gilt nur dann, wenn die E-Mail mangels Speicherplatzes zurückgewiesen wird (LG Hamburg MMR **2010**, 654; AG Meldorf NJW-RR **2011**, 2890; PWW/*Ahrens* § 130 BGB Rz. 14; *Palandt/Ellenberger* § 130 BGB Rz. 7a; NK/*Faust* § 130 BGB Rz. 33; *Rüthers/Stadler* AT § 17 Rz. 46; *Bamberger/Roth/Wendtland* § 130 BGB Rz. 15; *Brox/Walker* AT Rz. 150b; *Horst* in »Grundeigentum« 2011, 1602; *Janal* in MDR 2006, 368; *Härting* in K&R 2001, 310, 313; *Gaertner/Gierschmann* in DB 2000, 1610; *Dörner* in AcP 2002, 363; *Vehslage* in DB 2000, 1803; *Ernst* in NJW-CoR 1997, 166; *Ultsch* in NJW 1997, 3007).

Als Argument wird unter anderem die Parallele zum häuslichen Post-Briefkasten angeführt, bei dem unstreitig mit dem Einwerfen eines Briefes der Zugang zu dem Zeitpunkt bewirkt ist, zu dem üblicherweise mit der Leerung durch den Empfänger gerechnet werden kann (*Palandt/Ellenberger* § 130 BGB Rz. 6). Wann der Empfänger den Brief dann tatsächlich aus dem Kasten holt, ist für den Zugang unerheblich. Der Internetanschluss sei nun eine Art »elektronisches Postfach« bzw. »elektronischer Briefkasten«, auf den der Empfänger mittels eines Passwortes zugreifen kann. Deshalb gelange die Willenserklärung schon mit dem Eingang in dieses Postfach in den Machtbereich (*Rüthers/Stadler* AT § 17 Rz. 46). Einschränkend verlangt diese Meinung dann aber, dass der Empfänger im Rechtsverkehr bereits auch unter der E-Mail-Adresse aufgetreten ist und die Willenserklärung dann – ähnlich wie beim Brief im normalen Briefkasten – nicht zur Unzeit, sondern nur zu den herkömmlichen Tageszeiten zugeht PWW/*Ahrens* § 130 BGB Rz. 14). Wer also nachts um 1 Uhr eine E-Mail verschickt, die einige Minuten später im Briefkasten des Empfängers eingeht, kann erst am kommenden Tag mit dem Zugang rechnen.

- Nach einer ***Mindermeinung*** soll eine E-Mail demgegenüber ***nicht*** schon mit der Aufnahme im Briefkasten des Empfängers in dessen Herrschaftsbereich ankommen, sondern erst, wenn der Empfänger die E-Mail entweder auf einem ***eigenen Rechner*** gespeichert oder sie bei einem Dritten – also von dessen Rechner aus – ***abgerufen*** hat (*Kirmes* in K&R 2006, 438; *Dietrich* in K&R 2002, 138; *Herwig* in MMR 2001, 145; an der herrschenden Meinung zweifelnd auch *Staudinger/Singer/Benedict* § 130 BGB Rz. 51; MüKo/*Einsele* § 130 BGB Rz. 18 und *Soegel/Hefermehl* § 130 BGB Rz. 13d).

Zur Begründung führt diese Auffassung an, dass ähnlich wie beim Einschreibebrief das schlichte Wissen von dem Eingang einer Nachricht – etwa durch die entsprechende Anzeige im eigenen PC – nicht den Zugang des ***Inhaltes*** dieser Nachricht ersetzen könne. Mit dem Eingang beim Internetanbieter habe die Erklärung selbst deshalb noch keinen Eingang in den Machtbereich des Empfängers gefunden. Dafür sei das Abrufen notwendig.

Für die Klausur: Wir wollen uns hier der herrschenden Meinung anschließen und uns vor allem bitte das Argument des **»elektronischen Postfaches bzw. Briefkastens«** merken, da die E-Mail nach herkömmlichem Verständnis ja gerade den normalen Brief ersetzen soll und der Briefkasten bzw. das Postfach dafür eben der Zwischenspeicher des Anbieters ist. Für das Gelangen in den Machtbereich des Empfängers muss es für die E-Mail daher unerheblich sein, ob der »Brief« (also die E-Mail) aus dem »Kasten« geholt wird; entscheidend ist an dieser Stelle nur, dass er überhaupt dort angekommen ist. Mit dem Eintreffen der E-Mail auf dem Rechner des Internetanbieters (Provider) ist die Erklärung somit in den Herrschaftsbereich des Empfängers gelangt.

Und da der M gegenüber R auch schon per E-Mail aufgetreten ist (so wurde der Kontakt nach Schilderung des Falles hergestellt), ist im vorliegenden Fall auch die einschränkende Voraussetzung der herrschenden Meinung erfüllt (zur Darstellung des Streites in der Klausur, vgl. bitte das Gutachten gleich im Anschluss).

ZE.: Die E-Mail der R, in der R ihre Zustimmung zum Antrag des M erteilt, ist im Herrschaftsbereich des M angekommen.

b) Die Möglichkeit der Kenntnisnahme unter normalen Umständen

Für den Zugang einer Willenserklärung im Sinne des § 130 Abs. 1 Satz 1 BGB ist neben dem Gelangen in den Machtbereich nun noch erforderlich, dass der Empfänger ***unter normalen Umständen*** auch die ***Möglichkeit*** hat, von dem Inhalt Kenntnis zu nehmen (BGH NJW-RR **2011**, 1185; BAG BB **2012**, 2111; *Palandt/Ellenberger* § 130 BGB Rz. 5; MüKo/*Einsele* § 130 BGB Rz. 19).

Achtung: Besonderes Augenmerk ist insoweit vor allem auf die Formulierung **»unter normalen Umständen«** zu richten; allein die Möglichkeit der Kenntnisnahme reicht nämlich noch nicht aus. So hat man beispielsweise auch nachts um 23:30 Uhr fraglos die »Möglichkeit«, einen Brief aus dem Briefkasten zu holen, eine E-Mail abzurufen oder den Anrufbeantworter abzuhören. Es stellt sich allerdings die Frage, ob so was dem Empfänger zumutbar ist. Würde man das bejahen, wäre jeder Teilnehmer am Rechtsverkehr verpflichtet, sich rund um die Uhr ständig Klarheit darüber zu verschaffen, ob nicht zufällig gerade wieder irgendwo eine Erklärung eingetroffen ist, die zur Kenntnis genommen werden muss.

So geht es natürlich nicht. Und deshalb steht in der Definition des Zugangs eben die Formulierung der Möglichkeit der Kenntnisnahme »unter normalen Umständen«, was bedeutet, dass eine Erklärung erst dann zugeht im Sinne des § 130 Abs. 1 Satz 1 BGB, wenn ***redlicherweise*** mit ihrer Kenntnisnahme gerechnet werden kann. Wenn also beispielsweise nachts um 1 Uhr ein Brief in den Kasten geworfen wird, ist diese

Erklärung erst am nächsten Vormittag zugegangen, denn erst um diese Zeit schaut ein Normalbürger »unter normalen Umständen« in den Kasten. Gleiches gilt logischerweise auch für E-Mails oder auch Anrufe auf dem AB.

> **Beachte aber:** Nimmt der Empfänger indessen schon ***vor*** dem gerade beschriebenen Zugang ***tatsächlich*** Kenntnis, gilt dieser Zeitpunkt. **Beispiel:** E-Mail vom Erklärenden geschickt nachts um 22:30 Uhr, Empfänger hat Schlafprobleme und liest die Nachricht um 2:00 Uhr nachts. Zugang: **2:00 Uhr nachts!** Denn obwohl mit der Kenntnisnahme unter normalen Umständen erst am nächsten Tag zu rechnen gewesen wäre, muss sich der Empfänger an die tatsächliche Kenntnisnahme binden lassen; ein Berufen auf einen späteren Zeitpunkt wäre ***rechtsmissbräuchlich*** (*Palandt/Ellenberger* § 130 BGB Rz. 5). Wichtig, bitte merken. **Und noch etwas**: Dieser Zugang unter normalen Umständen funktioniert natürlich auch **zulasten** des Empfängers: Wirft etwa der Postbote einen Brief vormittags in den Kasten, ist die Erklärung zu ***diesem*** Zeitpunkt zugegangen, auch wenn der Empfänger den Kasten erst – etwa weil er es vergisst – am nächsten Tag leert. Denn die ***Möglichkeit*** der Kenntnisnahme unter normalen Umständen bestand schon am Vortage. Hier bewirkt die Definition somit einen Zugang schon ***vor*** der tatsächlichen Kenntnisnahme.

Zum Fall: Die R schickt die E-Mail am frühen Vormittag des 10.05. an M. Die E-Mail befand sich mit der Speicherung auf dem Rechner des Internetanbieters des M im Herrschaftsbereich des M (vgl. insoweit die Prüfung oben). Da man herkömmlicherweise damit rechnen kann, dass ein Teilnehmer am Internetverkehr seine E-Mails ***einmal*** täglich abruft und es hier noch früher Vormittag war, wäre eigentlich »unter normalen Umständen« mit einer Kenntnisnahme am 10.05. zu rechnen gewesen. Die Erklärung der R wäre damit auch ***fristgemäß*** zugegangen im Sinne des § 130 Abs. 1 Satz 1 BGB.

Aber: Fraglich ist jetzt natürlich noch, wie sich die Ortsabwesenheit des M aufgrund des unverschuldeten Unfalls auf dieses Ergebnis auswirkt. Man könnte angesichts dessen annehmen, dass unter diesen Umständen ein Zugang überhaupt nicht möglich gewesen ist. Es könnte sich hierbei um ein sogenanntes **»Zugangshindernis«** handeln, dessen Vorliegen den Zugang ausschließt (*Brox/Walker* AT Rz. 158).

> **Indes:** Sofern es sich um einen Umstand bzw. ein Hindernis handelt, das in der Sphäre des ***Empfängers*** anzusiedeln ist, kann sich der Empfänger hierauf nicht berufen, wenn die Erklärung bereits in seinem Machtbereich angelangt ist. Ist der Empfänger etwa wegen Urlaubs, Krankheit, Haft (!) oder sonstigen Gründen nicht anwesend und deshalb außerstande, von den Erklärungen tatsächlich Kenntnis zu nehmen, so steht dies dem Zugang im Sinne des § 130 Abs. 1 Satz 1 BGB ***nicht*** entgegen. Insoweit wird nämlich lediglich die ***tatsächliche Kenntnisnahme*** verhindert, nicht aber die Möglichkeit dazu; es ist dem Empfänger insbesondere zumutbar, in den Fällen der Ortsabwesenheit Vorkehrungen zu treffen, um die eingegangenen Erklärungen zur Kenntnis nehmen zu können (BAG BB **2012**, 2111; BGH NJW **2004**, 1320; BAG NJW **1993**, 1093; BAG NJW **1989**, 606; MüKo/*Einsele*

§ 130 BGB Rz. 35; PWW/*Ahrens* § 130 BGB Rz. 26; *Rüthers/Stadler* AT § 17 Rz. 59). **Und**: Etwas anderes gilt übrigens nicht mal dann, wenn dem Adressaten die Ortsabwesenheit des Empfängers bekannt ist; auch dann geht die Erklärung dem Abwesenden zu, was insbesondere bei ***Kündigungsschreiben*** an einen urlaubsabwesenden Arbeitnehmer üble Konsequenzen haben kann (BAG BB **2012**, 2111; BAG DB **1988**, 2415; *Rüthers/Stadler* AT § 17 Rz. 60; *Palandt/Ellenberger* § 130 BGB Rz. 5).

Durchblick: Das fühlt sich jetzt im ersten Moment ziemlich ungerecht an, denn der gute M kann ja nun nichts dafür, dass er im Krankenhaus liegt. Andererseits muss aber auch gesehen werden, dass der R ebenso nichts dafür kann, er aber die Willenserklärung immerhin schon in den ***Herrschaftsbereich*** des M gebracht hat, was nach der Definition für den Zugang ausreicht. Ist das einmal erledigt, gehen sämtliche sonstigen Hindernisse – auch die unverschuldeten! – jetzt zulasten des ***Empfängers***, denn dies kann dem Absender nicht mehr angelastet werden. Er hat alles getan, was ihm möglich und zumutbar gewesen ist. Der Empfänger hat jetzt vielmehr dafür zu sorgen, dass er die Erklärung zur Kenntnis nehmen kann. Die Risikoverteilung ändert sich folglich in dem Moment, in dem die Erklärung in den Machtbereich des Empfängers gelangt ist (PWW/*Ahrens* § 130 BGB Rz. 8; *Rüthers/Stadler* AT § 17 Rz. 59). Ob der Empfänger dann tatsächlich davon Kenntnis nimmt, ist allein sein Problem und sein Risiko. Der Absender hat die ***Möglichkeit*** zur Kenntnisnahme geschaffen, alles Weitere obliegt dem Empfänger. Wichtiges Prinzip, bitte merken.

<u>ZE.</u>: Die krankheitsbedingte und unverschuldete Ortsabwesenheit des M hindert ***nicht*** die ***Möglichkeit*** der tatsächlichen Kenntnisnahme im Sinne der Zugangsdefinition des § 130 Abs. 1 Satz 1 BGB. Hierbei handelt es sich um ein Hindernis, das allein in der Sphäre des M anzusiedeln ist und nicht zum Nachteil der R gewertet werden kann.

<u>ZE.</u>: Damit ist auch die 2. Voraussetzung des Zugangs – die Möglichkeit der Kenntnisnahme unter normalen Umständen – erfüllt. Und mithin ist die Zustimmung der R zum Angebot des M am 10.05., also innerhalb der gesetzten Frist, ***wirksam*** geworden im Sinne des § 130 Abs. 1 Satz 1 BGB. Es ist ein wirksamer Vertrag zwischen R und M über den Auftritt des M am 25.05. zustande gekommen.

Ergebnis: R kann von M aus diesem Vertrag (§ 311 Abs. 1 BGB) das Erscheinen (und Musikmachen) am 25.05. zum Preis von 250 Euro verlangen.

Nachschlag: Der Zugang bei Briefsendungen

Außerordentlich beliebt in Klausuren und Hausarbeiten ist – trotz der Überflutung des Kommunikationsverkehrs mit den »neuen Medien« – immer noch die Problematik des Zugangs von Willenserklärungen, wenn diese per Post, also mit einfachem Brief oder auch einem Einschreiben verschickt werden. Wir wollen uns hier im Anschluss insoweit einen kurzen Überblick verschaffen und schauen uns zu diesem

Zweck den BGH-Fall vom **26.11.1997** (BGHZ **137**, 205) an, in dem leicht vereinfacht Folgendes zur Entscheidung stand:

> V und K befanden sich in Verkaufsverhandlungen über einen Camping-Bus; K übermittelte am **08.09.** dem V per Brief ein Kauf-Angebot zum Preis von 13.950,- DM, an das er sich 10 Tage gebunden fühle. V nahm am **10.09.** dieses Angebot per eingeschriebenen Briefs an. Allerdings konnte der Postbote das Einschreiben wegen Abwesenheit des K nicht übergeben und hinterließ deshalb im Kasten des K auf einem dafür vorgesehenen Zettelchen den Hinweis, dass ein Einschreiben auf der örtlichen Post zur Abholung bereit liege. K holte das Einschreiben aus ungeklärten Gründen nicht ab, und am **21.09.** ging dieses deshalb zurück an den V. V verlangt nun Zahlung und Abnahme des Camping-Busses; K weigert sich und meint, die Annahme des V sei ihm nicht zugegangen. **Rechtslage?**

Lösung: Der V kann von K die Zahlung des Kaufpreises und die Abnahme des Busses aus § **433 Abs. 2 BGB** verlangen, wenn ein entsprechender Kaufvertrag im Sinne des § 433 BGB zwischen den Parteien zustande gekommen ist.

Das Problem des Falles liegt nun offensichtlich bei der Frage, ob die Annahmeerklärung des V innerhalb der von K gesetzten 10-Tagesfrist (**§ 148 BGB**) ***wirksam*** geworden ist. Gemäß **§ 130 Abs. 1 Satz 1 BGB** wird die Willenserklärung in dem Zeitpunkt wirksam, in dem sie dem Empfänger zugeht. Im vorliegenden Fall hatte der Postbote nicht den Brief selbst, sondern nur den Benachrichtigungszettel in den Briefkasten geworfen; den Brief hingegen hat der K nie gesehen, da er ihn nicht von der Post abgeholt hatte. Es fragt sich nunmehr, ob dennoch von einem Zugang des Briefes, in dem die Annahme des Antrages stand, ausgegangen werden kann.

Wir erinnern uns bitte:

> ***Zugegangen*** ist eine empfangsbedürftige Willenserklärung im Sinne des § 130 Abs. 1 Satz 1 BGB dann, wenn sie derart in den Herrschaftsbereich des Empfängers gelangt ist, dass dieser unter normalen Umständen die Möglichkeit hat, von ihrem Inhalt Kenntnis zu nehmen; eine tatsächliche Kenntnisnahme ist nicht erforderlich (BGH WM **2013**, 666; BAG BB **2012**, 2111; BAG NZA **2012**, 1320; PWW/*Ahrens* § 130 BGB Rz. 8; *Brox/Walker* AT Rz. 149; *Rüthers/Stadler* AT § 17 Rz. 44; *Medicus* AT Rz. 274; *Palandt/Ellenberger* § 130 BGB Rz. 4)

Vorab: Zunächst wollen wir uns insoweit merken, dass bei einem Einwurf in den Briefkasten die in einem Brief enthaltene Willenserklärung dem Empfänger dann zugeht, sobald nach der Verkehrsanschauung mit der nächsten Leerung zu rechnen ist, was im Zweifel zum Zeitpunkt der ***üblichen Postzustellung*** der Fall ist (→ BAG BB **2012**, 2111; BGH NJW **2008**, 843; *Palandt/Ellenberger* § 130 BGB Rz. 6; BGH NJW **2003**, 3270 → Postfach). Das dürfte in der Regel in den meisten deutschen Haushalten dann der ***Vormittag*** bzw. der ***Mittag*** des Einwurf-Tages sein, in jedem Falle aber noch der Tag des Einwurfes. Und das soll übrigens nach einer Meinung selbst dann gelten können, wenn die Post oder ein anderer Anbieter den Brief erst um 18:00 Uhr nachmittags einwirft; auch dann ist die Willenserklärung noch am gleichen Tage zugegangen, weil man sagt, dass in heutiger Zeit die Post auch um diese Uhrzeiten noch arbeitet und zustellt und im Übrigen die meisten Werktätigen den Kasten sowieso erst am Abend bei ihrer Heimkehr leeren (BayVerfGH NJW **1993**, 518; LG Stuttgart BB **2002**, 380; *Palandt/Ellenberger* § 130 BGB Rz. 6; **a. A. aber** BAG NJW **1984**, 1651; OLG Hamm NJW-RR **1995**, 1187; LG Brandenburg MDR **1999**, 368). Etwas anderes soll nach einem jüngeren Urteil des BGH aber an ***Silvester*** gelten, wenn an diesem Tag ein Brief um **16 Uhr** in den Briefkasten eines Geschäftsbetriebes eingeworfen wird. Denn am Silvestertag sei nach der Verkehrsanschauung nachmittags nicht mehr mit der Leerung zu rechnen. Dieser Brief geht somit erst am nächsten Werktag zu (BGH NJW **2008**, 843). Unstreitig geht auf jeden Fall ein zur ***Nachtzeit*** eingeworfener Brief ebenfalls erst am nächsten Tag zu, weil erst dann nach normalen Umständen mit einer Leerung gerechnet werden kann, es sei denn, der Empfänger nimmt vorher tatsächlich Kenntnis (BGH VersR **1994**, 586; BAG NJW **1984**, 1651; *Brox/Walker* AT Rz. 150b). Das ist also genau so wie bei der E-Mail, die man nachts bekommt und dann per Zufall liest, weil man nicht schlafen kann (vgl. oben in der Lösung zum Ausgangsfall).

Im vorliegenden Fall mit dem Einschreibebrief haben wir nun aber zunächst mal das Problem, dass in den Briefkasten des V nicht der Brief mit der Willenserklärung, sondern nur der Benachrichtigungszettel, auf dem lediglich steht, dass ein Brief auf dem Postamt liegt, eingeworfen worden ist (am 10.09.).

a) Diesbezüglich ist nun zu beachten, dass mit dem Einwurf dieses Benachrichtigungszettels die Willenserklärung nach herrschender Meinung noch ***nicht*** in den Machtbereich des Empfängers (hier also des K) gelangt und demnach auch noch ***nicht*** zugegangen ist (BGHZ **137**, 205; BGHZ **67**, 271; *Franzen* in JuS 1997, 429; *Haas* in JA 1997, 119; *Bauer/Diller* in NJW 1998, 2795; *Weber* in JA 1998, 595). Man begründet dies damit, dass auf dem Zettelchen weder der Absender des bei der Post hinterlegten Briefes, geschweige denn der Inhalt des Textes (und damit der Willenserklärung) nachzulesen ist. Und deshalb kann logischerweise auch die Willenserklärung im Moment des Einwurfs des Zettelchens in den Briefkasten tatsächlich nicht zugegangen sein (BGHZ **137**, 205). Das ist – wie gesagt – unstreitig.

b) Des Weiteren stellt sich nun aber die Frage, ob der tatsächlich nicht erfolgte Zugang durch eine ***Fiktion*** ersetzt werden kann, und zwar dergestalt, dass man annimmt, der Einschreibebrief sei in dem Moment zugegangen, in dem nach den normalen Umständen mit der Abholung bei der Post gerechnet werden kann. Das entspräche in etwa der Definition des Zugangs, die ja grundsätzlich nicht auf den tatsächlichen Zugang abstellt, sondern darauf, wann der Empfänger nach den normalen Umständen Kenntnis nehmen ***kann*** (*Honsell/Holz* in JuS 1986, 969; *Heiderhoff* in JA

1998, 530; *Weber* in JA 1998, 597). Dieser Zugangsfiktion mit dem Zeitpunkt der erstmöglichen Abholung widerspricht aber die ***herrschende Meinung*** beim Einschreibebrief mit dem Argument, dass es Sache des Erklärenden sei, für den Zugang der Willenserklärung zu sorgen. Wenn der Erklärende nun bewusst den Weg über den Einschreibebrief wähle, sei ihm das Risiko der Verzögerung und der möglichen Lagerung bei der Post bekannt mit der Folge, dass er allein die Gefahr des nicht erfolgten Zugangs bzw. der Verhinderung dessen trage, wenn der Empfänger das Schriftstück nicht von der Post abhole; es sei denn, der Empfänger handelt arglistig (BGHZ **137**, 205; BAG NJW **1997**, 146; OLG Brandenburg NJW **2005**, 1585; NK/*Faust* § 130 BGB Rz. 66; *Palandt/Ellenberger* § 130 BGB Rz. 7; MüKo/*Einsele* § 130 BGB Rz. 21; *Erman/Arnold* § 130 BGB Rz. 13; *Rüthers/Stadler* AT § 17 Rz. 58).

Zum Fall: Unser K war mangels entgegenstehender Angaben im Fall nicht arglistig mit der Konsequenz, dass eine Fiktion des Zugangs zu dem Zeitpunkt, zu dem K den Brief hätte abholen ***können, nicht*** erfolgen kann. Der Brief ist dem K somit weder tatsächlich zugegangen (oben unter a)) noch kann der Zugang fingiert werden (vgl. gerade unter b)). Die Annahme des V ist dem K innerhalb der 10-Tagesfrist mithin nicht zugegangen im Sinne des § 130 Abs. 1 Satz 1 BGB.

> **Feinkost:** Ganz zum Schluss hat der BGH dann noch überlegt, ob man hier nicht mithilfe von ***Treu und Glauben*** (§ 242 BGB) den letzten Rettungsanker werfen und dem V dann doch noch aus der Klemme helfen kann, und zwar mit folgendem Argument: Unstreitig muss eine Partei, die sich in Vertragsverhandlungen befindet und daher mit dem Zugang rechtserheblicher Erklärungen rechnen kann, alle Vorkehrungen treffen, damit diese Erklärungen sie auch erreichen können. Hierzu besteht eine ***vorvertragliche Sorgfaltspflicht***, deren Verletzung regelmäßig damit geahndet wird, dass man dann zulasten des Empfängers den Zugang der Erklärung annimmt, die Partei demnach so stellt, als hätte sie die Sorgfaltspflichtverletzung nicht begangen (BAG **2012**, 2111; BGH NJW **1983**; 929; BAG NJW **1987**, 1508; NK/*Faust* § 130 BGB Rz. 66; MüKo/*Einsele* § 130 BGB Rz. 36; *Palandt/Ellenberger* § 130 BGB Rz. 18). Allerdings muss die Sorgfaltspflichtverletzung auch stets schwerwiegender Natur sein, um die benannten Rechtsfolgen herbeizuführen (BGHZ **137**, 205).

Eine solche schwerwiegende Pflichtverletzung hat der BGH im vorliegenden Fall allerdings ***verneint*** und insoweit ausgeführt, der K als Empfänger habe nicht wissen und zwingend damit rechnen müssen, dass der auf dem Zettelchen vermerkte Einschreibebrief eine Erklärung des V beinhaltete. Es sei nicht ersichtlich, dass der K den Einschreibebrief notwendig mit dem Kaufangebot in Verbindung hätte bringen müssen. Ein Vereinbarung derart, dass V etwa nur mit Einschreibebrief den Antrag hätte annehmen können, bestand nicht.

Nach Ansicht des BGH hätte V nach Kenntnis des nicht erfolgten Zugangs ***unverzüglich*** einen ***zweiten*** Zustellungsversuch unternehmen müssen; ein solcher zweiter Zustellungsversuch wäre zwar erst nach Ablauf der 10-Tagesfrist möglich gewesen (das war der 21.09., an diesem Tag kam der Brief zurück zu V), dieser zweite Versuch hätte allerdings auf den Zeitpunkt des ersten Versuchs ***zurückgewirkt*** (!) mit der

Konsequenz, dass K sich nicht auf den mangelnden Zugang hätte berufen können (BGHZ **137**, 205; BGH NJW **1952**, 1169; *Palandt/Ellenberger* § 130 BGB Rz. 18; *Looschelders* in VersR 1998, 1198; vgl. aktuell hierzu auch BGH NJW **2014**, 854). Dies aber hatte V nicht getan mit der Konsequenz, dass die Annahme dem K endgültig nicht zugegangen war. V kann keine Zahlung und Abnahme des Busses fordern, es fehlt an einem entsprechenden Kaufvertrag im Sinne des § 433 BGB.

Gutachten

R könnte gegen M einen Anspruch auf Erfüllung (Musikmachen) aus einem entsprechend geschlossenen Vertrag gemäß § 311 Abs. 1 BGB haben.

Dafür muss ein Vertrag hierüber zum Preis von 250 Euro zwischen R und M zustande gekommen sein. Erforderlich sind insoweit zwei übereinstimmende Willenserklärungen, der Antrag und die Annahme.

I.) Im vorliegenden Fall kann der Antrag von M ausgegangen sein im Telefonat vom 05.05., wenn dieses Telefonat bzw. die dort von M abgegebene Erklärung alle Voraussetzungen erfüllt, die an einen Antrag zu stellen sind.

Ein Antrag im Sinne der §§ 145 ff. BGB ist eine empfangsbedürftige Willenserklärung und muss von seinem Gegenstand und seinem Inhalt her so formuliert sein, dass der andere Vertragsteil mit einem schlichten »Ja« den Vertrag zustande bringen kann. M hat gegenüber R erklärt, er sei bereit, am 25.05. zum Preis von 250 Euro aufzutreten. In dieser Erklärung sind sowohl der Gegenstand des Vertrages, das Datum und auch die Vergütung enthalten und R hätte dies demnach mit einem schlichten »Ja« zum Vertragsschluss bringen können. Es handelt sich folglich um einen Antrag im Sinne der §§ 145 ff. BGB. Dieser Antrag enthält zudem eine Fristbestimmung im Sinne des § 148 BGB auf den 10.05. Gemäß § 148 BGB kann die Annahme demzufolge nur innerhalb der gesetzten Frist erklärt werden, andernfalls erlischt dieser Antrag.

II.) Fraglich ist, ob die Annahmeerklärung der R gegenüber M innerhalb der gesetzten Frist wirksam geworden ist. Dafür muss diese Erklärung gemäß § 130 Abs. 1 Satz 1 BGB zum einen abgegeben worden und zum anderen auch zugegangen sein.

1.) Eine empfangsbedürftige Willenserklärung ist dann abgegeben, wenn der Erklärende alles Erforderliche getan hat, um die Willenserklärung in den Verkehr zu bringen und bei ungestörtem Fortgang mit dem Zugang gerechnet werden kann.

Insoweit ist im vorliegenden Fall festzustellen, dass R durch das Schreiben und spätere Absenden der E-Mail an M alles in ihrer Macht Stehende getan hat, um die Willenserklärung in den Rechtsverkehr zu bringen. Mehr ist bei einer Mail nicht möglich, insbesondere kann man die Mail nicht direkt auf den PC des Empfängers spielen bzw. schicken, man schickt eine Mail immer zu dem jeweiligen Anbieter, der dann diese Mail zwischenspeichert und bei entsprechender Abfrage an den Kunden weiterleitet. R hat ihre Willenserklärung mit dem Absenden der Mail gegenüber M abgegeben.

2.) Zur Wirksamwerdung ist gemäß § 130 Abs. 1 Satz 1 BGB des Weiteren der Zugang der Willenserklärung erforderlich. Zugegangen ist eine empfangsbedürftige Willenserklärung im Sinne des § 130 Abs. 1 Satz 1 BGB dann, wenn sie derart in den Herrschaftsbereich des Empfängers gelangt ist, dass der Empfänger unter normalen Umständen die Möglichkeit hat, von ihrem Inhalt Kenntnis zu nehmen; eine tatsächliche Kenntnisnahme ist nicht erforderlich.

a) Die Willenserklärung der R muss somit zunächst in den Herrschaftsbereich des M gelangt sein. Der Herrschaftsbereich des Empfängers umschreibt in der Regel den räumlichen Machtbereich – also die Wohnung oder die Geschäftsräume – und umfasst insbesondere sämtliche Vorkehrungen, deren sich der Empfänger zur Entgegennahme von Willenserklärungen bedient. Dies kann sein etwa der Briefkasten, der Anrufbeantworter, das Telefon, das Faxgerät, der Internetanschluss.

Es stellt sich somit die Frage, ob die Mail der R innerhalb der von M gesetzten Frist in den Machtbereich des M gelangt ist. Dies ist deshalb problematisch, weil die Mail am 10.05. vormittags lediglich auf den Rechner des Internetanbieters des M gelangt ist, nicht aber auf den Rechner des M selbst. Ob unter diesen Umständen eine Mail schon im Machtbereich der Zugangsdefinition des § 130 Abs. 1 Satz 1 BGB eingetroffen ist, ist umstritten.

aa) Nach einer Meinung soll eine E-Mail nicht schon mit der Aufnahme im Briefkasten des Empfängers in dessen Herrschaftsbereich ankommen, sondern erst, wenn der Empfänger die E-Mail entweder auf einem eigenen Rechner gespeichert oder sie bei einem Dritten – also von dessen Rechner aus – abgerufen hat. Zur Begründung führt diese Auffassung an, dass ähnlich wie beim Einschreibebrief das schlichte Wissen vom Eingang einer Nachricht – etwa durch die entsprechende Anzeige im eigenen PC – nicht den Zugang des Inhaltes dieser Nachricht ersetzen könne. Mit dem Eingang beim Internetanbieter habe die Erklärung selbst deshalb noch keinen Eingang in den Machtbereich des Empfängers gefunden. Dafür sei das Abrufen notwendig.

bb) Dem kann jedoch nicht gefolgt werden. Diese Ansicht übersieht zunächst die Parallele zum häuslichen Post-Briefkasten, wobei unstreitig mit dem Einwerfen eines Briefes der Zugang zu dem Zeitpunkt bewirkt ist, zu dem üblicherweise mit der Leerung durch den Empfänger gerechnet werden kann. Wann der Empfänger den Brief dann tatsächlich aus dem Kasten holt, ist für den Zugang unerheblich. Der Internetanschluss stellt eine Art »elektronisches Postfach« bzw. »elektronischen Briefkasten« dar, auf den der Empfänger mittels eines Passwortes zugreifen kann. Deshalb gelangt die Willenserklärung schon mit dem Eingang in dieses Postfach in den Machtbereich. Einschränkend ist insoweit allerdings zu verlangen, dass der Empfänger im Rechtsverkehr bereits auch unter der E-Mail Adresse aufgetreten ist und die Willenserklärung dann – ähnlich wie beim Brief im normalen Briefkasten – nicht zur Unzeit, sondern nur zu den herkömmlichen Tageszeiten zugeht.

Für das Gelangen in den Machtbereich des Empfängers genügt es daher, wenn die Mail zur Zwischenspeicherung auf dem Rechner des Internetanbieters eintrifft. Nicht erforderlich ist das Abrufen seitens des Empfängers.

Im vorliegenden Fall ist die Mail der R am frühen Vormittag des 10.05. auf dem Rechner des Internetanbieters des M eingetroffen mit der Folge, dass diese Voraussetzung erfüllt ist. M ist im Übrigen gegenüber R auch schon per Mail aufgetreten mit der Konsequenz, dass auch die einschränkende Voraussetzung der oben favorisierten Meinung erfüllt ist.

Die Mail der R, in der R ihre Zustimmung zum Antrag des M erteilt, ist im Herrschaftsbereich des M angekommen.

b) Für den Zugang einer Willenserklärung im Sinne des § 130 Abs. 1 Satz 1 BGB ist neben dem Gelangen in den Machtbereich nun noch erforderlich, dass der Empfänger unter normalen Umständen auch die Möglichkeit hat, von dem Inhalt Kenntnis zu nehmen. Insoweit ist zu beachten, dass eine Erklärung erst dann zugeht im Sinne des § 130 Abs. 1 Satz 1 BGB, wenn die Möglichkeit der Kenntnisnahme besteht und redlicherweise mit einer Kenntnisnahme gerechnet werden kann.

R schickt die Mail am frühen Vormittag des 10.05. an M. Die Mail befand sich mit der Speicherung auf dem Rechner des Internetanbieters des M im Herrschaftsbereich des M. Da man herkömmlicherweise damit rechnen kann, dass ein Teilnehmer am Internetverkehr seine Mails einmal täglich abruft und es hier noch früher Vormittag war, ist unter normalen Umständen mit einer Kenntnisnahme zu rechnen gewesen. Die Erklärung der R wäre damit am 10.05. zugegangen im Sinne des § 130 Abs. 1 Satz 1 BGB.

c) Es fragt sich jedoch, wie sich die Ortsabwesenheit des M aufgrund des unverschuldeten Unfalls auf dieses Ergebnis auswirkt. Man könnte angesichts dessen annehmen, dass unter diesen Umständen ein Zugang überhaupt nicht möglich gewesen ist. Es könnte sich hierbei um ein sogenanntes Zugangshindernis handeln, dessen Vorliegen den Zugang ausschließt.

Insoweit ist jedoch zu beachten, dass, sofern es sich um einen Umstand bzw. ein Hindernis handelt, das in der Sphäre des Empfängers anzusiedeln ist, sich der Empfänger hierauf nicht berufen kann, wenn die Erklärung bereits in seinem Machtbereich angelangt ist. Ist der Empfänger etwa wegen Urlaub, Krankheit, Haft oder sonstigen Gründen nicht anwesend und deshalb außerstande, von den Erklärungen tatsächlich Kenntnis zu nehmen, so steht dies dem Zugang im Sinne des § 130 Abs. 1 Satz 1 BGB nicht entgegen. Insoweit wird lediglich die tatsächliche Kenntnisnahme verhindert, nicht aber die Möglichkeit dazu; es ist dem Empfänger insbesondere zumutbar, in den Fällen der Ortsabwesenheit Vorkehrungen zu treffen, um die eingegangenen Erklärungen zur Kenntnis zu nehmen. Etwas anderes gilt unter Berücksichtigung des § 242 BGB nur dann, wenn dem Adressaten die Ortsabwesenheit des Empfängers bekannt ist; in diesen Fällen hat er entsprechende Rücksicht zu nehmen.

Die krankheitsbedingte und unverschuldete Ortsabwesenheit des M hindert demnach nicht die Möglichkeit der tatsächlichen Kenntnisnahme im Sinne der Zugangsdefinition des § 130 Abs. 1 Satz 1 BGB. Hierbei handelt es sich um ein Hindernis, das allein in der Sphäre des M anzusiedeln ist und nicht zum Nachteil der R gewertet werden kann.

Damit ist auch die 2. Voraussetzung des Zugangs – die Möglichkeit der Kenntnisnahme unter normalen Umständen – erfüllt. Und mithin ist die Zustimmung der R zum Angebot des M am 10.05. wirksam geworden im Sinne des § 130 Abs. 1 Satz 1 BGB. Es ist ein wirksamer Vertrag zwischen R und M über den Auftritt des M am 25.05. zustande gekommen.

Ergebnis: R kann von M aus diesem Vertrag (§ 311 Abs. 1 BGB) den entsprechenden Auftritt zum Preis von 250 Euro am 25.05. verlangen.

Fall 5

FUFA 17

Rechtsstudent R braucht Ablenkung und testet im Geschäft des Elektrofachhändlers H das Fußball-Computerspiel »FUFA 17«. Auf Nachfrage des R gibt H den Verkaufspreis mit 80 Euro an. R erbittet sich eine kurze Bedenkzeit – und bestellt am nächsten Morgen um 10:00 Uhr per Fax das Spiel bei H zum Preis von 80 Euro.

Blöderweise sieht R nachmittags dann das gleiche Spiel im Internet bei einem anderen Händler für 60 Euro. R schickt daher um 14:30 Uhr per Fax die »Stornierung meiner Bestellung« an H. Die beiden, jeweils zwei Minuten nach dem Absenden des R bei H ausgedruckten Faxe holt H, weil an diesem Tag viel zu tun ist, erst um 16:00 Uhr aus der Ablage seines Faxgerätes. In der Reihenfolge der auf dem Stapel liegenden Blätter liest H dann zuerst die Stornierung und anschließend die Bestellung vom Vormittag. H ruft umgehend bei R an und meint, er habe zwar zuerst die Stornierung in die Hand genommen und gelesen, ausweislich der auf dem Papier sichtbaren Eingangszeit des Fax sei diese aber erst nach der Bestellung eingegangen und somit nicht wirksam. Er (H) nehme das Angebot des R an und verlange Abnahme und Bezahlung des Spiels. R erwidert, die Stornierung sei rechtzeitig – und im Übrigen handele es sich sowieso um einen Fernabsatzvertrag. Er (R) zahle deshalb nichts.

Kann H von R die Abnahme und die Bezahlung des Spiels verlangen?

> **Schwerpunkte:** Der Widerruf einer Willenserklärung nach § 130 Abs. 1 Satz 2 BGB; Problem der Kenntnisnahme des Widerrufs; möglicher Widerruf der Willenserklärung trotz des späteren Zugangs; der Zugangsbegriff des § 130 Abs. 1 Satz 1 BGB; der Widerruf bei »Fernabsatzverträgen« gemäß §§ 312c, 312g, 355 ff. BGB.

Lösungsweg

Anspruch des H gegen R auf Zahlung und Abnahme des Spiels

<u>AGL.</u>: **§ 433 Abs. 2 BGB (Kaufvertrag)**

Voraussetzung für den Zahlungs- und Abnahmeanspruch aus § 433 Abs. 2 BGB ist selbstverständlich ein entsprechender Kaufvertrag zwischen R und H über das Spiel zum Preis von 80 Euro. Ein solcher Vertrag setzt sich zusammen – wie jeder Vertrag – durch zwei übereinstimmende Willenserklärungen, dem ***Antrag*** und der ***Annahme.***

1.) Der Antrag

Nach Auskunft des Falles hat R vormittags um 10:00 Uhr das am Vortage getestete Spiel per Fax bestellt. In dieser Bestellung waren sowohl Kaufpreis als auch Kaufgegenstand enthalten mit der Folge, dass die Bestellung von H mit einem schlichten »**Ja**« beantwortet und zum Vertragsschluss gebracht werden konnte. Bei der Bestellung des R handelt es sich folglich um einen ***Antrag*** im Sinne der §§ 145 ff. BGB. R hat diese Willenserklärung in jedem Falle ***abgegeben***.

Es fragt sich indes, ob dieser Antrag des R dem H gegenüber auch ***wirksam*** geworden ist. Gemäß **§ 130 Abs. 1 Satz 1 BGB** (aufschlagen!) wird eine Willenserklärung, die einem anderen gegenüber abzugeben ist, wenn sie in dessen Abwesenheit abgegeben wird, in dem Zeitpunkt wirksam, in welchem sie ihm *zugeht*.

> **Definition:** ***Zugegangen*** ist eine empfangsbedürftige Willenserklärung dann, wenn sie derart in den Herrschaftsbereich des Empfängers gelangt ist, dass der Empfänger Kenntnis davon nehmen kann und unter normalen Umständen mit der Kenntnisnahme zu rechnen ist (BGH NJW-RR **2011**, 1185; BGH NJW **2004**, 1320; BGHZ **137**, 205; NK/*Faust* § 130 BGB Rz. 23; MüKo/*Einsele* § 130 BGB Rz. 16; *Brox/Walker* AT Rz. 149; *Bamberger/Roth/Wendtland* § 130 BGB Rz. 9).

Das ist hier auf den ersten Blick nun mal kein Problem, denn mit dem Übersenden per Fax gelangt die Willenserklärung in dem Moment in den Herrschaftsbereich des Empfängers, in dem das Fax beim Empfänger ausgedruckt wird (BGHZ **167**, 214; BGH NJW **2004**, 1320; BGH NJW **1995**, 665; *Palandt/Ellenberger* § 130 BGB Rz. 7; MüKo/*Einsele* § 130 BGB Rz. 20). Die Bestellung des R ist um 10:00 Uhr abgesendet und zwei Minuten später bei H ausgedruckt worden. Demnach ist die Willenserklärung um **10:02 Uhr** in den Herrschaftsbereich des H gelangt. Der Zugang ist in solchen Fällen schließlich ***vollendet***, sobald mit der Kenntnisnahme des Empfängers zu rechnen ist: Bei privaten Fax-Anschlüssen ist dies, sofern der Ausdruck am Tage und nicht zur Nachtzeit erfolgt, der Tag des Ausdrucks (BGH NJW **2004**, 1320; OLG Rostock NJW-RR **1998**, 526; MüKo/*Einsele* § 130 BGB Rz. 20); bei geschäftlichen Erklärungen, die während der Geschäftszeiten eingehen, gilt hingegen die konkrete **Tages-Zeit**, in der das Fax eingeht, als Zugangszeitpunkt im Sinne des § 130 Abs. 1 BGB (BGH NJW **2004**, 1320; BGH NJW **1995**, 665; *Palandt/Ellenberger* § 130 BGB Rz. 7; MüKo/*Einsele* § 130 BGB Rz. 20; *Medicus* AT Rz. 274). In unserem Fall wäre das Fax mit der Bestellung, da es sich um ein geschäftliches Fax handelt, um **10:02 Uhr** dem H zugegangen und folglich zu diesem Zeitpunkt auch wirksam geworden gemäß § 130 Abs. 1 Satz 1 BGB.

> **Aber:** Es fragt sich natürlich, ob diesem Wirksamwerden nicht die Vorschrift des **§ 130 Abs. 1 Satz 2 BGB** entgegensteht. Gemäß § 130 Abs. 1 Satz 2 BGB wird die Willenserklärung nicht wirksam, wenn dem anderen vorher oder gleichzeitig ein ***Widerruf*** zugeht. In unserem Fall hat R dem H um 14:30 Uhr per Fax (Ausdruck bei H auf

dem Fax-Gerät zwei Minuten später) seine »Stornierung« der Bestellung übermittelt. In Betracht kommt somit im vorliegenden Fall unter Umständen ein Widerruf der Bestellung mit der möglichen Folge, dass der Antrag des R ***nicht*** wirksam geworden wäre. Prüfen wir mal:

I.) Es kann insoweit zunächst festgestellt werden, dass für einen möglichen Widerruf die von R gewählte Bezeichnung als »Stornierung« nicht schädlich ist. Das Wort »Widerruf« muss, wenn die Rechtsfolgen des § 130 Abs. 1 Satz 2 BGB herbeigeführt werden sollen, nicht notwendig fallen; es genügt, dass der Wille zum Ausdruck kommt, an der zunächst abgegebenen Erklärung nicht festhalten zu wollen (MüKo/*Einsele* § 130 BGB Rz. 40; *Staudinger/Singer/Benedict* § 130 BGB Rz. 51; *Palandt/Ellenberger* § 130 BGB Rz. 11).

II.) Es stellt sich indessen die Frage, ob der Widerruf des R dem H entweder ***vorher*** oder aber ***gleichzeitig*** zugegangen ist (Gesetz lesen: § 130 Abs. 1 Satz 2 BGB). Nur dann treten die Rechtsfolgen des § 130 Abs. 1 Satz 2 BGB, nämlich das Nichtwirksamwerden der ersten Willenserklärung, ein.

1.) Auf den ersten Blick könnte man annehmen, dass der Widerruf des R dem H deutlich ***nach*** dem Zugang der Bestellung zugegangen ist; denn die Bestellung ist um **10:02 Uhr** im Herrschaftsbereich des H angekommen, der Widerruf erst um **14:32 Uhr** mit der Konsequenz, dass nach strenger Verfolgung des Wortlautes des § 130 Abs. 1 Satz 2 BGB der Widerruf des R wirkungslos bleibt.

2.) Etwas anderes könnte sich aber noch aus dem Umstand ergeben, dass H ***rein tatsächlich*** den Widerruf um 16:00 Uhr und vor allen Dingen noch ***vor*** der Bestellung gelesen und damit zur Kenntnis genommen hat. Der Widerruf lag auf dem Stapel Fax-Blätter ***vor*** der Bestellung. Es fragt sich, ob angesichts dieser Umstände die Regelung des § 130 Abs. 1 Satz 2 BGB so ausgelegt werden kann und muss, dass wenn der Widerruf zwar erst nach der Willenserklärung im Sinne des § 130 Abs. 1 Satz 1 BGB zugeht, der Empfänger ihn aber dennoch schon vor der widerrufenen Willenserklärung tatsächlich zur Kenntnis nimmt, der Widerruf dennoch als rechtzeitig zu behandeln ist.

Die Beantwortung dieser Frage ist (ein bisschen) umstritten:

- Nach einer Auffassung ist in diesem Falle der Widerruf noch rechtzeitig beim Empfänger angelangt und hat deshalb die in § 130 Abs. 1 Satz 2 BGB beschriebenen Rechtsfolgen. Die erste Willenserklärung wird ***nicht*** wirksam (*Brox/Walker* AT Rz. 154; *Hübner* AT Rz. 737; *Rüthers/Stadler* AT § 17 Rz. 65).

Zur Begründung wird hauptsächlich angeführt, dass wenn der Adressat von der Willenserklärung noch nichts erfahren habe, er auch keinen Vertrauensschutz, der von § 130 Abs. 1 Satz 2 BGB beabsichtigt sei, benötige. Nach Treu und Glauben müsse der Absender daher so behandelt werden, als könne er noch bis zur tatsächlichen

Kenntnisnahme widerrufen. Dieses Ergebnis folge aus dem Schutzzweck des § 130 BGB (*Hübner* AT Rz. 737; *Rüthers/Stadler* AT § 17 Rz. 65).

- Die ***andere Meinung*** (herrschend) hingegen lässt diese Argumentation nicht gelten, beruft sich vielmehr auf den eindeutigen ***Wortlaut*** des § 130 Abs. 1 Satz 2 BGB und behandelt folglich auch einen vorher oder gleichzeitig zur Kenntnis genommenen Widerruf als verspätet, wenn der Widerspruch erst nach der vorherigen Willenserklärung im Sinne des § 130 Abs. 1 Satz 1 BGB ***zugegangen*** ist. Geht demnach der Widerruf erst nach der ersten Willenserklärung zu, spielt es keine Rolle, ob der Empfänger nun rein tatsächlich den Widerruf gleichzeitig oder sogar vor der ersten Willenserklärung zur Kenntnis nimmt. Die Rechtsfolgen des § 130 Abs. 1 Satz 2 BGB könnten unter diesen Umständen nicht eintreten, der Widerruf sei verspätet (RGZ **91**, 60; BGH NJW **1975**, 382; *Erman/Arnold* § 130 BGB Rz. 15; NK/*Faust* § 130 BGB Rz. 78; *Bamberger/Roth/Wendtland* § 130 BGB Rz. 30; PWW/*Ahrens* § 130 BGB Rz. 20; *Medicus* AT Rz. 300; *Soergel/Hefermehl* § 130 BGB Rz. 29; *Palandt/Ellenberger* § 130 BGB Rz. 11; MüKo/*Einsele* § 130 BGB Rz. 40; *Wolf/Neuner* AT § 34 Rz. 58).

Diese Ansicht stützt sich – wie gesagt – auf den ***Wortlaut*** des Gesetzes und hat damit das regelmäßig stichhaltigste Argument bei der Auslegung von Gesetzesformulierungen auf ihrer Seite: Aus § 130 Abs. 1 Satz 1 BGB folgt, dass die erste Willenserklärung schon mit **»Zugang«** wirksam wird. Von einer tatsächlichen Kenntnisnahme ist nicht die Rede, sie ist nicht ausschlaggebend, wie wir im Übrigen auch von der Definition des Zugangs her wissen (vgl. oben). Der Widerruf muss nun gemäß § 130 Abs. 1 Satz 2 BGB ***vorher*** oder ***gleichzeitig*** zugehen, und zwar immer in Bezug auf den **»Zugang«** der ersten Erklärung (BGH NJW **1975**, 382; NK/*Faust* § 130 BGB Rz. 78; PWW/*Ahrens* § 130 BGB Rz. 20). Die Reihenfolge der tatsächlichen Kenntnisnahme der Willenserklärungen spielt aus diesem Grund keine Rolle. Der im Juni 2015 leider verstorbene *Dieter Medicus* (= Zivilrechts-Papst) fügte dieser Argumentation schließlich noch zutreffend hinzu, dass die Entscheidung darüber, wann der Empfänger von einer im Sinne des § 130 Abs. 1 Satz 1 BGB zugegangenen Erklärung tatsächlich Kenntnis nimmt, zu seiner persönlichen Sphäre gehöre und daher nicht dem Absender zugute kommen könne, wenn der Empfänger die Kenntnisnahme verzögere (vgl. *Medicus* AT Rz. 300).

ZE.: Nach der herrschenden Meinung, der wir hier folgen wollen (zur Streitdarstellung in der Klausur vgl. bitte das Gutachten weiter unten), ist der Widerruf des R weder vorher noch gleichzeitig in Bezug auf den Zugang der ersten Erklärung dem H zugegangen und kann auch nicht mit Hilfe von Treu und Glauben so behandelt werden.

ZE.: Der Antrag des R, den er morgens um 10:00 Uhr per Fax an den H geschickt hat, ist daher wirksam geworden im Sinne des § 130 Abs. 1 Satz 1 BGB, der Widerruf kam nicht mehr rechtzeitig.

2). Die Annahme

Diesen Antrag des R hat H spätestens mit seiner Erklärung gegenüber R, der Widerruf sei verspätet, er nehme den Antrag des R an und verlange jetzt das Geld und die Abnahme des Spieles, angenommen.

ZE.: Damit ist ein wirksamer Kaufvertrag im Sinne des § 433 BGB über das Spiel zum Preis von 80 Euro zustande gekommen. Der Anspruch des H gegen R aus § 433 Abs. 2 BGB ist entstanden.

> **Problem:** Ist der Anspruch des H gegen R aus § 433 Abs. 2 BGB wegen eines gesetzlichen Widerrufsrechts möglicherweise wieder **untergegangen**?

So, und auch wenn es nervt, bitte:

1. Lies zunächst: § 312c Abs. 1 **und** Abs. 2 BGB.

2. Bitte lies des Weiteren: § 312g Abs. 1 BGB (der ist kurz!)

3. Und zum Schluss: § 355 Abs. 1 Satz 1 BGB (auch kurz)

Durchblick: Die bezeichneten Normen regeln das extrem praxis- und vor allem klausurrelevante, gesetzliche Widerrufsrecht bei den sogenannten »**Fernabsatzverträgen**«. Grundsätzlich soll dem Verbraucher demnach bei jedem Fernabsatzvertrag im Sinne des § 312c Abs. 1 BGB (gelesen?) ein gesetzlich eingeräumtes Widerrufsrecht gemäß den §§ 312g Abs. 1, 355 ff. BGB zustehen. Dieses Widerrufsrecht hat zur Folge, dass bei einem fristgerecht ausgeübten Widerruf die Vertragsparteien gemäß **§ 355 Abs. 1 Satz 1 BGB** »*… an ihre auf den Abschluss gerichteten Willenserklärungen nicht mehr gebunden sind …*« (BGH MDR **2016**, 575). Die zunächst wirksam abgegebenen Willenserklärungen haben nach erklärtem Widerruf also ***keinen*** Bestand mehr, die ursprünglichen Erfüllungsansprüche aus dem Vertrag gehen unter, und das einmal geschlossene Vertragsverhältnis wandelt sich gemäß den §§ 355, 357 BGB *ex nunc* (→ lateinisch: »ab jetzt«) um in ein Rückabwicklungsschuldverhältnis. Darüber hinaus obliegen dem Unternehmer/Verkäufer bei einem Fernabsatzvertrag gegenüber dem Verbraucher auch besondere Informations- und Dokumentationspflichten, die in den §§ 312d–312f BGB niedergelegt sind.

> Hinter all dem steckt die Idee, den Verbraucher, der sich bei Vertragsverhandlungen und dem Vertragsschluss ausschließlich sogenannter »**Fernkommunikationsmittel**« bedient, einem besonderen Schutz zu unterstellen, da er zum einen seinen Verkäufer zu keinem Zeitpunkt zu Gesicht bekommt und zum anderen auch die bestellte Ware erst dann in Händen hält, wenn der Vertrag längst geschlossen ist. Der Gesetzgeber wollte dieser »**besonders risikoreichen Situation**« eines zudem im Zweifel übereilten Vertragsschlusses dadurch gerecht werden, dass er dem Verbraucher ein gesetzlich garantiertes und an keinerlei Gründe gebundenes Widerrufsrecht – auszuüben innerhalb von 14 Tagen – gewährt und dem Unternehmer zudem besondere Infor-

mations- und Dokumentationspflichten aufbürdet (BT Drucks. 14/2658, Seite 15; BGH MDR **2016**, 575; BGH NJW **2004**, 3699; *Erman/Koch* § 312c BGB Rz. 2; PWW/*Stürner* § 312c BGB Rz. 5; *Palandt/Grüneberg* § 312c BGB Rz. 1).

Merke: Liegt ein sogenannter »**Fernabsatzvertrag**« im Sinne des § 312c BGB vor, steht dem Verbraucher ein an ***keine*** Gründe gebundenes (→ § 355 Abs. 1 Satz 4 BGB) Widerrufsrecht gemäß den §§ 355 ff., 312g, 312c BGB zu (BGH MDR **2016**, 575). Dieses Recht muss der Verbraucher, sofern der Unternehmer seinen Informationspflichten gemäß § 312d BGB nachgekommen ist, innerhalb von **14 Tagen** ausüben (lies: § 355 Abs. 2 Satz 1 BGB), und zwar durch eine Erklärung gegenüber dem Vertragspartner, die übrigens zum einen an ***keine*** Form gebunden ist, daher etwa auch am Telefon erfolgen kann (lies: § 355 Abs. 1 Satz 2 BGB) und zum anderen das Wort »Widerruf« nicht zwingend enthalten muss. Die 14-tägige Frist beginnt gemäß § 355 Abs. 2 Satz 2 BGB grundsätzlich mit dem Vertragsschluss, bei Verträgen über Warenlieferungen gemäß **§ 356 Abs. 2 Nr. 1a BGB** aber erst mit dem Erhalt der Ware. Der wirksame Widerruf eines Fernabsatzvertrages hat dann – wie oben gesagt – zur Folge, dass sich das ursprüngliche Vertragsverhältnis gemäß den §§ 355, 357 Abs. 1 BGB in ein Rückabwicklungsschuldverhältnis umwandelt. Hiernach sind die Parteien – soweit Leistung und Gegenleistung schon ausgetauscht sind – gemäß § 357 Abs. 1 BGB verpflichtet, die empfangenen Leistungen innerhalb von 14 Tagen zurückzugewähren. Sind die Leistungen zum Zeitpunkt des Widerrufs noch nicht ausgetauscht worden, hat der Widerruf (nur) die Aufhebung des ursprünglichen Vertrages und damit den Untergang der darin enthaltenen Erfüllungsansprüche zur Folge (MüKo/*Fritsche* § 355 BGB Rz. 50; PWW/*Stürner* § 355 BGB Rz. 1).

Vorsicht: Beachte insoweit bitte unbedingt den dogmatischen und für die Fallprüfung enorm wichtigen Unterschied zu dem von uns oben besprochenen § 130 Abs. 1 Satz 2 BGB: Bei einem Widerruf im Sinne des § 130 Abs. 1 Satz 2 BGB wird die ursprünglich abgegebene Willenserklärung gar nicht erst wirksam (steht ausdrücklich in § 130 Abs. 1 Satz 2 BGB!) – und braucht bzw. kann demnach auch nicht aufgehoben werden. Der Widerruf nach § 130 Abs. 1 Satz 2 BGB hindert bereits das ***Wirksamwerden*** der ursprünglich abgegebenen Willenserklärung. Zwischen den Parteien kommt also gar kein Vertragsverhältnis zustande. Bei einem Widerruf nach den §§ 312c, 312g, 355 BGB hingegen ist die ursprüngliche Willenserklärung zunächst (schwebend) ***wirksam*** und der damit geschlossene Vertrag demnach auch gültig (BT-Drs. 14/2658 41, 47; PWW/*Stürner* § 355 BGB Rz. 1; *Palandt/Grüneberg* § 355 BGB Rz. 3). Die Parteien sind aber nach erklärtem Widerruf »*... an ihre auf den Abschluss des Vertrages gerichteten Willenserklärungen nicht mehr gebunden*« (steht wörtlich in § 355 Abs. 1 Satz 1 BGB drin). **Konsequenz**: In Falle eines Widerrufs nach § 355 Abs. 1 Satz 1 BGB ***beendet*** dieser Widerruf die ursprünglich schwebende Wirksamkeit der Erklärung und wandelt den zuvor geschlossenen Vertrag um in ein Rückabwicklungsschuldverhältnis (BGH MDR **2016**, 575; MüKo/*Fritsche* § 355 BGB Rz. 50; PWW/*Stürner* § 355 BGB Rz. 1). Merken.

Und dieser Unterschied hat – wie gesagt – auch erhebliche Auswirkungen auf die Fallprüfung bzw. den Aufbau der Lösung, und zwar: Während wir das Vorliegen eines möglichen Widerrufs gemäß § 130 Abs. 1 Satz 2 BGB weiter oben beim ***Zustandekommen*** des Vertrages prüfen mussten (**Problem**: war die Erklärung des R überhaupt wirksam?), gehört die Frage nach einem gesetzlichen Widerrufsrecht aus den §§ 312c, 312g, 355 ff. BGB zur Prüfung, ob ein einmal entstandener Anspruch aus einem zunächst wirksamen (!) Vertrag durch die Widerruf möglicherweise wieder ***untergegangen*** ist (wichtiger Satz, bitte mindestens noch einmal lesen).

Zu unserem Fall: Sollte R den mit H zunächst wirksam geschlossenen Vertrag über das Computerspiel widerrufen haben, wären beide Parteien – demnach natürlich auch unser R – gemäß § 355 Abs. 1 Satz 1 BGB »*... nicht mehr an ihre auf den Vertragsschluss gerichteten Willenserklärungen gebunden*« mit der Folge, dass die ursprünglich bestehenden Erfüllungsansprüche aus § 433 BGB wieder untergegangen wären und R somit auch nicht zahlen müsste. Daher, **Frage**: Stand dem R ein Widerrufsrecht aus den genannten Normen zu und hat er dieses auch wirksam ausgeübt?

Prüfen wir mal:

Der Sachverhalt lag ja so: R hatte beim Elektrofachhändler H in dessen Geschäft das Computerspiel »**FUFA 17**« getestet, und auf die Frage nach dem Preis hatte H den Betrag von 80 Euro als Verkaufspreis angegeben. Der R erbat sich dann eine kurze Bedenkzeit, bestellte am nächsten Vormittag um 10 Uhr per Fax das Spiel zu diesem Preis – und erklärte am Nachmittag die »Stornierung«, weil er das gleiche Spiel bei einem anderen Händler günstiger kaufen könnte.

Also: Reicht dieser Sachverhalt für ein Widerrufsrecht des R aus einem Fernabsatzvertrag gemäß den §§ 312c, 312g Abs. 1, 355 ff. BGB aus?

(Überraschende) **Antwort**: Nein!

Begründung: Zunächst können wir relativ entspannt festhalten, dass auch ein Fax, mit dem R sein Angebot abgibt, unstreitig unter den Begriff »**Fernkommunikationsmittel**« im Sinne des § 312c Abs. 2 BGB fällt, da es zu den elektronischen Medien zählt, mithilfe derer man Erklärungen abgeben kann, ohne dass die Vertragspartner körperlich anwesend sind (**unstreitig**: MüKo/*Fritsche* § 355 BGB Rz. 42; *Erman/Koch* § 312c BGB Rz. 10; *Palandt/Grüneberg* § 312c BGB Rz. 3; PWW/*Stürner* § 312c BGB Rz. 9). Des Weiteren gehört zu den Fernkommunikationsmitteln selbstverständlich auch das Telefon, mit dem H die Annahme des Angebots erklärt, das Telefon bzw. der Telefonanruf stehen sogar ausdrücklich in § 312c Abs. 2 BGB drin (prüfen!). Der gute R ist zudem als Rechtsstudent ohne Zweifel ein *Verbraucher* im Sinne des § 13 BGB und der H als Elektrofach-»Händler« ein *Unternehmer* im Sinne des § 14 Abs. 1 BGB ist. Und schließlich spielt es keine Rolle, dass R das Wort »Widerruf« nicht verwendet, sondern von »Stornierung« spricht bzw. schreibt. Gemäß § 355 Abs. 1 Satz 3 BGB muss bei der Widerrufserklärung nur der eindeutige Entschluss erkennbar sein, den Vertrag widerrufen bzw. an ihm nicht mehr festhalten zu wollen (BGH NJW

2012, 1197; BGH NJW **1996**, 1964; MüKo/*Fritsche* § 355 BGB Rz. 41; *Palandt/Grüneberg* § 355 BGB Rz. 5; *Erman/Koch* § 355 BGB Rz. 7), wovon im vorliegenden Fall ausgegangen werden kann, zumal R gegenüber H das Vorliegen eines Fernabsatzvertrages sogar ausdrücklich erwähnt und die Zahlung verweigert. Letztlich muss R auch keine Gründe für den Widerruf vortragen, der Widerruf ist gemäß § 355 Abs. 1 Satz 4 BGB an ***keinerlei*** Begründung gebunden (vgl. instruktiv: BGH MDR **2016**, 575).

ZE.: Aus diesen Überlegungen spricht auf den ersten Blick alles für einen Fernabsatzvertrag gemäß § 312c BGB, den R als Verbraucher gegenüber dem Unternehmer H auch fristgerecht, nämlich noch am gleichen Tag, widerrufen hat.

Aber: Gleichwohl fehlt es im vorliegenden Fall an einem Fernabsatzvertrag, was man indes nur bei sorgfältigem Lesen des Gesetzestextes des § 312c Abs. 1 BGB feststellen kann: Ausweislich des Gesetzeswortlauts (aufschlagen!) müssen nämlich nicht nur der Vertragsschluss, sondern kumulativ dazu auch die ***Vertragsverhandlungen***, so sie denn stattgefunden haben, ausschließlich mit Fernkommunikationsmitteln geführt worden sein. Wir erinnern uns bitte: Der Sinn und Zweck des Widerrufsrechts bei Fernabsatzverträgen lag ja darin, den Verbraucher davor zu schützen, übereilte Verträge mit ihm unbekannten Personen zu schließen, bei denen der Verbraucher zudem das Produkt auch erst ***nach*** Vertragsschluss zu Gesicht bekommt: Das Gesetz verlangt daher, dass die Vertragsverhandlungen ***und*** der Vertragsschluss ausschließlich mit Fernkommunikationsmitteln geführt wurden (BT Drucks. 14/2658, Seite 15; BGH NJW **2004**, 3699; MüKo/*Wendehorst* § 312c BGB Rz. 19; *Erman/Koch* § 312c BGB Rz. 2; PWW/*Stürner* § 312c BGB Rz. 5; *Palandt/Grüneberg* § 312c BGB Rz. 1; *Brinkmann/Ludwigkeit* in NJW 2014, 3270).

> **Hier**: Unser R aber hat das Spiel am Tage vor der Bestellung im Geschäft des H getestet, mit H auch schon über den Preis gesprochen und sich anschließend eine kurze Bedenkzeit erbeten. Somit kennt unser R sowohl seinen Vertragspartner als auch das Produkt einschließlich des Preises, über das am nächsten Tag der Vertrag geschlossen worden ist. Die **Vertragsverhandlungen** sind folglich keinesfalls ausschließlich mithilfe von Fernkommunikationsmitteln geführt worden (vgl. MüKo/*Wendehorst* § 312c BGB Rz. 19). **Konsequenz**: Es fehlt im vorliegenden Fall zum einen an dem geschriebenen Merkmal des § 312c Abs. 1 BGB »... *Verträge, bei denen für Vertragsverhandlungen **und** Vertragsschluss ausschließlich Fernkommunikationsmittel verwendet werden ...*« und zum anderen auch am Schutzzweck des § 312c BGB (siehe oben!). Wer sich vorher umfassend über das Produkt in den Geschäftsräumen des Verkäufers informiert und sogar über den Preis spricht/verhandelt, um dann kurz darauf den Vertrag mithilfe von Fernkommunikationsmitteln zu schließen, bedarf nicht mehr des Schutzes des § 312c BGB (BT Drucks. 17/12637, 50; OLG Hamburg WM **2014**, 1538; MüKo/*Wendehorst* § 312c BGB Rz. 19; *Palandt/Grüneberg* § 312c BGB Rz. 4; PWW/*Stürner* § 312c BGB Rz. 10; *Erman/Koch* § 312c BGB Rz. 7; *Brinkmann/Ludwigkeit* in NJW 2014, 3270).

ZE.: Es mangelt somit an den Voraussetzungen des § 312c Abs. 1 BGB, zwischen R und H fanden vor dem Vertragsschluss bereits Vertragsverhandlungen ohne Fernkommunikationsmittel statt – und R hat das Produkt auch bereits im Geschäft des

Verkäufers besichtigt. Mithin wurde kein Fernabsatzvertrag im Sinne des § 312c Abs. 1 BGB zwischen den Parteien geschlossen.

ZE.: Demnach steht R auch kein Widerrufsrecht aus § 312g Abs. 1 BGB zu, denn diese Norm verlangt für das Widerrufsrecht (unter anderem) das Vorliegen eines Fernabsatzvertrages im Sinne des § 312c Abs. 1 BGB.

ZE.: Und in Folge dessen mangelt es an den Voraussetzungen des § 355 Abs. 1 BGB, denn es fehlt dem Verbraucher R an einem gesetzlich angeordneten Widerrufsrecht, namentlich an dem Recht aus § 312g Abs. 1 BGB.

ZE.: Weil die Voraussetzungen des § 355 Abs. 1 Satz 1 BGB wie gesehen nicht vorliegen, bleibt R an seine auf den Vertragsschluss gerichtete Willenserklärung mit H gebunden.

Erg.: H kann von R die Abnahme und die Bezahlung des Spiels aus § 433 Abs. 2 BGB verlangen, der Anspruch ist insbesondere nicht untergegangen.

Bitte noch mal klarmachen:

Es ist wichtig, in der Klausur – und dort vor allem beim Aufbau – die beiden oben skizzierten Arten des Widerrufs einer Willenserklärung sauber voneinander zu trennen: Während der Widerruf nach § 130 Abs. 1 Satz 2 BGB bereits das ***Wirksamwerden*** der zuvor abgegebenen Willenserklärung verhindert, einen vertraglichen Anspruch also gar nicht erst entstehen lässt, führt der gesetzliche Widerruf nach den §§ 312c, 312g, 355 ff. BGB dazu, dass die ursprünglich wirksame Willenserklärung wieder aufgehoben wird und die einmal entstandenen vertraglichen Ansprüche wieder ***untergehen*** (vgl. insoweit bitte auch Fall Nr. 3 vorne, wo es um den Widerruf bei »Verträgen außerhalb von Geschäftsräumen« gemäß den §§ 312b, 312g, 355 ff. BGB ging). In der Fallprüfung muss man daher gut aufpassen und die jeweiligen Widerrufe auch an der richtigen Stelle erörtern: Der Widerruf nach § 130 Abs. 1 Satz 2 BGB gehört immer zu der Frage, ob ein Vertrag überhaupt zustande gekommen ist – der Widerruf nach den §§ 312c, 312g, 355 BGB wird demgegenüber erst und nur dann interessant, wenn man vorher einen solchen Vertragsschluss bejaht hat (siehe oben).

Ist gar kein Vertrag zustande gekommen, weil es sich um einen wirksamen Widerruf nach § 130 Abs. 1 Satz 2 BGB handelt, ist die Fallprüfung in der Regel an dieser Stelle beendet, es fehlt ja dann an jeder rechtlichen Bindung zwischen den Parteien. Besteht bei einem (zuvor **wirksam** abgeschlossenen!) Vertrag hingegen ein gesetzliches Widerrufsrecht aus den §§ 312c, 312g, 355 ff. BGB und wird es auch ordnungsgemäß ausgeübt, sind die Parteien gemäß **§ 355 Abs. 1 Satz 1 BGB** »… *an ihre auf den Vertragsschluss gerichteten Willenserklärungen nicht mehr gebunden*« (BGH MDR **2016**, 575). Die Wirksamkeit der ursprünglich abgegebenen Willenserklärungen wird mit diesem Widerruf also aufgehoben/beendet, die zuvor bestehenden vertraglichen Erfüllungsansprüche gehen unter und das ursprüngliche Vertragsverhältnis wandelt sich gemäß den §§ 355, 357 BGB dann um in ein sogenanntes »Rückabwicklungsschuldverhältnis« (MüKo/*Fritsche* § 355 BGB Rz. 50; PWW/*Stürner* § 355 BGB Rz. 1; *Erman/Koch* § 355 BGB Rz. 4) – mit folgenden **Konsequenzen**: Sind bei einem solchen Vertrag bereits Leistungen ausgetauscht worden, müssen diese innerhalb von 14 Tagen seit der Widerrufserklärung zurückgewährt werden, was aus § 357 Abs. 1 BGB folgt. Sind hingegen im Zeitpunkt des Widerrufs, so wie etwa in unserem Fall oben, noch gar keine Leistungen ausgetauscht worden, erlöschen lediglich die Erfüllungsansprüche aus dem Vertragsverhältnis (MüKo/*Fritsche* § 355 BGB Rz. 50). All das freilich nur dann, wenn auch wirklich ***alle*** Voraussetzungen des Widerrufsrechts vorliegen, was man selbstverständlich bitte schön sorgfältig zu prüfen hat. Liegen nicht alle Voraussetzungen vor, kann auch kein wirksamer Widerruf erklärt werden. Bei unserer Geschichte oben fehlte es an den Voraussetzungen des § 312c Abs. 1 BGB, der gute R war ja vorher schon im Geschäft des H, hatte das Spiel (die Kaufsache) gestestet und mit H auch über den Preis gesprochen, daher kam für ihn ein Widerrufsrecht aus den §§ 312c, 312g, 355 ff. BGB nicht (mehr) in Betracht. Wir erinnern uns bitte: Für einen Fernabsatzvertrag im Sinne des § 312c Abs. 1 BGB müssen sowohl der **Vertragsschluss** als auch mögliche **Vertragsverhandlungen** ausschließlich über Fernkommunikationsmittel erfolgt sein (vgl. instruktiv MüKo/*Wendehorst* § 312c BGB Rz. 18 f.).

Und so schreibt man das Ganze dann bitte in der Klausur:

Gutachten

H könnte gegen R ein Anspruch auf Zahlung der 80 Euro und Abnahme des Spiels aus § 433 Abs. 2 BGB zustehen.

Voraussetzung für den Zahlungs- und Abnahmeanspruch aus § 433 Abs. 2 BGB ist ein entsprechender Kaufvertrag zwischen R und H über das Spiel zum Preis von 80 Euro. Ein solcher Vertrag setzt sich zusammen aus zwei übereinstimmenden Willenserklärungen, dem Antrag und der Annahme.

I.) R hat vormittags gegen 10:00 Uhr das am Vortage besichtigte Spiel per Fax bestellt. In dieser Bestellung waren sowohl Kaufpreis als auch Kaufgegenstand enthalten mit der Folge, dass die Bestellung von H mit einem schlichten »Ja« beantwortet und zum Vertragsschluss gebracht werden konnte. Bei der Bestellung des R handelt es sich folglich um einen Antrag im Sinne der §§ 145 ff. BGB. R hat diese Willenserklärung in jedem Falle abgegeben.

1.) Es fragt sich allerdings, ob dieser Antrag des R dem H gegenüber auch wirksam geworden ist. Gemäß § 130 Abs. 1 Satz 1 BGB wird eine Willenserklärung, die einem anderen gegenüber abzugeben ist, wenn sie in dessen Abwesenheit abgegeben wird, in dem Zeitpunkt wirksam, in welchem sie ihm zugeht. Zugegangen ist eine empfangsbedürftige Willenserklärung dann, wenn sie derart in den Herrschaftsbereich des Empfängers gelangt ist, dass der Empfänger Kenntnis davon nehmen kann und unter normalen Umständen mit der Kenntnisnahme zu rechnen ist. Mit dem Übersenden per Fax gelangt die Willenserklärung in dem Moment in den Herrschaftsbereich des Empfängers, in dem das Fax ausgedruckt wird. Die Bestellung des R ist um 10:00 Uhr abgesendet und zwei Minuten später bei H ausgedruckt worden. Demnach ist die Willenserklärung um 10:02 Uhr in den

Herrschaftsbereich des H gelangt. Der Zugang ist in solchen Fällen schließlich vollendet, sobald mit der Kenntnisnahme des Empfängers zu rechnen ist. Bei privaten Fax-Anschlüssen ist dies, sofern der Ausdruck am Tage und nicht zur Nachtzeit erfolgt, der Tag des Ausdrucks, bei geschäftlichen Erklärungen, die während der Geschäftszeiten eingehen, gilt hingegen die konkrete Tages-Zeit, in der das Fax eingeht, als Zugangszeitpunkt im Sinne des § 130 Abs. 1 BGB. Im vorliegenden Fall wäre das Fax, da es sich um ein geschäftliches Fax handelt, mit der Bestellung mithin um 10:02 Uhr dem H zugegangen und folglich zu diesem Zeitpunkt auch wirksam geworden gemäß § 130 Abs. 1 Satz 1 BGB.

2.) Es fragt sich indessen, ob diesem Wirksamwerden nicht die Vorschrift des § 130 Abs. 1 Satz 2 BGB entgegensteht. Gemäß § 130 Abs. 1 Satz 2 BGB wird die Willenserklärung nicht wirksam, wenn dem anderen vorher oder gleichzeitig ein Widerruf zugeht. Im vorliegenden Fall hat R dem H um 14:30 Uhr per Fax (Ausdruck bei H auf dem Fax-Gerät zwei Minuten später) seine »Stornierung« der Bestellung übermittelt. In Betracht kommt somit ein Widerruf der Bestellung mit der möglichen Folge, dass der Antrag des R nicht wirksam geworden wäre.

a) Insoweit ist zunächst festzustellen, dass für einen möglichen Widerruf die von R gewählte Bezeichnung als »Stornierung« nicht schädlich ist. Das Wort »Widerruf« muss, wenn die Rechtsfolgen des § 130 Abs. 1 Satz 2 BGB herbeigeführt werden sollen, nicht notwendig fallen; es genügt, dass der Wille, an der zunächst gegebenen Erklärung nicht festhalten zu wollen, zum Ausdruck kommt.

b) Es stellt sich indessen die Frage, ob der Widerruf des R dem H entweder vorher oder aber gleichzeitig zugegangen ist. Nur dann treten die Rechtsfolgen des § 130 Abs. 1 Satz 2 BGB, das Nichtwirksamwerden der ersten Willenserklärung, ein.

aa) Beachtlich ist insoweit zunächst, dass der Widerruf des R dem H deutlich nach dem Zugang der Bestellung zugegangen ist, denn die Bestellung war um 10:02 Uhr im Herrschaftsbereich des H angekommen, der Widerruf erst um 14:32 Uhr mit der Konsequenz, dass nach strenger Verfolgung des Wortlautes des § 130 Abs. 1 Satz 2 BGB der Widerruf des R wirkungslos bleibt.

bb) Etwas anderes könnte sich indessen noch aus dem Umstand ergeben, dass der H tatsächlich den Widerruf um 16:00 Uhr sogar noch vor der Bestellung gelesen und damit zur Kenntnis genommen hat; der Widerruf lag auf dem Stapel Fax-Blätter vor der Bestellung. Es fragt sich, ob angesichts dieser Umstände die Regelung des § 130 Abs. 1 Satz 2 BGB nicht so ausgelegt werden kann und muss, dass wenn der Widerruf zwar erst nach der Willenserklärung im Sinne des § 130 Abs. 1 Satz 1 BGB zugeht, der Empfänger ihn aber dennoch schon vor der widerrufenen Willenserklärung tatsächlich zur Kenntnis nimmt, der Widerruf als rechtzeitig zu behandeln ist.

Nach einer Auffassung ist in diesem Falle der Widerruf noch rechtzeitig beim Empfänger angelangt und hat deshalb die in § 130 Abs. 1 Satz 2 BGB beschriebenen Rechtsfolgen. Die erste Willenserklärung wird nicht wirksam. Dies wird damit begründet, dass wenn der Adressat von der Willenserklärung noch nichts erfahren habe, er auch keinen Vertrauensschutz, der von § 130 Abs. 1 Satz 2 BGB beabsichtigt sei, benötige. Nach Treu und Glauben müsse der Absender daher so behandelt werden, als könne er noch bis zur tatsächlichen Kenntnisnahme widerrufen. Dieses Ergebnis folge aus dem Schutzzweck des § 130 BGB.

Dieser Auffassung steht jedoch der eindeutige Wortlaut des § 130 Abs. 1 Satz 2 BGB entgegen. Aus § 130 Abs. 1 Satz 1 BGB folgt, dass die erste Willenserklärung schon mit »Zugang« wirksam wird. Von einer tatsächlichen Kenntnisnahme ist im Gesetz nicht die Rede, sie ist nicht ausschlaggebend, wie sich im Übrigen auch aus der Definition des Zugangs ergibt. Der Widerruf muss gemäß § 130 Abs. 1 Satz 2 BGB vorher oder gleichzeitig zugehen, und zwar immer in Bezug auf den »Zugang« der ersten Erklärung. Die Reihenfolge der tatsächlichen Kenntnisnahme der Willenserklärungen spielt aus diesem Grund keine Rolle. Letztlich beachtlich ist, dass die Entscheidung darüber, wann der Empfänger von einer im Sinne des § 130 Abs. 1 Satz 1 BGB zugegangenen Erklärung tatsächlich Kenntnis nimmt, zu seiner persönlichen Sphäre gehört und es daher nicht dem Absender zugute kommen kann, wenn der Empfänger die Kenntnisnahme verzögert.

Nach dieser zu favorisierenden Ansicht, die auf den Wortlaut des Gesetzes abstellt, ist der Widerruf des R daher weder vorher noch gleichzeitig in Bezug auf den Zugang der ersten Erklärung dem H zugegangen und kann auch nicht mit Hilfe von Treu und Glauben so behandelt werden. Der Antrag des R, den er morgens um 10:00 Uhr an den H geschickt hat, ist wirksam geworden im Sinne des § 130 Abs. 1 Satz 1 BGB.

II.) Diesen Antrag des R hat H spätestens mit seiner Erklärung gegenüber R, der Widerruf sei verspätet und er verlange jetzt das Geld und die Abnahme des Spieles, angenommen. Damit ist ein wirksamer Kaufvertrag im Sinne des § 433 BGB über das Spiel zum Preis von 80 Euro zustande gekommen, aus dem H ein Erfüllungsanspruch gegen R zusteht.

III.) Es fragt sich indessen, ob dieser einmal entstandene Erfüllungsanspruch wieder untergegangen ist. In Betracht kommt die Ausübung eines gesetzlichen Widerrufsrechts durch R aus den §§ 312c, 312g, 355 ff. BGB im Rahmen eines Fernabsatzvertrages.

Sollte R den mit H zunächst wirksam geschlossenen Vertrag über das Computerspiel wirksam gemäß den §§ 312c, 312g, 355 BGB widerrufen haben, wären beide Parteien gemäß § 355 Abs. 1 Satz 1 BGB nicht mehr an ihre auf den Vertragsschluss gerichteten Willenserklärungen gebunden mit der Folge, dass die ursprünglich bestehenden Erfüllungsansprüche aus § 433 BGB wieder untergegangen wären.

Dazu müssen die Voraussetzungen der §§ 312c, 312g, 355 BGB vorliegen.

1.) Zwischen R und H muss demnach ein sogenannter Fernabsatzvertrag im Sinne des § 312c Abs. 1 BGB geschlossen worden sein. Voraussetzung dafür ist zunächst gemäß § 312c Abs. 1 BGB, dass R als Verbraucher und H als Unternehmer einen Vertrag geschlossen haben, bei dem sowohl für die Vertragsverhandlungen als auch für den Vertragsschluss ausschließlich Fernkommunikationsmittel im Sinne des § 312c Abs. 2 BGB verwendet wurden.

a) Zunächst kann insoweit festgehalten werden, dass auch ein Fax, mit dem R sein Angebot abgibt, unter den Begriff »Fernkommunikationsmittel« im Sinne des § 312c Abs. 2 BGB fällt, es zählt fraglos zu den elektronischen Medien, mithilfe derer man Erklärungen abgeben kann, ohne dass die Vertragspartner körperlich anwesend sind. Des Weiteren gehört hierzu auch das Telefon, mit dem H seine Annahme des Angebots erklärt, das Telefon bzw. der Telefonanruf sind ausdrücklich in § 312c Abs. 2 BGB erwähnt. R ist zudem als Rechtsstudent ohne Zweifel ein Verbraucher im Sinne des § 13 BGB und H als Elektrofach-»Händler« ein Unternehmer im Sinne des § 14 Abs. 1 BGB ist. H und R haben somit als Verbraucher und Unternehmer den Vertragsschluss getätigt und sich hierbei ausschließlich dem Einsatz von Fernkommunikationsmitteln bedient.

b) Ausweislich des Gesetzeswortlauts des § 312c Abs. 1 BGB müssen indessen nicht nur der Vertragsschluss, sondern auch die Vertragsverhandlungen ausschließlich mit Fernkommunikationsmitteln geführt worden sein. Der Sinn und Zweck des Widerrufsrechts bei Fernabsatzverträgen liegt darin, den Verbraucher davor zu schützen, übereilte Verträge mit ihm unbekannten Personen zu schließen, bei denen der Verbraucher zudem das Produkt auch erst nach Vertragsschluss in Händen hält. R aber hat das Spiel am Tage vor der Bestellung im Geschäft des H getestet, mit H auch schon über den Preis gesprochen und sich anschließend eine kurze Bedenkzeit erbeten. Somit kennt R sowohl seinen Vertragspartner als auch das Produkt, über das am nächsten Tag der Vertrag geschlossen worden ist. Die Vertragsverhandlungen sind folglich keinesfalls ausschließlich mithilfe von Fernkommunikationsmitteln geführt worden.

Es fehlt im vorliegenden Fall demnach sowohl an dem geschriebenen Merkmal des § 312c Abs. 1 BGB »Verträge, bei denen für Vertragsverhandlungen und Vertragsschluss ausschließlich Fernkommunikationsmittel verwendet werden« als auch am Schutzzweck des § 312c BGB. Wer sich vorher umfassend über das Produkt in den Geschäftsräumen des Verkäufers informiert und sogar über den Preis spricht/verhandelt, um dann kurz darauf den Vertrag zu schließen, bedarf nicht mehr des Schutzes des § 312c BGB.

Zwischenergebnis: Es fehlt mithin an den Voraussetzungen des § 312c Abs. 1 BGB, zwischen R und H wurde kein Fernabsatzvertrag im Sinne des § 312c Abs. 1 BGB geschlossen. Demnach steht R auch kein Widerrufsrecht aus § 312g Abs. 1 BGB zu, diese Norm verlangt (unter anderem) das Vorliegen eines Fernabsatzvertrages im Sinne des § 312c Abs. 1 BGB. Und in Folge dessen mangelt es auch an den Voraussetzungen des § 355 Abs. 1 BGB, denn es fehlt dem Verbraucher R an einem gesetzlich angeordneten Widerrufsrecht, namentlich an dem Recht aus § 312g Abs. 1 BGB. R bleibt daher an seine auf den Vertragsschluss gerichtete Willenserklärung gebunden, ihm steht kein gesetzliches Widerrufsrecht zu.

Ergebnis: H kann von R die Abnahme und die Bezahlung des Spiels aus § 433 Abs. 2 BGB verlangen.

Fall 6

Gyros komplett

Rechtsstudent R betritt die Pommes-Bude des P und bestellt nach Durchsicht der über der Theke hängenden großen Tafel, auf der sämtliche Speisen und die dazu gehörenden Preise aufgeführt sind, einen »Gyros komplett«. Nachdem er die Standard-Frage des P »*Zum Mitnehmen?*« verneint hat, nimmt er Platz, bekommt wenig später von P den Teller und vertilgt seinen »Gyros komplett«.

Als R dann zahlen will, tippt P nicht die auf der Tafel vermerkten 10 Euro, sondern 11 Euro in die Kasse ein. Der verwunderte R zeigt auf die Tafel und erklärt, er verstehe das nicht, dort stehe doch 10 Euro. P zeigt daraufhin auf den Stapel Faltblätter, der auf der Theke liegt und den der R erst jetzt bemerkt, und meint, er habe seit einer Woche die Preise erhöht, der »Gyros komplett« koste jetzt 11 Euro. Dies könne R im Faltblättchen, das im Übrigen auch auf jedem Tisch liege, nachlesen. R hatte das Zettelchen auf dem Tisch beim Hinsetzen zwar gesehen, aber nur für eine gewöhnliche Speisekarte gehalten und deshalb auch nicht mehr aufgeschlagen. R will dennoch nur 10 Euro zahlen.

Was kann P von R verlangen?

Schwerpunkte: Die Auslegung von Willenserklärungen; Unterscheidung zwischen empfangsbedürftigen und nicht empfangsbedürftigen Willenserklärungen; der objektive Empfängerhorizont; die Auslegung nach den §§ 133, 157 BGB; Vertragsschluss mithilfe der Auslegung.

Lösungsweg

Anspruch des P gegen R auf Zahlung von 11 Euro

AGL.: § 433 Abs. 2 BGB (Zahlungsanspruch aus dem Kaufvertrag)

Es muss ein wirksamer Kaufvertrag über den *Gyros komplett* zum Preis von 11 Euro zustande gekommen sein. Ein Kaufvertrag kommt – wie jeder Vertrag – zustande durch zwei übereinstimmende Willenserklärungen, dem Antrag und der Annahme. In unserem Fall kommen wir bei der Prüfung des Vertragsschlusses nur dann zum Ziel, wenn wir sehr sorgsam die einzelnen Akte, Antrag und Annahme, durchsehen, **also:**

1.) Wir beginnen selbstverständlich mit dem ***Antrag***, und der könnte von P in Form der Tafel über der Theke gemacht worden sein. Ob dieser Tafel über der Theke Antragsqualität zukommt, entscheidet sich anhand der Definition des Antrages.

> **Definition:** Ein ***Antrag*** im Sinne der §§ 145 ff. BGB ist eine empfangsbedürftige Willenserklärung und muss von seinem Gegenstand und seinem Inhalt her so formuliert sein, dass der andere Vertragsteil mit einem schlichten **»Ja«** den Vertrag zustande bringen kann (BGH NJW **2013**, 598; BAG NJW **2006**, 1832; BGH NJW **1990**, 1234; MüKo/*Busche* § 145 BGB Rz. 5; *Medicus* AT Rz. 358; *Erman/Armbrüster* § 145 BGB Rz. 2; *Palandt/Ellenberger* § 145 BGB Rz. 1).

Wenn R beim Anblick der Speisekarte nun »Ja« sagt, bringt dies keinen Vertrag zustande; es ist unter anderem schon nicht ersichtlich, ***was*** er kaufen möchte. Die Tafel ist mithin nur eine »Aufforderung zur Abgabe eines Antrages« (invitatio ad offerendum) und folglich kein Antrag.

2.) Als Antrag zum Abschluss eines Kaufvertrages über einen *Gyros komplett* zum Preis von 11 Euro kommt somit nunmehr die ***Bestellung*** des R in Betracht.

Zunächst ist insoweit allerdings zu beachten, dass R zwar einen *Gyros komplett* bestellt, aber keinen Preis genannt hatte. Das würde für sich betrachtet nicht als Antrag ausreichen, wenn sich nicht aus den Umständen auch ein Kaufpreis ergibt. Ansonsten fehlt nämlich ein wesentlicher Bestandteil des Kaufvertrages mit der Folge, dass P durch ein schlichtes »Ja« lediglich den Kaufgegenstand fixiert hätte, nicht aber den Kaufpreis. Und dann mangelt es an einem Vertragsschluss im Sinne des § 433 BGB, denn ein solcher Vertragsschluss setzt Kaufgegenstand ***und*** Kaufpreis voraus (BGH NJW-RR **2006**, 1139; RGZ **124**, 83; *Palandt/Ellenberger* vor § 145 BGB Rz. 3).

Problemstellung: Die Erklärung des R ist zunächst nicht bestimmt genug, sie ist ***unklar*** bezüglich ihres konkreten Inhaltes. Daher muss nun der genaue Inhalt der Erklärung ermittelt werden. Und die Technik, anhand derer man den genauen Inhalt einer zunächst unklaren Erklärung bestimmt, nennt man ***Auslegung***. Mithilfe der Auslegung wird der rechtlich maßgebliche Wille einer Willenserklärung ermittelt (BGHZ **21**, 161; PWW/*Ahrens* § 133 BGB Rz. 1; *Bamberger/Roth/Wendtland* § 133 BGB Rz. 1; *Palandt/Ellenberger* § 133 BGB Rz. 1). Wir müssen demnach im vorliegenden Fall anhand der Auslegung ermitteln, welchen rechtlich maßgeblichen Willen die Erklärung des R (»einen Gyros komplett«) hatte. Dies wäre dann logischerweise auch der Inhalt seines Antrages.

Die Art der Auslegung einer Willenserklärung hängt davon ab, ob es sich um eine ***empfangsbedürftige*** oder um eine ***nicht empfangsbedürftige*** Willenserklärung handelt. Diese beiden Formen von Willenserklärungen unterscheiden sich dadurch, dass die empfangsbedürftigen Willenserklärungen erst dann wirksam werden, wenn sie dem anderen ***zugegangen*** sind; das steht in **§ 130 Abs. 1 Satz 1 BGB,** und das haben wir weiter vorne in Fall Nr. 4 auch schon kennengelernt. Demgegenüber werden die nicht empfangsbedürftigen Willenserklärungen bereits mit der ***Abgabe*** seitens des Erklärenden wirksam, also ohne dass irgendjemand die Willenserklärung auch empfangen muss. Das geht auch gar nicht anders, denn diese Erklärungen haben keinen Empfänger, sie wirken daher schon mit der Abgabe und benötigen dafür insbesondere keinen Empfänger (so z.B. das Testament nach **§ 1937 BGB** bzw. **§ 2247 BGB** oder die Auslobung nach **§ 657 BGB**).

Beachte: Der Regelfall des BGB ist die ***empfangsbedürftige*** Willenserklärung, also eine solche, die einem anderen gegenüber abzugeben ist (§ 130 Abs. 1 Satz 1 BGB). Nur in wenigen Ausnahmefällen entfalten Willenserklärungen ihre Wirkungen auch ohne den Zugang bei einer anderen Person: Dazu gehört das oben schon mal erwähnte Testament, die Auslobung, die Eigentumsaufgabe nach § 959 BGB oder die Annahme einer Erbschaft nach § 1943 BGB. In allen anderen Fällen aber handelt es sich um Erklärungen, die einem anderen gegenüber abzugeben sind (= empfangsbedürftige Willenserklärung), was auch einleuchtet, denn mit nahezu sämtlichen Erklärungen des BGB werden ***Rechtswirkungen*** zwischen ***Personen*** herbeigeführt und von diesen Wirkungen müssen die Parteien natürlich auch wissen; deshalb sind die Erklärungen diesen Personen gegenüber abzugeben.

Die Auslegung von Willenserklärungen unterscheidet nun – wie oben schon angedeutet – zwischen den empfangsbedürftigen und den nicht empfangsbedürftigen Erklärungen, und zwar so:

Bei den empfangsbedürftigen Willenserklärungen kommt es auf die Sicht des ***Erklärungsempfängers*** an (BGH NJW **2015**, 473; BGH NJW **2010**, 3089). Diesem nämlich muss die Erklärung zur Erlangung ihrer Wirksamkeit gemäß § 130 Abs. 1 Satz 1 BGB ***zugehen***, also macht es auch Sinn, seine Sicht als die ausschlaggebende anzunehmen. Der Wille des Erklärenden bleibt insoweit unberücksichtigt, es kommt allein auf den Empfänger und dessen Sicht an. Und da es bei den nicht empfangsbedürftigen Willenserklärungen keinen solchen Empfänger im gerade genannten Sinne gibt, wird hier dann bei der Auslegung logischerweise nur und ***ausschließlich*** der Wille des ***Erklärenden*** berücksichtigt. Wie gesagt, es gibt gar keinen Empfänger, also kann bei der Ermittlung des Inhaltes der Willenserklärung auch nur auf den Willen des Erklärenden abgestellt werden.

Tipp: In der Klausur sollte bei der Auslegung von Willenserklärungen immer auch eine Vorschrift aus dem BGB zitiert werden. Das Gesetz bietet insoweit zwei Normen an, nämlich **§ 133 BGB** und **§ 157 BGB**. Da der § 133 BGB seinem Wortlaut nach aber nur auf die Auslegung bei nicht empfangsbedürftigen Willenserklärungen passt (bitte prüfen), zitiert man bei der Auslegung von empfangsbedürftigen Willenserklärungen immer ***beide*** Normen zusammen (vgl. etwa BGH NJW **2015**, 473). Dann weiß der Prüfer, dass man beide kennt und ist zufrieden. Merken.

Zum Fall: Der Antrag zum Abschluss eines Kaufvertrages ist eine ***empfangsbedürftige*** Willenserklärung mit der Folge, dass bei der Ermittlung des Inhalts dieser Erklärung die Sicht und die Belange des ***Erklärungsempfängers*** zu berücksichtigen sind.

> **Definition:** ***Empfangsbedürftige*** Willenserklärungen sind so auszulegen, wie sie der Erklärungsempfänger bei zumutbarer Sorgfalt nach Treu und Glauben und unter Berücksichtigung der Verkehrssitte verstehen musste; entscheidend ist der objektive Empfängerhorizont (BGH NJW **2015**, 473; BGH NJW **2013**, 598; BGH NJW **2011**, 1531; BGH NJW **2006**, 3777; BGH NJW **1990**, 3206; NJW **1992**, 1446; MüKo/*Busche* § 133 BGB Rz. 12; *Palandt/Ellenberger* § 133 BGB Rz. 9).

a) Unser R wollte einen Vertrag zum Preis von **10 Euro** schließen. Fraglich ist nunmehr aber, ob P als ***Erklärungsempfänger*** diesen Antrag auch so verstehen musste. Berücksichtigt man allein die subjektive Sicht des P, liegt ein Antrag zum Preis von **11 Euro** vor, denn P hatte vor einer Woche die Preise geändert und konnte und wollte aus seiner Sicht daher den Antrag des R nur so verstehen.

b) Das ist allerdings nach der oben genannten Definition noch nicht das letzte Wort: Denn da steht ja auch was von »zumutbarer Sorgfalt«, von »Treu und Glauben und Berücksichtigung der Verkehrssitte« und dem »objektiven Empfängerhorizont«. Die Frage ist demnach, wie P bei Beachtung der zumutbaren Sorgfalt und unter Berücksichtigung der Verkehrssitte nach Treu und Glauben die Erklärung des R verstehen musste; gefragt wird nicht allein nach der rein subjektiven Einschätzung des Empfängers, sondern nach der ***objektiven Betrachtung*** in der Person des Erklärungsempfängers (BGH NJW **2013**, 598; BGHZ **36**, 33; BGHZ **47**, 78; MüKo/*Busche* § 133 BGB Rz. 12; *Bamberger/Roth/Wendtland* § 133 BGB Rz. 27). Man stellt dem Empfänger damit quasi noch einen ***objektiven Dritten*** an die Seite und fragt, was dieser objektive Dritte in der Person des Empfängers im konkreten Fall verstehen musste.

Und das sieht in unserem Fall dann schon anders aus: Denn bei Beachtung der zumutbaren Sorgfalt und Berücksichtigung der Verkehrssitte musste ein objektiver Dritter an der Stelle des P erkennen, dass die Kunden einer jeden Pommes-Bude zunächst einmal die Preise auf der Tafel als verbindlich ansehen. Kein Mensch geht in die Gyros-Bude und fragt erst mal vorsorglich nach, ob es nicht zufällig in den letzten Tagen Preiserhöhungen gegeben hat oder was denn die Zettelchen auf der Theke sollen! Die Tafel gibt die Preise wieder, das ist Verkehrssitte im besten Sinne. Und wer nach Durchsicht der Tafel bestellt, glaubt an die Verbindlichkeit der Preise. Die dann abgegebene Bestellung hat bei zumutbarer Sorgfalt nach Treu und Glauben und unter Berücksichtigung der Verkehrssitte allein den Inhalt, den die Tafel wiedergibt.

ZE.: Die zunächst unklare Erklärung des R hat nach Auslegung aus der Sicht eines objektiven Dritten in der Person des Erklärungsempfängers gemäß den §§ 133, 157 BGB den Inhalt, dass R einen Gyros zum Preis von **10 Euro** bestellen wollte.

ZE.: Es mangelt somit hinsichtlich eines Zahlungsanspruchs des P in Höhe von **11 Euro** aus § 433 Abs. 2 BGB (vgl. unseren Obersatz!) bereits am dementsprechenden Antrag. R hat nur einen Antrag über **10 Euro** abgegeben.

Erg.: Ein Anspruch auf Zahlung von **11 Euro** aus § 433 Abs. 2 BGB steht dem P nicht zu.

Anspruch des P gegen R auf Zahlung von 10 Euro

AGL.: **§ 433 Abs. 2 BGB**

Voraussetzung ist natürlich wieder ein entsprechender Kaufvertrag, und der setzt sich – wie gehabt – zusammen aus einem ***Antrag*** und einer ***Annahme***.

1.) Einen Antrag auf Abschluss eines Vertrages zum Preis von **10 Euro** hat unser R mit seiner Bestellung abgegeben. Das haben wir oben gerade im Rahmen der Prüfung eines Vertragsschlusses über **11 Euro** festgestellt – und die Prüfung dort deshalb auch abgebrochen (bitte noch mal vergewissern). Hier in der neuen Prüfung können wir das jetzt nutzbar machen und von einem solchen Antrag unter Verweis auf oben ausgehen. R hat mit seiner Bestellung einen Antrag zum Abschluss eines Vertrages zum Preis von **10 Euro** abgegeben.

2.) Fraglich ist somit, ob P diesen Antrag auf Abschluss eines Kaufvertrags über den *Gyros komplett* zum Preis von **10 Euro** auch ***angenommen*** hat.

Problem: P hat spätestens mit der Frage »*zum Mitnehmen?*« signalisiert, dass er bereit ist, dem R einen *Gyros komplett* zu verkaufen. Diese Frage des P kann man daher zwanglos als schlüssig erklärte Annahme des Antrages des R werten. Die Frage ist nur, zu ***welchem Kaufpreis*** der P diese Annahme erklärt hat. Nur wenn P erklärt hat, er schließe den Vertrag zum Preis von **10 Euro**, ist eine entsprechende Einigung zustande gekommen. Denn nur ein solches Angebot in Höhe von **10 Euro** seitens des R liegt auch vor.

Wir müssen also jetzt diese Erklärung des P (»*zum Mitnehmen?*«), deren Inhalt zunächst unklar ist, genau bestimmen. Und damit müssen wir wieder genau das tun, was wir oben bereits mit der Willenserklärung des R gemacht haben, wir müssen die Erklärung des P ***auslegen***.

Und wie das geht, wissen wir mittlerweile:

Und zwar: Auf wessen Sicht es bei der Auslegung der Willenserklärung ankommt, hängt davon ab, ob es sich um eine empfangsbedürftige oder um eine nicht empfangsbedürftige Willenserklärung handelt. Die Annahme eines Antrages ist eine ***empfangsbedürftige*** Willenserklärung mit der Folge, dass es auf die Sicht des objektiven Erklärungsempfängers ankommt (BGH NJW **2015**, 473; BGH NJW **2013**, 598).

Erklärungsempfänger ist hier nun unser R, denn R hatte seinen Antrag vorher abgegeben und wartet nun auf die Annahme. Die Frage lautet demnach also, wie R die Annahmeerklärung des P (*»zum Mitnehmen?«*) verstehen musste.

Und an dieser Stelle können und müssen wir jetzt das wiederholen, was wir bereits oben zu der Auslegung der Erklärung des R festgestellt hatten, nun aber aus umgekehrter Sicht, **nämlich:** Wenn man in einer Gyros-Bude nach Durchsicht der über der Theke hängenden Tafel ein Gericht bestellt, ist die Annahme-Erklärung des Verkäufers unter Beachtung der zumutbaren Sorgfalt und der Verkehrssitte so zu verstehen, dass der Verkäufer die Speisen zu dem Preis veräußern will, der auch auf der Tafel steht. Man muss vor allem ***nicht*** damit rechnen, dass der Verkäufer einen anderen Preis meint, als den, der auf der Tafel steht. Die Annahme-Erklärung des Verkäufers ist für den ***objektiven Erklärungsempfänger*** mithin so zu verstehen, dass er zu den aufgeführten Preisen verkaufen und einen entsprechenden Vertrag schließen will.

ZE.: Der genaue Inhalt der Erklärung des P liegt somit darin, dass P eine Annahme zum Verkauf eines *Gyros komplett* zum Preis von **10 Euro** erklärt hat.

Erg.: Eine diesbezügliche vertragliche Einigung liegt mithin vor! Damit ist ein Anspruch aus § 433 Abs. 2 BGB auf Zahlung von **10 Euro** begründet. P kann von R nur die **10 Euro** fordern.

Das Letzte

Das leidige Zettelchen auf dem Tisch ändert dieses Ergebnis schließlich auch nicht, **denn:** Als R das Faltblatt sieht, ist der Vertrag längst geschlossen. Wir haben ja eben festgestellt, dass der Antrag in der Bestellung des R **»Gyros komplett«** lag und die Annahme spätestens durch die Frage **»zum Mitnehmen«** zu sehen war. Als R sich an den Tisch setzt, ist der Vertrag mithin schon zustande gekommen und kann durch das Zettelchen nicht mehr beeinträchtigt oder modifiziert werden. Alles klar!?

Gutachten

P könnte gegen R einen Anspruch auf Zahlung von 11 Euro aus § 433 Abs. 2 BGB zustehen.

Dafür muss ein wirksamer Kaufvertrag über den *Gyros komplett* zum Preis von 11 Euro zustande gekommen sein. Ein Kaufvertrag kommt zustande durch zwei übereinstimmende Willenserklärungen, den Antrag und die Annahme.

1.) Der Antrag könnte von P in Form der Tafel über der Theke gemacht worden sein. Ein Antrag im Sinne der §§ 145 ff. BGB ist eine empfangsbedürftige Willenserklärung und muss von seinem Gegenstand und seinem Inhalt her so formuliert sein, dass der andere Vertragsteil mit einem schlichten »Ja« den Vertrag zustande bringen kann. Eine über der Theke hängende Speisekarte erfüllt diese Voraussetzungen allerdings nicht. Wenn R beim Anblick der Speisekarte »Ja« sagt, bringt dies keinen Vertrag zustande, es ist unter anderem schon nicht ersichtlich, was er kaufen möchte. Die Tafel ist mithin nur eine »Aufforderung zur Abgabe eines Antrages« und folglich kein Antrag.

2.) Als Antrag zum Abschluss eines Kaufvertrages über einen *Gyros komplett* zum Preis von 11 Euro kommt somit die Bestellung des R in Betracht.

Zunächst ist insoweit indes zu beachten, dass R zwar einen *Gyros komplett* bestellt, aber keinen Preis genannt hatte. Das würde für sich betrachtet nicht als Antrag ausreichen, wenn sich nicht aus den Umständen auch ein Kaufpreis ergibt. Es fehlt dann ein wesentlicher Bestandteil des Kaufvertrages mit der Folge, dass P durch ein schlichtes »Ja« lediglich den Kaufgegenstand fixiert hätte, nicht aber den Kaufpreis. Die Erklärung des R ist zunächst nicht bestimmt genug, sie ist unklar bezüglich ihres konkreten Inhaltes. Daher muss nun der genaue Inhalt der Erklärung mithilfe der Auslegung ermittelt werden. Es ist demnach im vorliegenden Fall anhand der Auslegung zu ermitteln, welchen rechtlich maßgeblichen Willen die Erklärung des R (»einen Gyros komplett«) hatte. Dies wäre dann auch der Inhalt seines Antrages.

Die Art der Auslegung einer Willenserklärung hängt davon ab, ob es sich um eine empfangsbedürftige oder um eine nicht empfangsbedürftige Willenserklärung handelt. Der Antrag zum Abschluss eines Kaufvertrages ist eine empfangsbedürftige Willenserklärung im Sinne des § 130 Abs. 1 Satz 1 BGB. Bei den empfangsbedürftigen Willenserklärungen kommt es auf die Sicht des Erklärungsempfängers an. Diesem muss die Erklärung zur Erlangung ihrer Wirksamkeit gemäß § 130 Abs. 1 Satz 1 BGB zugehen, demnach ist die Sicht des Empfängers die ausschlaggebende. Der Wille des Erklärenden bleibt insoweit unberücksichtigt, es kommt allein auf den Empfänger und dessen Sicht an. Empfangsbedürftige Willenserklärungen sind mithin gemäß den §§ 133, 157 BGB so auszulegen, wie sie der Erklärungsempfänger bei zumutbarer Sorgfalt nach Treu und Glauben und unter Berücksichtigung der Verkehrssitte verstehen musste; entscheidend ist der objektive Empfängerhorizont

a) R als Erklärender wollte einen Vertrag zum Preis von 10 Euro schließen. Fraglich ist nun aber, ob P als Erklärungsempfänger diesen Antrag auch so verstehen musste. Berücksichtigt man allein die subjektive Sicht des P, liegt ein Antrag zum Preis von 11 Euro vor, denn P hatte vor zwei Tagen die Preise geändert und konnte und wollte aus seiner Sicht daher den Antrag des R nur so verstehen.

b) Die Frage ist allerdings, wie P bei Beachtung der zumutbaren Sorgfalt und unter Berücksichtigung der Verkehrssitte nach Treu und Glauben die Erklärung des R verstehen musste; gefragt wird nicht allein nach der rein subjektiven Einschätzung des Empfängers, sondern nach der objektiven Betrachtung in der Person des Erklärungsempfängers.

Dies aber ergibt im vorliegenden Fall nunmehr eine andere Beurteilung. Denn bei Beachtung der zumutbaren Sorgfalt und Berücksichtigung der Verkehrssitte musste ein objektiver Dritter an der Stelle des P erkennen, dass die Kunden einer jeden Pommes-Bude erst mal die Preise auf der Tafel als verbindlich ansehen. Niemand geht in die Gyros-Bude und fragt vorsorglich nach, ob es nicht zufällig in den letzten Tagen Preiserhöhungen gegeben hat oder was denn die Zettelchen auf der Theke sollen. Die Tafel gibt die Preise wieder, hierbei handelt es sich um Verkehrssitte im besten Sinne. Und wer nach Durchsicht der Tafel bestellt, glaubt an die Verbindlichkeit der Preise. Die dann abgegebene Bestellung hat bei zumutbarer Sorgfalt nach Treu und Glauben und unter Berücksichtigung der Verkehrssitte allein den Inhalt, den die Tafel wiedergibt.

Die zunächst unklare Erklärung des R hat nach Auslegung aus der Sicht eines objektiven Dritten in der Person des Erklärungsempfängers gemäß den §§ 133, 157 BGB den Inhalt, dass R einen Gyros zum Preis von 10 Euro bestellen wollte. Es mangelt somit hinsichtlich eines Zahlungsanspruchs des P in Höhe von 11 Euro aus § 433 Abs. 2 BGB bereits am dementsprechenden Antrag. R hat nur einen Antrag über 10 Euro abgegeben.

Ergebnis: Ein Anspruch auf Zahlung von 11 Euro aus § 433 Abs. 2 BGB steht P nicht zu.

P könnte gegen R aber einen Anspruch auf Zahlung von 10 Euro aus § 433 Abs. 2 BGB haben.

Voraussetzung ist wieder ein entsprechender Kaufvertrag.

1.) Einen Antrag auf Abschluss eines Vertrages zum Preis von 10 Euro hat R mit seiner Bestellung abgegeben. Dies ist soeben im Rahmen der Prüfung eines Vertragsschlusses über 11 Euro festgestellt worden.

2.) Fraglich ist somit, ob P diesen Antrag auf Abschluss eines Kaufvertrags über den *Gyros komplett* zum Preis von 10 Euro auch angenommen hat.

P hat spätestens mit der Frage »zum Mitnehmen?« signalisiert, dass er bereit ist, dem R einen *Gyros komplett* zu verkaufen. Diese Frage des P kann daher als schlüssig erklärte Annahme des Antrages des R gewertet werden. Die Frage ist allerdings, zu welchem Kaufpreis P diese Annahme erklärt hat. Nur wenn P erklärt hat, er schließe den Vertrag zum Preis von 10 Euro, ist eine entsprechende Einigung zustande gekommen. Denn nur ein solches Angebot in Höhe von 10 Euro seitens des R liegt auch vor.

Die Erklärung des P (»zum Mitnehmen?«), deren Inhalt zunächst unklar ist, ist in ihrem konkreten Inhalt zu bestimmen. Dies geschieht wieder anhand der Auslegung. Auf wessen Sicht es bei der Auslegung der Willenserklärung ankommt, hängt davon ab, ob es sich um eine empfangsbedürftige oder um eine nicht empfangsbedürftige Willenserklärung handelt. Die Annahme eines Antrages ist eine empfangsbedürftige Willenserklärung mit der Folge, dass es auf die Sicht des objektiven Erklärungsempfängers ankommt.

Erklärungsempfänger ist hier R, denn R hatte seinen Antrag vorher abgegeben und wartete auf die Annahme. Die Frage lautet demnach, wie R die Annahmeerklärung des P (*»zum Mitnehmen?«*) verstehen musste. Insoweit gilt Folgendes: Wenn man in einer Gyros-Bude nach Durchsicht der über der Theke hängenden Tafel ein Gericht bestellt, ist die Annahme-Erklärung des Verkäufers unter Beachtung der zumutbaren Sorgfalt und der Verkehrssitte so zu verstehen, dass der Verkäufer die Speisen zu dem Preis veräußern will, der auch auf der Tafel steht. Man muss vor allem nicht damit rechnen, dass der Verkäufer einen anderen Preis meint, als den, der auf der Tafel steht. Die Annahme-Erklärung des Verkäufers ist für den objektiven Erklärungsempfänger mithin so zu verstehen, dass er zu den aufgeführten Preisen verkaufen und einen entsprechenden Vertrag schließen will. Der genaue Inhalt der Annahmeerklärung des P liegt somit darin, dass P eine Annahme zum Verkauf eines *Gyros komplett* zum Preis von 10 Euro erklärt hat.

Ergebnis: Eine diesbezügliche vertragliche Einigung liegt mithin vor. Damit ist ein Anspruch aus § 433 Abs. 2 BGB auf Zahlung von 10 Euro begründet. P kann von R nur die 10 Euro fordern.

2. Abschnitt

Die Rechtsgeschäftslehre –

Teil 2: Der Vertragsschluss

Fall 7

1. FC Köln vs. Bayer 04 Leverkusen

A ist leidenschaftlicher Anhänger des extrem großartigen *1. FC Köln* (FC) und bestellt daher am 10.06. für die neue Bundesliga-Saison per Brief, der am 12.06. im Briefkasten des FC landet, eine Tribünendauerkarte zum Preis von 500 Euro. Am Morgen des 11.06. verstirbt A bei einem Verkehrsunfall; Alleinerbe ist sein Bruder B. Als am 01.07. die Dauerkarte, die auf andere Personen übertragbar ist, per Post mitsamt der Rechnung kommt, ruft B beim FC an und erklärt, sein Bruder sei verstorben und er selbst sei Anhänger von *Bayer 04 Leverkusen*. Er werde die Karte daher keinesfalls annehmen und selbstverständlich auch die 500 Euro nicht zahlen.

Der FC will nun wissen, ob er von B Zahlung und Abnahme der Karte, wenigstens aber die entstandenen Gebühren in Höhe von 20 Euro verlangen kann.

Schwerpunkte: Der Vertragsschluss bei Versterben des Antragenden; die Wirksamkeit des Antrags gemäß den §§ 130 Abs. 2, 153 BGB; die Ausnahmevorschrift des § 153 BGB a.E. bei höchstpersönlichen Geschäften; die Fortgeltung des Antrags; hypothetischer Wille des Antragenden; Kenntnis des Vertragspartners von den Umständen des § 153 BGB.

Lösungsweg

Anspruch des FC gegen B auf Zahlung und Abnahme der Karte

AGL.: § 433 Abs. 2 BGB (Kaufvertrag)

Voraussetzung für diesen Anspruch ist natürlich ein wirksamer Kaufvertrag gemäß § 433 BGB über die Dauerkarte zum Preis von 500 Euro zwischen dem FC und B. Ein solcher Vertrag setzt sich zusammen aus einem ***Antrag*** und einer entsprechenden ***Annahme***, vgl. § 151, 1. Halbsatz BGB.

I.) Der Antrag

Insoweit muss zunächst einmal gesehen werden, dass der B selbst, der hier als Anspruchsgegner in Bezug auf § 433 Abs. 2 BGB in Frage steht, natürlich keinerlei Erklärung hinsichtlich eines Vertragsschlusses abgegeben hat. Allerdings ist B nach Auskunft des Falles der Alleinerbe des A mit der Folge, dass er gemäß **§ 1922 BGB** (bitte lesen) im Wege der sogenannten ***Universalsukzession*** in die Rechtsstellung des A vollständig eintritt. Und nach § **1967 BGB** haftet B als Erbe sogar ausdrücklich für die Nachlassverbindlichkeiten des A. Das hat im vorliegenden Fall unter anderem zur Konsequenz, dass ein von A abgegebener Antrag, sofern dieser trotz des eingetretenen Todes ***wirksam*** geblieben ist, für und gegen B wirken würde. Auch ein abgegebener Antrag des Erblassers kann zur Universalsukzession gehören und demnach vom Erben übernommen werden (BGHZ **32**, 367; OLG Hamm Rpfleger **1979**, 17; *Palandt/Weidlich* § 1922 BGB Rz. 26; PWW/*Tschichoflos/Zimmer* § 1922 BGB Rz. 45).

Wir müssen also prüfen, ob von A ein wirksamer Antrag auf Abschluss eines Kaufvertrages gemäß § 433 BGB über die Dauerkarte zum Preis von 500 Euro vorliegt. Dazu muss die Willenserklärung des A sowohl ***abgegeben*** worden als auch ***zugegangen*** sein (§ 130 Abs. 1 Satz 1 BGB).

1.) Zunächst kann insoweit problemlos festgestellt werden, dass der A zu seinen Lebzeiten einen Antrag zum Abschluss des Vertrages ***abgegeben*** hat, denn A hat am **10.06.** per Brief eine Dauerkarte beim FC bestellt. Mit dieser Bestellung hat A alles in seiner Macht Stehende getan, um die Willenserklärung in den Rechtsverkehr zu bringen und seinen rechtsgeschäftlichen Willen damit kundgetan. Unter diesen Voraussetzungen gilt eine Willenserklärung als abgegeben im Sinne des § 130 Abs. 1 BGB (BGHZ **65**, 13; OLG Hamm NJW-RR **1987**, 260; MüKo/*Einsele* § 130 BGB Rz. 13). Die Abgabe erfolgte somit am 10.06. mit dem Einwerfen des Briefes.

2.) Diese Willenserklärung muss aber auch ***zugegangen*** sein, um Wirksamkeit nach § 130 Abs. 1 Satz 1 BGB zu erlangen. Und daran kann man im vorliegenden Fall zweifeln, denn A ist am Morgen des 11.06. bei einem Verkehrsunfall verstorben mit der möglichen Konsequenz, dass dies den Zugang am 12.06. und damit das Wirksamwerden der Willenserklärung hindert.

> **Aber:** Obwohl der Brief erst am 12.06. – also einen Tag nach dem Tod des A – in den Briefkasten des FC geworfen wurde und damit in dessen Machtbereich angelangt ist, scheitert der Zugang im Sinne des § 130 Abs. 1 Satz 1 BGB dennoch nicht. Denn **§ 130 Abs. 2 BGB** (bitte lesen!) ordnet an, dass es auf die Wirksamkeit einer Willenserklärung ***keinen*** Einfluss hat, wenn der Erklärende nach der Abgabe der Willenserklärung stirbt. Die Willenserklärung muss demnach zu Lebzeiten nur ***abgegeben*** worden sein; der Zugang ist zu dieser Zeit nicht zwingend notwendig und kann mithin auch erst nach dem Ableben erfolgen. ***Abgegeben*** war die Willenserklärung von unserem A aber schon am **10.06.**, das haben wir eben geprüft. Der Tod des A hat mithin wegen § 130 Abs. 2 BGB ***keine*** Auswirkungen auf den Zugang und folglich auch auf die Wirksamwerdung der Willenserklärung, obwohl der A zum Zeitpunkt des Zugangs gar nicht mehr am Leben gewesen ist.

ZE.: Die Willenserklärung des A ist zum einen ***abgegeben*** worden (am 10.06.) und dem FC zum anderen auch ***zugegangen*** im Sinne des § 130 Abs. 1 Satz 1 BGB (am 12.06.), denn gemäß § 130 Abs. 2 BGB hat der Tod des Erklärenden keinen Einfluss auf die Wirksamwerdung einer Willenserklärung, sofern der Tod nach der Abgabe der Willenserklärung eintritt.

ZE.: Damit liegt ein wirksamer Antrag des A auf den Abschluss eines Vertrages über eine Dauerkarte im Sinne der §§ 145 ff. BGB vor. Und wegen der **§§ 1922, 1967 BGB** muss der B als Alleinerbe diesen Antrag des A für und gegen sich gelten lassen. Es liegt somit ein wirksamer Antrag auf den Abschluss des Vertrages seitens des B (!) vor.

II.) Die Annahme

Diesen Antrag des B muss der FC nun auch gegenüber dem B ***angenommen*** haben. Und bei dieser Annahme des Antrages müssen wir natürlich wieder berücksichtigen, dass zum Zeitpunkt einer möglichen Erklärung seitens des FC der A als scheinbarer Vertragspartner bereits tot ist.

Ob man den Antrag eines mittlerweile Verstorbenen noch annehmen kann, regelt der **§ 153 BGB** (lesen!). Demnach wird das Zustandekommen eines Vertrages ***nicht*** dadurch gehindert, dass der Antragende vor der Annahme stirbt, es sei denn, dass ein anderer Wille des Antragenden anzunehmen ist. Man kann folglich auch gegenüber einem zwischenzeitlich Verstorbenen (bzw. gegenüber dessen Rechtsnachfolger) grundsätzlich noch gemäß § 153 BGB die Annahme eines Antrages wirksam erklären und damit einen Vertrag mit entsprechenden Rechten und Pflichten zustande bringen. Der Antrag bleibt – so nennt man das dann – **»annahmefähig«** (BGH NJW **2000**, 1033; OLG Hamm NJW-RR **1987**, 342; MüKo/*Busche* § 153 BGB Rz. 1; NK/*Schulze* § 153 BGB Rz. 1; *Palandt/Ellenberger* § 153 BGB Rz. 1).

Zum Fall: Der FC hat den Antrag des A, den der B für und gegen sich gelten lassen muss, fraglos angenommen, was dadurch dokumentiert ist, dass die Karte samt Rechnung am **01.07.** übersandt wurde. Da B auch Kenntnis davon erlangt hat, braucht der genaue Zeitpunkt des ***Zugangs*** bei B (und damit der Wirksamwerdung dem B gegenüber) hier nicht geklärt zu werden.

Feinkost (schwer!): Bitte beachte in diesem Zusammenhang, dass vorliegend der für die ***Wirksamwerdung*** grundsätzlich wegen § 130 Abs. 1 Satz 1 BGB erforderliche Zugang der Willenserklärung gemäß § 151 BGB ***entbehrlich*** gewesen sein dürfte, denn es war nach der Verkehrssitte nicht mit einer separaten Mitteilung über die Annahme des Antrages zu rechnen. Dies hat zur Folge, dass die Annahmeerklärung des FC bereits wirksam geworden wäre mit dem ***Verpacken*** bzw. ***Versenden*** der Karte, und nicht erst mit dem Eingang am 01.07. Des Weiteren hätte dies zur Konsequenz (aufgepasst!), dass diese Willenserklärung des FC auch dann gegenüber dem B Wirksamkeit erlangt hätte, wenn sie noch an die Adresse des verstorbenen A zugestellt worden wäre und B sie zunächst gar nicht Kenntnis genommen hätte; denn bei einer Wirksamwerdung nach **§ 151 BGB** ist der Zugang beim Empfänger ja gerade entbehrlich (BGH NJW **1975**, 383).

ZE.: Der FC hat den Antrag des B angenommen und der B hat diese Annahmeerklärung auch erhalten. Damit ist grundsätzlich wegen der Regelung des § 153 BGB der Vertrag zwischen B und dem FC über die Dauerkarte zum Preis von 500 Euro zustande gekommen, auch wenn B diese Karte selbst nicht bestellt hätte.

Aber Vorsicht: Am Ende des § 153 BGB steht noch die Formulierung, dass die Annahme des Antrages eines zwischenzeitlich Verstorbenen dann nicht mehr möglich ist, wenn »ein anderer Wille des Antragenden anzunehmen ist« (Gesetz lesen: § 153 BGB a.E.). In diesen Fällen, also wenn ein anderer Wille des Antragenden anzunehmen ist, würde der Antrag ***erlöschen***, er wäre dann – entgegen der Grundregel des § 153, 1. Halbsatz BGB – ***nicht*** mehr annahmefähig geblieben (*Bamberger/Roth/Eckert* § 153 BGB Rz. 8; *Palandt/Ellenberger* § 153 BGB Rz. 1).

> **Merke:** Grundsätzlich sollen die Personen, die an die Stelle des Verstorbenen treten, ***sämtliche*** Rechtsverhältnisse übernehmen, unabhängig davon, ob sie nun aus ihrer Sicht »günstig« oder »ungünstig« sind. Die Rechtsnachfolger tragen insoweit nach allgemeinen Grundsätzen auch das sogenannte **»Verwendungsrisiko«** hinsichtlich der vom Verstorbenen vor seinem Tod noch gekauften bzw. bestellten Sachen (Mot. I Seite 176; MüKo/*Busche* § 153 BGB Rz. 1). Dieses Risiko nämlich hätte der Verstorbene auch selbst tragen müssen; er hatte schließlich schon einen Antrag abgegeben, an den er – wenn er am Leben geblieben wäre – selbstverständlich auch gebunden gewesen wäre. Der § 153 BGB verschafft nun dem potentiellen Vertragspartner eine Sicherheit insoweit, als dieser durch die Annahme des Antrages den Vertrag mit den Rechtsnachfolgern zustande bringen kann. Genau genommen ist der § 153 BGB damit eine ***Ergänzung*** der Regelungen der §§ 1922, 1967 BGB, wonach der Erblasser bzw. Rechtsnachfolger in jedem Falle in die bereits ***bestehenden*** Rechtsverhältnisse eintritt (MüKo/*Busche* § 153 BGB Rz. 1; NK/*Schulze* § 153 BGB Rz. 1). Der § 153 BGB bestimmt nun, dass diese Rechtsnachfolge nicht nur für schon bestehende Rechtsverhältnisse gilt, sondern sogar die von dem Verstorbenen bislang durch Anträge lediglich ***angebahnten*** Vertragsverhältnisse umfasst (schwerer, aber wichtiger Satz, bitte mindestens noch einmal lesen).

Von dieser Regelung gewährt aber der letzte Halbsatz des § 153 BGB (aufschlagen!) eine wichtige **Ausnahme:** Der Rechtsnachfolger soll trotz des grundsätzlich zu tragenden Verwendungsrisikos nicht an solche Verträge gebunden sein, wenn »*… ein anderer Wille des Antragenden anzunehmen ist*«. Dahinter steckt folgende **Idee**: Bei Geschäften, die nur ***in der Person*** des Erblassers einen Sinn gemacht hätten, die also einen ***höchstpersönlichen Charakter*** hatten, kann man davon ausgehen, dass der Erblasser nicht wollte, dass sein Rechtsnachfolger daran gebunden ist. Wenn z.B. der Erblasser kurz vor seinem Tod noch einen Maßanzug bestellt, den sein 30 kg schwererer Erbe beim besten Willen nicht tragen kann, so ist hier objektiv erkennbar, dass der Erblasser dieses Geschäft im Falle seines Todes nicht an den Erben weitergeben wollte. In diesem Fall muss der Erbe den Antrag des Verstorbenen ausnahmsweise nicht nach § 153 BGB gegen sich gelten lassen und demnach auch keinen Vertrag erfüllen, wenn der Schneider den Antrag nach dem Tode des Erblassers noch angenommen hat. Hier kann man dem – **hypothetischen!** – Willen des Verstorbenen entnehmen, dass mit seinem Tode dieser Antrag erlöschen soll. Der Rechtsnachfolger soll an einen solchen Antrag nach dem Sinn und Zweck des § 153 BGB nicht mehr gebunden sein (NK/*Schulze* § 153 BGB Rz. 4; PWW/*Brinkmann* § 153 BGB Rz. 5; *Palandt/Ellenberger* § 153 BGB Rz. 2).

Zum Fall: Unser A ist ein leidenschaftlicher Anhänger des *1. FC Köln* und hat die Dauerkarte aus diesem Grund für sich und vor allem ***nicht*** für seinen Bruder und Alleinerben B (Anhänger von *Bayer Leverkusen*!) gekauft, jedenfalls steht davon nichts in der Sachverhaltsschilderung. Es handelt sich somit aus der Sicht des Verstorbenen A beim Kauf der Dauerkarte um ein ***höchstpersönliches Geschäft*** im eben benannten Sinne des § 153 BGB. An dieses Geschäft sollte der Alleinerbe B nach dem ***hypothetischen*** Willen des A selbstverständlich nicht (!) gebunden sein. Es ist *»ein anderer Wille des Antragenden anzunehmen«* (bitte lies: § 153 BGB a.E.).

Folge: Der Rechtsnachfolger B muss dieses Geschäft des A ***nicht*** gegen sich gelten lassen; es liegt die Ausnahmereglung des § 153 BGB a.E. vor.

Aber: Etwas anderes könnte sich noch daraus ergeben, dass der Erklärungsempfänger (→ FC) von der Höchstpersönlichkeit des Geschäfts und dem hypothetischen Willen des A gar nichts wusste, da dem FC die Verwandtschaftsverhältnisse des A und vor allem die Vorliebe des Erben B (→ Bayer Leverkusen!) natürlich nicht bekannt waren. Es fragt sich konkret, ob die eben dargestellte Ausnahmeregelung des § 153 BGB grundsätzlich und immer gilt – oder aber nur dann Anwendung finden kann, wenn der höchstpersönliche Charakter des Geschäfts für den Empfänger auch ***erkennbar*** gewesen ist. Immerhin verliert der Erklärungsempfänger andernfalls seinen Vertragspartner und kann sich insbesondere auch nicht (mehr) an den Rechtsnachfolger halten, ohne dass ihm dieses Risiko vorher bekannt war.

- Nach ***einer Meinung*** soll es im Rahmen des § 153 BGB auf die Erkennbarkeit des höchstpersönlichen Charakters des Geschäfts für den Vertragspartner allerdings gleichwohl ***nicht*** ankommen. Der Erbe sei an solche höchstpersönlichen Geschäfte grundsätzlich nicht gebunden, unabhängig davon, ob der Vertragspartner nun die Personenbezogenheit des Geschäfts habe erkennen können oder nicht. Der § 153 BGB a.E. sei eine gesetzliche Auslegungsregel, bei der es nach dem Wortlaut des Gesetzes nicht auf die Erkennbarkeit für den Erklärungsempfänger ankomme. Zum Ausgleich für dieses Risiko des Vertragspartners soll es aber in ***analoger*** Anwendung des **§ 122 BGB** die Möglichkeit geben, vom Rechtsnachfolger einen unter Umständen entstandenen Vertrauensschaden zu fordern (*Soergel/Wolf* § 153 BGB Rz. 14; *Jauernig/Jauernig* § 153 BGB Rz. 4; *Staudinger/Bork* § 153 BGB Rz. 5; *Erman/Armbrüster* § 153 BGB Rz. 2).

Übertragen auf unseren Fall wird man sagen müssen, dass, da es auf die Erkennbarkeit des persönlichen Charakters für den Empfänger nach der gerade benannten Ansicht nicht ankommt, die Ausnahmeregelung nach § 153 BGB a.E. problemlos angewendet werden kann. Der Kauf war aus Sicht des A ein höchstpersönliches Geschäft und mit dem Tode war der Antrag des A deshalb erloschen und sollte natürlich nicht auch für B weiter gelten (§ 153 BGB a.E.). Ein Anspruch auf Zahlung der 500 Euro aus § 433 Abs. 2 BGB bestünde mithin nicht. Der FC könnte dann aber in analoger Anwendung des **§ 122 BGB** den entstandenen ***Vertrauensschaden*** in Höhe von 20 Euro von B fordern.

h.M.

- Nach ***anderer Auffassung*** hingegen soll die Regelung des § 153 BGB a.E. nur dann eingreifen, wenn der höchstpersönliche Charakter des Geschäfts für den Vertragspartner ***erkennbar*** war (NK/*Schulze* § 153 BGB Rz. 4; *Palandt/Ellenberger* § 153 BGB Rz. 2; *Bamberger/Roth/Eckert* § 153 BGB Rz. 8; PWW/*Brinkmann* § 153 BGB Rz. 5; *Medicus* AT Rz. 377; *Brox/Walker* AT Rz. 174; MüKo/*Einsele* § 153 BGB Rz. 4; *Rüthers/Stadler* AT § 19 Rz. 29; *Wolf/Neuner* § 37 Rz. 23). Nur wenn der Vertragspartner den höchstpersönlichen Charakter des Geschäfts habe erkennen können, trage er redlicherweise auch das Risiko, das der mögliche Tod des Antragenden mit sich bringe. Insoweit sei auf die grundsätzlich geltenden Regeln über die Auslegung von Willenserklärungen zurück zu greifen, wonach die Sicht des ***Erklärungsempfängers*** entscheidend ist (MüKo/*Einsele* § 153 BGB Rz. 4; *Medicus* AT Rz. 377). Wisse der Erklärungsempfänger nicht um die Voraussetzungen des § 153 BGB a.E., könne die Regelung auch nicht zu seinen Lasten eingreifen.

Überträgt man dies nun auf unseren Fall, wird man feststellen müssen, dass der FC als Erklärungsempfänger zwar grundsätzlich davon ausgehen kann, dass eine Dauerkarte nur für die Person bestimmt ist, die sie bestellt hat. Allerdings steht in der SV-Schilderung (was übrigens auch tatsächlich so ist in Köln), dass die Karte ***übertragbar*** ist, mithin auch von anderen Personen genutzt werden kann. Und deshalb kann hier mit der gerade genannten Ansicht angenommen werden, dass der höchstpersönliche Charakter des Geschäfts für den FC ***nicht*** erkennbar gewesen ist und B dieses Geschäft somit gegen sich gelten lassen muss. Der § 153 BGB a.E. greift demnach im vorliegenden Fall nach dieser Auffassung nicht ein, da der FC die Personenbezogenheit des Geschäfts nicht erkennen konnte. Wenn der Verkauf bzw. die Verwertung der Sache für den Rechtsnachfolger möglich und zumutbar ist, ist der Vertragspartner schutzwürdig und der Erbe hat das Risiko der Verwertung zu tragen (MüKo/*Busche* § 153 BGB Rz. 4; *Palandt/Ellenberger* § 153 BGB Rz. 2; NK/*Schulze* § 153 BGB Rz. 4). Der Einwand des B, er könne und wolle die Karte, weil er Anhänger von *Bayer 04 Leverkusen* ist, selbst nicht nutzen, geht damit fehl; B muss sich um die mögliche Verwertung der Karte kümmern.

ZE.: Folgt man dieser Meinung, was wir hier dann auch tun wollen (zur Darstellung des Streits vgl. weiter unten das Gutachten), liegt die Ausnahmeregelung des § 153 BGB a.E. nicht vor. Es gilt somit der Grundsatz des § 153 1. Halbsatz BGB, wonach der Antrag nicht erloschen ist, sondern vom FC noch wirksam angenommen werden konnte. Und da der FC den Antrag tatsächlich auch angenommen hat (Karte wurde übersandt), ist ein wirksamer Kaufvertrag zwischen B und dem FC gemäß § 433 BGB zustande gekommen.

Erg.: Der B ist demnach zur Abnahme der Karte und Zahlung der 500 Euro aus § 433 Abs. 2 BGB gegenüber dem FC verpflichtet.

Gutachten

Der FC könnte gegen B einen Anspruch auf Zahlung und Abnahme der Karte aus § 433 Abs. 2 BGB haben.

Voraussetzung für diesen Anspruch ist ein wirksamer Kaufvertrag gemäß § 433 BGB über die Dauerkarte zum Preis von 500 Euro zwischen dem FC und B. Ein solcher Vertrag setzt sich zusammen aus einem Antrag und einer entsprechenden Annahme.

I.) Hinsichtlich des Antrages muss zunächst gesehen werden, dass der B selbst, der hier als Anspruchsgegner in Bezug auf § 433 Abs. 2 BGB in Frage steht, keinerlei Erklärung hinsichtlich eines Vertragsschlusses abgegeben hat. Allerdings ist B der Alleinerbe des A mit der Folge, dass er gemäß § 1922 BGB im Wege der sogenannten Universalsukzession in die Rechtsstellung des A vollständig eintritt. Das hat im vorliegenden Fall unter anderem zur Konsequenz, dass ein von A abgegebener Antrag, sofern dieser trotz des eingetretenen Todes wirksam geblieben ist, für und gegen den B wirken würde. Auch ein abgegebener Antrag des Erblassers kann zur Universalsukzession gehören und demnach vom Erben übernommen werden.

Es ist demnach zu prüfen, ob von A ein wirksamer Antrag auf den Abschluss eines Kaufvertrages gemäß § 433 BGB über die Dauerkarte zum Preis von 500 Euro vorliegt. Dazu muss die Willenserklärung des A sowohl abgegeben worden als auch zugegangen sein.

1.) Zunächst kann insoweit festgestellt werden, dass der A zu seinen Lebzeiten einen Antrag zum Abschluss des Vertrages abgegeben hat, denn A hat am 10.06. per Brief eine Dauerkarte beim FC bestellt. Mit dieser Bestellung hat A alles in seiner Macht Stehende getan, um die Willenserklärung in den Rechtsverkehr zu bringen und seinen rechtsgeschäftlichen Willen damit kundgetan. Unter diesen Voraussetzungen gilt eine Willenserklärung als abgegeben im Sinne des § 130 Abs. 1 BGB. Die Abgabe erfolgte somit am 10.06. mit dem Einwerfen des Briefes.

2.) Diese Willenserklärung muss aber auch zugegangen sein, um Wirksamkeit nach § 130 Abs. 1 Satz 1 BGB zu erlangen. Und daran kann man im vorliegenden Fall zweifeln, denn A ist am Morgen des 11.06. bei einem Verkehrsunfall verstorben mit der möglichen Konsequenz, dass dies den Zugang am 12.06. und damit die Wirksamwerdung der Willenserklärung hindert.

Obwohl der Brief erst am 12.06. – also einen Tag nach dem Tod des A – in den Briefkasten des FC geworfen wurde und damit im Machtbereich angelangt ist, scheitert der Zugang im Sinne des § 130 Abs. 1 Satz 1 BGB dennoch nicht. § 130 Abs. 2 BGB ordnet an, dass es auf die Wirksamkeit einer Willenserklärung keinen Einfluss hat, wenn der Erklärende nach der Abgabe der Willenserklärung stirbt. Die Willenserklärung muss demnach zu Lebzeiten nur abgegeben worden sein, der Zugang ist zu dieser Zeit nicht zwingend notwendig und kann mithin auch erst nach dem Ableben erfolgen. Abgegeben war die Willenserklärung von A aber schon am 10.06.. Der Tod des A hat mithin wegen § 130 Abs. 2 BGB keine Auswirkungen auf den Zugang und folglich auch auf die Wirksamwerdung der Willenserklärung, obwohl der A zum Zeitpunkt des Zugangs gar nicht mehr am Leben gewesen ist.

Die Willenserklärung des A ist zum einen abgegeben worden (am 10.06.) und dem FC zum anderen auch zugegangen im Sinne des § 130 Abs. 1 Satz 1 BGB (am 12.06.). Gemäß § 130 Abs. 2 BGB hat der Tod des Erklärenden keinen Einfluss auf die Wirksamwerdung einer Willenserklärung, sofern der Tod nach der Abgabe der Willenserklärung eintritt.

Damit lag ein wirksamer Antrag des A auf den Abschluss eines Vertrages über eine Dauerkarte im Sinne der §§ 145 ff. BGB vor. Und wegen der §§ 1922, 1967 BGB muss der B als Alleinerbe diesen Antrag des A für und gegen sich gelten lassen. Es liegt somit ein wirksamer Antrag auf den Abschluss des Vertrages seitens des B vor.

II.) Diesen Antrag des B muss der FC nun auch gegenüber dem B angenommen haben. Bei dieser Annahme des Antrages ist zunächst zu berücksichtigen, dass zum Zeitpunkt einer möglichen Erklärung seitens des FC der A als scheinbarer Vertragspartner bereits tot ist. Ob man den Antrag eines mittlerweile Verstorbenen noch annehmen kann, regelt der § 153 BGB. Demnach wird das Zustandekommen eines Vertrages nicht dadurch gehindert, dass der Antragende vor der Annahme stirbt, es sei denn, dass ein anderer Wille des Antragenden anzunehmen ist. Man kann folglich auch gegenüber einem zwischenzeitlich Verstorbenen (bzw. gegenüber dessen Rechtsnachfolger) grundsätzlich noch gemäß § 153 BGB die Annahme eines Antrages wirksam erklären und damit einen Vertrag mit entsprechenden Rechten und Pflichten zustande bringen. Der Antrag bleibt annahmefähig.

Der FC hat den Antrag des A, den der B für und gegen sich gelten lassen muss, fraglos angenommen, was dadurch dokumentiert ist, dass die Karte samt Rechnung am 01.07. übersandt wurde. B hat auch Kenntnis davon erlangt, sodass der genau Zeitpunkt des Zugangs bei B (und damit der Wirksamwerdung dem B gegenüber) hier nicht geklärt zu werden braucht. Der FC hat den Antrag des B angenommen und der B hat diese Annahmeerklärung auch erhalten. Damit ist grundsätzlich wegen der Regelung des § 153 BGB der Vertrag zwischen B und dem FC über die Dauerkarte zum Preis von 500 Euro zustande gekommen, auch wenn B diese Karte selbst nicht bestellt hätte. B muss folglich die 500 Euro grundsätzlich zahlen.

III.) Etwas anderes könnte sich jedoch noch aus der Formulierung des § 153 BGB am Ende ergeben. Demnach gilt, dass die Annahme des Antrages eines zwischenzeitlich Verstorbenen dann nicht mehr möglich ist, wenn ein anderer Wille des Antragenden anzunehmen ist. In diesen Fällen, also wenn ein anderer Wille des Antragenden anzunehmen ist, würde der Antrag erlöschen, er wäre dann – entgegen der Grundregel des § 153 1. Halbsatz BGB – nicht mehr annahmefähig geblieben.

Der letzte Halbsatz des § 153 BGB gewährt von dem Grundsatz, dass der Rechtsnachfolger das Risiko der Verwendung der vom Erblasser bestellten Sachen trägt, eine Ausnahme: Der Rechtsnachfolger soll trotz des grundsätzlich zu tragenden Verwendungsrisikos nicht an solche Verträge gebunden sein, die tatsächlich nur in der Person des Erblassers einen Sinn gemacht hätten.

Streitig ist allerdings, ob diese Ausnahmeregelung des § 153 BGB a.E. grundsätzlich immer gilt oder aber nur dann, wenn die Beschränkung des Antrags auf die Person des Verstorbenen (also der höchstpersönliche Charakter des Geschäfts) für den Empfänger auch erkennbar war:

a) Nach einer Meinung handelt es sich bei § 153 BGB a.E. um eine gesetzliche Auslegungsregelung. Der Antragende habe sich in der Regel keinen Willen für den Fall seines Todes gebildet, aus diesem Grund sei hier lediglich der hypothetische Wille des Antragenden zu ermitteln, auf die Erkennbarkeit dieses Willens für den Vertragspartner solle es nicht ankommen. Zum Ausgleich für dieses Risiko des Vertragspartners soll es in analoger Anwendung des § 122 BGB die Möglichkeit geben, vom Rechtsnachfolger einen unter Umständen entstandenen Vertrauensschaden zu fordern. Im vorliegenden Fall hat A die Dauerkarte nur für sich und vor allem nicht für seinen Bruder B (Bayer Leverkusen!) gekauft hat. Es handelt sich um ein höchstpersönliches Geschäft. Da es auf die Erkennbarkeit diesbezüglich für den Empfänger nicht ankommt und allein der hypothetische Wille des Antragenden zu ermitteln ist, liegt nach dieser Auffassung eine Ausnahmeregelung nach § 153 BGB a.E. vor mit der Konsequenz, dass der Vertrag über die Dauerkarte vom FC nicht mehr angenommen werden konnte. Der Antrag des A (übergangen auf B) wäre nach dieser Ansicht erloschen. Ein Anspruch auf Zahlung der 500 Euro aus § 433 Abs. 2 BGB bestünde mithin nicht. Der FC könnte dann aber in analoger Anwendung des § 122 BGB den entstandenen Vertrauensschaden in Höhe von 20 Euro von B fordern.

b) Nach zutreffender anderer Auffassung hingegen soll die Regelung des § 153 BGB a.E. nur dann eingreifen, wenn der höchstpersönliche Charakter des Geschäfts für den Vertragspartner erkennbar war. Nur wenn der Vertragspartner den höchstpersönlichen Charakter des Geschäfts erkennen kann, trägt er redlicherweise auch das Risiko, das der mögliche Tod des Antragenden mit sich bringt. Insoweit ist auf die grundsätzlich geltenden Regeln über die Auslegung von Willenserklärungen zurück zu greifen, wonach es auf die Sicht des Erklärungsempfängers ankommt. Der innere Wille, auch ein hypothetischer Wille des Erklärenden bleibt unberücksichtigt. Übertragen auf den vorliegenden Fall bedeutet dies, dass der FC als Erklärungsempfänger zwar grundsätzlich davon ausgehen kann, dass Dauerkarten nur für die Person bestimmt sind, die sie bestellt hat. Allerdings ist die Karte beliebig übertragbar, kann mithin auch von anderen Personen genutzt werden. Und deshalb ist hier mit der vorbezeichneten Ansicht davon auszugehen, dass der persönliche Charakter des Geschäfts für den FC nicht offensichtlich erkennbar gewesen ist und somit der B dieses Geschäft gegen sich gelten lassen muss. Wenn der Verkauf bzw. die Verwertung der Sache für den Rechtsnachfolger möglich und zumutbar ist, ist der Vertragspartner schutzwürdig und der Erbe hat das Risiko der Verwertung zu tragen. Der Einwand des B, er könne und wolle die Karte, weil er Anhänger von *Bayer 04 Leverkusen* ist, selbst nicht nutzen, geht damit fehl; B muss sich um die mögliche Verwertung der Karte kümmern.

Eine Ausnahmeregelung des § 153 BGB a.E. liegt demnach nicht vor. Der Antrag ist nicht erloschen, sondern konnte vom FC noch wirksam angenommen werden.

Ergebnis: B ist zur Abnahme der Karte und Zahlung der 500 Euro aus § 433 Abs. 2 BGB verpflichtet.

Fall 8

Schweigen

Rechtsstudent R interessiert sich für ein Notebook, das der Privatmann V im Internet für 500 Euro zum Verkauf angeboten hat. Nach einem entsprechenden Telefonat übersendet V dem R per E-Mail sein »verbindliches« Verkaufsangebot zum Preis von 500 Euro mit der Bitte um Beantwortung innerhalb von fünf Tagen. R überlegt einen Tag und schickt dann seinerseits eine E-Mail, in der er erklärt, er sei einverstanden und kaufe das Notebook zum Preis von 400 Euro. Wenn er von V in den nächsten drei Tagen nichts mehr höre, gehe er von dessen Zustimmung aus.

V schweigt – und fragt eine Woche später nach der Rechtslage.

> **Schwerpunkte:** Das Schweigen im Rechtsverkehr, die Grundregeln; Annahme eines Antrags unter geänderten Bedingungen im Sinne des § 150 Abs. 2 BGB; Grundsatz der Privatautonomie; die Regel des § 241 a BGB.

Lösungsweg

Anspruch des V gegen R auf Zahlung von 500 Euro

<u>AGL.</u>: **§ 433 Abs. 2 BGB (Kaufvertrag)**

Damit der Anspruch auf Zahlung der 500 Euro aus § 433 Abs. 2 BGB begründet ist, muss ein entsprechender Kaufvertrag über das Notebook zum Preis von 500 Euro zwischen R und V zustande gekommen sein. Ein solcher Vertrag setzt – wie immer – zwei übereinstimmende Willenserklärungen, den ***Antrag*** und die ***Annahme***, voraus. Es muss somit sowohl ein Antrag als auch eine entsprechende Annahme bezüglich eines Kaufvertrages zum Preis von **500 Euro** vorliegen.

I.) Der Antrag

> **Definition:** Ein ***Antrag*** im Sinne der §§ 145 ff. BGB ist eine empfangsbedürftige Willenserklärung und muss von seinem Gegenstand und seinem Inhalt her so formuliert sein, dass der andere Vertragsteil mit einem schlichten »**Ja**« den Vertrag zustande bringen kann (BGH NJW **2013**, 598; BAG NJW **2006**, 1832; BGH NJW **1990**, 1234; MüKo/*Busche* § 145 BGB Rz. 5; *Medicus* AT Rz. 358; *Erman/Armbrüster* § 145 BGB Rz. 2; *Palandt/Ellenberger* § 145 BGB Rz. 1).

1.) Der Antrag im vorliegenden Falle liegt nun zunächst mal ***nicht*** in der Anzeige bzw. Präsentation des Gerätes im Internet. Denn eine solche Anzeige stellt – wie wir mittlerweile wissen (vgl. vorne Fall Nr. 1) – nur eine Aufforderung zur Abgabe eines Antrages (= ***invitatio ad offerendum***), nicht aber schon einen rechtlich bindenden Antrag dar; es fehlt hier in aller Regel der Rechtsbindungswille des Erklärenden (BGH NJW **2013**, 598; BGH GRUR **2011**, 638; MüKo/*Busche* § 145 BGB Rz. 13).

2.) Als Antrag kommt dann aber die E-Mail des V, die er nach dem Telefongespräch mit R an den R schickt, in Betracht. Elektronische Erklärungen, wie etwa die per E-Mail übermittelten Erklärungen, sind unstreitig echte Willenserklärungen und stehen einer mündlich oder handschriftlich abgegebenen Erklärung komplett gleichwertig gegenüber (BGH NJW **2002**, 363; OLG Hamm NJW **2001**, 1142; MüKo/*Busche* vor § 145 BGB Rz. 37; *Palandt/Ellenberger* vor § 116 BGB Rz. 1; PWW/*Ahrens* vor § 116 BGB Rz. 23). Diese per E-Mail übermittelte Erklärung soll nun aus der Sicht des V ausdrücklich »verbindlich« sein, sie enthält zudem sowohl den Kaufgegenstand als auch den Kaufpreis (500 Euro) und richtet sich alleine an R und nicht – wie die Anzeige im Internet – an eine zahlenmäßig unbestimmte Personengruppe. Der R könnte dieses Angebot mit einem schlichten »Ja« annehmen und dadurch den Kaufvertrag zustande bringen. Es handelt sich mithin um einen Antrag im Sinne der §§ 145 ff. BGB.

> **Beachte:** Die Tatsache, dass V dem R eine Frist von fünf Tagen zur Beantwortung des Antrages setzt, ist rechtlich unbedenklich; es handelt sich hierbei um eine Bestimmung einer Annahmefrist im Sinne des **§ 148 BGB** (bitte lesen). Erklärt der Empfänger nicht innerhalb der Frist die Annahme, erlischt das Angebot (BGH BB **2016**, 1474; BGH NJW **2014**, 854; BGH NJW **2010**, 2873; NK/*Schulze* § 148 BGB Rz. 3; *Palandt/Ellenberger* § 148 BGB Rz. 4).

ZE.: Die E-Mail des V, in der V dem R das Notebook zum Preis von 500 Euro mit einer fünftägigen Frist anbietet, stellt einen ***Antrag*** zum Abschluss eines entsprechenden Kaufvertrags im Sinne des § 433 BGB dar.

II.) Die Annahme

> **Definition:** Die ***Annahme*** ist eine – regelmäßig – empfangsbedürftige Willenserklärung, die in der vorbehaltlosen Bejahung des Antrages besteht und den Vertrag damit zustande bringt (BGH NJW **2013**, 598; MüKo/*Busche* § 147 BGB Rz. 2; *Staudinger/Bork* § 146 BGB Rz. 1; *Palandt/Ellenberger* § 147 BGB Rz. 1).

Den Antrag des V zum Abschluss des Kaufvertrages über das Notebook zum Preis von 500 Euro müsste R nun auch angenommen haben. Erforderlich ist demnach eine Erklärung des gleichen Inhalts, es muss eine vorbehaltlose Bejahung des Antrages des V vorliegen (vgl. die Definition von soeben).

Problem: Der R hat in seiner E-Mail zwar erklärt, er sei einverstanden, indessen will R das Gerät nur zu einem Preis von **400 Euro** kaufen. Und da der Antrag einen Kaufpreis von **500 Euro** zum Gegenstand hatte, fehlt es hinsichtlich des Kaufpreises an der Übereinstimmung von Antrag und Annahme. R hat den Antrag des V mit seiner E-Mail somit nicht vorbehaltlos bejaht und demnach auch ***nicht*** angenommen. Er hat den Antrag des V vielmehr abgelehnt und eine Änderung eingefügt. Seine Antwort stellt somit gemäß **§ 150 Abs. 2 BGB** (bitte lesen!) eine Ablehnung des ursprünglichen Antrages dar, verbunden mit einem ***neuen*** geänderten Antrag (zum Preis von 400 Euro). Im Rahmen unserer Prüfung hier halten wir fest, dass R das Angebot des V über 500 Euro nicht angenommen hat.

ZE.: Eine Übereinstimmung von Antrag und Annahme hinsichtlich eines Kaufpreises von 500 Euro für das Notebook liegt nicht vor; R hat den Antrag des V nicht angenommen, sondern vielmehr ein neues Angebot zum Preis von 400 Euro unterbreitet.

Erg.: V steht gegen R mangels entsprechenden Kaufvertrags kein Anspruch auf Zahlung von 500 Euro aus § 433 Abs. 2 BGB zu.

Anspruch des V gegen R auf Zahlung von 400 Euro

AGL.: § 433 Abs. 2 BGB (Kaufvertrag)

Es fragt sich nun, ob ein Kaufvertrag gemäß § 433 BGB über das Notebook zum Preis von **400 Euro** zustande gekommen ist. Erforderlich dafür sind selbstverständlich wieder zwei entsprechende Willenserklärungen, ein Antrag und eine Annahme.

I.) Der Antrag

So. Und da können wir uns zunächst mal das zunutze machen, was wir eben bei der Prüfung des Kaufvertrages zum Preis von 500 Euro bereits geprüft und festgestellt haben, nämlich: Die Antwort des R auf die E-Mail des V, in der R erklärt, er sei zum Kauf des Notebooks für 400 Euro bereit, war zum einen eine Ablehnung des Angebots des V über 500 Euro, zum anderen aber auch gemäß § 150 Abs. 2 BGB ein ***neuer Antrag*** zu den geänderten Bedingungen (**400 Euro**). Und damit haben wir dann auch schon die erste Voraussetzung des Kaufvertrages über das Notebook zum Preis von 400 Euro gefunden, und zwar den Antrag seitens des R.

II.) Die Annahme

Diesen Antrag in der Antwort-E-Mail des R muss der V aber nun natürlich auch ***angenommen*** haben. Ausdrücklich erklärt hat V nichts. Es stellt sich somit die Frage, wie es zu bewerten ist, dass V auf die Aufforderung des R hin ***geschwiegen*** hat. Der R hatte ja erklärt, er gehe von einer Zustimmung des V aus, wenn dieser sich nicht innerhalb von drei Tagen melde (was V ***nicht*** getan hat).

Durchblick: Hinter dieser Konstellation verbirgt sich eines der am häufigsten geprüften Themen im Bereich der Rechtsgeschäftslehre überhaupt. Es geht um die Frage, welche Bedeutung ein Schweigen im Rechtsverkehr haben kann. Wirklich schwierig ist die Problematik freilich nicht. Man hält sich bitte an die folgende Regeln bzw. Merksätze:

1.) Das Schweigen im Rechtsverkehr hat grundsätzlich ***keine*** rechtsgeschäftliche Bedeutung bzw. Wirkung. Wer schweigt, gibt keinerlei rechtsgeschäftliche Erklärung ab, weder eine Annahme noch einen Antrag oder eine sonstige Erklärung, die Rechtsfolgen herbeiführen könnte (BGH NJW-RR **2007**, 248; BGH NJW-RR **1999**, 819; MüKo/*Armbrüster* vor § 116 BGB Rz. 8; NK/*Schulze* § 147 BGB Rz. 5; PWW/*Ahrens* vor § 116 BGB Rz. 21; *Palandt/Ellenberger* vor § 116 BGB Rz. 7; *Medicus* AT Rz. 345). Und das gilt selbst dann, wenn ein potenzieller Vertragspartner ankündigt, das Schweigen als Willenserklärung aufzufassen (MüKo/*Armbrüster* vor § 116 BGB Rz. 8).

> Die Begründung hierfür liegt darin, dass im Zuge der das Bürgerliche Recht bestimmenden ***Privatautonomie*** ein rechtsgeschäftlicher Wille stets durch eine ***Erklärung*** bzw. Handlung manifestiert sein muss. Der Bürger nimmt am Rechtsverkehr nur teil, wenn er ***aktiv*** tätig ist, nicht durch bloßes Nichtstun oder Schweigen. Die Äußerung des Willens muss daher – entweder ausdrücklich oder aber wenigstens schlüssig (»konkludent«) – für den Rechtsverkehr ***sichtbar*** sein und erfordert mithin einen positiven Akt des Erklärenden. Könnte das einfache Schweigen schon einen Vertrag zustande bringen, müsste man ansonsten ständig aufpassen, ob man nicht gerade einen Antrag erhalten hat, den man dann schleunigst ablehnen muss, um nicht irgendwelche Vertragspflichten einzugehen. Wer also etwa durch ein Kaufhaus oder über den Wochenmarkt ginge und nicht ständig »*Nein!*« sagen würde, hätte nachher mit seinem Schweigen unter Umständen diverse Verträge geschlossen, vorausgesetzt, die Verkäufer hätten Verkaufsangebote ausgesprochen.

Logisch: Das kann natürlich nicht sein. Und deshalb gilt im Bürgerlichen Recht der Grundsatz, dass Schweigen ***keinen*** Erklärungswert hat. Wer auf einen Antrag schweigt, bringt grundsätzlich keinen Vertrag zustande (*Palandt/Ellenberger* vor § 116 BGB Rz. 11).

2.) Von dem Grundsatz, dass Schweigen keinen rechtsgeschäftlichen Erklärungswert bzw. keine rechtliche Bedeutung hat, gibt es aber selbstverständlich auch einige ***Ausnahmen***, die wir uns der Vollständigkeit wegen anschauen wollen:

a) Das ***Gesetz*** selbst verschafft dem Schweigen in § 416 Abs. 1 Satz 2 BGB, in § 455 Satz 2 BGB, in § 516 Abs. 2 Satz 2 BGB, in § 362 HGB und in § 5 Abs. 3 Pflichtversicherungsgesetz einen positiven Erklärungswert, also eine ***Zustimmungsfiktion***. Die Wirkung einer Verweigerung, also einer Ablehnung, ordnet das Gesetz hingegen in § 108 Abs. 2 Satz 2 BGB, in § 177 Abs. 2 BGB und in § 415 Abs. 2 Satz 2 an.

b) Das Schweigen kann des Weiteren eine ***Pflichtverletzung*** und ein ***Verschulden bei Vertragsverhandlungen*** bedeuten (PWW/*Ahrens* vor § 116 BGB Rz. 22; *Medicus* AT Rz. 349). Beispiele dafür sind etwa § 663 Satz 1 a.E. BGB oder auch § 149 Satz 2 BGB. Und wer trotz Kenntnis gewisser Umstände beim Abschluss eines Rechtsgeschäfts schweigt, kann schließlich sogar eine arglistige Täuschung im Sinne des **§ 123 BGB** begehen und den anderen die Anfechtung nach der benannten Norm ermöglichen (RGZ **77**, 314; BGH LM § 123 BGB Nr. 52).

c) Das Schweigen kann im Übrigen dann Bedeutung erlangen, wenn es so zwischen den Parteien vereinbart worden ist. **Beispiel** (nach *Rüthers/Stadler* AT § 17 Rz. 27): Antiquitätenhändler A und Kunstfreund F vereinbaren, dass A dem F jedes eingehende alte Tabak-Döschen schickt und F es kauft, wenn er sich nicht nach zehn Tagen gemeldet hat. In diesem Fall kommt einem Schweigen des F positive Bedeutung (Annahme des Antrages) zu, weil die Parteien es so vereinbart haben. Der F ist nicht schutzwürdig, er wollte eine solche Regelung.

d) Und schließlich hat das Schweigen auf ein sogenanntes **»kaufmännisches Bestätigungsschreiben«** nach der Auslegungsregel des **§ 346 HGB** unter Umständen vertragsschließenden Charakter.

Klausurtipp: Diese gerade genannten Ausnahmen von dem Grundsatz, dass Schweigen keinen rechtsgeschäftlichen Erklärungswert hat, muss man – gerade als Anfänger – nicht alle im Einzelnen kennen, geschweige denn auswendig lernen. Es genügt erst mal, wenn man überhaupt ***weiß***, dass der weiter oben beschriebene Grundsatz nicht ausnahmslos gilt. Wir werden uns – wenn wir das Prinzip der Wirkung des Schweigens im Rechtsverkehr gelernt haben – im nächsten Fall (Nr. 9) mal ausführlich die beiden Ausnahmeregelungen ansehen, die in Klausuren und Hausarbeiten recht gerne und häufig abgefragt werden; das ist zum einen § 362 HGB und zum anderen insbesondere der **§ 346 HGB**, bei dem es um das sogenannte **»kaufmännische Bestätigungsschreiben«** und dessen Wirkung geht, vgl. eben auch schon unter Buchstabe d).

Zurück zu unserem Fall:

Wir hatten oben die Frage gestellt, ob der V durch sein Schweigen das Vertragsangebot des R über den Kauf des Notebooks zum Preis von 400 Euro angenommen hat. Und nach dem, was wir eben gelernt haben, ist die Antwort jetzt nicht mehr schwer zu finden: Das Schweigen des V auf das Vertragsangebot des R hat grundsätzlich keine Bedeutung und stellt somit auch ***keine*** Annahme des Antrages des R dar. Und dies gilt auch unter Berücksichtigung der Tatsache, dass der R dem Schweigen des V eine Bedeutung ausdrücklich zusprechen wollte. ***Einseitig*** ist dies nicht möglich, dazu hätte der V schon ***vorher*** sein Einverständnis erteilen müssen. Es bleibt somit dabei, dass das Schweigen im Rechtsverkehr keine Bedeutung hat und demnach grundsätzlich auch keinen Vertrag zustande bringen kann. Eine der eben benannten Ausnahmen von diesem Grundsatz liegt nicht vor.

ZE.: V hat das Angebot des R bezüglich des Verkaufs des Notebooks zum Preis von 400 Euro ***nicht*** angenommen.

Erg.: Mithin ist auch kein Vertrag über das Gerät zum Preis von 400 Euro zustande gekommen. V und R haben folglich überhaupt keinen Vertrag über das Notebook geschlossen mit der Konsequenz, dass weder V von R Geld noch R von V das Notebook fordern kann.

Gutachten

V könnte gegen R einen Anspruch auf Zahlung der 500 Euro für das Notebook aus § 433 Abs. 2 BGB haben.

Damit der Anspruch auf Zahlung der 500 Euro begründet ist, muss ein entsprechender Kaufvertrag zustande gekommen sein. Ein solcher Vertrag setzt zwei übereinstimmende Willenserklärungen in Form eines Antrages und einer Annahme voraus.

1.) Der Antrag könnte zunächst im Angebot des Gerätes im Internet liegen. Ein Antrag im Sinne der §§ 145 ff. BGB ist eine empfangsbedürftige Willenserklärung und muss von seinem Gegenstand und seinem Inhalt her so formuliert sein, dass der andere Vertragsteil mit einem schlichten »Ja« den Vertrag zustande bringen kann.

Dies aber kann bei einer Internetpräsenz nicht angenommen werden. Eine solche Anzeige, die sich an eine zahlenmäßig unbestimmbare Personengruppe richtet, soll den Absender noch nicht rechtlich binden. Der Leser als Empfänger der Erklärung weiß, dass der Absender eine solche Anzeige schaltet, um mögliche Kaufinteressenten auf das Produkt aufmerksam zu machen, um sich dann später den Vertragspartner aussuchen können. Der Internetanzeige fehlt daher der rechtliche Bindungswille, es handelt sich um eine invitatio ad offerendum.

2.) Als Antrag zum Abschluss eines Kaufvertrages kommt die E-Mail des V, die er nach dem Telefongespräch mit R an den R schickt, in Betracht. Diese Erklärung soll aus der Sicht des V ausdrücklich »verbindlich« sein, sie enthält zudem sowohl den Kaufgegenstand als auch den Kaufpreis (500 Euro) und richtet sich alleine an R und nicht – wie die Anzeige – an eine zahlenmäßig unbestimmte Personengruppe. Der R konnte dieses Angebot mit einem schlichten »Ja« annehmen und dadurch den Kaufvertrag zustande bringen. Es handelt sich mithin um einen Antrag im Sinne der §§ 145 ff. BGB. Dieser Antrag enthält gemäß § 148 BGB eine Annahmefrist.

3.) Den Antrag des V zum Abschluss des Kaufvertrages über das Notebook zum Preis von 500 Euro müsste R angenommen haben. Die Annahme ist eine – regelmäßig – empfangsbedürftige Willenserklärung, die in der vorbehaltlosen Bejahung des Antrages besteht und den Vertrag damit zustande bringt. Erforderlich ist demnach eine Erklärung des gleichen Inhalts, es muss eine vorbehaltlose Bejahung des Antrages des V vorliegen.

Der R hat in seiner E-Mail zwar erklärt, er sei grundsätzlich einverstanden, indessen will R das Gerät nur zu einem Preis von 400 Euro kaufen. Und da der Antrag einen Kaufpreis von 500 Euro zum Gegenstand hatte, fehlt es hinsichtlich des Kaufpreises ganz offenbar an der Übereinstimmung von Antrag und Annahme. R hat den Antrag des V mit seiner

E-Mail somit nicht vorbehaltlos bejaht und demnach auch nicht angenommen. Er hat den Antrag des V vielmehr abgelehnt und eine Änderung eingefügt. Seine Antwort stellt somit gemäß § 150 Abs. 2 BGB eine Ablehnung des ursprünglichen Antrages dar, verbunden mit einem neuen geänderten Antrag zum Preis von 400 Euro. R hat das Angebot des V über 500 Euro nicht angenommen. Eine Übereinstimmung von Antrag und Annahme hinsichtlich eines Kaufpreises von 500 Euro für das Notebook liegt nicht vor; R hat den Antrag des V nicht angenommen, sondern vielmehr ein neues Angebot zum Preis von 400 Euro unterbreitet.

Ergebnis: V steht gegen R mangels entsprechenden Kaufvertrages kein Anspruch auf Zahlung von 500 Euro aus § 433 Abs. 2 BGB zu.

V könnte gegen R aber einen Anspruch auf Zahlung von 400 Euro aus § 433 Abs. 2 BGB zustehen.

Es fragt sich, ob ein Kaufvertrag gemäß § 433 BGB über das Notebook zum Preis von 400 Euro zustande gekommen ist. Erforderlich dafür sind zwei entsprechende Willenserklärungen, ein Antrag und eine Annahme.

1.) Der Antrag auf den Abschluss eines Vertrages mit einem Kaufpreis in Höhe von 400 Euro liegt – wie eben erörtert – in der Antwort des R auf die E-Mail des V, in der R erklärt, er sei zum Kauf des Notebooks für 400 Euro bereit. Insoweit findet § 150 Abs. 2 BGB Anwendung, wonach die Annahme eines Antrages unter geänderten Bedingungen die Ablehnung, verbunden mit einem neuen Antrag bedeutet.

2.) Diesen Antrag in der Antwort-E-Mail des R muss der V angenommen haben. Ausdrücklich erklärt hat V insoweit nichts. Es stellt sich die Frage, wie es zu bewerten ist, dass V auf die Aufforderung des R hin geschwiegen hat. R hatte erklärt, er gehe von einer Zustimmung des V aus, wenn dieser sich nicht innerhalb von drei Tagen melde.

Insoweit ist jedoch zu beachten, dass das Schweigen im Rechtsverkehr grundsätzlich keine rechtsgeschäftliche Bedeutung bzw. Wirkung hat. Wer schweigt, gibt keinerlei rechtsgeschäftliche Erklärung ab, weder eine Annahme noch einen Antrag oder eine sonstige Erklärung, die Rechtsfolgen herbeiführen könnte. Und das gilt selbst dann, wenn ein potenzieller Vertragspartner ankündigt, das Schweigen als Willenserklärung aufzufassen.

Im Zuge der das Bürgerliche Recht bestimmenden Privatautonomie muss ein rechtsgeschäftlicher Wille stets durch eine Erklärung bzw. Handlung manifestiert sein. Der Bürger nimmt am Rechtsverkehr nur teil, wenn er aktiv tätig ist, nicht durch bloßes Nichtstun oder Schweigen. Die Äußerung des Willens muss daher entweder ausdrücklich oder aber wenigstens schlüssig für den Rechtsverkehr sichtbar sein und erfordert mithin einen positiven Akt des Erklärenden. Deshalb gilt im Bürgerlichen Recht der Grundsatz, dass Schweigen keinen Erklärungswert hat. Wer auf einen Antrag schweigt, bringt grundsätzlich keinen Vertrag zustande. Obwohl der potenzielle Vertragspartner R dem Schweigen des V selbst eine Bedeutung geben wollte, ist das Schweigen des V dennoch rechtlich unbeachtlich, insbesondere stellt es keine Annahme des Antrages des R dar. V hat das Angebot des R bezüglich des Verkaufs des Notebooks zum Preis von 400 Euro nicht angenommen.

Ergebnis: Mithin ist auch kein Vertrag über das Gerät zum Preis von 400 Euro zustande gekommen. V und R haben folglich überhaupt keinen Vertrag über das Notebook geschlossen mit der Konsequenz, dass weder V von R Geld noch R von V das Notebook fordern kann.

Fall 9

Schweigen II

Kaufmann K betreibt ein Kaufhaus und benötigt dringend neue Ware. Er telefoniert daher mit dem Textilhersteller H und einigt sich mit diesem auf die Lieferung von Wintermänteln zum Stückpreis von 100 Euro; der genaue Lieferungsumfang bleibt aber zunächst unklar. Einen Tag später sendet H, der glaubt, dass auch eine Einigung hinsichtlich der Stückzahl bereits vorliegt, dem K ein Fax, in dem es heißt:

> *»Ich nehme Bezug auf unser Telefonat von gestern und bestätige den Vertrag über die Bestellung von 400 Mänteln zum Stückpreis von 100 Euro; die Lieferung erfolgt innerhalb einer Woche.«*

K antwortet auf dieses Schreiben nicht, wundert sich dafür aber, als eine Woche später auf seinem Parkplatz ein LKW des H steht und H Abnahme und Bezahlung der 400 Mäntel verlangt. K weigert sich und meint, eine Einigung über 400 Mäntel sei weder am Telefon zustande gekommen, noch könne sein Schweigen auf das Schreiben des H eine rechtliche Bedeutung haben.

H verlangt von K dennoch die Abnahme und Bezahlung der Mäntel. **Zu Recht?**

> **Schwerpunkte:** Das kaufmännische Bestätigungsschreiben; Voraussetzungen und Rechtsfolgen; Schweigen als Willenserklärung nach § 346 HGB; der Handelsbrauch unter Kaufleuten; das Schweigen als Annahme eines Antrages gemäß § 362 HGB; Anfechtung des Schweigens.

Lösungsweg

Anspruch des H gegen K auf Zahlung und Abnahme der Mäntel

AGL.: § 433 Abs. 2 BGB (Kaufvertrag)

Damit der Anspruch aus § 433 Abs. 2 BGB begründet sein kann, muss selbstverständlich ein entsprechender Kaufvertrag im Sinne des § 433 BGB zwischen H und K geschlossen worden sein.

I.) Insoweit kommt zunächst die am Telefon erzielte Einigung in Betracht.

Aber: H und K haben sich am Telefon zwar über die Art der Mäntel und auch den Stückpreis geeinigt; indessen fehlt ein anderer wesentlicher Bestandteil der kaufvertraglichen Einigung, nämlich die ***Anzahl*** der verkauften Sachen bzw. der Umfang der Lieferung. Haben sich die Parteien aber über wesentliche Bestandteile *(»essentialia negotii«)* des Vertrages – wie etwa den Kaufpreis oder den Lieferumfang – nicht geeinigt und ist dieser Punkt auch nicht aus den Umständen erkennbar, liegt ***keine*** vertragliche Einigung im Sinne des § 433 BGB vor (RGZ **124**, 83; NK/*Schulze* § 145 BGB Rz. 5; *Palandt/Ellenberger* vor § 145 BGB Rz. 3).

ZE.: Das Telefonat hat nicht zum Vertragsschluss geführt.

II.) Möglicherweise liegt in dem Schreiben des H nun ein ***Antrag*** im Sinne der §§ 145 ff. BGB, den K durch sein Schweigen ***angenommen*** hat.

1.) Insoweit ist allerdings zunächst beachtlich, dass ein ***Schweigen*** – wie wir aus dem vorherigen Fall schon wissen – grundsätzlich ***keine*** rechtsgeschäftliche Bedeutung hat. Wer schweigt, gibt keine Willenserklärung ab, weder eine Annahme noch einen Antrag oder eine sonstige Erklärung, die Rechtsfolgen herbeiführen könnte (allgemeine Meinung: vgl. BGH NJW-RR **2007**, 248; BGH NJW-RR **1999**, 819; PWW/*Ahrens* vor § 116 BGB Rz. 21; MüKo/*Armbrüster* vor § 116 BGB Rz. 8; *Palandt/Ellenberger* vor § 116 BGB Rz. 7).

2.) Etwas anderes könnte sich im vorliegenden Fall aber aus dem Umstand ergeben, dass der K als Empfänger des Schreibens ein ***Kaufmann*** ist. In Betracht kommt demnach die Anwendung des **§ 362 Abs. 1 HGB** (aufschlagen!). Gemäß § 362 Abs. 1 HGB gilt das Schweigen eines Kaufmanns auf einen Antrag als ***Annahme***, wenn es sich um den Antrag zur Besorgung von Geschäften für andere handelt und der Gewerbebetrieb des Kaufmanns die Besorgung gerade solcher Geschäfte mit sich bringt (Gesetz lesen).

> **Aber:** Die Vorschrift des § 362 Abs. 1 HGB betrifft mit der Formulierung *»Besorgung von Geschäften für andere«* nur die Erbringung von ***Dienstleistungen***, nicht aber auch die Warenlieferungen (BGHZ **46**, 43; BGH NJW **1984**, 866). Der Grund für die Beschränkung des Anwendungsbereiches des § 362 HGB nur auf Dienstleistungen liegt nach Ansicht des Gesetzgebers darin, dass der Warenbestand des Kaufmanns möglicherweise begrenzt ist und man ihm deshalb keinen stillschweigend geschlossenen Vertrag zumuten wollte; Dienstleistungen hingegen sind höchstpersönlicher Natur und deshalb im Regelfall »unerschöpflich«, können somit jederzeit und immer erbracht werden (*Medicus* AT Rz. 388).

Im vorliegenden Fall geht es um die Lieferung von ***Waren*** und nicht um Dienstleistungen mit der Folge, dass § 362 Abs. 1 HGB aus den genannten Gründen keine Anwendung findet.

ZE.: Das Schweigen auf das Schreiben des H kann mithin nicht als Annahme eines Antrages von Seiten des K gewertet werden.

III.) Schließlich stellt sich die Frage, ob das Schweigen des K auf das Schreiben des H – außerhalb der Kategorien von Antrag und Annahme – zum ***Vertragsschluss*** geführt haben kann.

> **Durchblick:** Im kaufmännischen Verkehr ist es üblich (→ »**Handelsbrauch**«), dass der eine Vertragspartner dem anderen den Inhalt eines zunächst nur mündlich verabredeten Vertrages noch mal ***bestätigt***, und das zumeist dann auf ***Papier***, also in einem Brief oder Fax. Das machen die Kaufleute deshalb, um spätere Streitigkeiten darüber, ob und vor allem mit welchem konkreten Inhalt der mündlich besprochene Vertrag zustande gekommen ist, zu vermeiden (*Brox/Walker* AT Rz. 196; *Medicus* AT Rz. 440). Bekanntermaßen nämlich ist das gesprochene Wort vergänglich und je mehr Verträge man in kurzer Zeit schließt (Kaufleute!), desto größer ist die Gefahr, dass man das ein oder andere Detail oder gleich den ganzen Vertrag vergisst und sich dann später wundert, was der andere Teil alles verlangt oder bringt.

Und um solche Unstimmigkeiten zu vermeiden, hat sich im kaufmännischen Verkehr ein Rechtssatz gebildet, der zwar nirgendwo gesetzlich fixiert ist, indessen dennoch seit Jahrzehnten ***gewohnheitsrechtliche*** Gültigkeit genießt und von den Gerichten auch entsprechend angewandt wird, nämlich:

> Wenn einem Kaufmann im Anschluss an Vertragsverhandlungen ein sogenanntes »**kaufmännisches Bestätigungsschreiben**« zugeht, muss der Kaufmann diesem Schreiben unverzüglich widersprechen, wenn er mit dem Inhalt nicht einverstanden ist. Schweigt der Kaufmann auf ein solches Schreiben, kommt der Vertrag mit dem Inhalt des Bestätigungsschreibens zustande (BGH NJW **2007**, 987; BGH NJW-RR **2001**, 680; BGHZ **7**, 189; BGHZ **11**, 3; BGH ZIP **1994**, 618; RGZ **54**, 179; NK/*Schulze* § 147 BGB Rz. 9; *Medicus* AT Rz. 440; *Palandt/Ellenberger* § 147 BGB Rz. 8; MüKo/*Busche* § 147 BGB Rz. 9; *Brox/Walker* AT Rz. 196).

Diese Regel folgt – wie oben schon erläutert – aus dem ***Handelsbrauch*** unter Kaufleuten und dient dem Bedürfnis nach ***Klarheit*** und der ***Sicherheit*** des Rechtsverkehrs (NK/*Schulze* § 147 BGB Rz. 9). Der Absender eines kaufmännischen Bestätigungsschreibens darf darauf vertrauen, dass der das Schreiben empfangende Kaufmann seine Angelegenheiten sorgfältig prüft und deshalb dieses Schreiben – sofern kein unverzüglicher Widerspruch erfolgt – als Vertragsinhalt akzeptiert (*Medicus* AT Rz. 440).

In der ***Klausur*** zitiert man neben dem Rechtssatz von eben dazu dann bitte immer auch **§ 346 HGB** (lesen), der nämlich ausdrücklich darauf hinweist, dass man auf die im Handelsverkehr geltenden Gewohnheiten und Gebräuche Rücksicht zu nehmen hat. Und beachte im Übrigen, dass die Regeln über das kaufmännische Bestätigungsschreiben dann nicht gelten, wenn der Bestätigende den Inhalt des Vertrages ***bewusst***

unrichtig wiedergibt oder die Bestätigung derart weit von der mündlichen Absprache abweicht, dass der Absender vernünftigerweise nicht mit dem Einverständnis des Empfängers rechnen konnte (*Rüthers/Stadler* AT § 17 Rz. 31; *Palandt/Ellenberger* § 148 BGB Rz. 8; *Brox/Walker* AT Rz. 196).

Feinkost: Hinsichtlich der dogmatischen Einordnung des kaufmännischen Bestätigungsschreibens ist wichtig zu wissen, dass das Schweigen des Kaufmanns ***keine*** Willenserklärung darstellt, gleichwohl aber wie eine solche behandelt wird (*Palandt/Ellenberger* § 148 BGB Rz. 8). Der Kaufmann kann demnach unter Umständen den Vertragsschluss auch ***anfechten***, allerdings dann nicht, wenn er sich nur über die Rechtsfolgen des Schweigens – also über den Vertragsschluss – geirrt hat (BGHZ **11**, 1; BGH NJW **1969**, 1711; BGH NJW **1972**, 45: *Medicus* AT Rz. 442; *Erman/Armbrüster* § 147 BGB Rz. 12; *Palandt/Ellenberger* § 147 BGB Rz. 8). Ein für die Anfechtung relevanter Irrtum ist aber möglich, wenn der Kaufmann etwa den Inhalt des Bestätigungsschreibens falsch verstanden hat (MüKo/*Busche* § 147 BGB Rz. 24; *Erman/Armbrüster* § 147 BGB Rz. 14).

Diese gerade aufgestellte Regel in Bezug auf das kaufmännische Bestätigungsschreiben ist in ihrer Anwendung an bestimmte Voraussetzungen gebunden. Und die schauen wir uns zum Schluss jetzt an und prüfen selbstverständlich auch noch die Auswirkungen auf unseren konkreten Fall.

Voraussetzungen des kfm. Bestätigungsschreibens:

1.) Der ***Empfänger*** des Schreibens muss zunächst ein Kaufmann sein, wenigstens aber in erheblichem Umfang am Geschäftsleben teilnehmen (BGH NJW **1987**, 1941; BGHZ **11**, 1; OLG Köln OLGZ **1974**, 8; MüKo/*Busche* § 147 BGB Rz. 13; *Medicus* AT Rz. 441). Nur von solchen Personen nämlich erwartet der Rechtsverkehr besondere Sorgfalt bei der Abwicklung ihrer Angelegenheiten. Der ***Bestätigende*** muss ebenfalls Kaufmann sein oder aber in größerem Umfang am Geschäftsleben teilnehmen, da er nur dann erwarten kann, dass ihm gegenüber nach kaufmännischer Sitte verfahren wird (BGHZ **40**, 44; BGH WM **1973**, 1367).

2.) Zwischen den Parteien müssen des Weiteren ***Vertragsverhandlungen*** stattgefunden haben. Insoweit ist beachtlich, dass dies ***nicht*** notwendig einen Vertragsschluss voraussetzt; es genügt, dass die Parteien verhandelt haben, auch wenn nicht in Bezug auf alle Einzelheiten eine Einigung erzielt worden ist (BGH NJW **1974**, 992; BGHZ **90**, 386; MüKo/*Busche* § 147 BGB Rz. 18; *Palandt/Ellenberger* § 148 BGB Rz. 11).

3.) Das Schreiben muss einen früheren ***Vertragsschluss*** bestätigen. Hierbei ist nicht entscheidend, ob sich die Parteien tatsächlich vorher schon geeinigt haben. Ausschlaggebend ist vielmehr, dass der Bestätigende an einen Vertragsschluss glaubt (*Palandt/Ellenberger* § 148 BGB Rz. 12).

Achtung: An dieser Stelle muss man sehr genau hinsehen. Erklärt der Absender nämlich z.B., dass er das Angebot des anderen Teils annehme (sogenannte **»Auftragsbestätigung**«), handelt es sich um einen Fall des **§ 150 Abs. 2 BGB** mit der Folge, dass diese Auftragsbestätigung lediglich einen neuen Antrag im Sinne der §§ 145 ff. BGB darstellt. Schweigt der Kaufmann nun auf diesen Antrag, kommt ***kein*** Vertrag zustande, denn das Schweigen ist insoweit nach den üblichen Regeln ***unbeachtlich*** (BGHZ **18**, 215; BGHZ **61**, 285; BGH DB **1988**, 1311; *Brox/Walker* AT Rz. 196). Man hat also stets den genauen Inhalt des Schreibens zu bestimmen, wobei es nicht zwingend auf den Wortlaut, sondern auf den im Schreiben zum Ausdruck gekommenen Willen ankommt. Das Schreiben muss erkennbar den Zweck verfolgen, einen ***vorherigen Vertragsschluss*** und den Inhalt der dort getroffenen Vereinbarungen verbindlich festzulegen; das Schreiben darf seinem Inhalt nach nicht erst den Vertrag selbst zustande bringen (BGH NJW **2014**, 2100; BGH NJW-RR **2001**, 1044; BGH NJW **1965**, 965; *Palandt/Ellenberger* § 147 BGB Rz. 13; *Brox/Walker* AT Rz. 196).

4.) Das Bestätigungsschreiben muss im Übrigen immer in zeitlich ***unmittelbarem Zusammenhang*** zu den Vertragsverhandlungen zugehen. Die einzuhaltende Frist richtet sich hier nach den Umständen des Einzelfalles, wobei z.B. eine Frist bis zu **fünf Tagen** grundsätzlich als bedenkenlos angesehen werden kann (BGH WM **1975**, 324; BGH NJW **1964**, 1223; OLG Hamm NJW **1994**, 3172). Drei Wochen hingegen dürften im Regelfall eindeutig zu lang sein (OLG München BB **1995**, 172). Wie gesagt, es entscheiden die Umstände des Einzelfalles, also etwa mit welcher Lieferfrist die Erfüllung angekündigt ist (MüKo/*Busche* § 147 BGB Rz. 17).

5.) Und schließlich darf der Bestätigende – wie oben schon mal kurz erwähnt – nicht bösgläubig sein, er darf den Inhalt des Vertrages bzw. der vertraglichen Verhandlung nicht ***bewusst unrichtig*** wiedergeben oder die Bestätigung derart weit von der mündlichen Absprache abweichen lassen, dass der Absender vernünftigerweise nicht mit dem Einverständnis des Empfängers rechnen konnte (BGHZ **40**, 42; BGH NJW **1974**, 991; MüKo/*Busche* § 147 BGB Rz. 21; *Palandt/Ellenberger* § 148 BGB Rz. 8; *Erman/Armbrüster* § 147 BGB Rz. 12; *Brox/Walker* AT Rz. 196).

Subsumtion am Fall:

Unser K ist als Empfänger des Bestätigungsschreibens fraglos ***Kaufmann***, denn das steht so im Fall (erstes Wort der Sachverhaltsschilderung!). Der H als Bestätigender betreibt einen Textilhandel und ist damit entweder schon wegen § 1 HGB sowieso selber Kaufmann oder er hat jedenfalls in größerem Umfang Geschäfte zu tätigen, denn ansonsten benutzt man keine LKWs, um die Waren zum Abnehmer zu bringen. Zwischen H und K haben des Weiteren auch ***Vertragsverhandlungen*** stattgefunden. Dass diese Vertragsverhandlungen mangels Einigkeit über die Liefermenge noch keinen Vertragsschluss herbeigeführt haben, spielt keine entscheidungserhebliche Rolle, denn es genügt bereits das bloße Verhandeln. Entscheidend ist insoweit, dass wenigstens eine Partei vom Vertragsschluss ausging.

Der H, der an den Vertragsschluss glaubt, ***bestätigt*** dem K nun in seinem Schreiben das Vorliegen einer vorherigen vertraglichen Einigung. Dies ergibt sich aus dem

Wortlaut des Schreibens, wonach H ausdrücklich den »Vertrag bestätigt«, aus dem die Lieferpflicht erwachsen soll. Nach dem Willen des H kommt der Vertrag somit nicht erst durch das Schreiben zustande, sondern war schon vorher geschlossen. Es liegt demnach auch kein Fall des § 150 Abs. 2 BGB vor. Schließlich hat H nur ***einen Tag*** nach den Vertragsverhandlungen dem K das Bestätigungsschreiben übermittelt mit der Folge, dass auch die Voraussetzungen des ***unmittelbaren zeitlichen Zusammenhanges*** zwischen Vertragsverhandlung und kaufmännischem Bestätigungsschreiben erfüllt sind. Und letztlich ist H auch nicht bösgläubig, er hat die vertragliche Absprache nicht bewusst unrichtig wiedergegeben.

ZE.: Es handelt sich bei dem Schreiben des H an K um ein sogenanntes »kaufmännisches Bestätigungsschreiben«, dem der Empfänger nach dem Handelsbrauch aus **§ 346 HGB** unverzüglich widersprechen muss, wenn er mit dem Inhalt nicht einverstanden ist. K hat das Schreiben zur Kenntnis genommen und dem Inhalt nicht unverzüglich widersprochen, sondern erst als die Waren angeliefert wurden seinen Widerspruch kundgetan.

ZE.: Damit ist der Vertrag mit dem Inhalt des Bestätigungsschreibens zustande gekommen. Es liegt ein wirksamer Kaufvertrag im Sinne des § 433 BGB in Bezug auf die Lieferung von 400 Mänteln zum Gesamtpreis von 40.000 Euro (= 400 × 100) vor. Der Anspruch des H gegen K aus § 433 Abs. 2 BGB ist mithin ***entstanden***.

Anfechtung dieses Vertrags?

Abschließend stellt sich dann noch die Frage, ob K diesen Vertrag wirksam gemäß den **§§ 142 Abs. 1, 119 BGB** angefochten hat, als er erklärt, sein Schweigen könne keine rechtsgeschäftliche Bedeutung haben. Die wirksame Anfechtung hätte zur Folge, dass der Vertrag als von Anfang an nichtig im Sinne des § 142 Abs. 1 BGB zu betrachten und der vertragliche Anspruch dann wieder ***untergegangen*** wäre.

Aber: Wir haben das oben schon mal kurz angesprochen: Ein Irrtum über die Bedeutung des Schweigens berechtigt ***nicht*** zur Anfechtung wegen Irrtums (BGH NJW **1969**, 1711; BGH NJW **1972**, 45; MüKo/*Busche* § 147 BGB Rz. 24). Denn K hat durchaus bewusst geschwiegen und sich nicht im Irrtum über den Inhalt des Bestätigungsschreibens befunden. Dass dieses Schweigen im vorliegenden Fall – entgegen der Überzeugung des K – durchaus eine rechtliche Wirkung hat, folgt aus § 346 HGB und dem Handelsbrauch unter Kaufleuten (vgl. oben). Das Wissen bzw. Nichtwissen um diesen Handelsbrauch begründet aber lediglich einen ***unbeachtlichen Motivirrtum*** in Bezug auf das Schweigen, nicht aber einen Erklärungs- oder Inhaltsirrtum (BGHZ **11**, 1; BGHZ **20**, 154; MüKo/*Busche* § 147 BGB Rz. 24; *Palandt/Ellenberger* § 147 BGB Rz. 8; *Deckert* in JuS 1998, 121).

ZE.: K kann den Vertrag ***nicht*** anfechten.

Erg.: Damit hat der Vertrag endgültig Bestand, und K muss die Mäntel abnehmen und auch bezahlen, vgl. § 433 Abs. 2 BGB.

Gutachten

H könnte gegen K einen Anspruch auf Zahlung und Abnahme der Mäntel aus § 433 Abs. 2 BGB haben.

Damit der Anspruch aus § 433 Abs. 2 BGB begründet ist, muss ein entsprechender Kaufvertrag im Sinne des § 433 BGB zwischen H und K geschlossen worden sein.

I.) Insoweit kommt zunächst eine am Telefon erzielte Einigung in Betracht. H und K haben sich am Telefon zwar über die Art der Mäntel und auch den Stückpreis geeinigt; indessen fehlt ein anderer wesentlicher Bestandteil der kaufvertraglichen Einigung, nämlich die Anzahl der verkauften Sachen bzw. der Umfang der Lieferung. Haben sich die Parteien aber über wesentliche Bestandteile des Vertrages – wie etwa den Kaufpreis oder den Lieferumfang – nicht geeinigt und ist dieser Punkt auch nicht aus den Umständen erkennbar, liegt keine vertragliche Einigung im Sinne des § 433 BGB vor. Das Telefonat hat nicht zum Vertragsschluss geführt.

II.) Möglicherweise liegt in dem Schreiben des H ein Antrag im Sinne der §§ 145 ff. BGB, den K durch sein Schweigen angenommen hat.

1.) Insoweit ist allerdings zunächst beachtlich, dass ein Schweigen grundsätzlich keine rechtsgeschäftliche Bedeutung hat. Wer schweigt, gibt keine Willenserklärung ab, weder eine Annahme noch einen Antrag oder eine sonstige Erklärung, die Rechtsfolgen herbeiführen könnte.

2.) Etwas anderes könnte sich im vorliegenden Fall aber aus dem Umstand ergeben, dass der K als Empfänger des Schreibens ein Kaufmann ist. In Betracht kommt demnach zunächst die Anwendung des § 362 Abs. 1 HGB. Gemäß § 362 Abs. 1 HGB gilt das Schweigen eines Kaufmanns auf einen Antrag als Annahme, wenn es sich um den Antrag zur Besorgung von Geschäften für andere handelt und der Gewerbebetrieb des Kaufmanns die Besorgung gerade solcher Geschäfte mit sich bringt. Die Vorschrift des § 362 Abs. 1 HGB betrifft mit der Formulierung »Besorgung von Geschäften für andere« allerdings nur die Erbringung von Dienstleistungen, nicht aber auch die Warenlieferungen. Der Grund für die Beschränkung des Anwendungsbereiches des § 362 HGB nur auf Dienstleistungen liegt darin, dass der Warenbestand des Kaufmanns möglicherweise begrenzt ist und man ihm deshalb keinen stillschweigend geschlossenen Vertrag zumuten wollte. Dienstleistungen hingegen sind höchstpersönlicher Natur und deshalb im Regelfall quasi »unerschöpflich«, können somit jederzeit und immer erbracht werden.

Im vorliegenden Fall geht es um die Lieferung von Waren und nicht um Dienstleistungen mit der Folge, dass § 362 Abs. 1 HGB aus den genannten Gründen keine Anwendung findet. Das Schweigen auf das Schreiben des H kann mithin nicht als Annahme eines Antrages von Seiten des K gewertet werden.

III.) Schließlich stellt sich die Frage, ob das Schweigen des K auf das Schreiben des H – außerhalb der Kategorien von Antrag und Annahme – zum Vertragsschluss geführt haben kann.

In Betracht kommt die Anwendung der Regeln über das kaufmännische Bestätigungsschreiben. Nach dem Handelsbrauch unter Kaufleuten gilt in entsprechender Anwendung des § 346 HGB, dass wenn einem Kaufmann im Anschluss an Vertragsverhandlungen ein kaufmännisches Bestätigungsschreiben zugeht, der Kaufmann diesem Schreiben unverzüglich widersprechen muss, wenn er mit dem Inhalt nicht einverstanden ist. Schweigt der Kaufmann auf ein solches Schreiben, kommt der Vertrag mit dem Inhalt des Bestätigungsschreibens zustande.

Vorliegen müssen insoweit folgende Voraussetzungen:

1.) Der Empfänger des Schreibens muss zunächst ein Kaufmann sein, wenigstens aber in erheblichem Umfang am Geschäftsleben teilnehmen. Nur von solchen Personen erwartet der Rechtsverkehr besondere Sorgfalt bei der Abwicklung ihrer Angelegenheiten. Der Bestätigende muss ebenfalls Kaufmann sein oder aber in größerem Umfang am Geschäftsleben teilnehmen, da er nur dann erwarten kann, dass ihm gegenüber nach kaufmännischer Sitte verfahren wird. K ist im vorliegenden Fall als Empfänger des Bestätigungsschreibens Kaufmann. Der H als Bestätigender betreibt einen Textilhandel und ist damit entweder schon wegen § 1 HGB sowieso selber Kaufmann oder er hat jedenfalls in größerem Umfang Geschäfte zu tätigen, was dadurch indiziert wird, dass H LKWs benutzt, um die Waren zum Abnehmer zu bringen.

2.) Zwischen den Parteien müssen des Weiteren Vertragsverhandlungen stattgefunden haben. Insoweit ist beachtlich, dass dies nicht notwendig einen Vertragsschluss voraussetzt; es genügt, dass die Parteien verhandelt haben, auch wenn nicht in Bezug auf alle Einzelheiten eine Einigung erzielt worden ist. Zwischen H und K haben Vertragsverhandlungen stattgefunden. Dass diese Vertragsverhandlungen mangels Einigkeit über die Liefermenge noch keinen Vertragsschluss herbeigeführt haben, spielt keine entscheidungserhebliche Rolle, denn es genügt bereits das bloße Verhandeln. Entscheidend ist insoweit, dass wenigstens eine Partei vom Vertragsschluss ausging.

3.) Das Schreiben muss einen früheren Vertragsschluss bestätigen. Hierbei ist nicht entscheidend, ob sich die Parteien tatsächlich vorher schon geeinigt haben. Ausschlaggebend ist vielmehr, dass der Bestätigende an einen Vertragsschluss glaubt. Der H, der an den Vertragsschluss glaubte, bestätigt dem K nun in seinem Schreiben das Vorliegen einer vorherigen vertraglichen Einigung. Dies ergibt sich aus dem Wortlaut des Schreibens, wonach H ausdrücklich den »Vertrag bestätigt«, aus dem die Lieferpflicht erwachsen soll. Nach dem Willen des H kommt der Vertrag somit nicht erst durch das Schreiben zustande, sondern war schon vorher geschlossen. Es liegt demnach auch kein Fall des § 150 Abs. 2 BGB vor.

4.) Das Bestätigungsschreiben muss im Übrigen immer in zeitlich unmittelbarem Zusammenhang zu den Vertragsverhandlungen zugehen. Die einzuhaltende Frist richtet sich hier nach den Umständen des Einzelfalles. H hat nur einen Tag nach den Vertragsverhandlungen dem H das Bestätigungsschreiben übermittelt mit der Folge, dass auch die Voraussetzungen des unmittelbaren zeitlichen Zusammenhanges zwischen Vertragsverhandlung und kaufmännischem Bestätigungsschreiben erfüllt sind.

5.) Schließlich darf der Bestätigende nicht bösgläubig sein, er darf den Inhalt des Vertrages bzw. der vertraglichen Verhandlung nicht bewusst unrichtig wiedergeben oder die Bestätigung derart weit von der mündlichen Absprache abweichen lassen, dass der Absender vernünftigerweise nicht mit dem Einverständnis des Empfängers rechnen konnte. H ist schließlich auch nicht bösgläubig, er hat die vertragliche Absprache nicht bewusst unrichtig wiedergegeben.

Es handelt sich bei dem Schreiben des H an K mithin um ein sogenanntes »kaufmännisches Bestätigungsschreiben«, dem der Empfänger nach dem Handelsbrauch aus § 346 HGB unverzüglich widersprechen muss, wenn er mit dem Inhalt nicht einverstanden ist. K hat das Schreiben zur Kenntnis genommen und dem Inhalt nicht unverzüglich widersprochen, sondern erst als die Waren angeliefert wurden seinen Widerspruch kundgetan. Damit ist der Vertrag mit dem Inhalt des Bestätigungsschreibens zustande gekommen. Es liegt ein wirksamer Kaufvertrag im Sinne des § 433 BGB in Bezug auf die Lieferung von 400 Mänteln zum Gesamtpreis von 40.000 Euro (= 400 x 100) vor. Der Anspruch des H gegen K aus § 433 Abs. 2 BGB ist mithin entstanden.

IV.) Abschließend ist fraglich, ob K diesen Vertrag wirksam gemäß den §§ 142 Abs. 1, 119 BGB angefochten hat, als er erklärt, sein Schweigen könne keine rechtsgeschäftliche Bedeutung haben. Die wirksame Anfechtung hätte zur Folge, dass der Vertrag als von Anfang an nichtig im Sinne des § 142 Abs. 1 BGB zu betrachten und der vertragliche Anspruch dann wieder untergegangen wäre.

Die Voraussetzungen der Anfechtung liegen indessen nicht vor. K hat bewusst geschwiegen und sich nicht im Irrtum über den Inhalt des Bestätigungsschreibens befunden. Dass dieses Schweigen im vorliegenden Fall – entgegen der Überzeugung des K – durchaus eine rechtliche Wirkung hat, folgt aus § 346 HGB und dem Handelsbrauch unter Kaufleuten. Das Wissen bzw. Nichtwissen um diesen Handelsbrauch begründet aber lediglich einen unbeachtlichen Motivirrtum in Bezug auf das Schweigen, nicht aber einen Erklärungs- oder Inhaltsirrtum. K kann den Vertrag nicht anfechten.

Ergebnis: Damit hat der Vertrag endgültig Bestand, und K muss die Mäntel abnehmen und auch bezahlen, vgl. § 433 Abs. 2 BGB.

Fall 10

Kostenloses Parken?

Rechtsstudent R fährt an einem Samstagabend mit seinem Auto auf einen öffentlich bewachten Parkplatz in der Kölner Innenstadt, um sich anschließend ins Nachtleben zu stürzen. Der Aufforderung des Parkwächters, die auf einem großen Schild am Eingang angeschlagenen Gebühren von fünf Euro zu entrichten, entgegnet R mit der Erklärung, kostenloses Parken gehöre seiner Meinung nach zur Verpflichtung der Stadt gegenüber ihren Bürgern. Im Übrigen habe sein Wagen eine Diebstahlsicherung und benötige keine Bewachung; er werde deshalb nicht zahlen und widerspreche jedem Vertragsschluss.

Kann die Stadt (S) von R die fünf Euro fordern?

Schwerpunkte: Der Vertragsschluss bei sozialtypischem Verhalten; Leistungen im Rahmen der sogenannten »Daseinsvorsorge«; der Kontrahierungszwang; Begriff der Realofferte; Rechtsbindungswille trotz gegenteiliger Behauptung; Unbeachtlichkeit eines Widerspruchs.

Lösungsweg

Anspruch der S gegen R auf Zahlung von fünf Euro

AGL.: § 311 Abs. 1 BGB (»Bewachungsvertrag«)

Beachte: Der hier in Frage stehende Vertrag, gerichtet auf die kostenpflichtige Bewachung des Autos, ist in dieser konkreten Form im BGB natürlich nicht geregelt. In solchen Fällen zitiert man als Anspruchsgrundlage dann die Vorschrift, die bestimmt, dass zur Begründung eines (beliebigen) Schuldverhältnisses ein ***Vertrag*** zwischen den Parteien erforderlich ist (**§ 311 Abs. 1 BGB**). Damit ist man auf der sicheren Seite und läuft nicht Gefahr, die vorliegende Vereinbarung fälschlich unter einen gesetzlich geregelten Vertrag zu subsumieren. Merken.

Fraglich ist im vorliegenden Fall nun aber nicht die Art des Vertrags, sondern vielmehr, ob ***überhaupt*** eine vertragliche Einigung zwischen der Stadt und dem R zustande gekommen ist. Eine vertragliche Einigung setzt grundsätzlich zwei übereinstimmende Willenserklärungen voraus.

Das Problem des Falles liegt zum einen darin, dass es schon an einer ausdrücklich formulierten Willenserklärung sowohl der Stadt als auch des R mangelt: R ist mit seinem Auto auf den Parkplatz gefahren und der Parkwächter (als Vertreter der Stadt) hat ihn dann zur Zahlung der fünf Euro aufgefordert. Damit haben weder der R noch der Parkwächter eine ausdrückliche Willenserklärung, gerichtet auf einen entsprechenden Vertrag, abgegeben. Zum anderen hat auch noch eine Partei (nämlich der R) sogar ausdrücklich erklärt, keinen Vertrag schließen zu wollen.

Angesichts dessen fragt sich, ob von einer vertraglichen Einigung im herkömmlichen Sinne gesprochen werden kann und demnach Vertragspflichten entstanden sind.

> **Durchblick:** Die hier vorliegende Konstellation nennt man **»Inanspruchnahme von Leistungen im Rahmen der Daseinsvorsorge«** und versteht darunter folgendes: Im modernen Massenverkehr werden – regelmäßig von Trägern der öffentlichen Verwaltung oder von durch diesen beauftragten Unternehmern – Leistungen angeboten, deren Bedingungen nicht verhandelbar sind. Wer z.B. in einen Bus einsteigt, kann nicht mit dem Fahrer oder Schaffner über den Preis feilschen, sondern kauft ein Ticket, für das der Tarif feststeht. Gleiches gilt für die Inanspruchnahme von Strom, Wasser usw. Da weiß man, was es kostet und kann nachher nicht sagen, der Tarif sei aber zu hoch oder niedrig oder habe für einen selbst ausnahmsweise keine Geltung. Rechtlich außerordentlich problematisch ist bei solchen Leistungen allerdings, wie denn nun die vertragliche Vereinbarung zwischen den Parteien zustande kommt. Denn zumeist geben die Vertragsparteien keine ausdrücklichen Erklärungen diesbezüglich ab, sondern handeln einfach. Kein Mensch steigt etwa in den Bus und sagt dann zum Fahrer:
>
> *»Guten Morgen Herr Fahrer, also ich schließe jetzt übrigens gerade beim Einsteigen einen Vertrag mit dem Verkehrsunternehmer. Sind Sie als Vertreter der Verkehrsbetriebe denn auch wirklich einverstanden?«*
>
> **Klar:** So einen Blödsinn macht natürlich niemand. Dennoch muss auch in solchen Fällen eine ***vertragliche Einigung*** vorliegen, ansonsten befände man sich nämlich im rechtsfreien Raum und könnte z.B. mögliche Vertragsverletzungen nicht ahnden: Beispielsweise stünde dem Busunternehmer unter Umständen kein Zahlungsanspruch zu, wenn ein Gast einsteigt, mitfährt und nachher sagt, er habe – vergleichbar mit unserem Fall oben – gar keinen Vertrag schließen wollen und bedanke sich für die kostenfreie Fahrt. Wenn in einem solchen Fall nun nicht ausnahmsweise Ansprüche aus den §§ 823 ff. oder 812 ff. BGB zur Verfügung stehen würden, ginge der Busunternehmer tatsächlich leer aus.

Das kann natürlich nicht sein. Und weil das nicht sein kann, haben sich die Lehre und auch die Rechtsprechung (vor allem der BGH) schon frühzeitig Gedanken zur Abwicklung solcher Vorgänge gemacht:

- Nach einer (älteren) Auffassung sollte in solchen Fällen ein Vertrag zustande kommen aufgrund des sogenannten ***»sozialtypischen Verhaltens«*** (BGHZ **21**, 319; BGHZ **23**, 175; LG Bremen NJW **1966**, 2360; LG Frankfurt MDR **1970**, 842; *Larenz* in NJW 1956, 1897; *Schreiber* in Jura 1988, 219). Demnach sollte die vertragliche Einigung nicht auf von den Parteien abgegebenen Willenserklärungen beruhen, sondern vielmehr allein durch die Inanspruchnahme der Leistung begründet werden. Von Willenserklärungen könne hier (noch) nicht gesprochen werden, weil beiden Parteien das Erklärungsbewusstsein fehle. In den Fällen der Daseinsvorsorge im Massenverkehr bestehe Kontrahierungszwang – mithin keine Vertragsfreiheit – und demnach würden auch keine Willenserklärungen von den Parteien abgegeben. Das sozialtypische Verhalten begründe die Leistungspflichten. Diese Meinung führte dazu, dass auf den Vertragsschluss die Vorschriften über die Willenserklärungen (es liegen ja keine vor!) aus den §§ 104 ff. BGB logischerweise auch ***keine*** Anwendung finden.

- Nach heute überwiegender Auffassung indessen ist die Konstruktion des Vertragsschlusses aufgrund sozialtypischen Verhaltens abzulehnen, da es tatsächlich übereinstimmende Willenserklärungen zwischen den Parteien gebe (BGH NJW-RR **2005**, 639; BGHZ **95**, 393; BGH MDR **2000**, 956; MüKo/*Busche* § 145 BGB Rz. 16; *Erman/Armbrüster* § 145 BGB Rz. 9; *Palandt/Ellenberger* vor § 145 BGB Rz. 25; *Medicus* AT Rz. 252; derselbe BR Rz. 190; *Brox/Walker* AT Rz. 193; *Soergel/Wolf* vor § 145 BGB Rz. 103). Diese Willenserklärungen würden nämlich beidseitig ***konkludent*** (also schlüssig) abgegeben, und zwar wie folgt: Das Bereitstellen der Leistung durch den Anbietenden stelle einen schlüssig erklärten Antrag im Sinne der §§ 145 ff. BGB dar; man nennt diesen Antrag in Form der tatsächlichen Leistungsbereitstellung auch **»Realofferte«** (*Palandt/Ellenberger* vor § 145 BGB Rz. 25; OLG Saarbrücken NJW-RR **1994**, 436). Die Inanspruchnahme der Leistung durch den anderen sei die schlüssig erklärte Annahme dieses Antrages.

Daraus folgt, dass in den Fällen der vorliegenden Art die vertragliche Einigung zustande kommt mit den vom BGB vorgesehenen Mitteln, nämlich zwei übereinstimmenden (konkludent bzw. schlüssig abgegebenen) Willenserklärungen, dem ***Antrag*** und der ***Annahme***. Die Konstruktion über den Vertragsschluss aufgrund sozialtypischen Verhaltens widerspricht den vom Gesetzgeber für den Vertragsschluss vorgesehenen Regeln und findet daher keine Anwendung (mehr).

Klausurtipp: Die gerade zum Schluss aufgezeigte Ansicht kann mittlerweile als gesicherte Erkenntnis angenommen und auch entsprechend von den Kandidaten angewendet werden. Sie wird heute sowohl vom BGH als auch von den Kommentatoren zum BGB sowie den Lehrbuchautoren klar favorisiert (vgl. etwa BGH NJW-RR **2005**, 639; BGHZ **95**, 393; BGH MDR **2000**, 956; MüKo/*Busche* § 145 BGB Rz. 16; *Erman/Armbrüster* § 145 BGB Rz. 9; *Palandt/Ellenberger* vor § 145 BGB Rz. 25; *Medicus* AT Rz. 252; derselbe BR Rz. 190; *Brox/Walker* AT Rz. 193; *Soergel/Wolf* vor § 145 BGB Rz. 103). Für die Klausurbearbeitung genügt daher die Kenntnis dieser Lösungsmöglichkeit des Falles.

Wer über das Thema hingegen eine ***Hausarbeit*** zu schreiben hat, sollte sich – bei Fallrelevanz – allerdings auch mit der anderen Meinung beschäftigen. Die Fundstellen stehen weiter oben; eine ausführliche Auseinandersetzung mit noch weiteren Lösungsansätzen zu dieser Problematik bietet das Buch von Herrn *Werner* (»Probleme aus dem BGB-AT«), dort ist es das Problem Nr. 10 (die Seiten 43 ff.). Beachte insoweit bitte, dass insbesondere dann Schwierigkeiten auftauchen können, wenn ***Minderjährige*** die hier in Frage stehenden Verträge schließen: So z.B. wenn der 12-jährige X in den Bus einsteigt, um eine Spazierfahrt zu machen und sich nachher weigert, den Fahrpreis zu entrichten. Folgt man der 1. Ansicht von oben, muss er trotz seiner Minderjährigkeit zahlen, denn die §§ 107 ff. BGB finden keine Anwendung. Folgt man hingegen der anderen Ansicht, ist die konkludente Willenserklärung des X wegen § 107 BGB schwebend unwirksam und im Zweifel nichtig, sofern nicht die Eltern die Genehmigung erteilen. Ein Zahlungsanspruch wäre dann nur nach § 812 BGB unter Umständen begründet (dann aber eventuell ein Ausschluss der Zahlungspflicht nach § 818 Abs. 3 BGB).

Zurück zu unserem Fall: Wir wollen hier der oben dargestellten überwiegenden Meinung in der Literatur und der des BGH folgen und unseren Fall mit dem geparkten Auto nun weiterprüfen. Zur Begründung eines vertraglichen Anspruchs der Stadt gegenüber dem R benötigen wir zwei übereinstimmende Willenserklärungen; und die Prüfung dessen ist angesichts des oben Gesagten jetzt nicht mehr schwer:

Der ***Antrag*** zum Abschluss des »Bewachungsvertrages« liegt in der Bereitstellung des Parkplatzes zum Preis von fünf Euro. In dieser Bereitstellung findet sich die ***schlüssig*** erkennbare Willenserklärung der Stadt, gerichtet auf den Abschluss des entsprechenden Vertrages. Die ***Annahme*** dieses Antrages hat R dadurch schlüssig erklärt, dass er die bereitgestellte Leistung in Anspruch genommen hat und auf den Parkplatz gefahren ist.

ZE.: Damit wäre an sich der Vertrag zustande gekommen und S könnte von R die Zahlung der fünf Euro aus diesem geschlossenen Vertrag verlangen.

Problem: Damit haben wir aber noch nicht geklärt, welche Auswirkungen der von R ausdrücklich geäußerte Wille hat, gerade ***keinen*** Vertrag schließen zu wollen. Dies kann deshalb beachtlich sein, weil zum notwendigen Inhalt einer Willenserklärung neben dem äußeren Erklärungsgehalt immer auch der sogenannte **»Rechtsbindungswille«** auf Seiten des Erklärenden gehört. Und ein solcher Rechtsbindungswille liegt nur dann vor, wenn der Erklärende mit seinem Handeln eine verbindliche rechtliche Geltung bezwecken will (BGHZ **21**, 102; BGHZ ZIP **1993**, 1076; NK/*Feuerborn* vor § 116 BGB Rz. 9; *Medicus* AT Rz. 191). Das aber will unser R gerade nicht, er erklärt nämlich ausdrücklich, keinen Vertrag schließen zu wollen.

Indes: Diese Behauptung kann dann keine rechtliche Wirkung entfalten, wenn der Erklärende gleichzeitig die angebotene Leistung ***tatsächlich annimmt***. Dann nämlich verhält er sich im ***Widerspruch*** zu der von ihm abgegebenen Erklärung. Das ganze nennt man »**protestatio facto contraria non volet**« und es besagt, dass ein reales Tun eine stärkere Erklärungsbedeutung hat als ein damit logisch unvereinbarer verbaler Protest gegen die Rechtsfolgen dieses Tuns (wichtiger Satz, bitte noch mal lesen).

Und man folgert daraus nun, dass der Betreffende in diesen Fällen die objektive Erklärungsbedeutung seines Verhaltens gegen sich gelten lassen muss (BGHZ **95**, 399; BGH MDR **2000**, 956; MüKo/*Busche* § 145 BGB Rz. 16; *Erman/Armbrüster* § 145 BGB Rz. 9; *Palandt/Ellenberger* vor § 145 BGB Rz. 25; *Brox/Walker* AT Rz. 193). Man könne nicht zum einen die grundsätzlich nur aus einem Vertrag resultierende Leistung annehmen und dann zum anderen aber erklären, dass man diesen Vertrag nicht eingehen wolle. Wer wisse, dass man den Anspruch auf die Leistung nur aus einem Vertrag erhalte und diese Leistung dann annehme, erkläre schlüssig, den Vertrag schließen zu wollen, auch wenn er etwas anderes behaupte.

Und dieses Ergebnis leuchtet auch ein, **denn:** Ließe man in solchen Fällen die abgegebene Erklärung (also die Weigerung, den Vertrag zu schließen) gelten, könnte man so immer eine vertragliche Verpflichtung verhindern und dennoch erst mal die Leistung in Anspruch nehmen. Das Risiko des Vermögensverlustes hätte der »Vertragspartner« zu tragen, der mangels wirksamer vertraglicher Vereinbarung nun mithilfe anderer Anspruchsgrundlagen (etwa § 812 BGB) versuchen müsste, seinen Verlust auszugleichen. Das kann nicht sein und deshalb gilt, dass ein Vertrag trotz gegenteiliger Behauptung der einen Partei auch dann zustande kommt, wenn diese Vertragspartei die aus dem Vertrag resultierende Leistung tatsächlich dennoch in Anspruch nimmt.

Übrigens: Eine Mindermeinung in der Literatur will hier noch differenzieren und nur den ***nach*** der Inanspruchnahme der Leistung erfolgten Widerspruch als unerheblich ansehen. Der ***gleichzeitig*** oder ***vorher*** erklärte Protest sei demgegenüber wirksam und der Vertrag solle mithin in diesen Fällen dann ***nicht*** zustande kommen (*Köhler* AT § 15 Rz. 29; *Köhler* in JZ 1981, 464; *Blomeyer* in MDR 1957, 153; *Kellmann* in NJW 1971, 265). Zur Begründung beruft diese Meinung sich auf die Regeln über Willenserklärungen und behauptet, der vorher oder gleichzeitig ausdrücklich erklärte Wille könne grundsätzlich nicht unbeachtlich bleiben, auch wenn der Erklärende die Leistung in Anspruch nehme. Nur wenn der gegensätzliche Wille später – also nach der Inanspruchnahme – erklärt werde, habe er keinen Einfluss mehr auf das Entstehen des Vertrages, denn zu diesem Zeitpunkt sei der Vertrag schon geschlossen.

Dem muss man sich aber nicht anschließen und kann vielmehr mit der von uns oben benannten herrschenden Meinung vertreten, dass der Widerspruch grundsätzlich – also auch wenn er vorher oder gleichzeitig erklärt wird – unbeachtlich bleibt (BGH MDR **2000**, 956; BGHZ **95**, 393; MüKo/*Busche* § 145 BGB Rz. 16; *Erman/Armbrüster* § 145 BGB Rz. 9; *Palandt/Ellenberger* vor § 145 BGB Rz. 25; *Brox/Walker* AT Rz. 193; *Rüthers/Stadler* AT § 19 Rz. 34). Würde man der anderen Ansicht folgen, stünde nämlich dann doch wieder das ausdrücklich Behauptete über dem tatsächlich Ausgeführten. Dies aber soll ja gerade nicht gelten, will man dem Widerspruch zwischen Handeln und Erklärung gerecht werden (BGHZ **95**, 393).

ZE.: Der von R erklärte Widerspruch gegen den Vertragsschluss bleibt im vorliegenden Fall unbeachtlich, da dieser Widerspruch im Gegensatz zu dem von R tatsächlich durchgeführten Verhalten steht. R hat die Leistungen aus dem Bewachungsvertrag in Anspruch genommen.

Erg.: Der S steht gegen R ein Anspruch auf Zahlung von fünf Euro aus dem geschlossenen Bewachungsvertrag gemäß § 311 Abs. 1 BGB zu.

Gutachten

Die Stadt S könnte gegen R einen Anspruch auf Zahlung von 5 Euro aus einem Bewachungsvertrag im Sinne des § 311 Abs. 1 BGB haben.

I.) Voraussetzung für das Bestehen dieses Anspruchs ist ein zwischen der Stadt S und dem R geschlossener Vertrag. Eine vertragliche Einigung setzt grundsätzlich zwei übereinstimmende Willenserklärungen voraus.

Problematisch ist im vorliegenden Fall zunächst, dass es bereits an einer ausdrücklich formulierten Willenserklärung sowohl der Stadt als auch des R mangelt: R ist mit seinem Auto auf den Parkplatz gefahren und der Parkwächter (als Vertreter der Stadt) hat ihn dann zur Zahlung der 5 Euro aufgefordert.

Damit haben weder R noch der Parkwächter eine ausdrückliche Willenserklärung, gerichtet auf einen entsprechenden Vertrag, abgegeben. Angesichts dessen fragt sich, ob von einer vertraglichen Einigung im herkömmlichen Sinne gesprochen werden kann und demnach Vertragspflichten überhaupt entstanden sind. Die Behandlung solcher Fälle ist umstritten:

1.) Nach einer Auffassung soll in Fällen dieser Art ein Vertrag zustande kommen aufgrund des sogenannten »sozialtypischen Verhaltens«. Demnach soll die vertragliche Einigung nicht auf von den Parteien abgegebenen Willenserklärungen beruhen, sondern vielmehr allein durch die Inanspruchnahme der Leistung begründet werden. Von Willenserklärungen könne hier (noch) nicht gesprochen werden, weil beiden Parteien das Erklärungsbewusstsein fehle. In den Fällen der Daseinsvorsorge im Massenverkehr bestehe Kontrahierungszwang – mithin keine Vertragsfreiheit – und demnach würden auch keine Willenserklärung von den Parteien abgegeben. Das sozialtypische Verhalten begründe die Leistungspflichten. Diese Meinung führt dazu, dass auf den Vertragsschluss die Vorschriften über die Willenserklärungen aus den §§ 104 ff. BGB keine Anwendung finden.

2.) Nach zutreffender anderer Auffassung ist die Konstruktion des Vertragsschlusses aufgrund sozialtypischen Verhaltens indessen abzulehnen, da es tatsächlich übereinstimmende Willenserklärungen zwischen den Parteien gibt. Diese Willenserklärungen werden in den Fällen der vorliegenden Art von den beiden Vertragsparteien schlüssig abgegeben. Das Bereitstellen der Leistung durch den Anbietenden stellt einen schlüssig erklärten Antrag im Sinne der §§ 145 ff. BGB dar; man nennt diesen Antrag in Form der tatsächlichen Leistungsbereitstellung auch »Realofferte«. Die Inanspruchnahme der Leistung durch den anderen ist die schlüssig erklärte Annahme dieses Antrages.

Daraus folgt, dass in den Fällen der Inanspruchnahme von Leistungen aus der Daseinsvorsorge die vertragliche Einigung zustande kommt durch zwei übereinstimmende, schlüssig abgegebene Willenserklärungen, dem Antrag und der Annahme. Die Konstruktion über den Vertragsschluss aufgrund sozialtypischen Verhaltens widerspricht den vom Gesetzgeber für den Vertragsschluss vorgesehenen Regeln und findet daher keine Anwendung.

Im vorliegenden Fall lag der Antrag zum Abschluss des »Bewachungsvertrages« in der Bereitstellung des Parkplatzes zum Preis von 5 Euro. In dieser Bereitstellung findet sich die schlüssig erkennbare Willenserklärung der Stadt, gerichtet auf den Abschluss des entsprechenden Vertrages. Die Annahme dieses Antrages hat R dadurch schlüssig erklärt, dass er die bereitgestellte Leistung in Anspruch genommen hat und auf den Parkplatz gefahren ist. Damit wäre der Vertrag zustande gekommen und S könnte von R die Zahlung der 5 Euro aus diesem geschlossenen Vertrag verlangen.

II.) Dem könnte jedoch noch der von R ausdrücklich geäußerte Wille, gerade keinen Vertrag schließen zu wollen, entgegenstehen. Dies kann deshalb beachtlich sein, weil zum notwendigen Inhalt einer Willenserklärung neben dem äußeren Erklärungsgehalt immer auch der Rechtsbindungswille auf Seiten des Erklärenden gehört. Ein solcher Rechtsbindungswille liegt nur dann vor, wenn der Erklärende mit seinem Handeln eine verbindliche rechtliche Geltung bezwecken will. Dies aber will R gerade nicht, er erklärt ausdrücklich, keinen Vertrag schließen zu wollen.

Diese Behauptung kann jedoch dann keine rechtliche Wirkung entfalten, wenn der Erklärende gleichzeitig die angebotene Leistung tatsächlich annimmt. Dann nämlich verhält er sich im Widerspruch zu der von ihm abgegebenen Erklärung. Es handelt sich um einen Fall der »protestatio facto contraria non volet«.

Ein reales Tun hat demnach immer eine stärkere Erklärungsbedeutung als ein damit logisch unvereinbarer verbaler Protest gegen die Rechtsfolgen dieses Tuns. Daraus ist zu folgern, dass der Betreffende in diesen Fällen die objektive Erklärungsbedeutung seines Verhaltens gegen sich gelten lassen muss. Man kann nicht zum einen die grundsätzlich nur aus einem Vertrag resultierende Leistung annehmen und dann zum anderen aber erklären, dass man diesen Vertrag nicht eingehen will. Wer weiß, dass man den Anspruch auf die Leistung nur aus einem Vertrag erhält und diese Leistung dann annimmt, erklärt schlüssig, den Vertrag schließen zu wollen, auch wenn er etwas anderes behauptet.

Der von R erklärte Widerspruch gegen den Vertragsschluss bleibt im vorliegenden Fall unbeachtlich, da dieser Widerspruch im Gegensatz zum von R tatsächlich durchgeführten Verhalten steht. R hat die Leistungen aus dem Bewachungsvertrag in Anspruch genommen.

Ergebnis: Der S steht gegen R ein Anspruch auf Zahlung von 5 Euro aus dem geschlossenen Bewachungsvertrag gemäß § 311 Abs. 1 BGB zu.

Fall 11

Irren ist männlich

Der Bauer B ist Eigentümer einiger Grundstücke und will eines davon an den Landwirt L veräußern. Nach einer Besichtigung einigen sich B und L mündlich über den Verkauf eines Ackergrundstückes, das direkt an das Anwesen des L grenzt und im Grundbuch die Parzellennummer 34 trägt. Beim Notartermin vier Wochen später verwechseln B und L aber irrtümlich die Ziffern und geben das dem B auch gehörende Grundstück mit der Parzellennummer 43 als Kaufgegenstand an.

L verlangt von B nun die Übereignung des Grundstücks mit der Nr. 34. B hat mittlerweile einen anderen Interessenten für die Nr. 34 gefunden und meint, mit L sei gar kein entsprechender Kaufvertrag zustande gekommen.

Kann L von B die Übereignung der Nr. 34 verlangen?

Schwerpunkte: Der Grundsatz der falsa demonstratio non nocet; Unbeachtlichkeit einer übereinstimmenden irrtümlichen Falschbezeichnung beider Parteien; Formvorschrift des § 311 b BGB für den Grundstückskauf; Formnichtigkeit nach § 125 Satz 1 BGB.

Lösungsweg

Anspruch des L gegen B auf Übereignung der Nr. 34

AGL.: § 433 Abs. 1 BGB (Kaufvertrag)

Voraussetzung dafür ist ein wirksamer Kaufvertrag nach § 433 BGB über das Grundstück mit der Parzellennummer 34 zwischen B und L.

1.) Dass sich die Parteien über einen solchen Kaufvertrag (mündlich) geeinigt haben, steht ausdrücklich im Sachverhalt und ist deshalb auch nicht fraglich.

2.) Diese Einigung über die **Nr. 34** ist allerdings nur ***mündlich*** vollzogen worden. Die vor dem Notar beurkundete schriftliche Einigung war hingegen bezogen auf das Grundstück mit der **Nr. 43**. Es stellt sich angesichts dessen die Frage, ob – wie vorliegend erforderlich – tatsächlich ein wirksamer Kaufvertrag über die Nr. 34 angenommen werden kann. In Betracht kommt eine Nichtigkeit der mündlichen Vereinbarung wegen Verstoßes gegen Formvorschriften, und zwar:

a) Gemäß **§ 311 b Abs. 1 Satz 1 BGB** (bitte lesen!) bedarf ein Vertrag, durch den sich der eine Teil verpflichtet, das Eigentum an einem Grundstück zu übertragen oder zu erwerben, zwingend der ***notariellen Beurkundung***. Hinsichtlich des Vertrages über das Grundstück mit der **Nr. 34** ist dies nun auf den ersten Blick offensichtlich ***nicht*** geschehen, der beurkundete Kaufvertrag beinhaltete ja das Grundstück Nr. 43. Der eigentlich gewollte (aber nur mündlich geschlossene) Kaufvertrag über die Parzelle Nr. 34 ist daher zunächst einmal wegen Formmangels und Verstoßes gegen § 311 b Abs. 1 Satz 1 BGB gemäß **§ 125 Satz 1 BGB** (bitte lesen) ***nichtig***. Ein wirksamer Kaufvertrag über die Nr. 34 läge demnach nicht vor.

b) Etwas anderes könnte sich aber daraus ergeben, dass die Parteien hier beide das Gleiche (Nr. 34) gewollt, indessen lediglich irrtümlich etwas anderes erklärt haben (Nr. 43). Es fragt sich, ob diese irrtümliche Falschbezeichnung nicht nach den Grundsätzen der ***»falsa demonstratio non nocet«*** unbeachtlich ist mit der Folge, dass trotz falscher Bezeichnung und Beurkundung dennoch ein wirksamer und vor allem formgültiger Kaufvertrag über die Parzelle Nr. 34 zustande gekommen ist.

Durchblick: Im Normalfall läuft das bei einem Irrtum oder einer Falschbezeichnung über den Kaufgegenstand in den Klausuren zumeist so, dass dieser Irrtum nur ***einer*** Partei unterläuft. Diese Partei kann dann den Kaufvertrag oder die Willenserklärung anfechten (→ § 119 BGB) und das Rechtsgeschäft mit dieser Anfechtung rückwirkend vernichten (→ § 142 BGB). Es bleibt dann in der Regel ein Ersatzanspruch aus § 122 BGB und/oder eine Rückgabepflicht nach § 812 BGB. Keine Aktion.

Bei der ***falsa demonstratio*** liegt die Sache aber nun anders, und zwar so, dass hier jetzt ***beide*** Parteien bei ihren Erklärungen im Irrtum sind, indessen beide Parteien subjektiv über den Inhalt des Erklärten einig waren. Sie irren sich eben nur bei der Benennung bzw. der Bezeichnung der Kaufsache, stimmen aber überein hinsichtlich des gewollten Gegenstandes. Der Schulfall dafür ist die oberberühmte Anekdote um das »**Haakjöringsköd**« (= norwegisch = Haifischfleisch), das zwei Parteien am **18. November 1916** auf dem rechtsgeschichtlich berühmt gewordenen Dampfer »Jessica« als Kaufgegenstand in 214 verschlossenen Fässern so benannt hatten, allerdings in diesem Moment sicher waren, es handele sich bei dem Wort »Haakjöringsköd« um die norwegische Bezeichnung für Walfischfleisch (→ RGZ **99**, 147). Als dann die 214 Fässer geöffnet wurden und zur allgemeinen Überraschung kein Walfischfleisch, sondern das leidige Haifischfleisch drin war, wollte der Käufer nunmehr Schadensersatz bzw. Wandlung aus kaufrechtlicher Gewährleistung haben. Das setzte allerdings logischerweise voraus, dass ein Vertrag über ***Walfischfleisch*** geschlossen war, denn ohne einen entsprechenden Vertrag konnte angesichts der tatsächlich erfolgten Lieferung von ***Haifischfleisch*** kein vertraglicher Schadensersatzanspruch gewährt werden. Wäre Haifischfleisch vereinbart gewesen, lag kein Mangel vor, denn das war ja geliefert! Es stellte sich also die Frage, ob ein Vertrag über Walfischfleisch zustande gekommen war, obwohl die Parteien nicht nur objektiv Haifischfleisch erklärt (→ »Haakjöringsköd«), sondern sogar den Kaufgegenstand mit den 214 Fässern, in denen sie Walfischfleisch vermuteten, konkret festgelegt hatten.

Das Reichsgericht hat bei seiner Entscheidung am **08. Juni 1920** eine bis heute (!) geltende Regel ausgesprochen, **nämlich**: Haben sich die Parteien subjektiv über den Kaufgegenstand geeinigt, spielt es keine rechtserhebliche Rolle, wenn sie diesen Kaufgegenstand dann irrtümlich falsch benennen. Es gilt in diesem Fall das zwischen den Parteien ***subjektiv Gewollte***, die falsche Bezeichnung hindert nicht den Vertragsschluss (= ***falsa demonstratio non nocet***). Und in der konkreten Entscheidung hatte das zur Konsequenz, dass der Käufer den Vertrag nach damals geltendem Kaufrecht tatsächlich wandeln, also rückgängig machen konnte, denn das vorliegende Haifischfleisch war nach Ansicht des Reichsgerichts – Achtung! – fehlerhaftes Walfischfleisch. Und Walfischfleisch war ja nach dem Willen der Parteien verkauft worden; und zwar – wie wir jetzt wissen – obwohl die Parteien es nicht nur irrtümlich mit »Haakjöringsköd« und demnach als Haifischfleisch bezeichnet hatten. Unbeachtlich war auch, dass der Kaufgegenstand schon auf die ausgesuchten 214 Fässer beschränkt war (vgl. zum Ganzen MüKo/*Armbrüster* § 119 BGB Rz. 59; PWW/*Ahrens* § 133 BGB Rz. 21; *Cordes* in Jura 1991, 352).

Feinkostabteilung: Der Grundsatz der *falsa demonstratio non nocet*, wonach eine objektiv falsche Bezeichnung unschädlich ist, dient rechtstechnisch betrachtet ausschließlich dazu, die betreffenden Vertragsparteien zu schützen; es handelt sich um eine eigene Art der ***Vertragsauslegung*** zugunsten des von den Parteien Gewollten (BGHZ **168**, 35; BGH NJW **2008**, 1658; OLG Schleswig NJW-RR **2011**, 1233; MüKo/*Armbrüster* § 119 BGB Rz. 59; NK/*Looschelders* § 133 BGB Rz. 46; *Medicus/Petersen* BR Rz. 124 oder auch *Martinek* in JuS 1997, 136). Insoweit kann ausnahmsweise ausschließlich auf das ***subjektiv Gewollte*** abgestellt werden, weil dies bei den Parteien unstreitig und damit auch gewünscht ist. Auf eine Auslegung aus der Sicht des objektiven Dritten in der Person des Empfängers, wie das normalerweise bei Willenserklärungen funktioniert, kann zugunsten der Parteien verzichtet werden. Die Parteien bekommen – plastisch ausgedrückt – das, was sie wollten, auch wenn sie etwas anderes gesagt haben.

Und deshalb merken wir uns bitte zunächst die

Regel Nr. 1: Wenn sich die Parteien subjektiv über den Kaufgegenstand geeinigt haben, spielt es keine Rolle, sollten sie diesen Kaufgegenstand dann irrtümlich falsch benennen. Es gilt in diesem Fall das zwischen den Parteien subjektiv Gewollte, die falsche Bezeichnung schadet nicht = *falsa demonstratio non nocet* (BGH NJW **2008**, 1658; BGHZ **168, 35**; BGH NJW **1998**, 747; BGH NJW **1996**, 1679; RGZ **99**, 147; OLG Schleswig NJW-RR **2011**, 1233; NK/*Looschelders* § 133 BGB Rz. 46; *Palandt/Ellenberger* § 133 BGB Rz. 8; PWW/*Ahrens* § 133 BGB Rz. 21).

Zum Fall: Hier bei unserer Sachverhaltsgestaltung wollen B und L das Grundstück mit der Nr. 34 zum Kaufgegenstand machen, tatsächlich erklären sie vor dem Notar aber irrtümlich die Nr. 43 zur verkauften Sache. Nach dem, was wir über die *falsa demonstratio* gerade gelernt haben, müsste nun eigentlich klar sein, dass diese Falschbezeichnung ***unschädlich*** ist für das Zustandekommen des Kaufvertrages. Die Parteien hätten also dann trotz falscher Benennung den Vertrag über die Nr. 34 und nicht über die tatsächlich beurkundete Nr. 43 geschlossen.

Die letzte Hürde:

In unserem Fall kommt nun noch die Besonderheit hinzu, dass der hier in Frage stehende Vertrag nicht – wie herkömmliche Kaufverträge über Autos oder Möbel usw. – einfach nur formlos oder auch nur privatschriftlich geschlossen wird. Vielmehr erfolgt bei dem Grundstückskaufvertrag wegen **§ 311 b Abs. 1 Satz 1 BGB** immer eine notarielle Beurkundung des Vertrages; die Abrede ist somit quasi durch den Notar »offiziell« und vor allem wegen § 311 b Abs. 1 Satz 1 BGB auch erst mit diesem »offiziellen« Akt überhaupt nur ***wirksam*** geworden. Es fragt sich, ob angesichts dessen jetzt immer noch davon gesprochen werden kann, dass die falsche Bezeichnung, die nun hier auch in die Notarurkunde aufgenommen wurde, unschädlich ist.

Lösung: Die Regeln über die Unschädlichkeit der beidseitig falschen Bezeichnung gelten nach allgemeiner Ansicht auch für ***formbedürftige*** Rechtsgeschäfte, namentlich für Kaufverträge über Grundstücke:

Regel Nr. 2: Haben die Parteien unbewusst Unrichtiges beurkunden lassen, obwohl sie über das in Wahrheit Gewollte einig waren, ist der Vertrag über das Gewollte gleichwohl gültig; insbesondere die Form des § 311 b Abs. 1 Satz 1 BGB ist hinsichtlich des Gewollten gewahrt (!), da der Normzweck des § 311 b Abs. 1 Satz 1 BGB durch die Beurkundung erreicht ist (BGH NJW **2008**, 1658; BGH NJW **2002**, 1038; BGH DNotP **2001**, 348; BGHZ **87**, 152; BGH NJW-RR **1988**, 971; OLG Schleswig NJW-RR **2011**, 1233; OLG Düsseldorf NJW-RR **1995**, 784; PWW/*Ahrens* § 133 BGB Rz. 21; *Medicus/Petersen* BR Rz. 124; *Palandt/Grüneberg* § 311 b BGB Rz. 37).

Demnach ist auch die in den notariell beurkundeten Kaufvertrag aufgenommene Falschbezeichnung unbeachtlich. Es kommt selbst in diesem Fall der Vertrag über das von den Parteien subjektiv Gewollte zustande, und nicht über das, was die Parteien irrtümlich haben beurkunden lassen (BGH NJW **2002**, 1038; OLG Schleswig NJW-RR **2011**, 1233). Die von § 311 b Abs. 1 Satz 1 BGB intendierte Warn- und Beratungsfunktion ist gewahrt, denn die Parteien wollen ja fraglos die Veräußerung des Grundstücks herbeiführen, benennen den Gegenstand lediglich falsch (BGHZ **87**, 150; PWW/*Ahrens* § 133 BGB Rz. 21; *Medicus/Petersen* BR Rz. 124; *Palandt/Grüneberg* § 311 b BGB Rz. 2).

Feinkost: Die besonders Interessierten wollen insoweit dann noch beachten, dass die Regeln der *falsa demonstratio non nocet* aber dann nicht mehr gelten, wenn die falsche Bezeichnung – hier die Parzellennummer – im Zuge der Kaufvertragserfüllung später ins ***Grundbuch*** eingetragen wird (§§ 873, 925 BGB). Dann nämlich tritt die falsche Bezeichnung nach außen in den Rechtsverkehr und wirkt nicht mehr nur zwischen den Parteien (*Medicus/Petersen* BR Rz. 124). Bei der Eintragung in das für jedermann einsehbare Grundbuch (vgl. § 892 BGB) gilt deshalb das aus der Sicht eines objektiven Dritten Erklärte und nicht das von den Parteien subjektiv Gewollte (BGH WM **1993**, 2176; OLG Köln FG Prax **1996**, 5; PWW/*Huhn* § 873 BGB Rz. 19; *Palandt/Bassenge* § 873 BGB Rz. 15).

ZE.: Im vorliegenden Fall ging es aber nur um den Vertragsschluss und nicht um eine Eintragung ins Grundbuch mit der Folge, dass B und L vor dem Notar einen nach § 311 b Abs. 1 Satz 1 BGB wirksamen Kaufvertrag gemäß § 433 BGB über das Grundstück Nr. 34 (!) geschlossen haben, obwohl sie die Nr. 43 haben beurkunden lassen.

Erg.: Der Anspruch des L gegen B auf Übereignung des Grundstücks Nr. 34 aus § 433 Abs. 1 BGB ist begründet; L kann von B die Übereignung des Grundstücks verlangen.

Gutachten

L könnte gegen B einen Anspruch auf Übereignung des Grundstücks mit der Nr. 34 aus § 433 Abs. 1 BGB haben.

Voraussetzung dafür ist ein wirksamer Kaufvertrag nach § 433 BGB über das Grundstück mit der Parzellennummer 34 zwischen B und L.

1.) Dass sich die Parteien vorliegend über einen solchen Kaufvertrag geeinigt haben, steht außer Frage.

2.) Diese Einigung über die Nr. 34 war allerdings nur mündlich vollzogen worden. Die vor dem Notar beurkundete schriftliche Einigung war hingegen bezogen auf das Grundstück mit der Nr. 43. Es stellt sich angesichts dessen die Frage, ob tatsächlich ein wirksamer Kaufvertrag über die Nr. 34 angenommen werden kann. In Betracht kommt eine Nichtigkeit der mündlichen Vereinbarung gemäß § 125 Satz 1 BGB wegen Verstoßes gegen Formvorschriften.

a) Gemäß § 311 b Abs. 1 Satz 1 BGB bedarf ein Vertrag, durch den sich der eine Teil verpflichtet, das Eigentum an einem Grundstück zu übertragen oder zu erwerben, zwingend der notariellen Beurkundung. Hinsichtlich des Vertrages über das Grundstück mit der Nr. 34 ist dies offensichtlich nicht geschehen, der beurkundete Kaufvertrag beinhaltete das Grundstück Nr. 43. Der eigentlich gewollte (aber nur mündlich geschlossene) Kaufvertrag über die Parzelle Nr. 34 ist daher zunächst einmal wegen Formmangels und Verstoßes gegen § 311 b Abs. 1 Satz 1 BGB gemäß § 125 Satz 1 BGB nichtig. Ein wirksamer Kaufvertrag über die Nr. 34 läge demnach nicht vor.

b) Etwas anderes könnte sich aber daraus ergeben, dass die Parteien hier beide das Gleiche (Nr. 34) gewollt, indessen lediglich irrtümlich etwas anderes erklärt haben (Nr. 43). Es fragt sich, ob diese irrtümliche Falschbezeichnung nach den Grundsätzen der *falsa demonstratio non nocet* unbeachtlich ist mit der Folge, dass trotz falscher Bezeichnung und Beurkundung dennoch ein wirksamer und vor allem formgültiger Kaufvertrag über die Parzelle Nr. 34 zustande gekommen ist. Nach den Grundsätzen der falsa demonstratio gilt, dass wenn sich die Parteien subjektiv über den Kaufgegenstand geeinigt haben, es keine Rolle spielt, sollten sie diesen Kaufgegenstand dann irrtümlich falsch benennen. Es gilt in diesem Fall das zwischen den Parteien subjektiv Gewollte, die falsche Bezeichnung schadet nicht.

Bei der vorliegenden Sachverhaltsgestaltung wollen B und L das Grundstück mit der Nr. 34 zum Kaufgegenstand machen, tatsächlich erklären sie vor dem Notar aber irrtümlich die Nr. 43 zur verkauften Sache. Diese Falschbezeichnung ist nach den Grundsätzen der falsa demonstratio demnach unschädlich für das Zustandekommen des Kaufvertrages. Die Parteien haben somit trotz falscher Benennung den Vertrag über die Nr. 34 und nicht über die tatsächlich beurkundete Nr. 43 geschlossen.

c) Dem könnte jedoch noch entgegenstehen, dass im vorliegenden Fall die Besonderheit hinzukommt, dass der hier in Frage stehende Vertrag nicht einfach nur formlos oder auch nur privatschriftlich geschlossen wird. Vielmehr erfolgt bei dem Grundstückskaufvertrag wegen § 311 b Abs. 1 Satz 1 BGB immer eine notarielle Beurkundung des Vertrages. Es fragt sich, ob angesichts dessen davon gesprochen werden kann, dass die falsche Bezeichnung, die nun hier auch in die Notarurkunde aufgenommen wurde, immer noch unschädlich ist.

Die Regeln über die Unschädlichkeit der beidseitig falschen Bezeichnung gelten indessen nach allgemeiner Ansicht auch für formbedürftige Rechtsgeschäfte, namentlich für Kaufverträge über Grundstücke. Haben die Parteien unbewusst Unrichtiges beurkunden lassen, obwohl sie über das in Wahrheit Gewollte einig waren, ist der Vertrag über das Gewollte gleichwohl gültig; insbesondere die Form des § 311 b Abs. 1 Satz 1 BGB ist hinsichtlich des Gewollten gewahrt, da der Normzweck des § 311 b Abs. 1 Satz 1 BGB durch die Beurkundung erreicht ist. Folglich ist auch die in den notariell beurkundeten Kaufvertrag aufgenommene Falschbezeichnung unbeachtlich. Es kommt selbst in diesem Fall der Vertrag zustande über das von den Parteien subjektiv Gewollte, und nicht über das, was die Parteien irrtümlich haben beurkunden lassen. Die von § 311 b Abs. 1 Satz 1 BGB intendierte Warn- und Beratungsfunktion ist gewahrt, denn die Parteien wollen die Veräußerung des Grundstücks herbeiführen, benennen den Gegenstand nur falsch.

Im vorliegenden Fall haben somit B und L vor dem Notar einen nach § 311 b Abs. 1 Satz 1 BGB wirksamen Kaufvertrag gemäß § 433 BGB über das Grundstück Nr. 34 geschlossen, obwohl sie die Nr. 43 haben beurkunden lassen.

Ergebnis: Der Anspruch des L gegen B auf Übereignung des Grundstücks Nr. 34 aus § 433 Abs. 1 BGB ist begründet; L kann von B die Übereignung des Grundstücks verlangen.

Fall 12

Lug und Trug!

K möchte ein Grundstück des V erwerben. Beim Termin vor dem Notar N schwindeln V und K, um Steuern und Notarkosten zu sparen, dem ahnungslosen N einen Kaufpreis von 100.000 Euro vor und lassen dies auch beurkunden. Tatsächlich hatten sich V und K vorher mündlich auf einen Kaufpreis von 200.000 Euro geeinigt. K wird einige Wochen später nach erklärter Auflassung als neuer Eigentümer des Grundstücks ins Grundbuch eingetragen.

V verlangt nun von K die 200.000 Euro. K ist mittlerweile knapp bei Kasse und meint, er zahle nur 100.000 Euro, so stehe es schließlich auch im notariellen Kaufvertrag.

Kann V von K die 200.000 Euro verlangen?

> **Schwerpunkte:** Das formbedürftige Rechtsgeschäft; Formvorschrift des § 311 b Abs. 1 Satz 1 BGB für den Kaufvertrag über Grundstücke; Scheingeschäft nach § 117 Abs. 1 BGB; Formnichtigkeit nach § 125 Satz 1 BGB; Heilung eines Formmangels gemäß § 311 b Abs. 1 Satz 2 BGB.

Lösungsweg

Anspruch des V gegen K auf Zahlung der 200.000 Euro

AGL.: § 433 Abs. 2 BGB (Kaufvertrag)

Voraussetzung für einen Zahlungsanspruch des V gegen K aus § 433 Abs. 2 BGB ist selbstverständlich ein ***wirksamer Kaufvertrag*** und eine aus diesem Kaufvertrag resultierende Forderung des V gegen K in Höhe von 200.000 Euro.

Vorab: Es geht im vorliegenden Fall um den Klassiker des gemeinschaftlichen Beschummelns eines Notars, um bei der Beurkundung des Grundstückskaufvertrages einen Teil der Kosten, also Notarkosten und unter Umständen auch Steuern, zu sparen. Die Parteien lügen dem Notar einen geringeren als den eigentlich vereinbarten Kaufpreis vor, und dieser geringere Kaufpreis wird vom Notar dann auch beurkundet. Das spart den Parteien möglicherweise beachtliche Kosten, denn der Notar rechnet sein Honorar – ebenso wie ein Rechtsanwalt – nach einer Gebührenordnung ab, und die Gebühr, die der Notar erhält, bestimmt sich nach dem Wert des Gegenstandes (also hier dem Wert des Grundstücks). Und wenn der Notar, weil er getäuscht wird, nur einen geringeren als den eigentlich vereinbarten Kaufpreis beurkundet, ist seine Rechnung eben dann auch entsprechend günstiger als bei einem höheren Kaufpreis.

Dieses (rechtswidrige!) Vorgehen hat nun neben den gerade geschilderten Effekten auch materiell-rechtlich und damit klausurtechnisch erhebliche Konsequenzen. Die Parteien haben nämlich bei genauer Betrachtung in diesem Fall nicht nur einen, sondern vielmehr *zwei* Verträge geschlossen: Der eine Vertrag (geringerer Kaufpreis) wird vom Notar beurkundet, der andere Vertrag (eigentlicher Kaufpreis) selbstverständlich nicht, denn von dem weiß der Notar ja überhaupt nix. Die rechtliche Abwicklung dieser beiden Verträge ist die Hauptaufgabe in der Klausur; es ist, wenn man es einmal gehört hat, einfacher als man denkt. Konkret dreht sich dieser Fall um das ***Scheingeschäft*** nach **§ 117 BGB** (vgl. BGH MDR **2013**, 202), um die Formvorschrift des **§ 311 b Abs. 1 BGB** und die Formnichtigkeit gemäß **§ 125 BGB**.

Und in der Fall-Lösung sieht das Ganze dann so aus:

Zwischen K und V muss ein wirksamer Kaufvertrag gemäß § 433 BGB über das Grundstück des V zum Preis von 200.000 Euro vorliegen.

1.) V und K haben sich ***intern*** über einen Kaufpreis in Höhe von **200.000 Euro** geeinigt. Für den Fall, dass diese interne vertragliche Absprache wirksam ist, stünde dem V gegen K ein Zahlungsanspruch in Höhe von 200.000 Euro aus § 433 Abs. 2 BGB zu.

Aber: Gemäß der Vorschrift des **§ 311 b Abs. 1 Satz 1 BGB**, die wir ja schon im vorherigen Fall kurz kennengelernt haben, bedarf ein Vertrag, durch den sich der eine Teil verpflichtet, das Eigentum an einem Grundstück zu übertragen oder zu erwerben, der ***notariellen Beurkundung***. Die Beteiligten müssen dann vor dem Notar erscheinen und dort den Antrag sowie die Annahme hinsichtlich des Vertrages erklären (**§ 128 BGB**). Die weiteren Einzelheiten der Beurkundung regelt das **Beurkundungsgesetz** (Schönfelder Nr. 23); und da steht dann drin, dass vor dem Notar eine Verhandlung stattfindet, in der die Parteien die zu beurkundenden Willenserklärungen abgeben, diese Willenserklärungen vom Notar niedergeschrieben (§ 8 BeurkG), verlesen und dann genehmigt werden und dann schließlich der ganze Krempel von den Parteien und dem Notar eigenhändig unterschrieben wird (§§ 9 und 13 BeurkG).

Bezüglich der vertraglichen Abrede über den Verkauf des Grundstücks zum Preis von 200.000 Euro fehlt es indessen an diesen Voraussetzungen, denn die Erklärungen vor dem Notar haben die Parteien nur hinsichtlich des Vertrages über 100.000 Euro abgegeben. Und daraus folgt, dass der Vertrag über 200.000 Euro der Formvorschrift des § 311 b Abs. 1 Satz 1 BGB widerspricht. Und wenn eine vom Gesetz vorgeschriebene Form nicht eingehalten wird, hat dies die ***Nichtigkeit*** des Rechtsgeschäfts zur

Folge; und das steht in **§ 125 Satz 1 BGB**, der in der Klausur dann auch tunlichst erwähnt werden sollte.

ZE.: Der Vertrag über den Verkauf des Grundstücks zum Preis von 200.000 Euro ist wegen Verstoßes gegen die Formvorschrift des § 311 b Abs. 1 Satz 1 BGB gemäß § 125 Satz 1 BGB ***nichtig***.

2.) Unter Beachtung der soeben genannten Formvorschriften ist dafür dann aber der Vertrag über 100.000 Euro geschlossen worden, woraus man nun eigentlich folgern könnte, dass wenigstens diese Absprache Wirksamkeit erlangt hat.

> **Aber:** Dieser vor dem Notar geschlossene Vertrag war ja nur zur Vertuschung des anderen Vertrages und um Steuern sowie Notarkosten zu sparen, zwischen V und K verabredet worden. Und deshalb handelt es sich bei den entsprechenden Willenserklärungen um solche, die nur zum ***Schein*** abgegeben worden sind. Und wenn Willenserklärungen, die jemand anderem gegenüber abzugeben sind, mit dessen Einverständnis nur zum Schein abgegeben werden, so sind die Erklärungen gemäß **§ 117 Abs. 1 BGB** nichtig (bitte lesen: § 117 Abs. 1 BGB). Gemäß **§ 117 Abs. 2 BGB** (auch den bitte lesen) finden dann vielmehr die für das verdeckte Rechtsgeschäft geltenden Vorschriften Anwendung (BGH BB **2016**, 1474; BGH MDR **2013**, 202). Das verdeckte Rechtsgeschäft war der Kaufvertrag über 200.000 Euro, und dass dieser wegen Verstoßes gegen § 311 b Abs. 1 Satz 1 BGB gemäß § 125 BGB nichtig war, haben wir weiter oben festgestellt.

ZE.: Auch der vor dem Notar geschlossene Vertrag über 100.000 Euro ist ***nichtig***, und zwar wegen § 117 Abs. 1 BGB; es handelt sich um ***Scheingeschäft***.

ZE.: Und da auch der intern verabredete Vertrag – wie gesehen – wegen § 125 Satz 1 BGB nichtig ist, bleibt somit überhaupt keine wirksame vertragliche Einigung übrig, und demzufolge könnte V dann also auch keinen vertraglichen Anspruch auf Zahlung geltend machen.

Aber aufgepasst:

Hat man das Vorstehende herausgearbeitet, kommt hier nun noch die durchaus überraschende Finte des Falles, und die steht in **§ 311 b Abs. 1 Satz 2 BGB** (aufschlagen!). Demnach ***wird*** ein ohne Beachtung der in § 311 b Abs. 1 Satz 1 BGB vorgeschriebenen Form geschlossener Vertrag seinem ganzen Inhalt nach ***gültig***, wenn die Auflassung und die Eintragung ins Grundbuch erfolgen (BGH BB **2016**, 1474; BGH MDR **2012**, 450). Und das gilt übrigens selbst dann, wenn die Parteien von der Formnichtigkeit des Vertrages wussten (BGH NJW **1975**, 205).

Vorsicht: Die Heilungswirkung des § 311 b Abs. 1 Satz 2 BGB tritt allerdings nur dann ein, wenn die Parteien vorher einen Vertrag geschlossen hatten, der lediglich an Formmängeln litt. Leidet die vorherige Abmachung zusätzlich noch an anderen Mängeln, etwa an einer unwirksamen Allgemeinen Geschäftsbedingung (AGB), kann die Heilungswirkung des § 311 b Abs. 1 Satz 2 BGB durch die Eintragung ins

Grundbuch ***nicht*** erfolgen (BGH BB **2016**, 1474). Gleiches gilt, wenn der Vertragsschluss im Vorfeld daran scheitert, dass zwar ein notariell beurkundetes **Angebot** des Käufers vorliegt, der Verkäufer dieses Angebot aber nicht rechtzeitig annimmt (§ 148 BGB). In diesem Fall fehlt es wegen **§ 146 BGB** (aufschlagen!) bereits an einer vertraglichen Vereinbarung mit Angebot und Annahme – und damit am Wortlaut des § 311 b Abs. 1 Satz 2 BGB: Da steht nämlich, dass nur ein »... **geschlossener Vertrag** ...« mit der Eintragung ins Grundbuch gültig wird (BGH vom 13. Mai 2016 → BB **2016**, 1474). Also, merke: Der § 311 b Abs. 1 Satz 2 BGB heilt immer nur den **Formmangel** eines vorher im Übrigen aber wirksam geschlossenen Vertrages.

Zu unserem Fall: Wir haben oben festgestellt, dass der heimlich geschlossene Vertrag nach § 125 Satz 1 BGB nichtig war, da er nicht der von § 311 b Abs. 1 Satz 1 BGB geforderten Form entsprach. Andere Mängel hatte der heimliche Vertrag zwischen V und K aber nicht. Gemäß **§ 311 b Abs. 1 Satz 2 BGB** kann dieser Formmangel jetzt geheilt werden, wenn die Auflassung und die Eintragung ins Grundbuch erfolgen, was in unserem Fall geschehen ist (vgl. SV-Schilderung).

ZE.: Damit wird der ohne Beachtung der Formvorschriften intern geschlossene Vertrag seinem ganzen Inhalt nach gültig gemäß **§ 311 b Abs. 1 Satz 2 BGB**.

ZE.: Somit ist zum Zeitpunkt der Eintragung des K ins Grundbuch der intern geschlossene Kaufvertrag zwischen V und K mit dem Kaufpreis von 200.000 Euro ***wirksam*** zustande gekommen.

Erg.: Dem V steht gegen K ein Anspruch auf Zahlung von 200.000 Euro aus § 433 Abs. 2 BGB zu.

Zusammenfassung:

Der Klassiker des beim Grundstückskauf beidseitig beschummelten Notars funktioniert – in der Kurzfassung – demnach so:

1.) Der ***eine*** Vertrag über den geringeren Kaufpreis, der vom Notar beurkundet wurde, ist wegen **§ 117 Abs. 1 BGB** nichtig. Denn diesen Vertrag haben die Parteien nur ***zum Schein*** geschlossen.

2.) Der ***andere*** Vertrag über den tatsächlichen, höheren Kaufpreis, den die Parteien untereinander intern verabredet hatten und den der Notar mangels Kenntnis nicht beurkundet hat, ist hingegen wegen **§ 125 Satz 1 BGB** nichtig, er entspricht nicht dem Formerfordernis des **§ 311 b Abs. 1 Satz 1 BGB**.

Denn: Gemäß **§ 117 Abs. 2 BGB** finden bei einem Scheingeschäft, das ein anderes Geschäft verdeckt, die für das verdeckte Geschäft geltenden Vorschriften Anwendung (BGH BB **2016**, 1474; BGH MDR **2013**, 202). Das verdeckte Geschäft war hier der heimliche Kaufvertrag. Dieser Kaufvertrag war aber natürlich auch ein ***Grund-***

stückskaufvertrag mit der Konsequenz, dass für diesen heimlichen Vertrag wegen § 117 Abs. 2 BGB wieder die Formvorschrift des § 311 b Abs. 1 Satz 1 BGB gilt. Und § 311 b Abs. 1 Satz 1 BGB fordert die notarielle Beurkundung, die aber bezüglich dieses Vertrages gerade nicht erfolgt ist. Damit ist also auch der heimliche Vertrag nichtig wegen Formmangels.

Im Ergebnis haben die Parteien somit zwar ***zwei*** Vereinbarungen geschlossen, davon ist allerdings weder die eine noch die andere wirksam (vgl. soeben). Und mithin steht keiner Partei aus einem entsprechenden Vertrag ein Erfüllungsanspruch zu. Das Geschäft bzw. die Geschäfte bleiben somit insgesamt wirkungslos.

Und die Finte: Die heimliche Vereinbarung, also die über den höheren Kaufpreis, von der der Notar nix wusste und die demnach auch nicht beurkundet ist, kann nun aber später doch noch ***wirksam werden***, und zwar dann, wenn die Auflassung und die Eintragung ins Grundbuch erfolgen. Und das steht in **§ 311 b Abs. 1 Satz 2 BGB**. In diesem Falle erlangt der heimlich geschlossene schuldrechtliche Vertrag über den eigentlichen Kaufpreis nachträglich doch noch Wirksamkeit. Und dies hat zur Konsequenz, dass der eine Vertragspartner (Verkäufer) dann tatsächlich doch noch Erfüllung verlangen kann, und das ist konkret der Kaufpreisanspruch aus § 433 Abs. 2 BGB – gerichtet auf die vereinbarte höhere Summe. Alles klar!?

Gutachten

V könnte gegen K einen Anspruch auf Zahlung der 200.000 Euro aus § 433 Abs. 2 BGB haben.

Voraussetzung für einen Zahlungsanspruch des V gegen K aus § 433 Abs. 2 BGB ist ein wirksamer Kaufvertrag und eine aus diesem Kaufvertrag resultierende Forderung des V gegen K in Höhe von 200.000 Euro.

1.) V und K haben sich intern über einen Kaufpreis in Höhe von 200.000 Euro geeinigt. Für den Fall, dass diese interne vertragliche Absprache wirksam ist, stünde dem V gegen K ein Zahlungsanspruch in Höhe von 200.000 Euro aus § 433 Abs. 2 BGB zu.

Insoweit muss jedoch beachtet werden, dass gemäß § 311 b Abs. 1 Satz 1 BGB ein Vertrag, durch den sich der eine Teil verpflichtet, das Eigentum an einem Grundstück zu übertragen oder zu erwerben, der notariellen Beurkundung bedarf. Bezüglich der vertraglichen Abrede über den Verkauf des Grundstücks zum Preis von 200.000 Euro fehlt es indessen an dieser Voraussetzung, denn die Erklärungen vor dem Notar haben die Parteien nur hinsichtlich des Vertrages über 100.000 Euro abgegeben. Und daraus folgt, dass der Vertrag über 200.000 Euro der Formvorschrift des § 311 b Abs. 1 Satz 1 BGB widerspricht. Wenn eine vom Gesetz vorgeschriebene Form nicht eingehalten wird, hat dies gemäß § 125 Satz 1 BGB die Nichtigkeit des Rechtsgeschäfts zur Folge.

Der Vertrag über den Verkauf des Grundstücks zum Preis von 200.000 Euro ist wegen Verstoßes gegen die Formvorschrift des § 311 b Abs. 1 Satz 1 BGB gemäß § 125 Satz 1 BGB nichtig.

2.) Unter Beachtung der soeben genannten Formvorschriften ist dafür dann aber der Vertrag über 100.000 Euro geschlossen worden, woraus grundsätzlich zu folgern wäre, dass dann diese Absprache Wirksamkeit erlangt hat. Insoweit ist jedoch beachtlich, dass dieser vor dem Notar geschlossene Vertrag nur zur Vertuschung des anderen Vertrages und um Steuern sowie Notarkosten zu sparen, zwischen V und K verabredet worden ist. Deshalb handelt es sich bei den entsprechenden Willenserklärungen nur um solche, die zum Schein abgegeben worden sind. Wenn Willenserklärungen, die jemand anderem gegenüber abzugeben sind, mit dessen Einverständnis nur zum Schein abgegeben werden, so sind die Erklärungen gemäß § 117 Abs. 1 BGB nichtig. Gemäß § 117 Abs. 2 BGB finden dann vielmehr die für das verdeckte Rechtsgeschäft geltenden Vorschriften Anwendung. Das verdeckte Rechtsgeschäft war der Kaufvertrag über 200.000 Euro; dieser Vertrag war wegen Verstoßes gegen § 311 b Abs. 1 Satz 1 BGB gemäß § 125 BGB nichtig.

Auch der vor dem Notar geschlossene Vertrag über 100.000 Euro ist nichtig, und zwar wegen § 117 Abs. 1 BGB, es handelt sich um Scheingeschäft. Da auch der intern verabredete Vertrag – wie gesehen – wegen § 125 Satz 1 BGB nichtig ist, bleibt somit dann überhaupt keine wirksame vertragliche Einigung übrig und demzufolge könnte V dann auch keinen vertraglichen Anspruch auf Zahlung geltend machen.

3.) Etwas anderes kann sich aber noch aus § 311 b Abs. 1 Satz 2 BGB ergeben. Demnach wird ein ohne Beachtung der in § 311 b Abs. 1 Satz 1 BGB vorgeschriebenen Form geschlossener Vertrag seinem ganzen Inhalt nach gültig, wenn die Auflassung und die Eintragung ins Grundbuch erfolgen. Das gilt selbst dann, wenn die Parteien von der Formnichtigkeit des Vertrages wussten. Im vorliegenden Fall ist weiter oben festgestellt worden, dass der heimlich geschlossene Vertrag nach § 125 Satz 1 BGB nichtig war, da er nicht der von § 311 b Abs. 1 Satz 1 BGB geforderten Form entsprach. Gemäß § 311 b Abs. 1 Satz 2 BGB nun kann dieser Formmangel geheilt werden, wenn die Auflassung und die Eintragung ins Grundbuch erfolgen, was hier geschehen ist.

Damit wird der ohne Beachtung der Formvorschriften intern geschlossene Vertrag seinem ganzen Inhalt nach gültig gemäß § 311 b Abs. 1 Satz 2 BGB. Somit ist zum Zeitpunkt der Eintragung des K ins Grundbuch der intern geschlossene Kaufvertrag zwischen V und K mit dem Kaufpreis von 200.000 Euro wirksam zustande gekommen.

Ergebnis: Dem V steht gegen K ein Anspruch auf Zahlung von 200.000 Euro aus § 433 Abs. 2 BGB zu.

Fall 13

Nr. 3 gegen Nr. 6

Bauunternehmer U braucht für eine seiner Baustellen dringend noch zwei Betonmischmaschinen und setzt sich daher vormittags mit dem Hersteller H in Verbindung. H übersendet einige Minuten später per Fax ein Angebot zum Preis von 10.000 Euro. Auf dem Blatt finden sich auch die Allgemeinen Geschäftsbedingungen (AGB) des H, in denen es in der Nr. 3 heißt: »*Der Käufer hat bei einem Sachmangel keinen Anspruch auf Lieferung einer neuen Sache, sondern ist auf die übrigen Rechte beschränkt*«.

U nimmt zehn Minuten später das Angebot des H an und übersendet per Fax dazu seine AGB, in denen es unter Nr. 6 heißt: »*Eine Beschränkung der Gewährleistungsrechte durch AGB des Verkäufers ist unwirksam.*« Am Nachmittag lässt H die Geräte zur Baustelle bringen und dort stellt sich heraus, dass eine der beiden Maschinen wegen eines Produktionsfehlers nicht gebrauchstauglich ist. U verlangt umgehend die Lieferung einer neuen Maschine. H weigert sich und meint, er habe mittlerweile Zweifel an der Wirksamkeit des Vertrags und sei im Übrigen sowieso nur zur Nachbesserung verpflichtet.

Rechtslage?

> **Schwerpunkte:** Die Allgemeinen Geschäftsbedingungen (AGB) als Vertragsinhalt; Problem der konkurrierenden AGB; Anwendung des § 150 Abs. 2 BGB; offener Dissens gemäß § 154 BGB; Auslegung gemäß § 154 Abs. 1 BGB; Wirkung der AGB gegenüber einem Unternehmer gemäß § 310 Abs. 1 BGB; Generalklausel des § 307 BGB; Anwendungsfall des § 306 Abs. 2 BGB.

Lösungsweg

Anspruch des U gegen H auf Lieferung einer neuen Maschine

<u>AGL.</u>: **§§ 439 Abs. 1, 437 Nr. 1, 434 BGB (Nacherfüllung)**

Vorab zum Verständnis: Das Gesetz gewährt dem Käufer einer mangelhaften Sache im Rahmen des sogenannten »Gewährleistungsrechtes« in den §§ 439 Abs. 1, 437 Nr. 1 BGB grundsätzlich das ***Wahlrecht*** zwischen der ***Beseitigung*** des ***Mangels*** oder aber der ***Lieferung*** einer ***neuen Sache***. Unter den besonderen Voraussetzungen der §§ 440, 441 BGB kann der Käufer einer mangelhaften Sache zudem gegebenenfalls auch vom Vertrag zurücktreten, Schadensersatz verlangen oder aber den Kaufpreis mindern.

In unserem Fall hat der Verkäufer das Wahlrecht des Käufers aus § 439 Abs. 1 BGB in seinen AGB beschränkt auf die Beseitigung des Mangels; der Käufer hingegen hat diese Beschränkung in seinen AGB ausdrücklich für unwirksam erklärt. Angesichts dessen stellt sich nun im vorliegenden Fall zunächst die Frage, ob überhaupt ein wirksamer Vertrag (= zwei ***übereinstimmende*** (!) Willenserklärungen) zustande gekommen ist und wenn das so sein sollte, welchen konkreten Inhalt dieser Vertrag hatte; insbesondere ist dann zu klären, welche Regelung bezüglich der Gewährleistung Geltung erlangt hat, denn davon hängt natürlich ab, welche Ansprüche dem U zustehen.

All das schauen wir uns jetzt im Einzelnen an, müssen die Problematik aber selbstverständlich – wie immer – sorgfältig in die Fallprüfung integrieren. Und das geht so:

Voraussetzungen der §§ 439 Abs. 1, 437 Nr. 1, 434 BGB:

Damit der Anspruch aus den benannten Vorschriften begründet sein kann, muss zwischen den Parteien ein wirksamer Kaufvertrag im Sinne des § 433 BGB vorliegen. Ein solcher Kaufvertrag setzt sich zusammen aus zwei übereinstimmenden Willenserklärungen, dem Antrag und der Annahme.

I.) Der Antrag

Der Antrag ist zunächst ausgegangen von H, der dem U per Fax den Kaufpreis und seine Bedingungen hinsichtlich des Kaufes übermittelt hat. Dieses Angebot konnte H mit einem schlichten »Ja« annehmen und damit den Vertrag zustande bringen. Es liegt somit ein wirksamer Antrag im Sinne der §§ 145 ff. BGB zum Abschluss eines Kaufvertrages vor (vgl. *Palandt/Ellenberger* § 145 BGB Rz. 1; *Brox/Walker* AT Rz. 165).

ZE.: Der H hat mit seinem Fax einen Antrag zum Abschluss eines Kaufvertrages über zwei Betonmischmaschinen zum Preis von 10.000 Euro abgegeben.

II.) Die Annahme

1.) Nach Auskunft des Sachverhaltes hat der U dieses Angebot des H wenig später per Fax ***angenommen*** und mithin den Vertrag an sich zustande gebracht.

Problem: Der Annahmeerklärung des U liegen allerdings dessen AGB bei, die den AGB des H in Bezug auf den Anspruch auf Lieferung einer neuen Sache eindeutig ***widersprechen***. Berücksichtigt man nun, dass die AGB grundsätzlich immer auch Bestandteil der jeweiligen ***Willenserklärung*** sind und damit dann logischerweise auch Bestandteil des ***Vertrages*** werden (§ 305 Abs. 2 BGB), stellt sich die Frage, ob der U tatsächlich die Annahme des Antrages des H erklärt hat. Die Willenserklärungen der beiden Vertragsparteien stimmen bei genauer Betrachtung hier nämlich in Bezug auf die AGB offensichtlich gerade ***nicht*** überein.

Lösung: In den Fällen, in denen die eine Vertragspartei einen Antrag der anderen Vertragspartei unter Hinweis auf eigene, der Gegenseite widersprechende AGB annimmt, liegt grundsätzlich ***keine*** vertragliche Einigung vor. Es handelt sich vielmehr um einen Fall des **§ 150 Abs. 2 BGB**, die Annahme stellt einen neuen Antrag unter Zugrundelegung der eigenen AGB dar (BGH NJW-RR **2001**, 484; BGH NJW **1991**, 1604; BGHZ **61**, 282; NK/*Schulze* § 150 BGB Rz. 7; *Palandt/Grüneberg* § 305 BGB Rz. 54; *Brehm* AT Rz. 558; *Brox/Walker* AT Rz. 228; vgl. aber auch BGH NJW **2014**, 2100).

ZE.: Der U hat den Antrag des H auf Abschluss des Kaufvertrages unter den Bedingungen des Verkäufers H ***nicht*** angenommen, sondern dem H vielmehr gemäß **§ 150 Abs. 2 BGB** ein neues Angebot, nämlich mit seinen eigenen AGB, unterbreitet.

2.) Dieses neue Angebot müsste der H nun wiederum ***angenommen*** haben, um den Vertrag zustande zu bringen.

> **Hier:** Eine Annahme kann man – wie jede Willenserklärung – problemlos auch ***schlüssig*** erklären. Und wenn wir jetzt mal auf unseren Fall schauen und feststellen, dass H die Maschinen nach Empfang des Fax nachmittags zur Baustelle des U hat bringen lassen, lässt dieses Verhalten aus der Sicht des Erklärungsempfängers U eigentlich keinen anderen Schluss zu, als dass H augenscheinlich das Angebot des U angenommen hat und von einer vertraglichen Einigung ausgegangen ist (sonst schickt er ja die Maschinen nicht!). H hat demnach den modifizierten Antrag des U schlüssig durch die Übersendung der Maschinen angenommen.

Aber: Diese Lösung ließe unbeachtet, dass aus der Sicht des Erklärungsempfängers U unter Berücksichtigung der Verkehrssitte und nach Treu und Glauben klar sein musste, dass der H die Maschinen nur zu ***seinen*** Bedingungen geliefert hat. H hatte seinem ursprünglichen Angebot die AGB beigelegt; es ist nicht anzunehmen, dass er dies – trotz zwischenzeitlich übermittelter AGB des U – bei der späteren Lieferung der Sachen wiederholen würde. Allgemeine Geschäftsbedingungen werden regelmäßig nur zum ***Abschluss*** des Vertrages vorgelegt. Es ist den Vertragsparteien nicht zumutbar, dies ständig zu wiederholen, um nicht den AGB der Gegenseite zur Geltung zu verhelfen. Eine solche Lösung liefe darauf hinaus, dass die Parteien zu immer neuen Widersprüchen bzw. Protesten gegen die AGB der Gegenseite gezwungen wären (NK/*Schulze* § 150 BGB Rz. 7; *Medicus/Petersen* BR Rz. 75; *Brox/Walker* AT Rz. 228; *Palandt/Grüneberg* § 305 BGB Rz. 54). »Gewonnen« in diesem Wettstreit hätte schließlich die Partei, der quasi **»das letzte Wort«** zufällt (so die frühere Rechtsprechung: BGHZ **18**, 212). Das aber kann nicht sein, denn es entspricht letztlich auch nicht dem Willen der Parteien, die im Zweifel vor allem und hauptsächlich an der ***Erfüllung*** des Vertrages interessiert sind.

Daher: Das Übersenden der Maschinen stellt ***keine*** Annahme des Antrages des U dar, insbesondere hat H mit der Lieferung der Kaufsache nicht die AGB des U zum Vertragsinhalt gemacht. Das ergibt die Auslegung des Verhaltens des H unter Berücksichtigung von Treu und Glauben und der Verkehrssitte. Es liegt somit bislang ***keine*** vertragliche Einigung in Bezug auf den Kauf der Maschinen zum Preis von 10.000 Euro unter Einschluss der geltenden Geschäftsbedingungen vor. Das Angebot des H hat der U nicht angenommen und das modifizierte Angebot des U (§ 150 Abs. 2 BGB) hat der H nicht angenommen.

Pause: Würden wir es nun dabei belassen, kämen wir zu dem erstaunlichen Ergebnis, dass es keine vertragliche Vereinbarung zwischen den Parteien gäbe. Die tatsächlich erfolgte Lieferung der Maschinen wäre ohne vertragliche Grundlage durchgeführt worden. Jegliche hier in Frage stehenden Ansprüche nach Neulieferung oder Nachbesserung wären damit logischerweise vom Tisch, denn ohne Vertrag gibt es selbstverständlich auch keine vertragliche Gewährleistung aus den §§ 437 ff. BGB.

Nein. Hier an dieser Stelle kommt nun die eigentliche Finte des Falles bzw. der gesamten Problematik um die sogenannten **»konkurrierenden«** bzw. **»sich widersprechenden« AGB**. Und die geht so:

Ansatz: Da sich hier die beiden Parteien in ihren Geschäftsbedingungen offen widersprechen, kommt zunächst nach der Auslegungsregel des **§ 154 Abs. 1 BGB** ein sogenannter ***offener Dissens*** in Betracht. Gemäß § 154 Abs. 1 BGB gilt der Vertrag demnach im Zweifel als nicht geschlossen, solange sich die Parteien nicht über alle Punkte, über die nach der Erklärung auch nur einer Partei eine Einigung getroffen werden sollte, geeinigt haben (vgl. § 154 Abs. 1 BGB). Demzufolge wäre der Vertrag also ***nicht*** geschlossen, denn hinsichtlich der AGB liegt keine Einigung vor.

> **Aber aufgepasst:** Diese Auslegungsregel greift nach dem Wortlaut des § 154 Abs. 1 BGB immer nur **»im Zweifel«** ein (Gesetz lesen). Mit der eingeleiteten tatsächlichen Erfüllung der vertraglichen Pflichten haben die Vertragsparteien indessen dokumentiert, dass sie – trotz widerstreitender AGB! – in jedem Falle an dem Vertrag festhalten und ihn als ***wirksam*** betrachten möchten. Die Wirksamkeit des Vertrages soll also nach dem Parteiwillen im Zweifel gerade ***nicht*** davon abhängen, wessen AGB nun Geltung haben; ansonsten nämlich hätten die Parteien logischerweise nicht mit der Erfüllung ihrer vertraglichen Pflichten begonnen (BGH NJW **1995**, 1671; BGH NJW **1991**, 1606; BGH NJW **1985**, 1839; BGH NJW **1982**, 1749; BGHZ **61**, 282; MüKo/*Busche* § 154 BGB Rz. 5; NK/*Schulze* § 150 BGB Rz. 7; PWW/*Brinkmann* § 150 BGB Rz. 6; *Brehm* AT Rz. 558; *Palandt/Grüneberg* § 305 BGB Rz. 54). **Und:** Dieser Gedanke des Vertragserhaltes trotz sich widersprechender AGB ergibt sich im Übrigen auch aus **§ 306 Abs. 1 BGB**, wonach es die Wirksamkeit des Vertrages nicht berührt, wenn einzelne AGB nicht Vertragsbestandteil geworden sind (BGH NJW **1995**, 1671; BGH NJW **1991**, 1606; BGH NJW **1985**, 1839; BGH NJW **1982**, 1749; *Brox/Walker* AT Rz. 228; *Brehm* AT Rz. 558; *Palandt/Grüneberg* § 306 BGB Rz. 4).

Konsequenz: Konkurrierende bzw. sich widersprechende AGB hindern ***nicht*** das Zustandekommen des Vertrages, insbesondere liegt ***kein*** Fall des § 154 BGB vor. Die Parteien wollen nämlich im Zweifel gerade das Gegenteil der in § 154 Abs. 1 BGB angeordneten Rechtsfolge, also dass der Vertrag ***Bestand*** hat (BGHZ **61**, 282; BGH NJW **1983**, 1727; MüKo/*Busche* § 154 BGB Rz. 5; PWW/*Brinkmann* § 150 BGB Rz. 6; NK/*Schulze* § 150 BGB Rz. 7).

Man sieht es an unserem Fall: Zum einen hat der H die Maschinen tatsächlich geliefert und zum anderen hat der U nach Feststellung des Mangels im Rahmen der Gewährleistung eine neue Maschine gefordert. Diese Handlungen machen aber nur dann einen Sinn, wenn die handelnden Personen von einem Vertragsschluss ausgegangen sind. Kapiert!?

ZE.: Trotz widerstreitender AGB ist im vorliegenden Fall ein ***wirksamer*** Kaufvertrag gemäß § 433 BGB zwischen H und U zustande gekommen. Aus diesem Vertrag sind die Parteien in jedem Falle zur Erfüllung der jeweiligen Hauptleistung verpflichtet.

Nächster Schritt:

Nachdem wir das Vorliegen eines wirksamen Kaufvertrages – trotz konkurrierender AGB – festgestellt haben, ist nun noch zu prüfen, ob dem U gemäß den **§§ 439 Abs. 1, 437, 434 BGB** auch ein Anspruch auf Lieferung einer neuen Sache zusteht. Und das wird man zunächst grundsätzlich mal ***bejahen*** können und müssen, denn die Maschine war nicht gebrauchstauglich, was zur Annahme eines Sachmangels im Sinne des § 434 Abs. 1 BGB im Regelfall ausreicht (*Palandt/Weidenkaff* § 434 BGB Rz. 20). Der vorliegende Sachmangel an der Maschine führt gemäß § 437 Nr. 1 BGB dann des Weiteren zur Anspruchsbegründung aus § 439 Abs. 1 BGB mit der Konsequenz, dass U grundsätzlich von H die Lieferung einer neuen Sache fordern kann.

Aber: Wir haben zwar weiter oben festgestellt, dass der Vertrag an sich in jedem Falle ***wirksam*** zustande gekommen war. Nicht geklärt ist damit allerdings, ob und vor allem wessen AGB letztlich zum Inhalt des Vertrages geworden sind. Und das ist jetzt interessant, denn nach den AGB des H ist der Anspruch auf Lieferung einer neuen Sache ausgeschlossen, während nach den AGB des U dem Käufer dieser Anspruch zusteht.

> **Feinkost (schwer):** Die Klausel des H, wonach der Anspruch auf Lieferung einer neuen Sache für den Käufer ausgeschlossen sein soll, wäre im vorliegenden Fall inhaltlich ***zulässig***, da sie ***nicht*** gegen die einschlägigen Vorschriften der §§ 305 ff. BGB verstößt. Ansatzpunkt einer Überprüfung ist insoweit zunächst der **§ 309 Nr. 8 b) bb) BGB** (bitte lesen). **Aber:** Hier muss als Erstes beachtet werden, dass gemäß **§ 310 Abs. 1 BGB** die gegenüber dem ***Unternehmer*** U verwendete Klausel schon gar nicht der Regelung des § 309 BGB unterliegt (beachte für »normale« Verbraucher immer § 475 BGB!). Ein ***Unternehmer*** kann sich gemäß § 310 Abs. 1 BGB grundsätzlich ***nicht*** auf eine mögliche Unwirksamkeit nach den §§ 308, 309 BGB berufen. Und selbst wenn man nun den auch gegenüber einem Unternehmer immer noch anwendbaren **§ 307 BGB** (Generalklausel) heranzieht und zudem annimmt, dass ein Verstoß gegen

die Wertungen des § 309 BGB Indizwirkung für eine Verletzung der Generalklausel aus § 307 BGB hat (BGH NJW **1996**, 389; BGHZ **90**, 278; BGHZ **103**, 328), muss man eine Unwirksamkeit der Klausel im vorliegenden Fall dennoch verneinen, **denn:** Das Wahlrecht aus § 439 Abs. 1 BGB kann durch AGB ***ausgeschlossen*** und der Käufer auf ***eine*** der beiden dort aufgeführten Varianten beschränkt werden; eine solche Regelung verstößt nicht gegen § 309 Nr. 8 b) bb) BGB und mithin auch nicht gegen § 307 BGB (*Palandt/Grüneberg* § 309 BGB Rz. 61; *Zahn* in DB 2002, 983). Die Norm des § 309 Nr. 8 b) bb) BGB ist nur dann verletzt, wenn der Verwender den Vertragspartner ***allein*** auf das Recht auf Nacherfüllung beschränkt (also nur auf § 439 Abs. 1 BGB) und ihm dann nicht ausdrücklich das Recht vorbehält, bei Fehlschlagen der Nachbesserung die sonstigen Rechte geltend zu machen (BGH NJW **1991**, 1883; BGH NJW **1992**, 3297). Das aber ist in unserem Fall nicht geschehen, denn der H hat den U auf ***eines*** der beiden Rechte aus § 439 Abs. 1 BGB beschränkt, ihm aber die übrigen sonstigen Rechte sogar ***ausdrücklich zugestanden***. Eine Beschränkung nur auf § 439 Abs. 1 BGB, wie von § 309 BGB gefordert, liegt somit nicht vor. Die Klausel des H verstößt damit auch nicht gegen die Wertung aus § 309 BGB und somit auch nicht gegen § 307 BGB. Sie ist inhaltlich in jedem Falle ***wirksam***.

Es stellt sich jetzt also die Frage, wessen AGB zum Inhalt des Vertrages geworden sind. Wie gesagt, wenn die – wie wir jetzt wissen – inhaltlich ***zulässige*** Klausel des H tatsächlich wirksamer Vertragsinhalt geworden ist, kann U den Anspruch auf Lieferung der neuen Sache ***nicht*** geltend machen, denn die AGB des H schließen dieses Recht aus. Hinsichtlich der Frage, wessen AGB im Falle konkurrierender Klauseln gelten, merken wir uns nun bitte die folgende

Regel: Wenn sich die AGB beider Parteien in einzelnen Punkten ausdrücklich widersprechen, so wird weder die eine noch die andere Klausel Vertragsinhalt. Nach dem Rechtsgedanken des **§ 306 Abs. 2 BGB** gelten dann die für diesen Fall vorgesehenen gesetzlichen Vorschriften (BGHZ **61**, 282; BGHZ **117**, 98; BGH NJW **1995**, 1671; BGH NJW **1991**, 1606; OLG Karlsruhe VersR **1990**, 1283; *Palandt/Grüneberg* § 305 BGB Rz. 54; *Brox/Walker* AT Rz. 228; *Brehm* AT Rz. 558; *Medicus/Petersen* BR Rz. 75). Es werden nur diejenigen Klauseln Vertragsbestandteil, die in beiden AGB übereinstimmen – sogenannte **»Kongruenzgeltung«** (BGH NJW **1991**, 1606; PWW/*Brinkmann* § 150 BGB Rz. 6; *Staudinger/Bork* § 150 BGB Rz. 10; *Bamberger/Roth/Eckert* § 150 BGB Rz. 9; *Palandt/Grüneberg*§ 305 BGB Rz. 54).

Zum Fall: Die Klausel Nr. 3 der AGB des H und die Klausel Nr. 6 der AGB des U ***widersprechen*** sich ausdrücklich. Denn H möchte dem Käufer im Falle eines Sachmangels den Anspruch auf Lieferung einer neuen Sache nehmen, während die AGB des U ausdrücklich sagen, dass dies nicht erfolgen darf und eine entsprechende Klausel unwirksam sein soll. Daraus folgt nach der eben benannten Regel, dass weder die eine noch die andere Klausel Wirksamkeit entfalten kann. Es gelten vielmehr die für diesen Fall vorgesehenen gesetzlichen Regelungen.

Tja, und die gesetzlichen Regelungen für den Fall eines Sachmangels stehen im BGB in den §§ 437 ff. BGB. Und dazu gehört auch: **§ 439 Abs. 1 BGB!** U kann also die Rechte aus § 439 Abs. 1 BGB geltend machen.

Ergebnis: U kann von H gemäß den §§ 439 Abs. 1, 437 Nr. 1, 434 BGB die Lieferung einer neuen Maschine fordern, da die Klausel des H, die dies ausgeschlossen hatte, nicht zum Vertragsinhalt geworden ist. Zwar ist auch die Klausel des U nicht Vertragsbestandteil geworden, diese Klausel aber hatte sowieso nur das zum Inhalt, was das BGB in § 439 vorsieht.

Ein kurzer Nachschlag noch für Feinschmecker

Im Zusammenhang mit der Problematik um sich widersprechende Willenserklärungen bzw. Geschäftsbedingungen hatte der BGH am 14. Mai 2014 (→ NJW **2014**, 2100) über folgenden kniffligen Fall zu entscheiden: Ein Unternehmer (U) aus Bonn wollte ein Haus errichten lassen und beauftragte damit die Baufirma F. Nach entsprechenden Telefonaten übersandte U der F den Auftrag zum Hausbau, in dem unter anderem die Zahlungsmodalitäten geregelt waren, wonach die F zunächst nur 80% des Werklohnes und den Rest nach kompletter Fertigstellung erhalten sollte. Zudem war in dem Vertragsentwurf des U vermerkt, dass dem U auch das Recht zustehen sollte, die Werklohnforderung teilweise einzubehalten, sollten sich frühzeitig Baumängel zeigen oder Verzögerungen beim Bau eintreten. Dann wurde es interessant: Die F schickte nämlich kurz darauf dieses Angebot zurück an U mit der Bemerkung:

»Anbei erhalten sie die beiden Exemplare Ihres Vertragsangebots von uns unterschrieben zurück. Wir möchten Sie höflich bitten, ein Exemplar nach der Unterzeichnung durch Sie wieder an uns zu schicken.«

U unterzeichnete anschließend beide Formulare und sandte eines davon zurück an F.

Was bis dahin unverfänglich und nach einem entspannten Vertragsschluss klingt, wurde zum Problem, als sich dann im Nachhinein herausstellte, dass die F in dem Vertragswerk des U sowohl die Zahlungsmodalitäten als auch die Klausel mit dem Einbehalt der Werklohnforderung bei Baumängeln bzw. Verzögerungen vor der Rücksendung an U noch geändert hatte, und zwar so: Die beiden ihr nachteiligen Klauseln hatte die F gelöscht und mit identischem Schrifttyp (*times new roman*) und nahezu gleicher Zeilenlänge dafür die ihr günstigen Klauseln eingefügt. Bei einfacher Ansicht (»Draufsicht«) des Textes fiel diese Änderung daher auch nicht auf. Ob U die nachträglich von F eingefügten Änderungen im Vertrag vor seiner Unterschrift erkannt und gelesen hatte, ließ sich nicht mehr aufklären.

Frage: Zu welchen Bedingungen ist der Vertrag zustande gekommen?

Antwort: Der BGH verneinte die Anwendung des **§ 150 Abs. 2 BGB** und ließ den Vertrag zu den von U vorgeschlagenen Bedingungen zustande kommen. Die Änderungen der F seien nicht zu berücksichtigen, auch wenn U diese nachträglich unterzeichnet habe. Wörtlich heißt es im Urteil (→ BGH NJW **2014**, 2100):

> *»... Die Auffassung des Berufungsgerichts, die F habe dem U wirksam ein neues Vertragsangebot unterbreitet, kann keinen Bestand haben. Auch im Rahmen von* ***§ 150 Abs. 2 BGB*** *sind die Grundsätze von Treu und Glauben anzuwenden. Diese erfordern, dass der Empfänger eines Vertragsangebots, wenn er von dem Vertragswillen des Anbietenden abweichen will, das in der Annahmeerklärung* ***klar*** *und* ***unzweideutig*** *zum Ausdruck bringt. Erklärt der Vertragspartner seinen vom Angebot abweichenden Vertragswillen nicht hinreichend deutlich, kommt der Vertrag zu den Bedingungen des Angebots zustande. Und so liegt der Fall hier: Die F hat ihren Willen, von dem Vertragsangebot des U abzuweichen, nicht klar und unzweideutig zum Ausdruck gebracht. Sie hat vielmehr die von ihr gewünschten vertraglichen Bestimmungen anstelle des ursprünglichen Textes mit gleichem Schriftbild so in den Vertragsentwurf des U eingefügt, dass der verbliebene Text lediglich ganz geringfügig und damit äußerst schwer erkennbar verschoben wurde. Dies lässt darauf schließen, dass die F dem U die abweichenden Vertragsbestimmungen ›****unterschieben****‹ wollte, indem sie den Eindruck erweckte, an dem Vertragstext keine Veränderungen vorgenommen zu haben. Dieser sich aus der textlichen Gestaltung ergebende Anschein wird durch das Begleitschreiben der F bestätigt. Denn die F hat mit der von ihr gewählten Formulierung ›anbei erhalten Sie die beiden Exemplare des Vertragsangebots unterschrieben zurück‹ aus der Sicht eines objektiven Erklärungsempfängers zum Ausdruck gebracht, das Vertragsangebot des U* ***unverändert*** *angenommen zu haben. Bei diesem Sachverhalt kommt es nicht darauf an, dass die Änderungen des Vertragstextes ohne Weiteres hätten erkannt werden können, wenn der U den von der F unterzeichneten Vertragstext insgesamt durchgelesen und mit seinem Vertragsentwurf verglichen hätte. Denn zu einer solchen Überprüfung bestand für den U im Hinblick auf den von der F vermittelten Eindruck, sie habe das Vertragsangebot unverändert unterschrieben, keine Veranlassung. Es ist daher davon auszugehen, dass der Vertrag zu den Bedingungen des Angebots des U zustande gekommen ist und kein Fall des § 150 Abs. 2 BGB vorliegt ...«*

Gutachten

U könnte gegen H einen Anspruch auf Lieferung einer neuen Maschine aus §§ 439 Abs. 1, 437 Nr. 1, 434 BGB haben.

Dafür muss ein wirksamer Kaufvertrag im Sinne des § 433 BGB zwischen den Parteien vorliegen. Ein solcher Kaufvertrag setzt sich zusammen aus zwei übereinstimmenden Willenserklärungen, dem Antrag und der Annahme.

I.) Der Antrag ist zunächst ausgegangen von H, der dem U per Fax den Kaufpreis und seine Bedingungen hinsichtlich des Kaufes übermittelt hat. Dieses Angebot konnte H mit einem schlichten »Ja« annehmen und damit den Vertrag zustande bringen. Es liegt somit ein wirksamer Antrag im Sinne der §§ 145 ff. BGB zum Abschluss eines Kaufvertrages vor.

II.) U hat dieses Angebot des H wenig später per Fax angenommen und mithin den Vertrag an sich zustande gebracht. Der Annahmeerklärung des U liegen allerdings dessen AGB bei, die den AGB des H in Bezug auf den Anspruch auf Lieferung einer neuen Sache widersprechen. Unter Berücksichtigung der Tatsache, dass die AGB grundsätzlich immer auch Bestandteil der jeweiligen Willenserklärung sind und damit auch Bestandteil des Vertrages werden (§ 305 Abs. 2 BGB), stellt sich die Frage, ob der U tatsächlich eine Annahme des Antrages des H erklärt hat. Die Willenserklärungen der beiden Vertragsparteien stimmen in Bezug auf die AGB nicht überein. Insoweit gilt folgendes: In den Fällen, in denen die eine Vertragspartei einen Antrag der anderen Vertragspartei unter Hinweis auf eigene, der Gegenseite widersprechende AGB annimmt, liegt grundsätzlich keine vertragliche Einigung vor. Es handelt sich vielmehr um einen Fall des § 150 Abs. 2 BGB, die Annahme stellt somit einen neuen Antrag unter Zugrundelegung der eigenen AGB dar. Der U hat den Antrag des H auf Abschluss des Kaufvertrages unter den Bedingungen des Verkäufers H nicht angenommen, sondern dem H vielmehr gemäß § 150 Abs. 2 BGB ein neues Angebot, nämlich mit seinen eigenen AGB, unterbreitet.

III.) Dieses neue Angebot müsste der H angenommen haben, um den Vertrag zustande zu bringen.

1.) Eine Annahme kann man auch schlüssig erklären. Insoweit kann vorliegend zunächst festgestellt werden, dass H die Maschinen nach Empfang des Fax nachmittags zur Baustelle des U hat bringen lassen. Dieses Verhalten lässt aus der Sicht des Erklärungsempfängers U keinen anderen Schluss zu, als dass H augenscheinlich das Angebot des U angenommen hat und von einer vertraglichen Einigung ausgegangen ist. H hat demnach den modifizierten Antrag des U schlüssig durch die Übersendung der Maschinen angenommen.

2.) Diese Lösung ließe indessen unbeachtet, dass aus der Sicht des Erklärungsempfängers U unter Berücksichtigung der Verkehrssitte und nach Treu und Glauben klar sein musste, dass der H die Maschinen nur zu seinen Bedingungen geliefert hat. H hatte seinem ursprünglichen Angebot die AGB beigelegt; es ist nicht anzunehmen, dass er dies – trotz zwischenzeitlich übermittelter AGB des U – bei der späteren Lieferung der Sachen wiederholen würde. Allgemeine Geschäftsbedingungen werden regelmäßig nur zum Abschluss des Vertrages vorgelegt. Es ist den Vertragsparteien nicht zumutbar, dies ständig zu wiederholen, um nicht den AGB der Gegenseite zur Geltung zu verhelfen. Eine solche Lösung liefe darauf hinaus, dass die Parteien zu immer neuen Widersprüchen bzw. Protesten gegen die AGB der Gegenseite gezwungen wären. Gewonnen in diesem Wettstreit hätte schließlich die Partei, der quasi »das letzte Wort« zufällt. Das aber kann nicht sein, denn es entspricht letztlich auch nicht dem Willen der Parteien, die im Zweifel vor allem und hauptsächlich an der Erfüllung des Vertrages interessiert sind. Das Übersenden der Maschinen stellt daher keine Annahme des Antrages des U dar, insbesondere hat H mit der Lieferung der Kaufsache nicht die AGB des U zum Vertragsinhalt gemacht. Das ergibt die Auslegung des Verhaltens des H unter Berücksichtigung von Treu und Glauben und der Verkehrssitte. Es liegt somit bislang keine vertragliche Einigung in Bezug auf den Kauf der Maschinen zum Preis von 10.000 Euro unter Einschluss der geltenden Geschäftsbedingungen vor. Das Angebot des H hat der U nicht angenommen und das modifizierte Angebot des U (§ 150 Abs. 2 BGB) hat der H nicht angenommen. Es liegt somit keine vertragliche Einigung zwischen den Parteien vor.

IV.) Etwas anderes kann sich allerdings noch aus der Auslegungsregel des § 154 Abs. 1 BGB ergeben. Gemäß § 154 Abs. 1 BGB gilt der Vertrag im Zweifel als nicht geschlossen, solange sich die Parteien nicht über alle Punkte, über die nach der Erklärung auch nur einer Partei eine Einigung getroffen werden sollte, geeinigt haben. Demzufolge wäre der Vertrag also nicht geschlossen, denn hinsichtlich der AGB liegt keine Einigung vor.

Diese Auslegungsregel greift nach dem Wortlaut des § 154 Abs. 1 BGB aber immer nur »im Zweifel« ein. Mit der eingeleiteten tatsächlichen Erfüllung der vertraglichen Pflichten haben die Vertragsparteien indessen dokumentiert, dass sie trotz widerstreitender AGB in jedem Falle an dem Vertrag festhalten und ihn als wirksam betrachten möchten. Die Wirksamkeit des Vertrages soll also nach dem Parteiwillen im Zweifel gerade nicht davon abhängen, wessen AGB nun Geltung haben; ansonsten hätten die Parteien nicht mit der Erfüllung ihrer vertraglichen Pflichten begonnen. Dieser Gedanke des Vertragserhaltes trotz sich widersprechender AGB ergibt sich im Übrigen auch aus § 306 Abs. 1 BGB, wonach es die Wirksamkeit des Vertrages nicht berührt, wenn einzelne AGB nicht Vertragsbestandteil geworden sind. Daraus folgt, dass im Falle konkurrierender bzw. sich widersprechender AGB das Zustandekommen des Vertrages nicht gehindert wird, insbesondere liegt kein Fall des § 154 BGB vor. Die Parteien wollen im Zweifel gerade das Gegenteil der in § 154 Abs. 1 BGB angeordneten Rechtsfolge, also dass der Vertrag Bestand hat. Trotz widerstreitender AGB ist im vorliegenden Fall daher ein wirksamer Kaufvertrag gemäß § 433 BGB zwischen H und U zustande gekommen. Aus diesem Vertrag sind die Parteien in jedem Falle zur Erfüllung der jeweiligen Hauptleistung verpflichtet.

V.) Nun ist abschließend noch zu prüfen, ob dem U inhaltlich gemäß den §§ 439 Abs. 1, 437, 434 BGB auch ein Anspruch auf Lieferung einer neuen Sache zusteht.

1.) Dies ist zu bejahen, die Maschine war nicht gebrauchstauglich, was zur Annahme eines Sachmangels im Sinne des § 434 Abs. 1 BGB ausreicht. Der vorliegende Sachmangel an der Maschine führt gemäß § 437 Nr. 1 BGB dann des Weiteren zur Anspruchsbegründung aus § 439 Abs. 1 BGB mit der Konsequenz, dass U von H die Lieferung einer neuen Sache fordern kann.

2.) Es stellt sich allerdings noch die Frage, ob und vor allem wessen AGB letztlich zum Inhalt des Vertrages geworden sind. Das ist deshalb relevant, weil nach den AGB des H der Anspruch auf Lieferung einer neuen Sache ausgeschlossen ist, während nach den AGB des U dem Käufer dieser Anspruch zusteht. Hinsichtlich der Frage, wessen AGB im Falle konkurrierender Klauseln gelten, gilt folgendes: Wenn sich die AGB beider Parteien in einzelnen Punkten ausdrücklich widersprechen, so wird weder die eine noch die andere Klausel Vertragsinhalt. Nach dem Rechtsgedanken des § 306 Abs. 2 BGB gelten dann die für diesen Fall vorgesehenen gesetzlichen Vorschriften. Es werden nur die Klauseln Vertragsbestandteil, die in beiden AGB übereinstimmen, sogenannte »Kongruenzgeltung«. Die Klausel Nr. 3 der AGB des H und die Klausel Nr. 6 der AGB des U widersprechen sich ausdrücklich. H möchte dem Käufer im Falle eines Sachmangels den Anspruch auf Lieferung einer neuen Sache nehmen, während die AGB des U ausdrücklich sagen, dass dies nicht erfolgen darf und eine entsprechende Klausel unwirksam sein soll. Daraus folgt nach der eben benannten Regel, dass weder die eine noch die andere Klausel Wirksamkeit entfalten kann. Es gelten vielmehr die für diesen Fall vorgesehenen gesetzlichen Regelungen. Diese gesetzlichen Regelungen für den Fall eines Sachmangels stehen im BGB in den §§ 437 ff. BGB. U kann also die Rechte aus § 439 Abs. 1 BGB geltend machen.

Ergebnis: U kann von H gemäß den §§ 439 Abs. 1, 437 Nr. 1, 434 BGB die Lieferung einer neuen Maschine fordern, da die Klausel des H, die dies ausgeschlossen hatte, nicht zum Vertragsinhalt geworden ist. Zwar ist auch nicht die Klausel des U Vertragsbestandteil geworden, diese Klausel aber hatte sowieso nur das zum Inhalt, was das BGB in § 439 vorsieht.

3. Abschnitt

Das Recht der Stellvertretung, §§ 164 ff. BGB

Fall 14

Tee oder Kaffee?

In der Kanzlei von Rechtsanwalt R ist der Teekocher kaputt. R bittet daher seine Sekretärin S, im Elektrogeschäft des E einen neuen Kocher bis zu einem Preis von 100 Euro für die Kanzlei zu kaufen. In der Mittagspause macht sich S auf den Weg zu E und sieht sich dort diverse Teekocher an, als ihr Blick auf eine von 249 Euro auf 99 Euro heruntergesetzte Kaffeemaschine fällt. S trinkt sowieso lieber Kaffee als Tee und ist sich im Übrigen sicher, dass R den Kauf dieser preisgünstigen Maschine befürworten würde; sie erwirbt daher im Namen des R die Kaffeemaschine und bittet E, die Rechnung an R zu senden. Als S die Kaffeemaschine wenig später stolz dem R präsentiert, meint R, die Rechnung für diese Maschine werde er nicht bezahlen, er habe S schließlich nur mit dem Kauf eines Teekochers beauftragt.

E will wissen, vom wem er die 99 Euro verlangen kann.

Schwerpunkte: Die Stellvertretung nach den §§ 164 ff. BGB, Grundfall; Voraussetzungen einer wirksamen Stellvertretung gemäß § 164 Abs. 1 Satz 1 BGB; Handeln ohne Vertretungsmacht; schwebende Unwirksamkeit des Geschäfts; mögliche Heilung nach den §§ 177 ff. BGB; Schadensersatzanspruch aus § 179 BGB.

Lösungsweg

I.) Anspruch des E gegen R auf Zahlung von 99 Euro

AGL.: § 433 Abs. 2 BGB (Kaufvertrag)

Der Anspruch des E gegen R auf Zahlung von 99 Euro ist begründet, wenn zwischen E und R ein entsprechender ***Kaufvertrag*** über die Kaffeemaschine zustande gekommen ist. Ein solcher Kaufvertrag setzt zwei übereinstimmende Willenserklärungen der Beteiligten voraus.

1.) Dass der E eine solche Erklärung abgegeben hat, steht außer Zweifel, wobei hier dahinstehen kann, ob E nun bei dem Gespräch mit S den Antrag oder die Annahme erklärt hat. Der Sachverhalt spricht von »erwirbt«, sodass von einer entsprechenden Einigungserklärung seitens des E ausgegangen werden kann.

2.) Fraglich ist natürlich, ob denn auch der R eine auf den Vertragsschluss abzielende Willenserklärung abgegeben hat. Und auf den ersten Blick wird man hier zunächst einmal festzustellen haben, dass der R ***selbst*** gegenüber E überhaupt keine eigene Willenserklärung abgegeben hat, gehandelt hat ausschließlich S. Die S hat die für den Vertragsschluss notwendige Willenserklärung abgegeben. Damit scheidet eine vertragliche Verpflichtung des R durch eine von ihm selbst abgegebene Willenserklärung aus.

Aber: Möglicherweise muss R die Erklärung der S für und gegen sich gelten lassen. Das ist dann der Fall, wenn die S bei dem Geschäft mit E die ***Stellvertreterin*** des R nach **§ 164 Abs. 1 BGB** (bitte lesen) gewesen ist. Gemäß **§ 164 Abs. 1 Satz 1 BGB** wirkt eine Willenserklärung, die jemand innerhalb der ihm zustehenden Vertretungsmacht im Namen des Vertretenen abgibt, unmittelbar für und gegen den Vertretenen.

Folge: Wenn die S beim Kauf der Kaffeemaschine Stellvertreterin des R im Sinne des § 164 Abs. 1 Satz 1 BGB gewesen ist, würde die Erklärung der S gegenüber E **für und gegen den R wirken** mit der Konsequenz, dass dann tatsächlich ein Kaufvertrag zwischen **E und R (!)** zustande gekommen wäre.

Voraussetzungen der Stellvertretung:

a) Der Vertreter muss zunächst eine eigene ***Willenserklärung*** abgegeben haben (lies bitte das **2. Wort** von § 164 Abs. 1 Satz 1 BGB!).

Beachte: Diese erste Voraussetzung wird von den Studenten gerne und häufig übersehen, und zwar deshalb, weil sie das Gesetz nicht sorgfältig lesen. Die Kandidaten beginnen vielmehr direkt mit der Vertretungsmacht und nehmen sich damit die Chance, mit wenig Aufwand beachtliche Pluspunkte abzukassieren. Im Übrigen verbirgt sich hinter dem Prüfungspunkt der eigenen Willenserklärung auch die bedeutsame Unterscheidung zwischen dem ***Stellvertreter*** und dem ***Boten***. Nur der Stellvertreter nämlich gibt eine ***eigene*** Willenserklärung ab, während der ***Bote*** lediglich eine ***fremde*** Willenserklärung übermittelt (MüKo/*Schubert* § 164 BGB Rz. 71; *Palandt/Ellenberger* vor § 164 BGB Rz. 11; *Rüthers/Stadler* AT § 29 Rz. 8; *Medicus* AT Rz. 886); auf ihn finden daher die Regeln über die Stellvertretung auch keine oder nur sehr begrenzte Anwendung (NK/*Stoffels* § 164 BGB Rz. 27; PWW/*Frensch* § 164 BGB Rz. 20; MüKo/*Schubert* § 164 BGB Rz. 71). Die ***Abgrenzung*** zwischen dem Stellvertreter und dem Boten erfolgt anhand der Frage, inwieweit dem Handelnden ein ***eigener Entscheidungsspielraum*** zugestanden ist: Soll der Beauftragte lediglich eine in ihren Einzelheiten bereits feststehende Willenserklärung eines anderen übermitteln (sozusagen als **»menschlicher Brief«**), handelt es sich ***nicht*** um eine eigene Willenserklärung; hier hat das Handeln des Beauftragten keinen rechtsgeschäftlichen Charakter, sondern ist nur rein ***tatsächlicher Natur***. In diesem Fall kann das Handeln z.B. auch von einem Geschäftsunfähigen ausgeführt werden, wohingegen ein Stellvertreter gemäß **§ 165 BGB** immer zumindest beschränkt geschäftsfähig sein muss (MüKo/*Schubert* § 165 BGB Rz. 1; *Medicus* AT Rz. 886; *Brox/Walker* AT Rz. 517). Steht dem Beauftragten demgegenüber bei der Abgabe der Erklärung ein ***eigener*** Entscheidungsspielraum zu, kann er also etwa den Preis oder z.B. auch den Kaufgegenstand in einem überschaubaren Bereich selbst auswählen, gibt diese Person dann eine eigene Willenserklärung ab mit der Folge, dass bei dieser Konstellation die Regeln der Stellvertretung aus den §§ 164 ff. BGB zur Anwendung kommen. Das Handeln des Bevollmächtigten ist dann nicht mehr – wie beim Boten – rein tatsächlicher Natur, sondern hat nun ***rechtsgeschäftlichen*** Charakter (*Palandt/Ellenberger* vor § 164 BGB Rz. 11). Ist schließlich zweifelhaft, ob Stellvertretung oder Botenschaft vorliegt, entscheidet das Auftreten des Beauftragten im ***Außenverhältnis***: Es muss dann geklärt werden, wie der Geschäftspartner das Handeln verstehen durfte (BAG NJW **2008**, 1243; *Bamberger/Roth/Habermeier* § 164 BGB Rz. 11; MüKo/*Schubert* § 164 BGB Rz. 71; *Staudinger/Schilken* vor § 164 BGB Rz. 74; PWW/*Frensch* vor § 164 BGB Rz. 18; *Soergel/Leptien* vor § 164 BGB Rz. 44).

Zum Fall: Hier bei uns hat R der S im Innenverhältnis erklärt, sie solle für den R bis zu einem Preis von 100 Euro eine neuen Teekocher kaufen. Insoweit verbleibt der S mithin sowohl hinsichtlich des Preises (***bis*** 100 Euro) als auch in Bezug auf den Kaufgegenstand (R hatte keinen speziellen Kocher genannt) ein freier Entscheidungsspielraum mit der Konsequenz, dass die S beim Kauf der Sache gegenüber E eine ***eigene*** Willenserklärung im Sinne des § 164 Abs. 1 Satz 1 BGB abgibt. Auf das Auftreten der S im Außenverhältnis braucht daher nicht näher eingegangen werden.

ZE.: Die erste Voraussetzung der Stellvertretung ist auf Seiten der S erfüllt; die S gibt eine eigene Willenserklärung ab und ist folglich nicht bloß Botin gewesen.

b) S muss des Weiteren, um die Voraussetzungen des § 164 Abs. 1 Satz 1 BGB zu erfüllen, ***im Namen*** des R gehandelt haben (man nennt das den »Offenheitsgrundsatz« oder auch das »Offenkundigkeitsprinzip«. Das ist vorliegend kein Problem, denn S kauft die Maschine nach Auskunft des Sachverhaltes ausdrücklich im Namen des R.

> **Beachte:** Handelt der Vertreter hingegen ohne zu sagen, dass er für einen anderen das Geschäft abschließen will, wird er in der Regel ***selbst*** Vertragspartner und mithin aus dem abgeschlossenen Geschäft auch persönlich berechtigt und verpflichtet, vgl. **§ 164 Abs. 2 BGB** (BGH MDR **2015**, 326; MüKo/*Schubert* § 164 BGB Rz. 174; NK/*Stoffels* § 164 BGB Rz. 9; *Palandt/Ellenberger* § 164 BGB Rz. 16). Diese Regel ist wichtig und gilt deshalb, damit der Geschäftspartner auch weiß, mit wem er es vertraglich zu tun hat (zu den Ausnahmen vgl. Fall Nr. 15 weiter unten).

ZE.: Die zweite Voraussetzung der Stellvertretung aus § 164 Abs. 1 Satz 1 BGB, das Handeln im Namen des Vertretenen, ist im vorliegenden Fall ebenfalls gegeben.

c) Schließlich muss S ihre zum Vertragsschluss führende Willenserklärung auch ***innerhalb der ihr zustehenden Vertretungsmacht*** abgegeben haben.

Durchblick: Hinter diesem Merkmal verbirgt sich nun die eigentliche Verbindung zwischen dem Vertretenen und dem Vertreter. Damit überhaupt Rechtswirkungen zugunsten, vor allem aber auch zulasten des Vertretenen eintreten können, müssen diese Rechtsfolgen natürlich von dem Vertretenen gewollt und zudem absehbar sein. Und damit das garantiert ist, schreibt das Gesetz in § 164 Abs. 1 Satz 1 BGB vor, dass die Willenserklärung des Stellvertreters den Vertretenen nur dann treffen, wenn der Stellvertreter ***innerhalb der ihm zustehenden Vertretungsmacht*** handelt. Alles andere wäre auch ziemlich ungerecht, denn der Vertretene will und soll selbstverständlich nur für das einstehen, was er mit dem Beauftragten verabredet hat. Handelt der Beauftragte über das hinaus, zu dem er bevollmächtigt ist, gelten die Regeln der §§ 164 ff. BGB im Normalfall nicht (mehr), denn dann ist die Grenze der Vertretungsmacht und damit der Wortlaut des § 164 Abs. 1 Satz 1 BGB überschritten (da steht ja ***»innerhalb der ...«***). Der Vertretene hat für dieses über die Vertretungsmacht hinausgehende Verhalten dann nicht mehr einzustehen.

Feinkost: Die Erteilung der Vertretungsmacht kann auf unterschiedliche Art und Weise erfolgen: In der Regel geschieht das Ganze gemäß **§ 167 Abs. 1 BGB** entweder durch Erklärung gegenüber dem zu Bevollmächtigenden (sogenannte **»Innenvollmacht«**) oder aber gegenüber dem Dritten, dem Geschäftspartner (sogenannte **»Außenvollmacht«**). Und bitte beachte auch, dass die Worte **»Vertretungsmacht«** (vgl. § 164 Abs. 1 BGB) und **»Vollmacht«** (vgl. § 167 Abs. 1 BGB) ***nicht*** bedeutungsidentisch sind. Die »Vertretungsmacht« ist der Oberbegriff, die »Vollmacht« bezeichnet die durch ***Rechtsgeschäft*** erteilte Vertretungsmacht, was in **§ 166 Abs. 2 BGB** steht (bitte prüfen). Neben dieser durch Rechtsgeschäft erteilten Vertretungsmacht gibt es dann noch die per ***Gesetz*** angeordnete Vertretungsmacht, also z.B. die der Eltern im Verhältnis zu den Kindern, bitte lies § 1629 BGB.

In der Klausur hat man als Bearbeiter an dieser Stelle nun zu prüfen, welche Art von Vertretungsmacht erteilt wurde, und ob der Vertreter die ihm damit gesetzten Grenzen eingehalten hat. Nur wenn das der Fall ist, haftet der Hintermann gemäß § 164 Abs. 1 Satz 1 BGB auch für das Handeln bzw. die Willenserklärungen des Vertreters; genauer, dann wirkt die Willenserklärung für und gegen den Vertretenen (Gesetz lesen: § 164 Abs. 1 Satz 1 BGB).

Zum Fall: R hatte der S gegenüber erklärt, sie möge bis zu einem Preis von **100 Euro** einen ***Teekocher*** kaufen. In dieser Erklärung liegt gemäß § 167 Abs. 1 BGB die Erteilung einer **»Innenvollmacht«** (also eine Vollmachtserteilung gegenüber dem zu Bevollmächtigenden) mit dem von R bezeichneten Inhalt.

Unsere S hat nun zwar nur 99 Euro ausgegeben (= Vollmacht preislich eingehalten), indessen hat sie keinen Teekocher, sondern eine ***Kaffeemaschine*** gekauft. Damit hat die S ihre Vollmacht in Bezug auf den Kaufgegenstand überschritten, bzw. etwas ganz anderes gekauft als von R beabsichtigt. Die S handelte folglich ***nicht*** mehr innerhalb der ihr zustehenden Vertretungsmacht mit der Konsequenz, dass diese Erklärung der S über § 164 Abs. 1 Satz 1 BGB keine Rechtswirkungen für R entfalten kann.

ZE.: S handelt beim Kauf der Kaffeemaschine zwar im Namen des R und auch mit einer eigenen Willenserklärung, allerdings überschreitet sie mit dem Erwerb dieser Sache die ihr zustehende Vertretungsmacht. Es mangelt mithin an der dritten Voraussetzung des § 164 Abs. 1 Satz 1 BGB.

ZE.: Somit können auch die Rechtsfolgen des § 164 Abs. 1 Satz 1 BGB, die Wirkung der Erklärung der S für und gegen den R, nicht eintreten. R muss sich folglich die Erklärung der S auch nicht über § 164 Abs. 1 Satz 1 BGB zurechnen lassen und kann demnach grundsätzlich aus keinem Vertrag mit E in Anspruch genommen werden.

Kurze Pause: An dieser Stelle wollen wir uns, bevor wir zum nächsten Schritt übergehen, noch mal gerade das eben Erlernte klar machen: Damit der Hintermann (der Vertretene) für das Verhalten des Bevollmächtigten (des Vertreters) einstehen muss, ist gemäß **§ 164 Abs. 1 Satz 1 BGB** erforderlich, dass der Vertreter eine ***eigene Willenserklärung*** abgibt (sonst: Bote!), dass der Vertreter **im Namen** des Hintermanns auftritt (sonst: eigene Haftung des Vertreters nach § 164 Abs. 2 BGB!) und vor allem dass der Vertreter auch ***innerhalb der ihm zustehenden Vertretungsmacht*** handelt. Sind diese drei Voraussetzungen erfüllt, wirkt die Erklärung des Vertreters gemäß § 164 Abs. 1 Satz 1 BGB ***für und gegen*** den Vertretenen, der Vertretene wird verpflichtet und berechtigt.

Handelt der Vertreter hingegen ***nicht*** innerhalb der ihm zustehenden Vertretungsmacht (überschreitet er diese also oder schließt er ein ganz anderes Geschäft ab), wirkt die Erklärung dann auch nicht mehr für den Vertretenen. Denn der Vertretene soll nach dem Sinn des § 164 Abs. 1 Satz 1 BGB grundsätzlich nur dafür einstehen, was er mit dem Bevollmächtigten im Innenverhältnis verabredet hat. Ein Überschreiten der Vertretungsmacht schließt die Rechtsfolgen des § 164 Abs. 1 Satz 1 BGB regelmäßig aus (BGHZ **113**, 315; *Palandt/Ellenberger* § 164 BGB Rz. 13; MüKo/*Schubert* § 164 BGB Rz. 206).

Nächster Schritt: Nach diesem Zwischenstand kommt nun aber eine weitere wichtige Regel bei der Stellvertretung, die bei der Prüfung in der Klausur keinesfalls übersehen werden darf:

Hat man – wie wir oben in der bisherigen Lösung – festgestellt, dass das ursprüngliche Geschäft wegen Überschreitung der Vertretungsmacht nicht unter § 164 Abs. 1 Satz 1 BGB subsumiert werden kann, gibt es nun aber noch eine Möglichkeit, diesen Zustand zu korrigieren bzw. zu heilen, und zwar: Wenn ein Vertreter ohne Vertretungsmacht (sogenannter ***»falsus procurator«***) handelt, kann der Vertretene dieses grundsätzlich wegen Verstoßes gegen § 164 Abs. 1 Satz 1 BGB unwirksame Rechtsgeschäft doch noch **wirksam** und damit für ihn rechtlich bindend machen:

Gemäß **§ 177 Abs. 1 BGB** (bitte lesen!) hängt nun nämlich die Wirksamkeit eines ohne Vertretungsmacht geschlossenen Vertrages für und gegen den Vertretenen von der ***Genehmigung*** des Vertretenen ab (BGH MDR **2012**, 1220).

Also: Wenn ein Vertreter – so wie in unserem Fall – einen Vertrag ohne Vertretungsmacht abschließt, gilt zunächst einmal die Regel des **§ 164 Abs. 1 Satz 1 BGB**, die Willenserklärung wirkt grundsätzlich erst mal ***nicht*** für den Vertretenen, er ist folglich auch nicht an diese Erklärung gebunden. Der geschlossene Vertrag soll aber nach dem Willen des Gesetzgebers nicht sofort und endgültig unwirksam sein und dann den Vertreter selber verpflichten. In den **§§ 177 ff. BGB** ist vielmehr geregelt, dass dieser Vertrag mithilfe einer Genehmigung seitens des Vertretenen noch geheilt werden kann (BGH MDR **2015**, 169; BGH MDR **2012**, 1220). Die Genehmigung ist in **§ 184 Abs. 1 BGB** legal definiert und bedeutet die nachträgliche Zustimmung, die dann übrigens auf den Zeitpunkt der Vornahme des ursprünglichen Rechtsgeschäfts ***zurück wirkt*** (§ 184 Abs. 1 BGB). Bis zur Abgabe oder Verweigerung der Genehmigung ist der vom Vertreter ohne Vertretungsmacht geschlossene Vertrag ***schwebend unwirksam*** (BGH MDR **2015**, 169; RGZ **103**, 295; *Palandt/Ellenberger* § 177 BGB Rz. 5). Der Vertretene kann mit der gerade beschriebenen Genehmigung den schwebend unwirksamen Vertrag also noch retten und demnach das Geschäft ***vollständig wirksam*** machen. Das kann aus unterschiedlichen Gründen sinnvoll sein, etwa dann, wenn das vom vollmachtlosen Vertreter geschlossene Geschäft wirtschaftlich für den Vertretenen günstig ist oder z.B. auch, wenn der Vertretene zwischenzeitlich seine Meinung geändert hat und mit dem geschlossenen Geschäft einverstanden ist.

Wir schauen uns das mal an unserem Fall an:

Der R hätte demnach mit einer Genehmigung, die gemäß **§ 177 Abs. 2 BGB** sowohl gegenüber dem Vertreter als auch gegenüber dem Geschäftspartner erklärt werden kann, den schwebend unwirksamen Vertrag ***rückwirkend*** (§ 184 Abs. 1 BGB!) und vollständig wirksam machen können. Und genau damit hatte die S ja auch gerechnet, denn sie dachte, dass der R den Kauf dieser – wirtschaftlich günstigen – Kaffeemaschine befürworten würde.

Aber: Das sieht der R offenbar anders und erteilt im vorliegenden Fall gerade ***keine*** Genehmigung (er sagt, er werde die Rechnung nicht zahlen) mit der Folge, dass das von S mit E geschlossene Geschäft aus seiner bislang schwebenden in eine **endgültige** Unwirksamkeit übergeht (§ 177 Abs. 1 BGB). S handelt demnach weder beim Abschluss des Vertrages innerhalb der ihr zustehenden Vertretungsmacht, noch wird dieser Mangel durch eine spätere Genehmigung geheilt.

ZE.: Es fehlt an einer von R erteilten Genehmigung im Sinne der §§ 177 Abs. 1, 184 Abs. 1 BGB, mit der R das schwebend unwirksame Geschäft noch hätte heilen können. Der von S ohne Vertretungsmacht geschlossene Kaufvertrag zwischen E und R ist mithin ***endgültig*** unwirksam.

Erg.: Damit ist kein Kaufvertrag über die Kaffeemaschine im Sinne des § 433 BGB zwischen R und E zustande gekommen. E steht gegen R somit auch kein Zahlungsanspruch aus § 433 Abs. 2 BGB zu.

Noch ein Nachtrag:

Bei diesem Ergebnis ist übrigens erstaunlicherweise völlig egal, ob der E als Geschäftspartner an das Bestehen einer Vertretungsmacht aufgrund der Erklärung der S geglaubt hat. Das interessiert – wie wir jetzt wissen – den Gesetzgeber an dieser Stelle nicht. Denn geschützt werden soll hier nur der Hintermann (der **Vertretene**); der soll nach den §§ 164 ff. BGB nur dafür einstehen müssen, was er auch tatsächlich gewollt bzw. in Auftrag gegeben hat. Grundsätzlich trägt demnach der Geschäftspartner das Risiko, wenn ein scheinbarer Vertreter ein Geschäft für einen anderen, von dem er dazu nicht bevollmächtigt worden ist, abschließt. Der gutgläubige Geschäftspartner kann den scheinbar Vertretenen im Regelfall dann ***nicht*** in Anspruch nehmen; sein Vertrauen in das Bestehen einer Vertretungsmacht wird vom Gesetz nicht geschützt (*Brox/Walker* AT Rz. 524; *Rüthers/Stadler* AT § 32 Rz. 6; *Palandt/Ellenberger* § 178 BGB Rz. 6). **Beachte aber**: Von dieser gerade dargestellten Regel gibt es natürlich auch ***Ausnahmen***, insbesondere in den Fällen der sogenannten »Rechtsscheinvollmachten«, die wir allerdings erst später – im Fall Nr. 16 – kennenlernen werden.

II.) Ansprüche des E gegen S

Vorüberlegung: Wir haben bis jetzt festgestellt, dass der E das Geld für die Kaffeemaschine schon mal nicht von R erhält, obwohl der E an die Vertretungsmacht der S geglaubt hat (siehe oben). Dass der E nun angesichts dieser Umstände nicht auf seinen Kosten sitzen bleiben darf oder sich etwa um die Rückführung der Maschine auf eigene Gefahr kümmern muss, liegt ebenso auf der Hand wie der Umstand, dass in diesem Fall jetzt die S für ihr eigenmächtiges Handeln einstehen muss.

Und auch das hat der Gesetzgeber selbstverständlich gesehen und demnach natürlich entsprechend geregelt, und zwar in **§ 179 BGB** (bitte gerade nur mal die Überschrift lesen); und den sehen wir uns jetzt zum Schluss noch an:

AGL.: § 179 Abs. 1 BGB (Erfüllung oder Schadensersatz)

1.) Die **Anspruchsvoraussetzungen** des § 179 Abs. 1 BGB sind schnell genannt und auch durchgeprüft: Der Vertreter muss einen Vertrag ohne Vertretungsmacht geschlossen und der Vertretene darf diesen Vertrag nicht mit einer Genehmigung nachträglich geheilt haben (Gesetz lesen: **§ 179 Abs. 1 BGB**).

In unserem Fall ist das kein Problem, denn genau das haben wir eben fein säuberlich alles schon durchgeprüft. Die S war Vertreterin ohne Vertretungsmacht, hat im Namen des R einen Vertrag mit E geschlossen und unser R hat später die Genehmigung für diesen Vertrag verweigert.

2.) Rechtsfolgen: Das eigentlich Interessante findet sich schließlich dann bei den Rechtsfolgen des § 179 Abs. 1 BGB, wonach nämlich der andere Teil (also der gutgläubige Geschäftspartner) wahlweise die **Erfüllung** des Vertrages oder aber **Schadensersatz** fordern kann.

Durchblick: An dieser Stelle nun soll offensichtlich der Geschäftspartner zu seinem »Recht« kommen; wir hatten ja weiter oben bei der Prüfung eines Anspruchs gegen den scheinbar vertretenen R schon festgestellt, dass das Gesetz in den §§ 164 ff. BGB den ***Vertretenen*** davor schützt, dass in seinem Namen Verträge geschlossen werden, die er gar nicht will bzw. gar nicht in Auftrag gegeben hat. Dafür muss er nicht einstehen; die Wirkungen des § 164 Abs. 1 Satz 1 BGB treten nur dann ein, wenn der bevollmächtigte Vertreter auch ***innerhalb der ihm zustehenden Vertretungsmacht*** handelt (vgl. unsere Ausführungen oben). Hier bei **§ 179 BGB** findet der Geschäftspartner die Möglichkeit, den erlittenen Vermögensverlust auszugleichen, und zwar selbstverständlich bei der Person, die den ganzen Schlamassel überhaupt erst verursacht hat, nämlich bei dem scheinbaren Vertreter. Und demgegenüber kann er nun sogar die ***Erfüllung*** des Vertrages fordern, wahlweise aber auch den ***Schadensersatz*** (wegen Nichterfüllung), sollte der ihn günstiger stellen als die Erfüllung.

a) In unserem Fall hat E folglich zunächst einmal die Möglichkeit, von S die ***Erfüllung*** des geschlossenen Vertrages zu fordern. Geschlossen hatte S einen – unwirksamen! – Kaufvertrag im Sinne des § 433 BGB mit E, und zwar im Namen des R. Aus diesem Kaufvertrag ***wäre*** R verpflichtet gewesen zur Kaufpreiszahlung in Höhe von 99 Euro mit der Folge, dass E von S diesen Betrag über § 179 Abs. 1 BGB einfordern kann.

Vorsicht: Bitte beachte, dass die S damit aber nicht Vertragspartnerin des E wird; es entsteht vielmehr ein ***gesetzliches Schuldverhältnis*** (BGH NJW **2004**, 774; MüKo/*Schubert* § 179 BGB Rz. 36). Die Wahl der Erfüllung des Gläubigers im Rahmen des § 179 Abs. 1 BGB macht den Schuldner (also den vollmachtlosen Vertreter) somit nicht zu seinem Vertragspartner (BGH WM **1990**, 1450; BGH NJW **1970**, 241; *Palandt/Ellenberger* § 179 BGB Rz. 5), sie gibt ihm aber rein tatsächlich eine entsprechende Stellung und versieht ihn etwa mit den Gewährleistungsrechten und auch dem Zurückbehaltungsrecht aus § 320 BGB (BGH NJW **2001**, 3184; BGH NJW **1971**, 430; MüKo/*Schubert* § 179 BGB Rz. 38).

b) Schließlich könnte E von S wahlweise dann auch Schadensersatz verlangen, wobei mit dem in § 179 Abs. 1 BGB benannten Schadensersatz der ***Erfüllungsschaden*** gemeint ist (*Medicus* AT Rz. 988; MüKo/*Schubert* § 179 BGB Rz. 34). Ein solcher Ersatzanspruch macht indessen nur dann Sinn, wenn der Gläubiger eine ***Sachleistung*** empfangen hat, die er nun an den Dritten zurückgeben muss und dadurch einen Schaden erleidet, zum **Beispiel:**

Der vollmachtlose Vertreter V hat dem gutgläubigen G ein Auto des H im Namen des H zum Preis von 8.000 Euro verkauft (Wert des Wagens: 9.000 Euro). Als die fehlende Vertretungsmacht offenkundig wird, fordert H sein Auto von G zurück und zahlt an G im Gegenzug die 8.000 Euro aus. G will jetzt gegen V vorgehen.

Aus **§ 179 Abs. 1 BGB** hier Erfüllung zu fordern, wäre für G sinnlos, denn das Auto bekommt er nicht mehr. Für G bleibt daher der ***Schadensersatzanspruch***, der sich so berechnet, dass G so gestellt werden muss, wie er bei ordnungsgemäßer Erfüllung gestanden hätte: Wäre der Vertrag ordnungsgemäß zustande gekommen, hätte G eine Sache mit einem objektiven Wert von 9.000 Euro zum Preis von 8.000 Euro erworben. Es wäre ihm mithin ein ***Wertzuwachs*** von **1.000 Euro** entstanden, den er nun über § 179 Abs. 1 BGB von V verlangen kann.

In unserem Fall freilich geht es nicht um zu fordernde Sachleistungen auf Seiten des Gläubigers (also des E), sondern um Geld, und da ist der ***Erfüllungsanspruch*** stets die bessere Wahl (vgl. PWW/*Frensch* § 179 BGB Rz. 15; *Erman/Maier-Reimer § 130* BGB Rz. 8; *Brox/Walker* AT Rz. 601) mit der Folge, dass E von S den Erfüllungsanspruch aus § 179 Abs. 1 BGB wählen wird.

Erg.: E steht gegen S ein Anspruch auf Zahlung der 99 Euro aus § 179 Abs. 1 BGB zu.

Gutachten

I.) E könnte gegen R ein Anspruch auf Zahlung von 99 Euro aus § 433 Abs. 2 BGB zustehen.

Der Anspruch des E gegen R auf Zahlung von 99 Euro ist begründet, wenn zwischen E und R ein entsprechender Kaufvertrag im Sinne des § 433 BGB über die Kaffeemaschine zustande gekommen ist. Ein solcher Kaufvertrag setzt zwei übereinstimmende Willenserklärungen der Beteiligten voraus.

1.) Dass der E eine solche Erklärung abgegeben hat, steht außer Zweifel, wobei insoweit dahinstehen kann, ob E bei dem Gespräch mit S den Antrag oder die Annahme erklärt hat. S hat die Maschine von E nach Auskunft des Sachverhaltes »erworben«, sodass von einer entsprechenden Einigungserklärung seitens des E ausgegangen werden kann.

2.) Fraglich ist, ob R eine auf den Vertragsschluss abzielende Willenserklärung abgegeben hat. Diesbezüglich ist zunächst festzustellen, dass R selbst gegenüber E überhaupt keine eigene Willenserklärung abgegeben hat, gehandelt hat ausschließlich S. Die S hat die für den Vertragsschluss notwendige Willenserklärung abgegeben. Damit scheidet eine vertragliche Verpflichtung des R durch eine von ihm selbst abgegebene Willenserklärung aus.

Möglicherweise muss R aber die Erklärung der S für und gegen sich gelten lassen. Das ist dann der Fall, wenn die S bei dem Geschäft mit E die Stellvertreterin des R nach § 164 Abs. 1 BGB gewesen ist. Gemäß § 164 Abs. 1 Satz 1 BGB wirkt eine Willenserklärung, die jemand innerhalb der ihm zustehenden Vertretungsmacht im Namen des Vertretenen abgibt, unmittelbar für und gegen den Vertretenen.

Wenn die S beim Kauf der Kaffeemaschine Stellvertreterin des R im Sinne des § 164 Abs. 1 Satz 1 BGB gewesen ist, würde die Erklärung der S gegenüber E für und gegen den R wirken mit der Konsequenz, dass dann ein Kaufvertrag zwischen E und R zustande gekommen wäre. Es ist somit zu prüfen, ob die Voraussetzungen der Stellvertretung in der Person der S im vorliegenden Fall erfüllt sind.

a) Der Vertreter muss zunächst eine eigene Willenserklärung abgegeben haben. Insoweit unterscheidet sich der Stellvertreter vom Boten, der lediglich eine fremde Willenserklärung übermittelt. Die Abgrenzung zwischen dem Stellvertreter und dem Boten erfolgt anhand der Frage, inwieweit dem Handelnden ein eigener Entscheidungsspielraum zugestanden ist. Soll der Beauftragte lediglich eine in ihren Einzelheiten bereits feststehende Willenserklärung eines anderen übermitteln, handelt es sich nicht um eine eigene Willenserklärung, hier hat das Handeln des Beauftragten keinen rechtsgeschäftlichen Charakter, sondern ist nur rein tatsächlicher Natur. Ist der handelnden Person hingegen ein Entscheidungsspielraum bei der Abgabe der Erklärung eingeräumt, liegt eine eigene Willenserklärung vor.

Im vorliegenden Fall hat R der S im Innenverhältnis erklärt, sie solle für den R bis zu einem Preis von 100 Euro eine neuen Teekocher kaufen. Insoweit verbleibt der S mithin sowohl hinsichtlich des Preises (bis 100 Euro) als auch in Bezug auf den Kaufgegenstand ein freier Entscheidungsspielraum mit der Konsequenz, dass die S beim Kauf der Sache gegenüber E eine eigene Willenserklärung im Sinne des § 164 Abs. 1 Satz 1 BGB abgibt. Die erste Voraussetzung der Stellvertretung ist auf Seiten der S erfüllt, die S gibt eine eigene Willenserklärung ab und ist folglich nicht bloß Botin gewesen.

b) S muss des Weiteren, um die Voraussetzungen des § 164 Abs. 1 Satz 1 BGB zu erfüllen, im Namen des R gehandelt haben. S kauft die Maschine ausdrücklich im Namen des R. Die zweite Voraussetzung der Stellvertretung aus § 164 Abs. 1 Satz 1 BGB, das Handeln im Namen des Vertretenen, ist im vorliegenden Fall somit gegeben.

c) Schließlich muss S ihre zum Vertragsschluss führende Willenserklärung auch innerhalb der ihr zustehenden Vertretungsmacht abgegeben haben.

R hatte der S gegenüber erklärt, sie möge bis zu einem Preis von 100 Euro einen Teekocher kaufen. In dieser Erklärung liegt gemäß § 167 Abs. 1 BGB die Erteilung einer »Innenvollmacht« mit dem von R bezeichneten Inhalt. Die S hat nun zwar nur 99 Euro ausgegeben und insoweit die Grenzen der Vollmacht eingehalten, indessen hat sie keinen Teekocher, sondern eine Kaffeemaschine gekauft. Damit hat die S ihre Vollmacht in Bezug auf den Kaufgegenstand überschritten bzw. etwas ganz anderes gekauft als von R beabsichtigt. S handelte folglich nicht mehr innerhalb der ihr zustehenden Vertretungsmacht mit der Konsequenz, dass diese Erklärung der S über § 164 Abs. 1 Satz 1 BGB keine Rechtswirkungen für R entfalten kann.

S handelt beim Kauf der Kaffeemaschine zwar im Namen des R und auch mit einer eigenen Willenserklärung, allerdings überschreitet die S mit dem Erwerb dieser Sache die ihr zustehende Vertretungsmacht. Es mangelt mithin an der dritten Voraussetzung des § 164 Abs. 1 Satz 1 BGB. Somit können auch die Rechtsfolgen des § 164 Abs. 1 Satz 1 BGB, die Wirkung der Erklärung der S für und gegen den R, nicht eintreten. R muss sich folglich die Erklärung der S auch nicht über § 164 Abs. 1 Satz 1 BGB zurechnen lassen und kann demnach grundsätzlich aus keinem Vertrag mit E in Anspruch genommen werden.

3.) Etwas anderes kann sich indessen noch aus § 177 Abs. 1 BGB ergeben. Gemäß § 177 Abs. 1 BGB hängt die Wirksamkeit eines ohne Vertretungsmacht geschlossenen Vertrages für und gegen den Vertretenen von der Genehmigung des Vertretenen ab. Die Genehmigung ist gemäß § 184 Abs. 1 BGB die nachträgliche Zustimmung, die auf den Zeitpunkt der Vornahme des ursprünglichen Rechtsgeschäfts zurück wirkt. Bis zur Abgabe oder der Verweigerung der Genehmigung ist der vom Vertreter ohne Vertretungsmacht geschlossene Vertrag schwebend unwirksam.

R hätte demnach mit einer Genehmigung, die gemäß § 177 Abs. 2 BGB sowohl gegenüber dem Vertreter als auch gegenüber dem Geschäftspartner erklärt werden kann, dem schwebend unwirksamen Vertrag rückwirkend und vollständig Wirksamkeit verleihen können.

Allerdings erteilt R im vorliegenden Fall gerade keine Genehmigung, er sagt vielmehr ausdrücklich, er werde die Rechnung nicht zahlen. Dies hat zur Folge, dass das von S mit E geschlossene Geschäft aus seiner bislang schwebenden in eine endgültige Unwirksamkeit übergeht. S handelt demnach weder beim Abschluss des Vertrages innerhalb der ihr zustehenden Vertretungsmacht noch wird dieser Mangel durch eine spätere Genehmigung geheilt. Es fehlt an einer von R erteilten Genehmigung im Sinne der §§ 177 Abs. 1, 184 Abs. 1 BGB, mit der R das schwebend unwirksame Geschäft noch hätte heilen können. Der von S ohne Vertretungsmacht geschlossene Kaufvertrag zwischen E und R ist mithin endgültig unwirksam.

Ergebnis: Damit ist kein Kaufvertrag über die Kaffeemaschine im Sinne des § 433 BGB zwischen R und E zustande gekommen. E steht gegen R somit auch kein Zahlungsanspruch aus § 433 Abs. 2 BGB zu.

II.) E könnte aber gegen S ein Anspruch auf Zahlung der 99 Euro aus § 179 Abs. 1 BGB zustehen.

Der Anspruch ist gemäß § 179 Abs. 1 BGB dann begründet, wenn der Vertreter einen Vertrag ohne Vertretungsmacht geschlossen und der Vertretene diesen Vertrag nicht mit einer Genehmigung nachträglich geheilt hat.

1.) S war im vorliegenden Fall – wie soeben ausführlich erörtert – Vertreterin ohne Vertretungsmacht, hat im Namen des R einen Vertrag mit E geschlossen und R als Vertretener hat später die Genehmigung für diesen Vertrag verweigert. Die Anspruchsvoraussetzungen des § 179 Abs. 1 BGB liegen vor.

2.) Gemäß § 179 Abs. 1 BGB kann der andere Teil, also der gutgläubige Geschäftspartner, wahlweise die Erfüllung des Vertrages oder aber Schadensersatz wegen Nichterfüllung fordern.

In vorliegenden Fall hat E folglich die Möglichkeit, von S die Erfüllung des vermeintlich geschlossenen Vertrages zu fordern. Geschlossen hatte S einen unwirksamen Kaufvertrag im Sinne des § 433 BGB mit E, und zwar im Namen des R. Aus diesem Kaufvertrag wäre R zur Kaufpreiszahlung in Höhe von 99 Euro verpflichtet gewesen mit der Folge, dass E von S diesen Betrag über § 179 Abs. 1 BGB einfordern kann. S wird damit zwar nicht Vertragspartnerin des E, hat aber dennoch den aus dem Vertrag resultierenden Anspruch zu befriedigen.

Ergebnis: E steht gegen S ein Anspruch auf Zahlung der 99 Euro aus dem § 179 Abs. 1 BGB zu.

Fall 15

Frauen!

Beim sonntäglichen Spaziergang sieht Rechtsanwalt R im Schaufenster des Elektrohändlers H unter diversen Sonderangeboten auch ein TV-Gerät zum Preis von 350 Euro. R ist sofort begeistert. Da er aber in den kommenden drei Tagen auf Geschäftsreise unterwegs ist, beauftragt er am Abend seine Schwester S, für ihn am nächsten Tag das Gerät zu erwerben und übergibt S auch das notwendige Geld. Am nächsten Morgen erscheint S bei H und kauft mit dem von R erhaltenen Geld den Fernseher, vergisst allerdings aus Schusseligkeit, dem H zu sagen, dass sie das TV-Gerät für ihren Bruder R kaufen soll.

R kehrt mittwochs abends zurück, schaltet den neuen Fernseher an und stellt fest, dass der Bildschirm kaputt ist. Als R tags darauf bei H erscheint und wegen des Defekts einen neuen Fernseher verlangt, meint H, er könne sich nicht erinnern, mit R einen Vertrag geschlossen zu haben. Den Fernseher habe er vielmehr vor drei Tagen an eine Frau verkauft.

Kann R von H die Lieferung eines neuen Fernsehers verlangen?

> **Schwerpunkte:** Das Geschäft für den, den es angeht; Handeln im eigenen Namen, aber mit Vertreterwillen; Funktion des § 164 Abs. 2 BGB; der Offenkundigkeitsgrundsatz nach § 164 Abs. 1 BGB; Übereignung an den, den es angeht; Eigentumserwerb mithilfe des Vertreters.

Lösungsweg

Anspruch des R gegen H auf Lieferung eines neuen Gerätes

AGL.: §§ 439 Abs. 1, 437 Nr. 1, 434 BGB (Nacherfüllung)

Voraussetzung für diesen Anspruch aus § 439 Abs. 1 BGB des R gegen H ist selbstverständlich, dass zwischen R und H überhaupt ein wirksamer ***Kaufvertrag*** im Sinne des § 433 BGB geschlossen worden ist. Ein Kaufvertrag kommt zustande durch zwei übereinstimmende Willenserklärungen, dem Antrag und der Annahme.

In unserem Fall ist nun allein problematisch, dass der R selbst gegenüber H überhaupt keine Willenserklärung abgegeben hat; gehandelt hat insoweit allein die S. Es fragt sich demnach, ob die Erklärung der S für den R Wirkung entfaltet. Das ist dann der Fall, wenn die S gemäß **§ 164 Abs. 1 Satz 1 BGB** als Stellvertreterin des R beim Kauf des Fernsehers aufgetreten ist.

Voraussetzungen der Stellvertretung:

1.) Die S muss zunächst eine ***eigene*** Willenserklärung gegenüber dem H abgegeben haben; erforderlich ist insoweit ein eigener Entscheidungsspielraum des Bevollmächtigten. Übermittelt der Beauftragte hingegen lediglich eine fremde, bereits vorher in allen Einzelheiten feststehende Willenserklärung eines anderen, handelt es sich um eine Botenschaft, auf die die §§ 164 ff. BGB nicht unmittelbar Anwendung finden (NK/*Stoffels* § 164 BGB Rz. 27; *Medicus* AT Rz. 887; *Rüthers/Stadler* AT § 29 Rz. 8; *Palandt/Ellenberger* vor § 164 BGB Rz. 11).

Unter Berücksichtigung dessen wird man im vorliegenden Fall auf den ersten Blick eigentlich sagen müssen, dass die S allein dazu beauftragt war, das Gerät zum Preis von 350 Euro für den R zu erwerben; von einem eigenen Entscheidungsspielraum kann hier nicht die Rede sein.

> **Aber:** Die Unterscheidung bzw. Abgrenzung zwischen Stellvertretung und Botenschaft erfolgt anhand des ***äußeren Erscheinungsbildes***; gefragt wird demnach nicht, wie das Innenverhältnis ausgestaltet war, sondern nur, wie der Geschäftspartner bzw. ein objektiver Dritter das Auftreten des Bevollmächtigten verstehen musste (BAG NJW **2008**, 1243; *Bamberger/Roth/Habermeier* § 164 BGB Rz. 11; MüKo/*Schubert* § 164 BGB Rz. 71; *Staudinger/Schilken* vor § 164 BGB Rz. 74; PWW/*Frensch* vor § 164 BGB Rz. 18; *Soergel/Leptien* vor § 164 BGB Rz. 44). Im vorliegenden Fall hat S gegenüber H erklärt, dass sie das TV-Gerät zum Preis von 350 Euro kaufen wolle. In dieser Erklärung war aus der Sicht des Erklärungsempfängers H nicht zu erkennen, dass S lediglich als Übermittlerin und damit als Botin einer fremden Erklärung auftrat (zumal die S ja auch noch vergessen hatte überhaupt zu sagen, dass sie für den R handelt).

<u>**ZE.**</u>**:** Mithin gibt die S hier eine eigene Willenserklärung ab, die Regeln der Stellvertretung aus den §§ 164 ff. BGB sind somit grundsätzlich anwendbar.

2.) S muss des Weiteren ***im Namen des Vertretenen*** gehandelt haben (§ 164 Abs. 1 Satz 1 BGB). Hinter dieser gesetzlichen Formulierung steckt der sogenannte **»Offenkundigkeitsgrundsatz«**, der besagt, dass es für den Geschäftspartner offenkundig (= sichtbar) sein muss, mit wem er denn nun den Vertrag schließt, zumindest aber, dass der Handelnde nicht sein Vertragspartner ist (BGH MDR **2015**, 326; BGH NJW **1998**, 62; BGH NJW **1989**, 164; MüKo/*Schubert* § 164 BGB Rz. 107). Der Vertreter muss entweder ausdrücklich kundtun, dass er für einen anderen handelt oder dies ergibt sich aus den Umständen des Geschäfts (lies: **§ 164 Abs. 1 <u>Satz 2</u> BGB**).

Problem: In unserem Fall sagt die S gar nichts in dieser Hinsicht (Schusseligkeit!) und ein Handeln für den R ergibt sich auch nicht aus den Umständen des Geschäfts. Die S kauft das TV-Gerät damit nach außen hin sogar im ***eigenen Namen***. Und liest man nun mal die Regel des **§ 164 Abs. 2 BGB**, müsste dies eigentlich zur Folge haben, dass

S diesen Vertrag für sich ***selbst*** geschlossen hat, **denn**: Wer bei der Stellvertretung nicht das Handeln im fremden Namen offenlegt, wird selbst Verpflichteter aus der Erklärung, er tätigt dann ein ***Eigengeschäft*** (BGH MDR **2015**, 326; BGH NJW **2013**, 1946; BGH NJW-RR **1992**, 1010; MüKo/*Schubert* § 164 BGB Rz. 107; *Palandt/Ellenberger* § 164 BGB Rz. 16; *Brox/Walker* AT Rz. 529; *Rüthers/Stadler* AT § 30 Rz. 6).

Durchblick: Bitte beachte, dass der Wortlaut des **§ 164 Abs. 2 BGB** vom Gesetzgeber außerordentlich unglücklich gewählt ist. Verständlich wird die Vorschrift, wenn man den Text des Gesetzes leicht abwandelt, und zwar so:

»Tritt der Wille, in fremdem Namen zu handeln, nicht erkennbar hervor, ***so wird er nicht berücksichtigt.«***

Andere Formulierung, aber gleicher Inhalt; nämlich die Unbeachtlichkeit des Willens, in fremdem Namen zu handeln, wenn man das nicht auch gegenüber dem Geschäftspartner sagt. Es gilt also nur das nach ***außen Sichtbare***, ein dem entgegenstehender innerer Wille ist unbeachtlich.

Feinheit (schwer!): Neben dieser gerade geschilderten Aussage beinhaltet der § 164 Abs. 2 BGB dann noch eine weitere Regel, und zwar: Die Willenserklärung des Vertreters, der seinen Willen, im fremden Namen zu handeln, nicht kundtut, ist für den Vertreter wegen § 164 Abs. 2 BGB auch nicht mehr anfechtbar wegen Irrtums nach den §§ 119, 142 BGB. Das heißt, der Vertreter bleibt an seiner Erklärung – und damit am ganzen Geschäft! – hängen; er wird Vertragspartner des anderen (BGH NJW-RR **1992**, 1011; MüKo/*Schubert* § 164 BGB Rz. 107; *Palandt/Ellenberger* § 164 BGB Rz. 16; *Bamberger/Roth/Habermeier* § 164 BGB Rz. 43).

Zurück zu unserem Fall: Nach dem bisher Gesagten ist nun klar, dass die S weder ausdrücklich im Namen des R gehandelt hat, noch ergibt sich dieses Handeln im fremden Namen aus den Umständen des Geschäfts. Und dies hat zur Konsequenz, dass an sich die Regel des **§ 164 Abs. 2 BGB** gilt, der anders lautende Wille der S wird nicht berücksichtigt, sie hat ein ***eigenes*** Geschäft getätigt.

ZE.: Die S hat, da sie ihren Willen, für den R zu handeln, nicht kundgetan hat, ein eigenes Geschäft getätigt. Der von § 164 Abs. 1 Satz 1 BGB geforderte ***Offenheitsgrundsatz*** ist von S nicht beachtet worden. Dies hätte zur Konsequenz, dass die S das Geschäft wegen **§ 164 Abs. 2 BGB** für sich selbst geschlossen hat, es liegt ein Eigengeschäft vor.

Aber aufgepasst:

Es gibt Fälle, in denen der eben beschriebene Offenheitsgrundsatz bei der Stellvertretung entbehrlich ist oder nur eingeschränkt gilt. Und um das zu kapieren, müssen wir uns gerade noch mal anschauen, ***warum*** überhaupt das Gesetz in § 164 Abs. 1 BGB fordert, dass der Stellvertreter ***offenkundig*** handelt, dem Geschäftspartner also sagt, dass er für einen anderen bzw. in dessen Namen handelt:

> Das Handeln im fremden Namen dient hauptsächlich dem Schutz des ***Geschäftspartners***. Der soll und muss nämlich wissen, mit wem er den Vertrag schließt oder zumindest, dass sein Vertragspartner nicht die Person ist, die ihm gerade gegenüber steht (NK/*Stoffels* § 164 BGB Rz. 9; *Medicus* AT Rz. 905). Nur unter diesen Voraussetzungen kann der Geschäftspartner etwa das Risiko des Geschäfts abschätzen, also z.B. ob sein Vertragspartner zahlungsfähig ist oder ob er mit dieser vertretenen Person aus anderen Gründen vielleicht gar keinen Vertrag abschließen möchte. Man kann niemandem zumuten, einen Vertrag mit einer ihm nicht bekannten Person abzuschließen (*Medicus* a.a.O.)

Diesem Schutz des Geschäftspartners dient die Regelung in § 164 Abs. 1 BGB, wonach der Vertreter stets ***im Namen des Vertretenen*** handeln muss, soll der Vertretene auch tatsächlich wirksam verpflichtet werden.

Und aus diesen Gedanken folgt nun auch die ***Ausnahme*** zum Offenkundigkeitsprinzip des § 164 Abs. 1 BGB: Das sind nämlich dann die Fälle, in denen der Geschäftspartner gar kein Interesse daran hat zu wissen, mit wem konkret er den Vertrag geschlossen hat. So fehlt nach herkömmlicher Betrachtungsweise das Interesse des Geschäftspartners an der Offenkundigkeit, wenn zur Erfüllung des Geschäfts ***sofort*** und ***in bar bezahlt*** worden ist. Hier ist der Partner ausnahmsweise ***nicht*** schutzbedürftig: Denn sein Interesse am Vertragsschluss liegt allein in der ***Zahlung*** des Geldes an ihn, und dieses Geld hat er sofort erhalten. Es wird ihm deshalb in der Regel dann auch gleichgültig sein, ob nun tatsächlich die zahlende Person sein Geschäftspartner ist, oder aber diese Person nur für einen anderen gehandelt hat. Denn – wie gesagt – sein Interesse am Vertrag ist mit der Leistung des Geldes erloschen, unabhängig davon, wer nun der Vertragspartner gewesen ist. Im Regelfall spielen sich solche Vertragsschlüsse im alltäglichen Leben ab, soweit eben die Erfüllung mit Bargeld erfolgt.

Und aus genau diesen Überlegungen hat sich das Rechtsinstitut des ***Geschäfts für den, den es angeht*** gebildet (BGH MDR **2016**, 11; BGH NJW **1955**, 590; BGHZ **114**, 79; RGZ **100**, 192; RGZ **140**; 231; OLG Düsseldorf NJW **1992**, 1707; PWW/*Frensch* § 164 BGB Rz. 36; MüKo/*Schubert* § 164 BGB Rz. 124; *Palandt/Ellenberger* § 164 BGB Rz. 8). Demnach soll bei den sogenannten ***Bargeschäften des täglichen Lebens*** das Handeln im Namen des Vertretenen ausnahmsweise und entgegen der eigentlichen Regelung des § 164 Abs. 1 BGB entbehrlich sein (MüKo/*Schubert* § 164 BGB Rz. 124). Die Willenserklärung des Vertreters wirkt dann auch ohne Offenlegung der Umstände gemäß § 164 Abs. 1 Satz 1 BGB ***direkt*** für und gegen den Vertretenen. Die Regel des § 164 Abs. 2 BGB, wonach der Vertreter in solchen Fällen eigentlich selbst verpflichtet wird, gilt in diesem Falle ***nicht***.

Zum Fall: Es müsste sich also, um hier den Offenkundigkeitsgrundsatz nach dem gerade erklärten Prinzip entbehrlich zu machen, um ein ***Geschäft für den, den es an-***

geht handeln. Und das setzt nach dem soeben Erläuterten voraus, dass es sich um ein Bargeschäft des täglichen Lebens handelt, bei dem es dem Geschäftspartner wegen der sofortigen Erfüllung der Vertragspflichten gleichgültig ist, mit wem er den Vertrag geschlossen hat.

Und davon wird man bei dem hier in Frage stehenden Geschäft auch ausgehen können: Denn der H hat das TV-Gerät an die S verkauft und S hat den geschuldeten Kaufpreis sogleich und vor allem ***in bar*** bezahlt. In diesem Fall gibt es keine Schutzbedürftigkeit des Vertragspartners H, die bei dieser Konstellation ein Einhalten des Offenkundigkeitsgrundsatzes erforderlich macht.

ZE.: Es handelt sich bei dem hier zu prüfenden Vertrag um ein ***Geschäft für den, den es angeht*** mit der Folge, dass das von § 164 Abs. 1 Satz1 BGB geforderte Handeln im fremden Namen (der Offenheitsgrundsatz) entbehrlich ist. Es schadet mithin nicht für die Wirksamkeit der Stellvertretung, dass die S beim Abschluss des Vertrages vergessen hatte zu sagen, dass sie den Fernseher für den R kaufen sollte.

ZE.: Die 2. Voraussetzung der Stellvertretung, das Handeln im fremden Namen, liegt zwar nicht vor, ist im hier zu prüfenden Fall indessen ***entbehrlich***.

3.) Die S muss schließlich, um die Rechtsfolgen des § 164 Abs. 1 Satz 1 BGB herbeizuführen, ***innerhalb der ihr zustehenden Vertretungsmacht*** gehandelt haben. Das ist hier kein Problem: Der R hatte S beauftragt, das TV-Gerät zum Preis von 350 Euro zu kaufen und ihr damit gemäß § 167 Abs. 1, 1 Alt. BGB eine sogenannte »Innenvollmacht« erteilt. Und diese Vollmacht hat die S mit dem Geschäft auch eingehalten.

ZE.: S handelte auch innerhalb der ihr zustehenden Vertretungsmacht und hat somit auch die dritte und letzte Voraussetzung der Stellvertretung nach § 164 Abs. 1 Satz 1 BGB erfüllt.

ZE.: Und damit treten die Rechtsfolgen des § 164 Abs. 1 Satz 1 BGB ein, die Willenserklärung der S wirkt für und gegen den R. Der R ist folglich Vertragspartner des H in Bezug auf den Kauf des Fernsehers geworden.

Erg.: Der R kann somit von H die Lieferung eines neuen Fernsehers aus der Gewährleistungsvorschrift des § 439 Abs. 1 BGB fordern.

Noch ein kurzer Nachtrag (schwer!):

Wir haben jetzt gesehen, dass der ***schuldrechtliche*** Vertrag auch dann gemäß § 164 Abs. 1 Satz 1 BGB für und gegen den Hintermann wirkt, wenn der Vertreter bei einem Bargeschäft des täglichen Lebens vergisst, den Namen des Vertretenen zu erwähnen. Das war das ***Geschäft für den, den es angeht***, das deshalb möglich ist, weil es an der Schutzbedürftigkeit des Vertragspartners fehlt. Daher ist das Handeln im fremden Namen entbehrlich und die Vorschrift des § 164 Abs. 2 BGB gilt auch nicht; verpflichtet wird nicht der Vertreter, sondern allein der Hintermann.

Diese Regel gilt darüber hinaus nun auch für das ***dingliche*** Geschäft, also vor allem auch für die Eigentumsübertragung (BGH MDR **2016**, 11). Dort heißt das Ganze dann **»Übereignung an den, den es angeht«** und funktioniert – in Kurzfassung – so:

> Mit der Übergabe an den Stellvertreter wird der Hintermann nicht nur schuldrechtlich verpflichtet, sondern auch sofort ***Eigentümer*** der Sache nach **§ 929 Satz 1 BGB**. Und zwar deshalb, weil der Vertreter auch die Einigungserklärung des § 929 Satz 1 BGB für den Vertretenen abgibt und im Übrigen dem Hintermann entweder den mittelbaren Besitz nach § 868 BGB oder aber als Besitzdiener nach § 855 BGB die erforderliche Besitzposition verschafft, was beides für § 929 Satz 1 BGB ausreicht (BGH MDR **2016**, 11; BGHZ **67**, 209; *Prütting* Rz. 376; *Palandt/Bassenge* § 929 BGB Rz. 9).

Keine Panik: Das muss man – gerade als Anfänger – nicht direkt in allen Einzelheiten verstehen (vgl. dazu dann *Schwabe*, Lernen mit Fällen, Sachenrecht, Seite 14 ff.). Wichtig ist hier für uns vor allem das Ergebnis, also, dass das *Geschäft für den, den es angeht* sowohl schuldrechtliche als auch ***dingliche*** Wirkung entfaltet. Der Vertretene wird also nicht nur schuldrechtlich verpflichtet, sondern erhält auch dinglich die entsprechende Rechtsposition (vgl. etwa BGH MDR **2016**, 11).

In unserem Ausgangsfall ist der R beispielsweise mit der Übergabe des Fernsehers an S nicht nur Kaufvertragspartner des H aus § 433 BGB geworden (das war unsere Prüfung oben in der Lösung), sondern hat auch im selben Moment von H das ***Eigentum*** nach § 929 Satz 1 BGB an dem Gerät erlangt.

Gutachten

R könnte gegen H einen Anspruch auf Lieferung eines neuen TV-Gerätes aus den §§ 439 Abs. 1, 437 Nr. 1, 434 BGB haben.

Voraussetzung für diesen Anspruch ist, dass zwischen R und H ein wirksamer Kaufvertrag im Sinne des § 433 BGB geschlossen wurde. Ein Kaufvertrag kommt zustande durch zwei übereinstimmende Willenserklärungen, dem Antrag und der Annahme.

I.) Im vorliegenden Fall ist problematisch, dass der R selbst gegenüber H überhaupt keine Willenserklärung abgegeben hat; gehandelt hat insoweit allein die S. Es fragt sich demnach, ob die Erklärung der S für den R Wirkung entfaltet. Das ist dann der Fall, wenn die S gemäß § 164 Abs. 1 Satz 1 BGB als Stellvertreterin des R beim Kauf des Fernsehers aufgetreten ist.

1.) Die S muss zunächst eine eigene Willenserklärung gegenüber H abgegeben haben; erforderlich ist insoweit ein eigener Entscheidungsspielraum des Bevollmächtigten. Übermittelt der Beauftragte hingegen lediglich eine fremde, bereits vorher in allen Einzelheiten feststehende Willenserklärung eines anderen, handelt es sich um eine Botenschaft, auf die die §§ 164 ff. BGB nicht unmittelbar Anwendung finden.

Unter Berücksichtigung dessen ist im vorliegenden Fall zunächst festzustellen, dass die S allein dazu beauftragt war, das Gerät zum Preis von 350 Euro für den R zu erwerben; von einem eigenen Entscheidungsspielraum kann hier nicht die Rede sein. Indessen erfolgt die Unterscheidung bzw. Abgrenzung zwischen Stellvertretung und Botenschaft anhand des äußeren Erscheinungsbildes. Gefragt wird demnach nicht, wie das Innenverhältnis ausgestaltet war, sondern nur, wie der Geschäftspartner bzw. ein objektiver Dritter das Auftreten des Bevollmächtigten verstehen musste. Im vorliegenden Fall hat S gegenüber H erklärt, dass sie das TV-Gerät zum Preis von 350 Euro kaufen wolle. In dieser Erklärung war aus der Sicht des Erklärungsempfängers H nicht zu erkennen, dass S lediglich als Übermittlerin und damit als Botin einer fremden Erklärung auftrat.

Mithin gibt die S hier eine eigene Willenserklärung ab, die Regeln der Stellvertretung aus den §§ 164 ff. BGB sind somit grundsätzlich anwendbar.

2.) S muss des Weiteren im Namen des Vertretenen gehandelt haben. Der Vertreter muss entweder ausdrücklich kundtun, dass er für einen anderen handelt oder dies ergibt sich gemäß § 164 Abs. 1 Satz 2 BGB aus den Umständen des Geschäfts.

a) Im vorliegenden Fall gibt S in dieser Hinsicht keine entsprechende Erklärung ab und ein Handeln für den R ergibt sich auch nicht aus den Umständen des Geschäfts. S kauft das TV-Gerät damit nach außen hin im eigenen Namen. Gemäß § 164 Abs. 2 BGB müsste dies eigentlich zur Folge haben, dass S diesen Vertrag für sich selbst geschlossen hat. Wer bei der Stellvertretung nicht das Handeln im fremden Namen offen legt, wird selbst Verpflichteter aus der Erklärung, er tätigt ein Eigengeschäft.

Der von § 164 Abs. 1 Satz 1 BGB geforderte Offenheitsgrundsatz ist von S nicht beachtet worden. Dies hätte zur Konsequenz, dass die S das Geschäft wegen § 164 Abs. 2 BGB grundsätzlich für sich selbst geschlossen hat.

b) Etwas anderes könnte sich aber noch aus dem sogenannten »Geschäft für den, den es angeht« ergeben.

Das Offenkundigkeitsprinzip des § 164 Abs. 1 BGB soll den Geschäftspartner schützen und ist demnach dann entbehrlich, wenn der Geschäftspartner gar kein Interesse daran hat zu wissen, mit wem konkret er den Vertrag geschlossen hat. So fehlt nach herkömmlicher Betrachtungsweise das Interesse des Geschäftspartners an der Offenkundigkeit, wenn zur Erfüllung des Geschäfts sofort und in bar bezahlt worden ist. Hier ist der Partner ausnahmsweise nicht schutzbedürftig, denn sein Interesse am Vertragsschluss liegt allein in der Zahlung des Geldes an ihn, und dieses Geld hat er sofort erhalten. Es wird ihm deshalb in der Regel dann auch gleichgültig sein, ob nun tatsächlich die zahlende Person sein Geschäftspartner ist, oder aber diese Person nur für einen anderen gehandelt hat. Bei den sogenannten Bargeschäften des täglichen Lebens ist das Handeln im Namen des Vertretenen daher ausnahmsweise und entgegen der eigentlichen Regelung des § 164 Abs. 1 BGB entbehrlich. Die Willenserklärung des Vertreters wirkt dann auch ohne Offenlegung der Umstände gemäß § 164 Abs. 1 Satz 1 BGB direkt für und gegen den Vertretenen. Die Regel des § 164 Abs. 2 BGB, wonach der Vertreter in solchen Fällen eigentlich selbst verpflichtet wird, gilt in diesem Falle nicht.

Es müsste sich also, um hier den Offenkundigkeitsgrundsatz nach dem gerade erklärten Prinzip entbehrlich zu machen, um ein Geschäft für den, den es angeht handeln. Das setzt nach dem soeben Erläuterten voraus, dass es sich um ein Bargeschäft des täglichen Lebens handelt, bei dem es dem Geschäftspartner wegen der sofortigen Erfüllung der Vertragspflichten gleichgültig ist, mit wem er den Vertrag geschlossen hat.

Davon wird man bei dem hier in Frage stehenden Geschäft ausgehen können: H hat das TV-Gerät an die S verkauft und S hat den geschuldeten Kaufpreis sogleich und vor allem in bar bezahlt. In diesem Fall gibt es keine Schutzbedürftigkeit des Vertragspartners H, die bei dieser Konstellation ein Einhalten des Offenkundigkeitsgrundsatzes erforderlich macht. Es handelt sich bei dem hier zu prüfenden Vertrag somit um ein Geschäft für den, den es angeht mit der Folge, dass das von § 164 Abs. 1 Satz1 BGB geforderte Handeln im fremden Namen (der Offenheitsgrundsatz) entbehrlich ist. Es schadet mithin nicht für die Wirksamkeit der Stellvertretung, dass die S beim Abschluss des Vertrages vergessen hatte zu sagen, dass sie den Fernseher für den R kaufen sollte.

Die zweite Voraussetzung der Stellvertretung, das Handeln im fremden Namen, liegt zwar nicht vor, ist im hier zu prüfenden Fall indessen entbehrlich.

3.) Die S muss schließlich, um die Rechtsfolgen des § 164 Abs. 1 Satz 1 BGB herbeizuführen, innerhalb der ihr zustehenden Vertretungsmacht gehandelt haben. Der R hatte S beauftragt, das TV-Gerät zum Preis von 350 Euro zu kaufen und ihr damit gemäß § 167 Abs. 1, 1 Alt. BGB eine sogenannte »Innenvollmacht« erteilt. Und diese Vollmacht hat die S mit dem Geschäft auch eingehalten. S handelt innerhalb der ihr zustehenden Vertretungsmacht.

Ergebnis: Damit treten die Rechtsfolgen des § 164 Abs. 1 Satz 1 BGB ein, die Willenserklärung der S wirkt für und gegen den R. Der R ist folglich Vertragspartner des H in Bezug auf den Kauf des Fernsehers geworden. R kann somit von H die Lieferung eines neuen Fernsehers aus der Gewährleistungsvorschrift des § 439 Abs. 1 BGB fordern.

Fall 16

Neue Trikots

T ist Hobby-Trainer einer Fußballmannschaft beim eingetragenen Verein V. In den letzten fünf Jahren hat T – jeweils nach vorheriger Absprache mit dem Vorstand des V – zu Beginn der neuen Saison im August bei dem Händler H im Namen des V neue Trikots für seine Mannschaft bestellt. H sandte anschließend sowohl die Rechnung als auch die Trikots zur Geschäftsstelle des V, von wo aus der V dann die Zahlung veranlasste.

Im August 2016 bestellt T im Namen des V wieder neue Trikots (Preis: 1.000 Euro), dieses Mal allerdings aus Zeitgründen ohne Rücksprache mit dem Vorstand. Als einige Tage später Rechnung und Trikots bei V ankommen, verweigert der Vorstand die Zahlung an H mit der Begründung, man habe sich im Juli entschieden, in diesem Jahr die Trikots der Vorsaison nochmals zu verwenden. T habe man dies nicht ausdrücklich mitgeteilt, da man mangels Anfrage seitens des T sowieso davon ausgegangen war, T wolle in diesem Jahr keine neuen Trikots bestellen. Wenn T nun entgegen der jahrelangen Übung ohne Rücksprache eigenmächtig bestellt habe, müsse er dafür selber zahlen. T hingegen meint, er habe sich darauf verlassen, dass alles so laufe wie in den vergangenen Jahren auch.

H, der für die Beschaffung der Trikots 500 Euro aufgewendet hat, will wissen, welche Ansprüche ihm gegen V zustehen.

> **Schwerpunkte:** Die sogenannten »Rechtsscheinvollmachten«: die Duldungs- und die Anscheinsvollmacht; Voraussetzungen und Rechtsfolgen; dogmatische Einordnung der Anscheinsvollmacht; Anspruch aus § 311 Abs. 2 Nr. 1 BGB; Schadensersatzanspruch aus § 179 BGB.

Lösungsweg

Anspruch des H gegen V auf Zahlung der 1.000 Euro

<u>AGL.</u>: § 433 Abs. 2 BGB (Kaufvertrag)

Damit der Anspruch des H gegen V begründet sein kann, muss ein Kaufvertrag gemäß § 433 BGB über die Trikots zum Preis von 1.000 Euro zwischen V und H geschlossen worden sein. Ein Kaufvertrag kommt zustande durch zwei übereinstimmende Willenserklärungen.

Problem: V selbst bzw. der Vorstand des Vereins (vgl. § 26 Abs. 2 Satz 1, 2. Halbsatz BGB) hat gegenüber H keinerlei entsprechende Erklärung abgegeben. Ein Kaufvertrag zwischen dem V und H kann mithin nur durch das Handeln des T zustande gekommen sein. Wenn der T bei der Bestellung der Trikots den V wirksam nach **§ 164 Abs. 1 Satz 1 BGB** vertreten hat, würde die Erklärung des T für und gegen den Verein V wirken. Es ist folglich zu prüfen, ob T wirksamer Stellvertreter des V war, als er das Geschäft mit H abgeschlossen hat.

Voraussetzungen der Stellvertretung:

1.) T muss beim Kauf der Trikots zunächst eine ***eigene Willenserklärung*** abgegeben haben, ansonsten greifen bekanntermaßen die Regeln über die Botenschaft ein (NK/*Stoffels* § 164 BGB Rz. 27; *Medicus* AT Rz. 887; *Palandt/Ellenberger* vor § 164 BGB Rz. 11; *Rüthers/Stadler* AT § 29 Rz. 8). Das ist im vorliegenden Fall allerdings kein Problem, denn der T hat die Trikots eigenmächtig und ohne jede inhaltliche Vorgabe des Vereins bestellt. Er hat damit einen eigenen Entscheidungsspielraum ausgeschöpft und nicht nur eine fremde Willenserklärung übermittelt.

ZE.: Eine eigene Willenserklärung des T liegt vor, die erste Voraussetzung der Stellvertretung gemäß § 164 Abs. 1 Satz 1 BGB ist gegeben.

2.) Der T muss des Weiteren ***im Namen*** des V gehandelt haben.

Auch kein Problem: T bestellt im Namen des V.

ZE.: Damit liegt auch die zweite Voraussetzung des § 164 Abs. 1 Satz 1 BGB vor.

3.) T muss schließlich auch ***innerhalb der ihm zustehenden Vertretungsmacht*** gehandelt haben.

> **Problem:** Dies ist vorliegend offenbar ***nicht*** gegeben, T hat nämlich keine Rücksprache mit dem Vorstand gehalten, sondern vielmehr eigenmächtig die Trikots bestellt. Demnach mangelt es für das vorliegende Geschäft an einer durch Rechtsgeschäft erteilten Vertretungsmacht; der Verein hat weder eine Innenvollmacht ausdrücklich erteilt (§ 167 Abs. 1, 1. Alt. BGB) noch gegenüber dem Geschäftspartner eine Außenvollmacht angezeigt (§ 167 Abs. 1, 2. Alt. BGB). Und damit ist T zunächst Vertreter ohne Vertretungsmacht (»**falsus procurator**«) und die Wirksamkeit des somit schwebend unwirksamen Geschäfts richtet sich nach den **§§ 177 ff. BGB** (BGH MDR **2015**, 169). Der Vorstand hat für das Geschäft des T die Genehmigung (= nachträgliche Zustimmung, § 184 Abs. 1 BGB) ausdrücklich verweigert, es fehlt somit gemäß **§ 177 Abs. 1 BGB** auch an einer nachträglichen Heilung der bei Vertragsschluss nicht vorliegenden Vertretungsmacht.

ZE.: Der Kauf der Trikots seitens des T war ein Geschäft, das der T ohne die erforderliche Vertretungsmacht getätigt hat. Das Geschäft war zunächst schwebend unwirksam und im Folgenden dann auch ***nicht*** gemäß § 177 Abs. 1 BGB durch eine Genehmigung des Vereins nach § 184 Abs. 1 BGB nachträglich geheilt worden (vgl. BGH MDR **2015**, 169). Der Verein V muss somit für dieses Geschäft grundsätzlich ***nicht*** einstehen, er ist nicht verpflichtet worden durch die Erklärung des T gegenüber H. Und in Konsequenz dessen wäre somit nun allein der T gegenüber dem H ersatzpflichtig für die Trikots (→ § 179 Abs. 1 BGB).

Aber: Etwas anderes kann sich im vorliegenden Fall noch aus einer der beiden sogenannten **»Rechtsscheinvollmachten«** ergeben, und zwar der »Duldungsvollmacht« und der »Anscheinsvollmacht«. Bei diesen Vollmachten handelt es sich um Konstruktionen, die von der Wissenschaft und der Rechtsprechung erfunden worden sind, um folgender Situation gerecht zu werden: Es gibt Konstellationen, in denen der Geschäftspartner auf das Bestehen einer – tatsächlich aber **nicht** erteilten – Vertretungsmacht der handelnden Person vertrauen durfte. Das kann z.B. daran liegen, dass der Vertreter schon mehrfach vorher für den Hintermann mit Vertretungsmacht gehandelt hat oder etwa auch, wenn der Handelnde sich mit äußerem Anschein (z.B. entsprechendem Briefpapier oder Visitenkarte) ***glaubhaft*** als Vertreter geriert, es aber tatsächlich nicht ist.

Durchblick: Wenn nun der »Vertretene« (also der Hintermann) in solchen Fällen weiß oder aber wenigstens hätte wissen können, dass der Vertreter gegenüber einem anderen als Bevollmächtigter auftritt, erscheint es unter Umständen gerecht und sinnvoll, den Hintermann trotz nicht erteilter Vertretungsmacht für das Handeln des »Vertreters« (ist er ja eigentlich gar nicht!) in entsprechender Anwendung des **§ 164 Abs. 1 BGB** dennoch haftbar zu machen, sprich die Willenserklärung des Handelnden ihm zuzurechnen. Denn der Geschäftspartner hat ja an die Vertretungsmacht geglaubt und der Hintermann hätte diesen Zustand (bzw. diesen Irrtum auf Seiten des Geschäftspartners) verhindern können.

Die Lehre unterscheidet bei den sogenannten »Rechtsscheinvollmachten« zwischen der Duldungsvollmacht und der Anscheinsvollmacht. Beide Vollmachten betreffen unterschiedliche Situationen und sollten vom Kandidaten deshalb bitte auch sorgfältig auseinander gehalten werden. Wir schauen uns die Dinger jetzt mal an, müssen allerdings sehr genau hinsehen, denn obwohl die Definitionen vollkommen unstreitig sind, ist die Anwendung der beiden Vollmachten umstritten. Das gleich Folgende erfordert deshalb auch erhöhte Konzentration und vor allem beachtliche rechtliche Auffassungsgabe. Ersparen können wir uns die ganze Sache aber leider nicht, denn die Rechtsscheinvollmachten sind außerordentlich beliebte Klausurmaterie und werden regelmäßig abgefragt. **Also dann:**

a) Die Duldungsvollmacht

Definition: Eine ***Duldungsvollmacht*** liegt vor, wenn der Vertretene ***weiß***, dass ein anderer für ihn handelt, er aber in zurechenbarer Weise dagegen nichts unternimmt und das Verhalten vielmehr duldet (BGH NJW **2011**, 2421; BGH ZIP **2004**, 1492; BGH VersR **1992**, 990; BGH NJW **1966**, 1915; OLG Frankfurt WM **1997**, 20; MüKo/*Schubert* § 167 BGB Rz. 91; *Bamberger/Roth/Habermeier* § 167 BGB Rz. 15;).

b) Die Anscheinsvollmacht

Definition: Eine ***Anscheinsvollmacht*** liegt vor, wenn der Vertretene das Auftreten des anderen in seinem Namen zwar ***nicht kennt***, aber bei pflichtgemäßer Sorgfalt ***hätte erkennen*** und verhindern ***können*** und der Dritte daher annehmen durfte, der Vertretene billige das Verhalten des Vertreters (BGH NJW **2011**, 2421; BGH NJW **1998**, 1854; BGH VersR **1992**, 989, 990; *Staudinger/Schilken* § 167 BGB Rz. 31).

Die dogmatische Erläuterung (schwer!):

- Nach ***herrschender Meinung*** handelt es sich bei der Duldungs- und der Anscheinsvollmacht um Fälle, in denen eine rechtsgeschäftliche Erteilung der Vertretungsmacht seitens des Hintermanns ***nicht*** vollzogen ist. Dennoch haftet der Hintermann so, als hätte er eine Vollmacht erteilt; der vom Vertreter geschlossene Vertrag wirkt in ***analoger*** Anwendung des § 164 Abs. 1 BGB für und gegen den Vertretenen (BGH BB **2014**, 1206; BGH NJW **2011**, 2421; BGH WM **2003**, 1064; BGHZ **144**, 223; BGHZ **86, 275**; BGH NJW **1991**, 1225; BAG DB **1994**, 2503; *Erman/Maier-Reimer* § 167 BGB Rz. 7; RGRK-*Steffen* § 167 BGB Rz. 7; MüKo/*Schubert* § 167 BGB Rz. 91; *Brox/Walker* AT Rz. 562). Der Hintermann haftet in diesen Fällen dafür, dass er nicht eingeschritten ist, obwohl es ihm möglich war. Man ersetzt also die fehlende Erteilung der Vollmacht durch einen ***Rechtsscheintatbestand*** und wendet § 164 Abs. 1 BGB entsprechend an. Darum übrigens heißen diese Vollmachten dann auch »Rechtsscheinvollmachten«.

- Nach ***anderer Ansicht*** muss man die beiden Rechtsinstitute der Duldungs- und der Anscheinsvollmacht in ihrer Entstehung und Anwendung unterteilen (NK/*Ackermann* § 167 BGB Rz. 75/76; *Medicus/Petersen* BR Rz. 101; *Medicus* AT Rz. 907 ff.; *Staudinger/Schilken* § 167 BGB Rz. 29; *Flume* § 49), und zwar:

a) Bei der ***Duldungsvollmacht*** soll sehr wohl eine Vollmachtserteilung des Hintermanns vorliegen. Es handele sich hierbei um eine ***schlüssig*** (konkludent) erteilte Vollmacht dadurch, dass der Hintermann trotz Kenntnis des Handelns des Vertreters nicht eingeschritten ist (*Palandt/Ellenberger* § 172 BGB Rz. 18; *Staudinger/Schilken* § 167 BGB Rz. 29a; *Schreiber* in Jura 1997, 104; *Flume* AT § 49, 3;4; *Wolf/Neuner* AT § 33 I a). Insoweit sei der Wille des Hintermanns zur Vollmachtserteilung sichtbar geworden. Es handelt sich bei der Duldungsvollmacht nach dieser Ansicht mithin um eine

rechtsgeschäftlich (und zwar schlüssig) erteilte Vertretungsmacht im Sinne des § 167 BGB, die dann unter Umständen auch – im Gegensatz zur Rechtsscheinvollmacht – anfechtbar ist (NK/*Ackermann* § 167 BGB Rz. 94).

b) Bei der ***Anscheinsvollmacht*** soll hingegen überhaupt keine Vollmacht vorliegen, und zwar deshalb, weil bloße Fahrlässigkeit nicht zur Begründung einer Vollmachtserteilung führen könne (*Palandt/Ellenberger* § 172 BGB Rz. 11; *Medicus/Petersen* BR Rz. 100; *Medicus* AT Rz. 907; *Staudinger/Schilken* § 167 BGB Rz. 31; *Canaris* in NJW 1966, 2349; *Lüderitz* in JuS 1976, 769; *Hoffmann* in JuS 1970, 451). In diesem Fall scheide eine Haftung des Hintermanns aus vertraglicher Verpflichtung über § 164 Abs. 1 BGB grundsätzlich aus. Es bliebe dann nur eine Haftung aus Verschulden bei der Vertragsanbahnung nach den **§§ 311 Abs. 2 Nr. 1, 280 Abs. 1 BGB** (i.V.m. § 278 BGB) unter Beachtung des § 254 BGB als Haftungsgrundlage gegenüber dem Hintermann; und des Weiteren eine Haftung nach **§ 179 BGB** gegenüber dem vollmachtlosen Vertreter (*Medicus/Petersen* a.a.O.).

Besondere Beachtung verdienen die beiden unterschiedlichen Ansichten zu den Rechtsscheinvollmachten vor allem dann, wenn es im zu entscheidenden Fall um eine ***Anscheinsvollmacht*** geht. Denn bei der Anscheinsvollmacht können die Rechtsfolgen je nach dem welcher Auffassung man sich anschließt, sehr unterschiedlich sein: Während nämlich nach herrschender Meinung der Vertretene bei Vorliegen einer Anscheinsvollmacht auf ***Erfüllung*** aus dem Vertrag haftet, gewährt in diesem Falle die Mindermeinung nur eine Haftung aus ***Vertragsanbahnung*** (§§ 311 Abs. 2 Nr. 1, 280 Abs. 1 BGB), und die ist im Zweifel nur auf das ***negative Interesse*** gerichtet (BGH NJW **1995**, 3390; BGH NJW-RR **1992**, 1436). Der Anspruch des Geschäftspartners kann somit unter Umständen deutlich geringer sein (werden wir gleich an unserem Fall sehen).

Handelt es sich beim zu lösenden Fall in der Klausur hingegen um eine Problematik der ***Duldungsvollmacht***, divergieren die beiden unterschiedlichen Meinungen – jedenfalls im Ergebnis – im Zweifel ***nicht***. Hier liegen die Unterschiede dann ausschließlich in der Herleitung der Vollmacht bzw. der Haftung: Während die herrschende Meinung die Duldungsvollmacht als Fiktion bzw. ***Rechtsschein*** ansieht, meint die Mindermeinung, es habe eine ***schlüssig*** erteilte Vollmacht (also im Sinne des § 167 BGB) vorgelegen. Beide Meinungen gehen sodann aber in jedem Falle davon aus, dass der Vertretene auf ***Erfüllung*** haften soll. Ob diese Haftung nun aus dem Rechtsschein oder aber aus der schlüssig erteilten Vollmacht folgt, ist für das Ergebnis gleichgültig (*Rüthers/Stadler* AT § 30 Rz. 43–44; *Palandt/Ellenberger* § 173 BGB Rz. 11). In der Klausur spielt es daher im Zweifel auch keine fallentscheidende Rolle, welcher Auffassung man bei der Duldungsvollmacht den Vorzug gewährt. Merken.

Zum Fall: Wir gehen jetzt mal zurück zu unserem Fall und müssen dort zunächst klären, welche Art von Rechtsscheinvollmacht hier in Betracht kommt (also Duldungs- oder Anscheinsvollmacht). Haben wir das geklärt, werden wir dann in einem weiteren Schritt prüfen, ob die beiden Meinungen, die wir oben kennengelernt haben, in unserem Fall auch tatsächlich zu unterschiedlichen Ergebnissen führen; wir hatten ja gerade schon gesehen, dass das nur dann in Betracht kommt, wenn es sich um eine ***Anscheinsvollmacht*** handelt. Aber der Reihe nach:

1.) Vorliegend konnte man zunächst über die ***Duldungsvollmacht*** nachdenken und musste sich dann fragen, ob dem V – bzw. dem Vorstand – tatsächlich ***bekannt*** war, dass T für ihn handelt.

> **Vorsicht:** Bitte beachte noch einmal, dass bei der Duldungsvollmacht – wir haben es oben in der Definition gesehen – der Hintermann ***positiv*** wissen muss, dass ein anderer für ihn handelt (bitte noch mal die Definition lesen). Das aber war hier nicht anzunehmen, V wusste nämlich nicht, dass T für ihn handeln würde, jedenfalls steht nichts entsprechend Verwertbares in der Sachverhaltsschilderung. In den vergangenen Jahren war T nur nach vorheriger Absprache mit dem Vorstand tätig geworden. Der Vorstand war sogar davon ausgegangen, dass T in diesem Jahr gerade ***nicht*** bestellen würde, T hatte ja auch gar nicht nachgefragt.

ZE.: Eine Haftung des Vereins aus den Grundsätzen der Duldungsvollmacht kommt nicht in Betracht, denn dem V war nicht positiv bekannt, dass der T für ihn handeln würde.

2.) Es blieb somit die Frage, ob der Tatbestand der ***Anscheinsvollmacht*** vorlag. Mit der oben benannten Definition (bitte auch die noch mal lesen) muss nun argumentiert werden, selbstverständlich unter Verwertung des Sachverhaltes, also: Zunächst war V (dem Vorstand) das Handeln des T jedenfalls nicht positiv bekannt, das haben wir gerade gesagt. Es ist demnach hier jetzt konkret zu fragen, ob **a)** der V bei pflichtgemäßer Sorgfalt hätte erkennen können, dass T für ihn handelt und **b)** H darauf vertrauen durfte, dass T bevollmächtigt ist.

a) Und hierbei ist zunächst beachtlich, dass T in den vergangenen fünf Jahren stets zu Saisonbeginn im August neue Trikots bestellt hat. Es war daher aus der Sicht des V zumindest möglich, dass T das auch in diesem Jahr wieder machen könnte. Gerade angesichts des Umstandes, dass der V bereits im Juli entschieden hatte, in diesem Jahr keine neuen Trikots zu kaufen, oblag es V, den T hiervon in Kenntnis zu setzen und so den Anschein der Vollmacht zu verhindern. Dass dies nicht geschehen ist, begründet den Vorwurf der ***Fahrlässigkeit*** gegenüber V.

b) Aus der Sicht des H sprachen die Umstände nach der 5-jährigen Übung dafür, dass die Bestellung auch in diesem Jahr vom Vorstand des V gedeckt gewesen ist. H hatte in den vergangenen Jahren die Sachen nach Bestellung durch T immer an den V geschickt und von dort dann auch das Geld erhalten. Es bestand daher kein Grund für H, in diesem Jahr an eine Änderung zu glauben, insbesondere steht nicht im Fall, dass H selbst jemals mit dem Vorstand Kontakt hatte; die Bestellung erfolgte immer über T.

Daraus ergibt sich, dass zum einen der V bei Anwendung der zumutbaren Sorgfalt hätte erkennen können, dass T für ihn handeln würde. Des Weiteren liegt aus der

Sicht des H aufgrund der 5-jährigen Übung ein begründeter guter Glaube an die Vollmacht des T vor.

ZE.: Die Voraussetzungen für die Annahme einer Anscheinsvollmacht liegen vor.

3.) Fraglich ist nun des Weiteren, wie sich die unterschiedliche Beurteilung der Anscheinsvollmacht (vgl. oben) hier konkret auf unseren Fall auswirkt. Und tatsächlich führen die beiden Auffassungen auch zu unterschiedlichen Ergebnissen; beginnen wollen wir zunächst mit der oben von uns so benannten Mindermeinung, also der Auffassung, die behauptet, bei der Anscheinsvollmacht läge gar keine Vollmachtserteilung vor:

a) Demnach haftet der Hintermann (also V) ***nicht*** aus dem Rechtsschein einer tatsächlich nicht erteilten Vollmacht auf Erfüllung. Vielmehr steht der Hintermann nur über die Regeln der Haftung bei der Vertragsanbahnung nach den §§ 311 Abs. 2 Nr. 1, 280 Abs. 1 BGB ein mit der Konsequenz, dass zum einen die Haftung auf den ***Vertrauensschaden*** beschränkt ist (BGH NJW-RR **1992**, 1463), zum anderen dafür aber § 278 BGB entsprechend Anwendung findet (*Medicus/Petersen* BR Rz. 100). Der Vertrauensschaden definiert sich in entsprechender Anwendung des § 122 BGB so, dass die Nachteile zu ersetzen sind, die der Vertragspartner im Vertrauen auf die Gültigkeit des Geschäfts erlitten hat (BGH NJW **1984**, 1950).

Also: Der V haftet demnach für sein eigenes Verschulden und das Verschulden des T über § 278 BGB bei der Vertragsanbahnung auf den Vertrauensschaden. Und dieser Vertrauensschaden beträgt vorliegend nur **500 Euro**, denn das ist die Summe, die H im Vertrauen auf die Gültigkeit des Geschäfts zur Beschaffung der Sachen aufgewendet hat (immer vorausgesetzt übrigens, dass die Trikots für den H jetzt keinen Wert mehr haben; wenn doch, müsste man den noch abziehen). Gegenüber T indessen könnte H zunächst über **§ 179 Abs. 1 BGB** vorgehen und dann eigentlich die Erfüllung (= 1.000 Euro) verlangen. Freilich wird man dann aber auch noch über **§ 179 Abs. 2 BGB** nachdenken müssen, denn T handelt möglicherweise ohne Kenntnis des Mangels der Vertretungsmacht (Auslegungsfrage).

ZE.: Nach der ***Mindermeinung*** kann H im vorliegenden Fall von V lediglich **500 Euro** über die Haftung bei der Vertragsanbahnung gemäß den §§ 311 Abs. 2 Nr. 1, 280 Abs. 1 BGB verlangen, von T indessen über § 179 Abs. 1 BGB den gesamten Betrag in Höhe von 1.000 Euro.

b) Nach der Lösung der ***anderen*** (herrschenden) ***Ansicht*** ergibt sich folgendes:

Die Anscheinsvollmacht begründet den ***Rechtsschein*** einer wirksam erteilten Vollmacht mit der Konsequenz, dass ein Vertrag zwischen V und H über T als Vertreter in analoger Anwendung des **§ 164 Abs. 1 BGB** zustande gekommen ist. Und daraus folgt, dass V selbstverständlich Schuldner aus diesem geschlossenen (Kauf-) Vertrag gegenüber H geworden und mithin zur Zahlung aus **§ 433 Abs. 2 BGB** verpflichtet ist (= 1.000 Euro).

Erg.: Je nach verfolgter Meinung steht dem H gegen V somit entweder der volle ***Erfüllungsanspruch*** aus dem Vertrag in Höhe von 1.000 Euro gemäß § 433 Abs. 2 BGB zu (herrschende Meinung); oder aber H kann von V nur aus dem Verschulden bei der Vertragsanbahnung 500 Euro ***Vertrauensschaden*** gemäß den §§ 311 Abs. 2 Nr. 1, 280 BGB fordern (Mindermeinung). Im letztgenannten Fall könnte H dann aber noch zusätzlich gegen T aus § 179 Abs. 1 BGB vorgehen, hätte freilich das Risiko des § 179 Abs. 2 BGB zu tragen.

Und noch ein bisschen Feinkost ganz zum Schluss:

Sofern man mit der herrschenden Meinung dem H den vollen Erfüllungsanspruch zubilligt (vgl. soeben), sollte man noch beachten, dass dem H damit grundsätzlich der Weg versperrt ist, dann noch gegen T als vollmachtlosen Vertreter aus **§ 179 Abs. 1 BGB** vorzugehen. Dies hat der BGH nämlich im Jahre 1983 (BGHZ **86**, 273) entschieden und damit begründet, dass aufgrund der Konstruktion der Rechtsscheinvollmacht der Vertreter zwar tatsächlich ohne Vollmacht im Sinne des § 179 Abs. 1 BGB sei; die Vollmacht sei eben nur durch einen **»Rechtsschein«** ersetzt worden.

Allerdings binde die Anscheinsvollmacht den Hintermann ebenso wie eine durch Rechtsgeschäft erteilte Vollmacht nach § 167 BGB. Er habe daher für das vom Vertreter abgeschlossene Geschäft vollständig einzustehen. Wenn aber nun die Regeln der Vertretung (§ 164 Abs. 1 BGB) eingreifen, sei kein Grund ersichtlich, warum dann noch der Vertreter in Anspruch genommen werden müsse. Schließlich habe § 179 Abs. 1 BGB nur den Fall regeln wollen, in dem der Dritte ***gerade nicht*** auf den Hintermann zugreifen könne. Daher könne der in Anspruch genommene Vertreter sich gegenüber dem Dritten auf das Bestehen einer Anscheinsvollmacht berufen mit der Folge, dass der Dritte – beim Nachweis der Anscheinsvollmacht durch den Vertreter – allein gegen den Hintermann vorgehen müsse (BGHZ **86**, 273).

Gutachten

H könnte gegen V einen Anspruch auf Zahlung der 1.000 Euro aus § 433 Abs. 2 BGB haben.

I.) Damit der Anspruch des H gegen V begründet sein kann, muss ein Kaufvertrag gemäß § 433 BGB über die Trikots zum Preis von 1.000 Euro zwischen V und H geschlossen worden sein. Ein Kaufvertrag kommt zustande durch zwei übereinstimmende Willenserklärungen. V selbst bzw. der Vorstand des Vereins gemäß § 26 Abs. 2 Satz 1, 2. Halbsatz BGB hat gegenüber H keinerlei entsprechende Erklärung abgegeben.

II.) Ein Kaufvertrag zwischen V und H kann mithin nur durch das Handeln des T zustande gekommen sein. Wenn T bei der Bestellung der Trikots den V wirksam nach § 164 Abs. 1 Satz 1 BGB vertreten hat, würde die Erklärung des T für und gegen den Verein V wirken. Es ist folglich zu prüfen, ob T wirksamer Stellvertreter des V war, als er das Geschäft mit H abgeschlossen hat.

1.) T muss beim Kauf der Trikots zunächst eine eigene Willenserklärung abgegeben haben, ansonsten greifen die Regeln über die Botenschaft ein.

Das ist im vorliegenden Fall nicht problematisch, der T hat die Trikots eigenmächtig und ohne jede inhaltliche Vorgabe des Vereins bestellt. Er hat damit einen eigenen Entscheidungsspielraum ausgeschöpft und nicht nur eine fremde Willenserklärung übermittelt. Eine eigene Willenserklärung des T liegt vor, die erste Voraussetzung der Stellvertretung gemäß § 164 Abs. 1 Satz 1 BGB ist gegeben.

2.) Der T muss des Weiteren im Namen des V gehandelt haben. T bestellt im Namen des V. Damit liegt auch die zweite Voraussetzung des § 164 Abs. 1 Satz 1 BGB vor.

3.) T muss schließlich auch innerhalb der ihm zustehenden Vertretungsmacht gehandelt haben. T hat keine Rücksprache mit dem Vorstand gehalten, sondern vielmehr eigenmächtig die Trikots bestellt. Demnach mangelt es ihm für das vorliegende Geschäft an einer durch Rechtsgeschäft erteilten Vertretungsmacht, der Verein hat weder eine Innenvollmacht ausdrücklich erteilt (§ 167 Abs. 1, 1. Alt. BGB) noch gegenüber dem Geschäftspartner eine Außenvollmacht angezeigt (§ 167 Abs. 1, 2. Alt. BGB). Damit ist T zunächst Vertreter ohne Vertretungsmacht und die Wirksamkeit des somit schwebend unwirksamen Geschäfts richtet sich nach den §§ 177 ff. BGB. Der Vorstand hat für das Geschäft des T die Genehmigung ausdrücklich verweigert, es fehlt gemäß § 177 Abs. 1 BGB auch an einer nachträglichen Heilung der nicht vorliegenden Vertretungsmacht.

Der Kauf der Trikots seitens des T war mithin ein Geschäft, das der T ohne die erforderliche Vertretungsmacht getätigt hat. Das Geschäft war zunächst schwebend unwirksam und im Folgenden dann auch nicht gemäß § 177 Abs. 1 BGB durch eine Genehmigung des Vereins nach § 184 Abs. 1 BGB nachträglich geheilt worden. Der Verein V muss somit für dieses Geschäft nicht einstehen, er ist nicht verpflichtet worden durch die Erklärung des T gegenüber H.

4.) Etwas anderes kann sich im vorliegenden Fall aber noch aus einer der beiden sogenannten Rechtsscheinvollmachten, der Duldungs- und der Anscheinsvollmacht ergeben.

a) In Betracht kommt zunächst das Vorliegen einer Duldungsvollmacht. Eine solche liegt vor, wenn der Vertretene weiß, dass ein anderer für ihn handelt, er aber in zurechenbarer Weise dagegen nichts unternimmt und das Verhalten vielmehr duldet.

V wusste nicht, dass T für ihn handeln würde, jedenfalls steht nichts entsprechend Verwertbares in der Sachverhaltsschilderung. In den vergangenen Jahren war T nur nach vorheriger Absprache mit dem Vorstand tätig geworden. Der Vorstand war sogar davon ausgegangen, dass T in diesem Jahr gerade nicht bestellen würde, T hatte ja auch nicht nachgefragt. Eine Haftung des Vereins aus den Grundsätzen der Duldungsvollmacht kommt nicht in Betracht, denn dem V war nicht positiv bekannt, dass der T für ihn handeln würde.

b) Es könnte aber eine Verpflichtung nach den Grundsätzen der Anscheinsvollmacht gegeben sein. Eine Anscheinsvollmacht liegt vor, wenn der Vertretene das Auftreten des anderen in seinem Namen zwar nicht kennt, aber bei pflichtgemäßer Sorgfalt hätte kennen und verhindern können und der Dritte daher annehmen durfte, der Vertretene billige das Verhalten des Vertreters. Es ist zu prüfen, ob der V bei pflichtgemäßer Sorgfalt hätte erkennen können, dass T für ihn handelt und H darauf vertrauen durfte, dass T bevollmächtigt ist.

Insoweit ist zunächst beachtlich, dass T in den vergangenen 5 Jahren stets zu Saisonbeginn im August neue Trikots bestellt hat. Es war daher aus der Sicht des V zumindest möglich, dass T das auch in diesem Jahr wieder machen könnte. Gerade angesichts des Umstandes, dass der V bereits im Juli entschieden hatte, in diesem Jahr keine neuen Trikots zu kaufen, oblag es V, den T hiervon in Kenntnis zu setzen und so den Anschein der Vollmacht zu verhindern. Dass dies nicht geschehen ist, begründet den Vorwurf der Fahrlässigkeit gegenüber V.

Aus der Sicht des H sprachen die Umstände nach der 5-jährigen Übung dafür, dass die Bestellung auch in diesem Jahr vom Vorstand des V gedeckt gewesen ist. H hatte in den vergangenen Jahren die Sachen nach Bestellung durch T immer an den V geschickt und von dort dann auch das Geld erhalten. Es bestand daher kein Grund für H, in diesem Jahr an eine Änderung zu glauben, insbesondere ist nicht ersichtlich, dass H selbst jemals mit dem Vorstand Kontakt hatte; die Bestellung erfolgte immer über T. Daraus ergibt sich, dass zum einen der V bei Anwendung der zumutbaren Sorgfalt hätte erkennen können, dass T für ihn handeln würde. Des Weiteren liegt aus der Sicht des H aufgrund der 5-jährigen Übung ein begründeter guter Glaube an die Vollmacht des T vor. Die Voraussetzungen für die Annahme einer Anscheinsvollmacht liegen vor.

Es fragt sich nunmehr, welche Rechtsfolgen an das Vorliegen der Anscheinsvollmacht zu knüpfen sind. Die Beantwortung dessen ist streitig:

aa) Nach einer Meinung soll bei der Anscheinsvollmacht überhaupt keine Vollmacht im Sinne der §§ 164 BGB vorliegen, und zwar deshalb, weil bloße Fahrlässigkeit nicht zur Begründung einer Vollmachtserteilung führen könne. In diesem Fall scheide eine Haftung des Hintermanns aus vertraglicher Verpflichtung über § 164 Abs. 1 BGB grundsätzlich aus. Es soll dann nur eine Haftung aus Verschulden bei der Vertragsanbahnung nach den §§ 311 Abs. 2 Nr. 1, 280 Abs. 1 BGB (i.V.m. § 278 BGB) unter Beachtung des § 254 BGB als

Haftungsgrundlage gegenüber dem Hintermann in Betracht kommen; des Weiteren soll eine Haftung nach § 179 BGB gegenüber dem vollmachtlosen Vertreter verbleiben.

Im vorliegenden Fall hätte dies zur Konsequenz, dass V demnach für sein eigenes Verschulden und das Verschulden des T über § 278 BGB bei der Vertragsanbahnung auf den Vertrauensschaden haften müsste. Dieser Vertrauensschaden beträgt vorliegend nur 500 Euro, denn das ist die Summe, die H im Vertrauen auf die Gültigkeit des Geschäfts zur Beschaffung der Sachen aufgewendet hat.

bb) Der gerade geschilderten Auffassung kann jedoch nicht gefolgt werden. Zwar handelt es sich bei der Anscheinsvollmacht um einen Fall, in dem eine rechtsgeschäftliche Erteilung der Vertretungsmacht seitens des Hintermanns nicht vollzogen ist. Dennoch haftet der Hintermann so, als hätte er eine Vollmacht erteilt; der vom Vertreter geschlossene Vertrag wirkt in analoger Anwendung des § 164 Abs. 1 BGB für und gegen den Vertretenen. Der Hintermann haftet in diesen Fällen dafür, dass er nicht eingeschritten ist, obwohl es ihm möglich war. Man ersetzt die fehlende Erteilung der Vollmacht durch einen Rechtsscheintatbestand und wendet § 164 Abs. 1 BGB entsprechend an. Dies rechtfertigt sich bei der Anscheinsvollmacht dadurch, dass nur so eine gerechte Risikoverteilung zwischen Vertretenem und Geschäftspartner ermöglicht wird. Der Geschäftspartner hat aufgrund der Fahrlässigkeit des Vertretenen an den Rechtschein der Vollmacht geglaubt; die Entstehung der irrtümlich angenommen Vertretungsmacht hat ihren Ursprung mithin hauptsächlich beim Vertretenen, der daher entsprechend der vertraglichen Haftung zur Verantwortung zu ziehen ist.

Die Anscheinsvollmacht begründet den Rechtsschein einer wirksam erteilten Vollmacht mit der Konsequenz, dass ein Vertrag zwischen V und H über T als Vertreter in analoger Anwendung des § 164 Abs. 1 BGB zustande gekommen ist. Und daraus folgt, dass V Schuldner aus diesem geschlossenen (Kauf-) Vertrag gegenüber H geworden ist und mithin zur Zahlung aus § 433 Abs. 2 BGB verpflichtet ist.

Ergebnis: H steht gegen V der volle Erfüllungsanspruch aus dem Vertrag in Höhe von 1.000 Euro gemäß § 433 Abs. 2 BGB zu.

Fall 17

Kann das sein?

Rechtsstudent R ist ziemlich knapp bei Kasse und spielt mit dem Gedanken, für eine anstehende Urlaubsreise das von seinem Freund F für eine Hausarbeit ausgeliehene Notebook zu veräußern. Als er dies seinem Kommilitonen K erzählt, meint der am Notebook interessierte K, das Ganze sei eine Notlage und moralisch deshalb auch in Ordnung; er selbst werde das gute Stück kaufen und morgen seinen Bruder B, der sich mit solchen Geräten auskenne, vorbeischicken. R solle sich bis dahin einen angemessenen Preis überlegen. Tatsächlich erscheint dann am nächsten Tag der von K beauftragte B, der von der Vorgeschichte allerdings nichts weiß und den R daher auch für den Eigentümer hält, bei R und erwirbt nach kurzer Inspektion im Namen des K das Gerät, das er dem K wenig später übergibt.

Als die Sache einige Tage später ans Licht kommt, verlangt F von K die Herausgabe des Notebooks. K weigert sich und meint, er sei gutgläubig Eigentümer geworden.

Kann F von K die Herausgabe des Notebooks fordern?

Schwerpunkte: Die Zurechnungsnorm des § 166 BGB; Grundsatz aus § 166 Abs. 1 BGB; die Wissenszurechnung; Ausnahmevorschrift des § 166 Abs. 2 Satz 1 BGB; kein Berufen auf die Gutgläubigkeit des Vertreters für den Bösgläubigen.

Lösungsweg

Anspruch des F gegen K auf Herausgabe des Notebooks

AGL.: § 985 BGB (Anspruch aus dem Eigentum)

Voraussetzung für das Bestehen dieses Anspruchs aus § 985 BGB ist, dass der F das Eigentum an dem Notebook trotz der Transaktionen im vorliegenden Fall behalten hat. Der Eigentumsübergang richtet sich wie immer nach **§ 929 Satz 1 BGB**, wonach eine ***Einigung***, eine ***Übergabe*** und vor allem erforderlich ist, dass diese Vorgänge auch vom ***Eigentümer*** veranlasst werden (bitte lies § 929 Satz 1 BGB).

1.) Im vorliegenden Fall hat der B als bevollmächtigter Vertreter des K gemäß **§ 164 Abs. 1 Satz 1 BGB** die ***Einigungserklärung*** im Sinne des § 929 Satz 1 BGB für und gegen den Vertretenen K abgegeben.

Beachte: Zweifel an der Vertretereigenschaft des B nach § 164 Abs. 1 Satz 1 BGB bestehen nicht, denn B sollte eine eigene Willenserklärung abgeben (der Preis stand ja noch nicht fest), des Weiteren im Namen des K handeln und er hatte schließlich auch eine entsprechende Vertretungsmacht.

2.) Die für § 929 Satz 1 BGB erforderliche ***Übergabe*** ist im vorliegenden Fall mithilfe der Vorschrift des **§ 855 BGB** erfolgt, der B war ***Besitzdiener*** des K mit der Folge, dass allein der Hintermann den unmittelbaren Besitz erhält (*Baur/Stürner* § 7 Rz. 64; *Palandt/Bassenge* § 855 BGB Rz. 1). K ist somit mit der Übergabe der Sache an B unmittelbarer Besitzer geworden.

3.) Das Problem unseres Falles liegt nun aber darin, dass der R beim Abschluss des Geschäfts mit B nicht der Eigentümer der Sache gewesen ist. R hatte das Notebook von F ja nur ausgeliehen bekommen; und bei einer Leihe nach **§ 598 BGB** geht lediglich der ***Besitz***, nicht aber das Eigentum über (*Palandt/Weidenkaff* § 598 BGB Rz. 5). Das Eigentum verbleibt vielmehr beim Verleiher F. Und damit kommt ein Eigentumserwerb nach § 929 Satz 1 BGB grundsätzlich nicht in Betracht, denn diese Norm fordert – wir haben es im Einleitungssatz oben schon gesagt –, dass das Geschäft eben vom ***Eigentümer*** getätigt wird. Der Eigentümer des Notebooks war F, das Geschäft getätigt hat aber der R, der hingegen nur der Besitzer der Sache war.

ZE.: Der K konnte ***nicht*** über § 929 Satz 1 BGB das Eigentum erwerben, als der B in seinem Namen von R das Notebook erwarb. R war als Veräußerer der Sache nicht der Eigentümer und mithin auch nicht imstande, den Eigentumserwerb nach § 929 Satz 1 BGB zu bewirken.

Aber: In Betracht kommt nun natürlich noch ein möglicher ***gutgläubiger*** Eigentumserwerb für den K nach den **§§ 929 Satz 1, 932 BGB**. Die Vorschrift des § 932 BGB ist für die Fälle gedacht, in denen der Veräußerer nach § 929 Satz 1 BGB zwar nicht der Eigentümer ist, der Erwerber das aber glaubt. Der § 932 BGB ersetzt mithin bei § 929 Satz 1 BGB die Tatbestandsvoraussetzung **»Eigentümer«** (bitte gerade noch mal in § 929 Satz 1 BGB reinschauen). Der Erwerb nach den §§ 929 Satz 1, 932 BGB setzt voraus, dass der Erwerber auch tatsächlich beim Übereignungsvorgang aus § 929 Satz 1 BGB gutgläubig hinsichtlich der Eigentümerstellung des Veräußerers gewesen ist. Gemäß **§ 932 Abs. 2 BGB** ist man nicht in gutem Glauben, wenn dem Erwerber entweder bekannt ist oder infolge grober Fahrlässigkeit unbekannt ist, dass die Sache nicht dem Veräußerer gehört.

Zum Fall: Der **»Erwerber«** im Sinne des § 932 BGB ist bei uns fraglos der K, denn B sollte nicht für sich, sondern im Namen des K die Sache für den K erwerben. Und ebenso fraglos ist der Erwerber K hier keinesfalls gut-, sondern außerordentlich ***bösgläubig*** gewesen, denn K wusste, dass das Notebook nicht dem Veräußerer R gehörte. R hatte dem K die ganze Geschichte ja erzählt. Demgegenüber ist der handelnde Vertreter B ohne Probleme ***gutgläubig*** gewesen, denn B wusste nichts von der Vorgeschichte und hielt den R auch für den Eigentümer.

Problem: Es stellt sich somit die Frage, auf wessen Kenntnis es im vorliegenden Fall ankommt. Stellt man auf die Kenntnis des Vertretenen ab, kann hier ein gutgläubiger Erwerb nicht stattfinden, denn K war ***bösgläubig***; stellt man demgegenüber auf die Kenntnis des Vertreters ab, wäre K im vorliegenden Fall gemäß den §§ 929, 932 BGB gutgläubig Eigentümer geworden, denn der handelnde B war ja ***gutgläubig*** im Sinne des § 932 BGB.

Lösung: Ansatzpunkt der Überlegung ist **§ 166 Abs. 1 BGB**. Demnach kommt es, soweit die rechtlichen Folgen einer Willenserklärung durch Willensmängel oder durch die Kenntnis oder das Kennenmüssen gewisser Umstände beeinflusst werden, nicht auf die Person des Vertretenen, sondern auf die des *Vertreters* an.

Durchblick: Bei § 166 Abs. 1 BGB findet, im Gegensatz zu § 164 BGB, bei dem Willenserklärungen zugerechnet werden, hier jetzt eine sogenannte »**Wissenszurechnung**« statt (BGH NJW **2014**, 2681; PWW/*Frensch* § 166 BGB Rz. 1; NK/*Stoffels* § 166 BGB Rz. 1; *Palandt/Ellenberger* § 166 BGB Rz. 1); der Vertretene muss sich wegen § 166 BGB neben den Willenserklärungen zusätzlich auch das Wissen und unter Umständen auch einen Irrtum des Vertreters, soweit das Rechtsgeschäft durch diese Umstände beeinflusst wird, wie eigenes Wissen bzw. Nichtwissen zurechnen lassen. Und begründet wird diese Wissenszurechnung des § 166 Abs. 1 BGB damit, dass der ***Vertreter*** derjenige ist, der rechtsgeschäftlich handelt und der auch eine eigene Willenserklärung gegenüber dem Geschäftspartner abgibt. Folglich soll es auch allein auf seine Kenntnis der entsprechenden Umstände bzw. sein Wissen ankommen (BGH NJW **2014**, 2681; BGH ZIP **2000**, 1007; *Rüthers/Stadler* AT § 31 Rz. 2; *Palandt/Ellenberger* § 166 BGB Rz. 2; *Brox/Walker* AT Rz. 537). Irrt sich also der Vertreter bei seiner Willenserklärung z.B. nach § 119 BGB, kann der ***Vertretene*** wegen dieses Irrtums gemäß § 166 Abs. 1 BGB das vom Vertreter geschlossene Geschäft anfechten und damit unwirksam machen (PWW/*Frensch* § 166 BGB Rz. 4; *Brox/Walker* AT Rz. 537). Umgekehrt muss der Vertretene aber dann z.B. auch die Kenntnis eines Sachmangels im Sinne des § 442 BGB auf Seiten des Vertreters – und damit einen möglichen Ausschluss der Gewährleistung – gegen sich gelten lassen, selbst wenn er (der Vertretene) den Sachmangel nicht erkannt hatte (BGH NJW **2000**, 1405; RGZ **101**, 73; *Palandt/Ellenberger* § 166 BGB Rz. 4). Wie gesagt, hier findet eine ***Wissenszurechnung*** statt, und zwar in jeder Hinsicht.

In unserem Fall müsste demnach nun eigentlich klar sein, dass es bei der Frage der Bösgläubigkeit im Sinne des § 932 Abs. 2 BGB allein auf den ***Vertreter***, demnach den B ankommt. Der Glaube an die Eigentümerstellung des R hinsichtlich des Notebooks ist ein »gewisser Umstand« (= Wissen) im Sinne des § 166 Abs. 1 BGB (BGHZ **102**, 320; BGHZ **135**, 202). Und dieser Umstand beeinflusst auch die rechtlichen Folgen der Willenserklärung des B, denn nur weil B gutgläubig ist, kann ein Eigentumserwerb nach den §§ 929, 932 BGB stattfinden.

<u>ZE.</u>: Die Voraussetzungen des § 166 Abs. 1 BGB liegen vor. Es kommt folglich hinsichtlich der Gutgläubigkeit allein auf den ***Vertreter*** B an. Die Bösgläubigkeit des Vertretenen K bleibt unberücksichtigt.

Nein. Das kann natürlich nicht sein. Würde man dies zulassen, wäre es nämlich ein Leichtes, die Regeln der §§ 929, 932 BGB zu umgehen. Jeder, der bösgläubig ist, schickt dann einfach einen ahnungslosen Vertreter, der für ihn die entsprechende Sache – gutgläubig – erwirbt. Und wegen § 166 Abs. 1 BGB klappt das dann auch noch, und der Bösgläubige wird Eigentümer!?

Die Lösung steht in **§ 166 Abs. 2 Satz 1 BGB**.

Diese Vorschrift nun soll genau das, was wir gerade als merkwürdiges und vor allem unbilliges Ergebnis herausgearbeitet haben, verhindern. Wenn der Vertreter bei einer durch Rechtsgeschäft erteilten Vertretungsmacht (Vollmacht) nach bestimmten Weisungen des Vertretenen handelt, kann sich dieser in Ansehung solcher Umstände, die er selbst kannte, nicht auf die Unkenntnis des Vertreters berufen.

Durchblick: Bitte beachte zunächst, dass diese Regel nur für die durch Rechtsgeschäft (regelmäßig ein Auftrag nach § 662 BGB) erteilte Vertretungsmacht – heißt dann: Vollmacht – gilt, was aber der klausurmäßige Normalfall ist. Im Übrigen ist die Formulierung in § 166 Abs. 2 BGB, wonach der Vertreter nach Weisungen handeln muss, überflüssig, denn für dieses Merkmal genügt bereits jede Veranlassung zur Stellvertretung (BGHZ **38**, 68; BAG NJW **1997**, 1941; RGZ **161**, 161; MüKo/*Schubert* § 164 BGB Rz. 182; *Palandt/Ellenberger* § 166 BGB Rz. 11). Wer also für einen anderen als von ihm bevollmächtigter Vertreter auftritt, handelt stets »nach Weisung« im Sinne des § 166 Abs. 2 BGB.

Rechtsfolgen: Der Vertretene kann sich ***nicht*** auf die Unkenntnis des Vertreters berufen, muss sich also seine eigene Kenntnis der Umstände anrechnen lassen, obwohl nur der Vertreter die Willenserklärung abgibt. Die Regel des § 166 Abs. 1 BGB wird hier also ***eingeschränkt***, um den Missbrauch zulasten Dritter zu verhindern (*Rüthers/Stadler* AT § 31 Rz. 3). Wichtig, merken.

Zum Fall: Wir haben es oben schon angedeutet, es konnte vom Rechtsgefühl her nicht sein, dass der bösgläubige K nur seinen gutgläubigen Bruder B einsetzen muss, um das Eigentum an der Sache zu erlangen. Und mit § 166 Abs. 2 Satz 1 BGB haben wir dann auch die Norm gefunden, die dies verhindert.

Konkret scheitert der gutgläubige Erwerb des Eigentums an der Sache durch K nach den §§ 929, 932 BGB daran, dass zwar der Vertreter B gutgläubig war, es wegen § 166 Abs. 2 Satz 1 BGB aber nicht auf dessen, sondern auf die Kenntnis des Vertretenen K ankommt. Der § 166 Abs. 1 BGB gilt daher im vorliegenden Fall nicht.

Erg.: F hat sein Eigentum an dem Notebook nicht an K verloren. Er kann die Sache mithin gemäß § 985 BGB von K herausfordern.

Gutachten

F könnte gegen K einen Anspruch auf Herausgabe des Notebooks aus § 985 BGB haben.

I.) Voraussetzung für das Bestehen dieses Anspruchs aus § 985 BGB ist, dass der ursprüngliche Eigentümer F das Eigentum an dem Notebook behalten hat. Der Eigentumsübergang richtet sich nach § 929 Satz 1 BGB, wonach eine Einigung, eine Übergabe und des Weiteren erforderlich ist, dass diese Vorgänge vom Eigentümer veranlasst werden.

1.) Im vorliegenden Fall hat B als bevollmächtigter Vertreter des K gemäß § 164 Abs. 1 Satz 1 BGB die Einigungserklärung im Sinne des § 929 Satz 1 BGB für und gegen den Vertretenen K abgegeben. Zweifel an der Vertretereigenschaft des B nach § 164 Abs. 1 Satz 1 BGB bestehen nicht, B sollte eine eigene Willenserklärung abgeben, des Weiteren im Namen des K handeln und hatte schließlich auch eine entsprechende Vertretungsmacht.

2.) Die für § 929 Satz 1 BGB erforderliche Übergabe ist im vorliegenden Fall mithilfe der Vorschrift des § 855 BGB erfolgt, der B war Besitzdiener des K mit der Folge, dass allein der Hintermann den unmittelbaren Besitz erhält. K ist somit mit der Übergabe der Sache an B unmittelbarer Besitzer geworden.

3.) Das Problem des Falles liegt darin, dass der R beim Abschluss des Geschäfts mit B nicht der Eigentümer der Sache gewesen ist. R hatte das Notebook von F nur ausgeliehen bekommen. Bei einer Leihe nach § 598 BGB geht lediglich der Besitz, nicht aber das Eigentum über. Das Eigentum verbleibt vielmehr beim Verleiher F. Und damit kommt ein Eigentumserwerb nach § 929 Satz 1 BGB grundsätzlich nicht in Betracht, denn diese Norm fordert, dass das Geschäft vom Eigentümer getätigt wird. Der Eigentümer des Notebooks war F, das Geschäft getätigt hat aber der R, der hingegen nur der Besitzer der Sache war.

Der K konnte nicht über § 929 Satz 1 BGB das Eigentum erwerben, als B in seinem Namen von R das Notebook erwarb. R war als Veräußerer der Sache nicht der Eigentümer und mithin auch nicht imstande, den Eigentumserwerb nach § 929 Satz 1 BGB zu bewirken.

II.) In Betracht kommt aber ein gutgläubiger Eigentumserwerb für den K nach den §§ 929 Satz 1, 932 BGB. Der Erwerb nach den §§ 929 Satz 1, 932 BGB setzt voraus, dass der Erwerber beim Übereignungsvorgang aus § 929 Satz 1 BGB gutgläubig hinsichtlich der Eigentümerstellung des Veräußerers gewesen ist. Gemäß § 932 Abs. 2 BGB ist man nicht in gutem Glauben, wenn dem Erwerber entweder bekannt ist oder infolge grober Fahrlässigkeit unbekannt ist, dass die Sache nicht dem Veräußerer gehört.

Der Erwerber im Sinne des § 932 BGB ist K, denn B sollte nicht für sich, sondern im Namen des K die Sache für den K erwerben. Der Erwerber K ist im vorliegenden Fall indessen bösgläubig gewesen, denn K wusste, dass das Notebook nicht dem Veräußerer R gehörte. R hatte dem K die Geschichte erzählt. Demgegenüber ist der handelnde Vertreter B gutgläubig gewesen, denn B wusste nichts von der Vorgeschichte und hielt den R auch für den Eigentümer.

Es stellt sich somit die Frage, auf wessen Kenntnis es im vorliegenden Fall ankommt. Stellt man auf die Kenntnis des Vertretenen ab, kann hier ein gutgläubiger Erwerb nicht stattfinden, denn K war bösgläubig; stellt man demgegenüber auf die Kenntnis des Vertreters ab, wäre K im vorliegenden Fall gemäß den §§ 929, 932 BGB gutgläubig Eigentümer geworden, denn der handelnde B war gutgläubig im Sinne des § 932 BGB.

1.) Ansatzpunkt der Überlegung ist § 166 Abs. 1 BGB. Demnach kommt es, soweit die rechtlichen Folgen einer Willenserklärung durch Willensmängel oder durch die Kenntnis oder das Kennenmüssen gewisser Umstände beeinflusst werden, nicht auf die Person des Vertretenen, sondern auf die des Vertreters an. Im vorliegenden Fall ergibt sich daher zunächst, dass es bei der Frage der Bösgläubigkeit im Sinne des § 932 Abs. 2 BGB allein auf den Vertreter, demnach den B ankommt. Der Glaube an die Eigentümerstellung des R hinsichtlich des Notebooks ist ein »gewisser Umstand« im Sinne des § 166 Abs. 1 BGB. Und dieser Umstand beeinflusst auch die rechtlichen Folgen der Willenserklärung des B, denn nur weil B gutgläubig ist, kann ein Eigentumserwerb nach den §§ 929, 932 BGB stattfinden. Die Voraussetzungen des § 166 Abs. 1 BGB liegen vor. Es kommt folglich hinsichtlich der Gutgläubigkeit allein auf den Vertreter B an. Die Bösgläubigkeit des Vertretenen K bleibt unberücksichtigt.

2.) Dieses Ergebnis stößt jedoch auf Bedenken. Würde man diesen Lösungsweg über § 166 Abs. 1 BGB dergestalt zulassen, könnten die Regeln der §§ 929, 932 BGB umgangen werden. Jeder, der bösgläubig ist, könnte dann unter Einschaltung eines ahnungslosen Vertreters gutgläubig Eigentümer werden.

Insoweit muss nun § 166 Abs. 2 Satz 1 BGB beachtet werden. Wenn der Vertreter bei einer durch Rechtsgeschäft erteilten Vertretungsmacht nach bestimmten Weisungen des Vertretenen handelt, so kann sich dieser in Ansehung solcher Umstände, die er selbst kannte, nicht auf die Unkenntnis des Vertreters berufen. Der Vertretene kann sich folglich nicht auf die Unkenntnis des Vertreters berufen, muss sich also seine eigene Kenntnis der Umstände anrechnen lassen, obwohl nur der Vertreter die Willenserklärung abgibt. Die Regel des § 166 Abs. 1 BGB wird hier eingeschränkt, um den Missbrauch zulasten Dritter zu verhindern.

Im vorliegenden Fall scheitert der gutgläubige Erwerb des Eigentums an der Sache durch K nach den §§ 929, 932 BGB daran, dass zwar der Vertreter B gutgläubig war, es wegen § 166 Abs. 2 Satz 1 BGB aber nicht auf dessen, sondern auf die Kenntnis des Vertretenen K ankommt. Der § 166 Abs. 1 BGB gilt daher im vorliegenden Fall nicht.

Ergebnis: F hat somit sein Eigentum an dem Notebook nicht an K verloren. Er kann die Sache mithin gemäß § 985 BGB von K heraus fordern.

Fall 18

Augen auf beim Teppichkauf!

Rechtsanwalt R will einen Teppich kaufen und sieht sich beim Händler H einen Perser an, der 3.000 Euro kosten soll. Da R noch nicht zum Kauf entschlossen ist, behauptet H spontan bewusst wahrheitswidrig, der Teppich sei über 30 Jahre alt und daher ein besonders günstiges Angebot, das R immer wieder gewinnbringend weiterveräußern könne. R meint, er werde sich die Sache angesichts dessen noch einmal in Ruhe überlegen.

Drei Tage später – R ist mittlerweile zum Kauf entschlossen – bittet R wegen Zeitmangels seine Mutter M, für ihn bei H den Teppich zu kaufen. M, die von der Lüge des H hinsichtlich des Teppichalters nichts weiß, erscheint eine Stunde später bei H und kauft im Namen des R den Perser nach kurzer Verhandlung für 2.600 Euro. Als der Teppich einige Tage später von einem Fachmann verlegt wird, stellt sich heraus, dass das gute Stück erst sechs Monate vorher gefertigt worden war. R erklärt daraufhin gegenüber H die Anfechtung des Kaufvertrages wegen arglistiger Täuschung und verweigert die Zahlung des Kaufpreises.

Zu Recht?

Schwerpunkte: Problem der Willensmängel beim Vertretenen; Anwendbarkeit des § 166 Abs. 2 Satz 1 BGB auch auf Willensmängel; Unterscheidung von Wissens- und Willensmängeln; Begriff des Motivirrtums; Möglichkeit der Anfechtung einer Vollmacht.

Lösungsweg

Anspruch des H gegen R auf Zahlung der 2.600 Euro

AGL.: § 433 Abs. 2 BGB (Kaufvertrag)

I.) Voraussetzung für das Bestehen dieses Anspruchs ist ein wirksamer ***Kaufvertrag*** im Sinne des § 433 BGB über den Teppich zum Preis von 2.600 Euro zwischen H und R. Angesichts der Tatsache, dass der R selbst keine auf einen Vertragsschluss gerichtete Willenserklärung abgegeben hat, kommt eine vertragliche Einigung nur durch das Handeln der M in Betracht.

Die M handelt vorliegend gemäß **§ 164 Abs. 1 Satz 1 BGB** als Vertreterin des R, da sie sowohl eine eigene Willenserklärung abgibt (sie handelt den H herunter auf 2.600 Euro), im Namen des R handelt und zudem auch innerhalb der ihr zustehenden Vertretungsmacht tätig wird.

ZE.: Die Willenserklärung der M wirkt gemäß § 164 Abs. 1 Satz 1 BGB für und gegen den R mit der Folge, dass eine wirksame vertragliche Einigung über den Teppich zum Preis von 2.600 Euro zustande gekommen ist. Der Anspruch des H gegen R aus § 433 Abs. 2 BGB ist mithin ***entstanden***.

II.) Der Anspruch könnte aber aufgrund einer wirksamen Anfechtung des R nach den §§ **142 Abs. 1, 123 BGB** wieder ***untergegangen*** sein.

Problem: Da R die zum Vertragsschluss führende Willenserklärung selbst gar nicht abgegeben hat, kann R bei genauer Betrachtung nur die Willenserklärung der M und die damit gemäß § 164 Abs. 1 Satz 1 BGB verbundene Wirkung für und gegen ihn anfechten, um das Geschäft zu vernichten. Und hierbei ist beachtlich, dass die M – im Gegensatz zu R – von H ***nicht*** getäuscht wurde, denn die geflunkerte Erklärung in Bezug auf das Alter des Teppichs hat H nur gegenüber R abgegeben. Die M wusste davon nichts. Unter welchen Umständen der Vertretene sich Irrtümer oder Wissen bzw. Nichtwissen des Vertreters zurechnen lassen muss und demnach zur Anfechtung berechtigt sein kann, regelt sich in **§ 166 BGB**.

1.) Im vorliegenden Fall kommt zunächst eine Anfechtung des Vertrages durch R unter Berücksichtigung des **§ 166 Abs. 1 BGB** in Betracht. Allerdings gilt nach dieser Vorschrift, dass, soweit die rechtlichen Folgen einer Willenserklärung von Willensmängeln oder durch die Kenntnis gewisser Umstände beeinflusst werden, es nicht auf die Person des Vertretenen, sondern auf die des ***Vertreters*** ankommt.

Das hat zur Folge, dass R den Vertrag bzw. die Willenserklärung der M nur dann anfechten kann, wenn bei **M** (also der ***Vertreterin***) ein Willensmangel vorliegt. Indessen ist die M – wie oben schon erwähnt – weder von H arglistig getäuscht worden, noch hat sie sich bei ihrer zum Vertragsschluss führenden Willenserklärung in einem Irrtum befunden; die M wollte den Teppich für den R kaufen und das hat sie auch erklärt. Getäuscht hat der H nur den R, nicht aber die M. Einem zur Anfechtung berechtigenden Willensmangel ist nur der R erlegen.

ZE.: Unter Berücksichtigung des § 166 Abs. 1 BGB steht dem R somit ein Recht zur Anfechtung wegen arglistiger Täuschung ***nicht*** zu.

2.) In Betracht kommt dann nur noch **§ 166 Abs. 2 Satz 1 BGB** als mögliche Berechtigung des R, die Willenserklärung der M anzufechten. Dann muss der Willensmangel des R insoweit relevant sein.

Durchblick: Aus **§ 166 Abs. 1 BGB** folgt, dass im Rahmen der Stellvertretung ***Willensmängel*** (= §§ 116–123 BGB) und auch die Kenntnis gewisser Umstände grundsätzlich nur insoweit beachtlich sind, als sie in der Person des ***Vertreters*** vorkommen bzw. vorliegen. Das liegt daran, dass der ***Vertreter*** derjenige ist, der den rechtsgeschäftlichen Willen bildet und dann auch die Willenserklärungen gegenüber dem Geschäftspartner abgibt (NK/*Stoffels* § 166 BGB Rz. 1; *Medicus* AT Rz. 899; MüKo/*Schubert* § 166 BGB Rz. 1). Es kommt deshalb sowohl in Bezug auf mögliche Willensmängel aus den §§ 116–123 BGB als auch hinsichtlich der Umstände, deren Kenntnis oder Unkenntnis das Rechtsgeschäft beeinflussen können (z.B. Kenntnis eines Sachmangels oder Gutgläubigkeit), allein auf die Person des Vertreters an. Eine ***Ausnahme*** hiervon lässt das Gesetz in **§ 166 Abs. 2 Satz 1 BGB** ausdrücklich nur hinsichtlich der ***Umstände*** zu, deren Kenntnis oder Unkenntnis das Rechtsgeschäft bzw. die Willenserklärung beeinflussen können. Das haben wir im letzten Fall schon kennengelernt, da ging es um die Frage, ob die Gutgläubigkeit des Vertreters eine Bösgläubigkeit des Hintermanns heilen kann mit der möglichen Folge, dass unter Zuhilfenahme eines ahnungslosen Vertreters ein gutgläubiger Erwerb nach den §§ 929, 932 BGB realisiert werden könnte. Das ging nicht, denn hier gilt § 166 Abs. 2 Satz 1 BGB, wonach der Vertretene sich in Ansehung solcher ***Umstände***, die er selbst kannte (Bösgläubigkeit!) nicht auf die Unkenntnis (Gutgläubigkeit) des Vertreters berufen kann. Und das war auch gerecht so, denn ansonsten könnten die Vertretungsregeln und insbesondere der § 166 Abs. 1 BGB dazu missbraucht werden, die Regeln des gutgläubigen Erwerbes zu umgehen (*Rüthers/Stadler* AT § 31 Rz. 3; *Medicus* AT Rz. 901).

Das Problem unseres Falles ist nun, dass die Ausnahme des § 166 Abs. 2 BGB nach dem Wortlaut des Gesetzes eben nur für ***Umstände*** gilt, nicht aber auch für ***Willensmängel***, die beim Vertretenen, nicht aber beim Vertreter vorliegen. Und die arglistige Täuschung, die der H gegenüber R mit der Erklärung hinsichtlich des Alters des Teppichs vorgenommen hatte, ist gerade kein »Umstand« im Sinne des § 166 BGB, sondern bewirkt bei R einen klassischen ***Willensmangel***, der grundsätzlich nach den §§ 123, 142 BGB zur Anfechtung berechtigt (BGH NJW **2013**, 1591; BGH DB **1977**, 671; *Palandt/Ellenberger* § 166 BGB Rz. 3). Da es sich aber um einen Willensmangel handelt, gilt jetzt wieder ausschließlich **§ 166 Abs. 1 BGB** mit der Folge, dass – nach dem Wortlaut des Gesetzes – dieser Willensmangel beim Vertretenen unbeachtlich bleibt; es kommt diesbezüglich allein auf den **Vertreter** an (vgl. § 166 Abs. 1 BGB). Und das hätte im vorliegenden Fall zur Konsequenz, dass der R das Geschäft wegen § 166 Abs. 1 BGB ***nicht*** anfechten kann, obwohl er bei seiner Willensbildung, die später dann zur Bevollmächtigung der M geführt hat, von H arglistig getäuscht wurde. R müsste den Teppich bezahlen

Aber: Das kann so natürlich nicht stehen bleiben.

An dieser Stelle gibt es einen Weg, dem R trotz des Wortlautes des § 166 Abs. 2 Satz 1 BGB die Möglichkeit der Anfechtung des Geschäfts bzw. der Willenserklärung der M zu eröffnen; freilich ist dieser Weg außerordentlich streitig. Vertreten werden insoweit zwei Ansichten, nämlich:

- Nach einer Meinung (herrschend) soll in den vorliegenden Fällen der arglistigen Täuschung des Vertretenen der § 166 Abs. 2 Satz 1 BGB ***analog*** auch auf Willensmängel anwendbar sein (BGHZ **51**, 141, 147; *Bamberger/Roth/Habermeier* § 166 BGB Rz. 26; *Wolf/Neuner* AT § 49 Rz. 91; *Rüthers/Stadler* AT § 31 Rz. 3; *Medicus* AT Rz. 902; *Palandt/Ellenberger* § 166 BGB Rz. 12; *Erman/Maier-Reimer* § 166 BGB Rz. 40; *Brox/Walker* in JA 1980, 449). Zur Begründung heißt es in der zitierten Entscheidung des BGH aus dem Jahre 1968 (BGHZ **51**, 141, 147) sehr anschaulich:

  *»... Der Vertretene braucht einer ihm gegenüber begangenen arglistigen Täuschung **nicht** wehrlos entgegen zu sehen, wenn der Geschäftsgegner hierdurch die dem Vertreter erteilte Weisung beeinflusst und so das Geschäft zustande gebracht hat. Der Gedanke, es komme auf die Person dessen an, auf dessen Geschäftswillen die Willenserklärung des Vertreters tatsächlich beruht, muss sich auch hier, und zwar zugunsten des Anfechtungsrechts des Vollmachtgebers durchsetzen. Denn es wäre **unerträglich**, könnte der Geschäftsgegner als Frucht seiner arglistigen Täuschung eine im Anfechtungswege nicht angreifbare Rechtsposition erwerben und auch behalten ...«*

Und hieraus folgern der BGH und die überwiegende Meinung in der Literatur eine analoge Anwendung des § 166 Abs. 2 BGB auf ***Willensmängel***, was in unserem konkreten Fall zur Konsequenz hätte, dass der R die Willenserklärung der M gegenüber H anfechten könnte nach den §§ 123, 142 Abs. 1 BGB. Der Kaufvertrag wäre dann von Anfang an als nichtig anzusehen, und R bräuchte nicht zu zahlen.

- Nach anderer Ansicht indessen soll § 166 Abs. 2 Satz 1 BGB ***nicht*** analog auf Willensmängel anwendbar sein; dies verbiete zum einen der Wortlaut der Vorschrift und zum anderen der Ausnahmecharakter des § 166 Abs. 2 BGB im Vergleich zur Grundregel des § 166 Abs. 1 BGB (MüKo/*Schubert* § 166 BGB Rz. 96; PWW/*Frensch* § 166 BGB Rz. 11; *Staudinger/Schilken* § 166 BGB Rz. 16; *Soergel/Leptien* § 166 BGB Rz. 32; *Bork* AT Rz. 1656; *Schlachter/Kunold* in Jura 1996, 197; *Flume* § 52, 5 f). Diese Meinung will dann aber unter Umständen eine Anfechtung der Vollmacht, also des Rechtsverhältnisses zwischen dem Vertretenen und dem Vertreter, annehmen und dem Vertretenen so die Möglichkeit eröffnen, von dem Rechtsgeschäft loszukommen (MüKo/*Schubert* § 166 BGB Rz. 96).

Klausurtipp: Bei diesem Streit folgt man sinnvollerweise der ***herrschenden Meinung***, sie hat nämlich die besseren Argumente auf ihrer Seite: Nur die herrschende Meinung verhindert mit ihrer Lösung einen sehr beachtlichen Wertungswiderspruch und vor allem den Umstand, dass der arglistig Täuschende quasi noch belohnt wird durch § 166 Abs. 2 BGB. Hier muss unter Berücksichtigung des Normzwecks des § 166 BGB der Getäuschte geschützt werden und demnach die Befugnis erhalten, das Geschäft anzufechten (BGHZ **51**, 147). Schließlich zieht auch das Argument der Gegenansicht nicht, wonach der Vertretene seinerseits die Vollmachtserteilung anfechten soll, denn: Sofern die Vollmacht – wie etwa in unserem Fall – erteilt wurde, weil der R glaubte, ein günstiges Geschäft zu machen, steht ihm gar kein Anfechtungsgrund zur Seite; dies wäre nämlich ein klassischer ***Motivirrtum***, der allerdings grundsätzlich nicht zur Anfechtung berechtigt. In Fällen der vorliegenden Art dürfte es sich aber stets um eine solchen Motivirrtum handeln, wenn nämlich der Geschäftspartner den Vertretenen mit einer arglistigen Täuschung zur Vollmachtserteilung veranlasst (worauf *Rüthers/Stadler* in ihrem AT bei § 31 Rz. 3 a.E. zutreffend hinweisen).

ZE.: Wir wollen hier dann auch mit den benannten Argumenten der herrschenden Meinung folgen und dem R daher in analoger Anwendung des § 166 Abs. 2 Satz 1 BGB die Anfechtung der Willenserklärung der M gestatten.

ZE.: Und dies hat zur Folge, dass R gemäß den §§ 123, 142 Abs. 1 BGB nach berechtigter Anfechtung die rückwirkende Nichtigkeit des Rechtsgeschäfts herbeigeführt hat.

Erg.: Der R ist mangels Kaufvertrages nicht verpflichtet, den Kaufpreis in Höhe von 2.600 Euro an H zu zahlen.

Gutachten

H könnte gegen R einen Anspruch auf Zahlung von 2.600 Euro aus § 433 Abs. 2 BGB haben.

I.) Voraussetzung für das Bestehen dieses Anspruchs ist ein wirksamer Kaufvertrag im Sinne des § 433 BGB über den Teppich zum Preis von 2.600 Euro zwischen H und R. Angesichts der Tatsache, dass der R selbst keine auf einen Vertragsschluss gerichtete Willenserklärung abgegeben hat, kommt eine vertragliche Einigung nur durch das Handeln der M in Betracht.

Die M handelt vorliegend gemäß § 164 Abs. 1 Satz 1 BGB als Vertreterin des R, sie gibt sowohl eine eigene Willenserklärung ab, handelt im Namen des R und wird zudem auch innerhalb der ihr zustehenden Vertretungsmacht tätig. Die Willenserklärung der M wirkt gemäß § 164 Abs. 1 Satz 1 BGB für und gegen den R mit der Folge, dass eine wirksame vertragliche Einigung über den Teppich zum Preis von 2.600 Euro zustande gekommen ist. Der Anspruch des H gegen R aus § 433 Abs. 2 BGB ist mithin entstanden.

II.) Der Anspruch könnte aber aufgrund einer wirksamen Anfechtung des R nach den §§ 142 Abs. 1, 123 BGB wieder untergegangen sein. Problematisch ist im vorliegenden Fall allein, dass die M, die die Erklärung gegenüber H abgegeben hat, von H nicht getäuscht wurde; die Täuschung erfolgte gegenüber R. Inwieweit diese Täuschung auch zum Anfechtungsrecht des Hintermanns berechtigt, regelt sich in § 166 BGB.

1.) Im vorliegenden Fall kommt zunächst eine Anfechtung des Vertrages durch R unter Berücksichtigung des § 166 Abs. 1 BGB in Betracht. Allerdings gilt nach dieser Vorschrift, dass, soweit die rechtlichen Folgen einer Willenserklärung von Willensmängeln oder durch die Kenntnis gewisser Umstände beeinflusst werden, es nicht auf die Person des

Vertretenen, sondern auf die des Vertreters ankommt. Das hat zur Folge, dass R den Vertrag bzw. die Willenserklärung der M nur dann anfechten kann, wenn bei M als Vertreterin ein Willensmangel vorliegt. Indessen ist die M weder von H arglistig getäuscht worden, noch hat sie sich bei ihrer zum Vertragsschluss führenden Willenserklärung in einem Irrtum befunden; die M wollte den Teppich für den R kaufen und das hat sie auch erklärt. Getäuscht hat der H nur den R, nicht aber die M. Einem zur Anfechtung berechtigenden Willensmangel ist nur der R erlegen.

Unter Berücksichtigung des § 166 Abs. 1 BGB steht dem R somit ein Recht zur Anfechtung wegen arglistiger Täuschung nicht zu.

2.) In Betracht kommt aber noch § 166 Abs. 2 Satz 1 BGB als mögliche Berechtigung des R, die Willenserklärung der M anzufechten. Dann muss der Willensmangel des R insoweit relevant sein.

Das Problem des vorliegenden Falles liegt darin, dass die Ausnahme des § 166 Abs. 2 BGB nach dem Wortlaut des Gesetzes nur für Umstände gilt, nicht aber auch für Willensmängel, die beim Vertretenen, nicht aber beim Vertreter vorliegen. Die arglistige Täuschung, die der H gegenüber R mit der Erklärung hinsichtlich des Alters des Teppichs vorgenommen hatte, ist gerade kein »Umstand« im Sinne des § 166 BGB, sondern bewirkt bei R einen klassischen Willensmangel. Da es sich aber um einen Willensmangel handelt, gilt ausschließlich § 166 Abs. 1 BGB mit der Folge, dass nach dem Wortlaut des Gesetzes dieser Willensmangel beim Vertretenen unbeachtlich bleibt; es kommt diesbezüglich gemäß § 166 Abs. 1 BGB allein auf den Vertreter an. Das hätte im vorliegenden Fall zur Konsequenz, dass der R das Geschäft wegen § 166 Abs. 1 BGB nicht anfechten kann, obwohl er bei seiner Willensbildung, die später dann zur Bevollmächtigung der M geführt hat, von H arglistig getäuscht wurde. R müsste den Teppich bezahlen

3.) Dieses Ergebnis stößt allerdings auf Bedenken. Es fragt sich, ob mit der bislang gefundenen Lösung der bösgläubige Verkäufer tatsächlich insoweit begünstigt werden soll, als dass dem getäuschten Vertretenen das Anfechtungsrecht entzogen werden kann. In Betracht kommt insbesondere eine analoge Anwendung des § 166 Abs. 2 Satz 1 BGB auch auf Willensmängel. Ob eine solche analoge Anwendung bejaht werden kann, ist streitig:

a) Nach einer Ansicht soll § 166 Abs. 2 Satz 1 BGB nicht analog auf Willensmängel anwendbar sein, dies verbiete zum einen der Wortlaut der Vorschrift und zum anderen der Ausnahmecharakter des § 166 Abs. 2 BGB im Vergleich zur Grundregel des § 166 Abs. 1 BGB. Diese Meinung will dann aber unter Umständen eine Anfechtung der Vollmacht, also des Rechtsverhältnisses zwischen dem Vertretenen und dem Vertreter, annehmen und dem Vertretenen so die Möglichkeit eröffnen, von dem Rechtsgeschäft loszukommen.

b) Dieser Auffassung kann indessen nicht gefolgt werden. Der § 166 Abs. 2 Satz 1 BGB ist vielmehr auf die Fälle der Willensmängel des Vertretenen analog anzuwenden. Nur diese Auslegung des § 166 Abs. 2 Satz 1 BGB verhindert einen sehr beachtlichen Wertungswiderspruch und vor allem den Umstand, dass der arglistig Täuschende quasi noch belohnt wird durch § 166 Abs. 2 BGB. Hier muss unter Berücksichtigung des Normzwecks des § 166 BGB der Getäuschte geschützt werden und demnach die Befugnis erhalten, das Geschäft anzufechten. Das Argument der Gegenansicht, wonach der Vertretene seinerseits die Vollmachtserteilung anfechten soll, kann nicht durchgreifen, denn: Sofern die Vollmacht erteilt wurde, weil – wie etwa im vorliegenden Fall – der Hintermann glaubte, ein günstiges Geschäft zu machen, steht ihm gar kein Anfechtungsgrund zur Seite; dies wäre nämlich ein klassischer Motivirrtum, der allerdings grundsätzlich nicht zur Anfechtung berechtigt. Der Vertretene braucht daher einer ihm gegenüber begangenen arglistigen Täuschung nicht wehrlos entgegen zu sehen, wenn der Geschäftsgegner hierdurch die dem Vertreter erteilte Weisung beeinflusst und so das Geschäft zustande gebracht hat. Der Gedanke, es komme auf die Person dessen an, auf dessen Geschäftswillen die Willenserklärung des Vertreters tatsächlich beruht, muss sich auch hier, und zwar zugunsten des Anfechtungsrechts des Vollmachtgebers durchsetzen. Denn es wäre nicht nachvollziehbar, könnte der Geschäftsgegner als Frucht seiner arglistigen Täuschung eine im Anfechtungswege nicht angreifbare Rechtsposition erwerben und auch behalten.

Der § 166 Abs. 2 Satz 1 BGB gilt daher analog auch für Willensmängel, was im vorliegenden Fall zur Konsequenz hat, dass der R die Willenserklärung der M gegenüber H anfechten kann nach den §§ 123, 142 Abs. 1 BGB. Der Kaufvertrag ist somit von Anfang an als nichtig anzusehen.

Ergebnis: Der R ist mangels Kaufvertrages nicht verpflichtet, den Kaufpreis in Höhe von 2.600 Euro an H zu zahlen.

Fall 19

Das Schnäppchen

Rechtsstudent R sieht am Nachmittag vor Antritt einer vierwöchigen Urlaubsreise beim Fahrradhändler H zufällig ein preisgünstiges, gebrauchtes Hollandrad. R hat allerdings nicht genügend Bargeld bei sich. Er telefoniert deshalb mit seinem Freund F und erklärt dann dem H, am nächsten Morgen werde F vorbei kommen, um das Rad, das mit einem Kaufpreis von 200 Euro ausgezeichnet ist, für ihn zu kaufen. H ist einverstanden. Tags darauf erscheint F bei H, um das Rad für R zu erwerben. Als der geschäftstüchtige F den H allerdings auf einen Kaufpreis von 130 Euro herunter gehandelt hat, beschließt F kurzerhand, das Rad unter diesen Umständen lieber für sich selbst zu kaufen. H gegenüber erwähnt er dies jedoch nicht. Drei Tage später stellt F fest, dass die Beleuchtung des Rades nicht funktionstauglich ist.

F verlangt von H die Reparatur. H weigert sich und meint, dieser Anspruch stünde nur R zu, für den habe F das Rad ja gekauft. **Rechtslage?**

Schwerpunkte: Stellvertretung bei fehlendem Vertreterwillen; analoge Anwendung des § 164 Abs. 2 BGB; Begriffe der Innen- und Außenvollmacht; Vollmachtserteilung nach § 167 Abs. 1 BGB; Kundgabe der Außenvollmacht gemäß § 171 Abs. 1 BGB.

Lösungsweg

Anspruch des F gegen H auf Nachbesserung des Rades

AGL.: §§ 439 Abs. 1, 437 Nr. 1, 434 BGB (Nacherfüllungsanspruch)

Voraussetzung für das Bestehen eines Nachbesserungsanspruchs des F gegen H ist zunächst ein zwischen beiden Parteien geschlossener ***Kaufvertrag*** im Sinne des § 433 BGB.

Einstieg: Das Problem des Falles liegt offensichtlich darin, dass der F beim Kauf des Rades zwar als Vertreter des R handeln sollte, das Rad aber nach seiner eigenen Vorstellung dann doch lieber für sich selbst kaufen wollte. Es stellt sich mithin die Frage, wer denn nun der Vertragspartner des H geworden ist, H erklärt ja auch ausdrücklich, dass der Anspruch nur dem R zustehe.

Kaufvertragsschluss zwischen R und H?

Sollte ein wirksamer Kaufvertrag zwischen R und H zustande gekommen sein, stünde dem F kein Anspruch auf Nachbesserung des Rades zu, denn diesen Anspruch kann nur der **»Käufer«** geltend machen (bitte prüfen in § 439 Abs. 1 BGB).

Angesichts des Umstands, dass der R selbst gegenüber H keinerlei auf einen Vertragsschluss gerichtete Willenserklärung abgegeben hat, kommt eine vertragliche Einigung nur unter Einschaltung des F in Betracht. Die Erklärungen des F wirken dann für und gegen den R, wenn F den R wirksam ***vertreten*** hat im Sinne des **§ 164 Abs. 1 Satz 1 BGB**.

Voraussetzungen der Stellvertretung:

1.) Der F muss zunächst eine **eigene** Willenserklärung abgegeben haben.

Unter Berücksichtigung der Tatsache, dass der F das Rad beim Kauf im Preis deutlich herunter handelt, kann von einem eigenen Entscheidungsspielraum und damit auch von der Abgabe einer eigenen Willenserklärung ausgegangen werden.

ZE.: Der F hat beim Kauf des Rades eine eigene Willenserklärung abgegeben.

2.) Fraglich ist, ob F auch ***im Namen des Vertretenen*** gehandelt hat, wie es das Gesetz in § 164 Abs. 1 Satz 1 BGB verlangt.

Insoweit kann vorliegend dahinstehen, ob der F nun gegenüber H ausdrücklich gesagt hat, dass er für den R handelt (§ 164 Abs. 1 Satz 1 BGB) oder aber sich dies aus den Umständen ergibt, dass der R für H das Rad kauft (§ 164 Abs. 1 Satz 2 BGB). H war ja am Vortag von R informiert worden, dass F für R handeln sollte.

ZE.: F handelte beim Erwerb des Rades auch im Namen des Vertretenen.

3.) Für eine wirksame Stellvertretung ist schließlich erforderlich, dass F sich beim Kauf auch ***innerhalb der ihm zustehenden Vertretungsmacht*** bewegt hat.

Die Vertretungsmacht ist im vorliegenden Fall zunächst gemäß **§ 167 Abs. 1, 1. Alt. BGB** durch Erklärung gegenüber dem zu Bevollmächtigenden erfolgt (so genante **»Innenvollmacht«**); der R hat den F damit beauftragt, für ihn das Rad bei H zu kaufen. Die weitere Mitteilung an den H darüber stellt dann im Übrigen eine sogenannte **»Kundgabe«** der Innenvollmacht dar und ist in **§ 171 Abs. 1, 1. Alt. BGB** geregelt. Beim Erwerb des Rades hat sich der F an die Grenzen dieser Vollmacht gehalten, er hat das fragliche Rad, das mit einem Kaufpreis von 200 Euro ausgezeichnet war, zum deutlich niedrigeren Preis von 130 Euro gekauft.

ZE.: Damit handelt F innerhalb der ihm zustehenden Vertretungsmacht mit der Folge, dass sämtliche Voraussetzungen der Stellvertretung aus § 164 Abs. 1 Satz 1 BGB vorliegen. Und damit wäre dann auch eigentlich ein wirksamer Kaufvertrag zwischen H und R zustande gekommen, F war Stellvertreter des R. Der F könnte folglich von H nicht die Reparatur verlangen, denn dieser Anspruch steht nur dem Käufer zu. Und Käufer wäre eben der R und nicht der F.

Aber: Nicht berücksichtigt haben wir bei der ganzen bisherigen Prüfung, dass der F angesichts des günstigen Preises gar nicht für den R handeln wollte, als er den Kaufvertrag mit H geschlossen hat. F wollte das Rad ja – weil es ein Schnäppchen ist – am Ende doch lieber für sich ***selbst*** kaufen. Es stellt sich die Frage, welche Auswirkungen diese Konstellation auf die Wirksamkeit der Stellvertretung hat.

Ausgangspunkt der Überlegung ist der Umstand, dass es eine Divergenz gibt zwischen dem ***äußeren Auftreten*** und dem ***inneren Willen*** des F: Nach außen hin ist F als Vertreter des R aufgetreten; das haben wir oben geprüft, als wir festgestellt hatten, dass die Umstände des Falles aus der Sicht des H den Schluss zuließen, dass F als Stellvertreter des R handelt (§ 164 Abs. 1 Satz 2 BGB). Und das wusste der F auch. Tatsächlich aber wollte F den Kaufvertrag gar nicht für R abschließen, er wollte das Rad vielmehr für sich selbst erwerben und es dann auch benutzen. Dass er sich als Käufer und demnach auch als Vertragspartner des H fühlt, dokumentiert nicht zuletzt sein Nachbesserungsbegehren gegenüber dem H.

> Das ***Gesetz*** hat den Fall, dass die innere Haltung und das äußere Erscheinungsbild bei der Stellvertretung auseinander fallen, in **§ 164 Abs. 2 BGB** geregelt. Nach dieser Norm ist allerdings nur der zu unserer Geschichte umgekehrte Fall erfasst, **nämlich:** Gemäß § 164 Abs. 2 BGB bleibt der Wille des Vertreters, für den anderen zu handeln, unberücksichtigt, wenn der Vertreter diesen Willen nicht zum Ausdruck bringt. Ist also nicht erkennbar, dass der Vertreter für einen anderen handeln will, schließt der Vertreter, selbst wenn er eine entsprechende Vollmacht hat, ein ***Eigengeschäft*** und ist ***selbst*** Vertragspartner geworden; insbesondere kann der Vertreter in diesen Fällen seine WE dann auch nicht anfechten wegen Irrtums nach § 119 BGB (BGH NJW-RR **1992**, 1011; *Soergel/Leptien* § 164 BGB Rz. 34; *Bamberger/Roth/Habermeier* § 164 BGB Rz. 43; *Medicus* AT Rz. 919; *Medicus/Petersen* BR Rz. 87; *Palandt/Ellenberger* § 164 BGB Rz. 16). Es gilt demnach allein das nach ***außen*** Getretene, der entgegenstehende innere Wille des Vertreters bleibt unbeachtlich. Diese Regel existiert zugunsten des Vertragspartners, denn der soll grundsätzlich wissen, mit wem er es zu tun hat (**Ausnahme:** Geschäft für den, den es angeht, vgl. insoweit weiter vorne Fall Nr. 15).

Also: Der § 164 Abs. 2 BGB ordnet an, dass man trotz intern erhaltener Vertretungsmacht ein eigenes und vor allem einen ***selbst*** bindendes Geschäft abschließt, wenn man das Handeln für den anderen gegenüber dem Geschäftspartner nicht offenkundig macht. Und man kann dieses Geschäft dann auch ***nicht*** nachträglich noch vernichten mit einer Anfechtung wegen Irrtums nach § 119 BGB.

In unserem Fall hier ist es – wie gesagt – nun leider aber genau umgekehrt als die in § 164 Abs. 2 BGB beschriebene Konstellation: Der Vertreter handelt zwar nach außen hin für den Vertretenen (also offenkundig), hat aber einen anderen inneren Willen, nämlich zum Abschluss eines eigenen Geschäfts. Es stellt sich deshalb jetzt die Frage, ob der entgegenstehende Wille des Vertreters die Wirksamkeit der Stellvertretung ausschließt. Immerhin wollte der Vertreter ja gar nicht als solcher handeln. Hat er nun dennoch einen für den Hintermann wirksamen Vertrag geschlossen oder doch – seinem eigentlichen Willen entsprechend – sich selbst vertraglich verpflichtet?

Die Beantwortung dieser Frage ist sehr umstritten, folgende Lösungsansätze werden diskutiert:

- Nach einer Meinung soll auf die vorliegende Konstellation die Regel des § 164 Abs. 2 BGB ***analog*** angewendet werden und demnach der innere Wille des Vertreters auch hier unbeachtlich sein, solange der Handelnde nach außen hin als Stellvertreter in Erscheinung getreten ist (BGH NJW-RR **1992**, 1011; BGHZ **36**, 30; *Palandt/Ellenberger* § 164 BG Rz. 16; PWW/*Frensch* § 164 BGB Rz. 82). Der Vertreter schließe ein für den Hintermann ***wirksames*** Geschäft ab B und könne seine Willenserklärung – ebenso wie im Normalfall des § 164 Abs. 2 BGB – ***nicht*** nach § 119 BGB wegen Irrtums anfechten. Das Geschäft bindet also in jedem Falle den Hintermann, der Vertreter selbst hat kein Eigengeschäft abgeschlossen, obwohl er dies wollte. Es bleibt bei der grundsätzlich geltenden Regel, dass nur das nach außen zutage Getretene rechtlich verbindlich ist.

Zum Fall: Folgt man dieser Meinung, hat F beim Kauf des Rades keinen eigenen Vertrag geschlossen, sondern den R wirksam gemäß § 164 Abs. 1 Satz 1 BGB verpflichtet. Er ist nach außen hin als Stellvertreter in Erscheinung getreten. Sein insoweit entgegen stehender Wille findet keine Berücksichtigung.

- Nach anderer Auffassung soll bei diesen Konstellationen zwar auch ein wirksamer Vertrag zwischen dem Vertretenen und dem Geschäftspartner zustande gekommen, die Stellvertretung also grundsätzlich auch wirksam sein; da sich der Vertreter bei seiner Erklärung aber im Irrtum befunden habe, sei dessen Erklärung gemäß **§ 119 Abs. 1 BGB** anfechtbar (*Erman/Maier-Reimer* § 164 BGB Rz. 23; *Staudinger/Schilken* § 164 BGB Rz. 21; *Soergel/Leptien* § 164 BGB Rz. 12; *Lieb* in JuS 1967, 106; MüKo/*Schubert* § 164 BGB Rz. 136/137). Nach dieser Meinung komme eine entsprechende Anwendung des § 164 Abs. 2 BGB, wonach allein das nach außen Sichtbare zähle, nicht in Betracht. Der entgegenstehende Wille des Erklärenden müsse Berücksichtigung finden, eine Analogie des § 164 Abs. 2 BGB scheide aus, da es sich um eine Sondervorschrift handele, die einer entsprechenden Anwendung auch für andere Konstellationen nicht zugänglich sei.

Zum Fall: Folgt man dieser Auffassung, hat der F als Stellvertreter zwar zunächst einen wirksamen Vertrag für den R abgeschlossen, kann seine zum Vertragsschluss führende Erklärung aber anfechten nach § 119 Abs. 1 BGB mit der Folge, dass das Geschäft dann rückwirkend (§ 142 Abs. 1 BGB!) vernichtet werden würde.

Feinkostabteilung: Die gerade zuletzt benannte Auffassung, wonach der F seine Willenserklärung wegen Irrtums nach den §§ 119, 142 BGB anfechten kann, streitet dann aber noch darüber, ***wem*** das Anfechtungsrecht in solchen Fällen zustehen soll: Während ein Teil allein dem Vertretenen das Anfechtungsrecht zubilligen will (*Soergel/Leptien* § 164 BGB Rz. 12), wollen andere wiederum dieses Recht allein dem Vertreter gewähren (*Staudinger/Schilken* § 164 BGB Rz. 21; *Flume* AT § 44 III); und vertreten wird schließlich noch eine weitere Auffassung, die nach der ***Wirksamkeit*** der Stellvertretung differenziert und behauptet, dass der Vertretene nur dann anfechten könne, wenn das Geschäft für ihn wirksam sei (MüKo/*Schubert* § 164 BGB Rz. 136), während dem Vertretenen das Anfechtungsrecht zustehe bei unwirksamen Geschäften aufgrund Überschreitens der Vertretungsmacht (*Brox/Walker* in JA 1980, 454).

Ob wir nun diese Fragen aus der Feinkostabteilung auch noch beantworten bzw. entscheiden müssen, hängt aber zunächst mal davon ab, welcher der beiden oben aufgeführten Meinungen wir überhaupt folgen. Die beiden Ansichten führten ja zu unterschiedlichen Ergebnissen (vgl. oben), sodass eine Entscheidung gefällt werden muss. Und das geht so:

> Die besseren Argumente sprechen für die Meinung, die das Geschäft trotz entgegen stehenden Willens des Vertreters in entsprechender Anwendung des § 164 Abs. 2 BGB allein für den ***Hintermann*** wirken lässt und dem Vertreter auch kein Anfechtungsrecht zugesteht: Denn zunächst einmal besteht für den rechtlich gebundenen Hintermann kein Schutzbedürfnis, er hat ja das Geschäft – mithilfe des Vertreters – geschlossen, das er wollte. Dass der Vertreter dieses Geschäft eigentlich für sich selbst tätigen wollte, berührt den Vertretenen nicht. Des Weiteren entspricht dieses Ergebnis auch den ***Interessen*** des Geschäftspartners, denn der wusste ja und vertraute auch darauf, dass er den Vertrag mit dem Hintermann abschließt; würde man nun dem Vertreter oder dem Vertretenen ein Anfechtungsrecht wegen Irrtums zubilligen (so wie es die andere Auffassung vertritt), wäre das Vertrauen des Geschäftspartners in das Auftreten des Vertreters verletzt. Schließlich muss auch der Vertreter nicht unter Heranziehung eines Anfechtungsrechtes geschützt werden, denn die rechtliche Bindung tritt allein zwischen dem Hintermann und dem Geschäftspartner ein, der Vertreter wird aus dem getätigten Geschäft nicht verpflichtet. Dem vom Gesetzgeber in § 164 Abs. 2 BGB zum Ausdruck gekommenen Gedanken, dass bei einer Stellvertretung zum Schutz des Rechtsverkehrs nur das nach außen zutage Getretene Geltung haben kann, ist mit dieser Auslegung Rechnung getragen.

Deshalb: Wir folgen der Meinung, die das Geschäft trotz des entgegen stehenden Willens des Vertreters für den Hintermann als rechtlich bindend ansieht und dem Vertreter ***kein*** Anfechtungsrecht wegen Irrtums zubilligt. Es gilt in analoger Anwendung des § 164 Abs. 2 BGB das nach außen Erklärte, der innere Wille des Vertreters bleibt unberücksichtigt.

Zum Fall: Der Kaufvertrag zwischen R und H, dessen Zustandekommen wir weiter oben als Zwischenergebnis schon mal festgestellt hatten, wird nicht dadurch beeinträchtigt, dass F bei seiner Willenserklärung eigentlich ein Geschäft für sich selbst abschließen wollte. Weitere Zweifel am Kaufvertrag zwischen R und H bestehen nicht mehr.

Erg.: Da ein Kaufvertrag zwischen R und H geschlossen wurde, kann F selbstverständlich keine kaufrechtlichen Gewährleistungsansprüche aus § 439 Abs. 1 BGB geltend machen. Dieses Recht steht allein dem R zu.

Gutachten

F könnte gegen H einen Anspruch auf Nachbesserung des Rades aus den §§ 439 Abs. 1, 437 Nr. 1, 434 BGB haben.

Voraussetzung für das Bestehen eines Nachbesserungsanspruchs des F gegen H ist zunächst ein zwischen beiden Parteien geschlossener Kaufvertrag im Sinne des § 433 BGB. Dafür erforderlich sind zwei übereinstimmende Willenserklärungen, abgegeben von F und H.

Problematisch ist insoweit die entsprechende Willenserklärung des F, da F den Vertrag im vorliegenden Fall nicht für sich selbst, sondern für R schließen sollte, die Erklärung aber seinem inneren Willen entsprechend dennoch für sich selbst abgeben wollte. Es fragt sich daher, welche Rechtswirkungen die Erklärung des F tatsächlich gehabt hat.

Sollte durch die Erklärung des F ein wirksamer Kaufvertrag zwischen R und H zustande gekommen sein, stünde dem F kein Anspruch auf Nachbesserung des Rades zu, denn diesen Anspruch kann gemäß § 439 Abs. 1 BGB nur der Käufer geltend machen. Angesichts der Tatsache, dass der R selbst gegenüber H keinerlei auf einen Vertragsschluss gerichtete Willenserklärung abgegeben hat, kommt eine vertragliche Einigung nur unter Einschaltung des F in Betracht. Die Erklärungen des F wirken dann für und gegen den R, wenn F den R wirksam vertreten hat im Sinne des § 164 Abs. 1 Satz 1 BGB.

1.) Der F muss zunächst eine eigene Willenserklärung abgegeben haben. Angesichts der Tatsache, dass der F das Rad beim Kauf im Preis deutlich herunter handelt, kann von einem eigenen Entscheidungsspielraum und damit auch von der Abgabe einer eigenen Willenserklärung ausgegangen werden.

Der F hat beim Kauf des Rades eine eigene Willenserklärung abgegeben.

2.) Fraglich ist allerdings, ob F auch im Namen des Vertretenen gehandelt hat.

Insoweit kann vorliegend dahinstehen, ob F gegenüber H ausdrücklich gesagt hat, dass er für den R handelt (§ 164 Abs. 1 Satz 1 BGB) oder aber es sich aus den Umständen ergibt, dass der R für H das Rad kauft (§ 164 Abs. 1 Satz 2 BGB). H war ja am Vortag von R informiert worden, dass F für R handeln sollte.

F handelte beim Erwerb des Rades auch im Namen des Vertretenen.

3.) Für eine wirksame Stellvertretung ist schließlich erforderlich, dass F sich auch innerhalb der ihm zustehenden Vertretungsmacht verhalten hat.

Die Vertretungsmacht ist im vorliegenden Fall zunächst gemäß § 167 Abs. 1, 1. Alt. BGB durch Erklärung gegenüber dem zu Bevollmächtigenden erfolgt. R hat den F damit beauftragt, für ihn das Rad bei H zu kaufen. Die weitere Mitteilung an den H darüber stellt dann im Übrigen eine sogenannte »Kundgabe« der Innenvollmacht dar und ist in § 171 Abs. 1, 1. Alt. BGB geregelt. Beim Erwerb des Rades hat sich der F an die Grenzen dieser Vollmacht gehalten, er hat das fragliche Rad zum Preis von 130 Euro gekauft.

Damit handelt F innerhalb der ihm zustehenden Vertretungsmacht mit der Folge, dass sämtliche Voraussetzungen der Stellvertretung aus § 164 Abs. 1 Satz 1 BGB vorliegen. Und damit wäre ein wirksamer Kaufvertrag zwischen H und R zustande gekommen, F war Stellvertreter des R. Der F könnte folglich von H nicht die Reparatur verlangen, denn dieser Anspruch steht nur dem Käufer zu.

4.) Etwas anderes könnte sich aber noch aus dem Umstand ergeben, dass F im vorliegenden Fall gar nicht für den R, sondern für sich selbst handeln wollte.

Ausgangspunkt dieser Überlegung ist der Umstand, dass es eine Divergenz gibt zwischen dem äußeren Auftreten und dem inneren Willen des F. Nach außen hin ist F als Vertreter des R aufgetreten. Tatsächlich aber wollte F den Kaufvertrag gar nicht für R abschließen, er wollte das Rad vielmehr für sich selbst erwerben und es dann auch benutzen. Daraus könnte sich ergeben, dass die Erklärung des F nicht für R wirkt im Sinne des § 164 Abs. 1 BGB. In Betracht kommt eine entsprechende Anwendung des § 164 Abs. 2 BGB.

Gemäß § 164 Abs. 2 BGB bleibt der Wille des Vertreters, für den anderen zu handeln, unberücksichtigt, wenn der Vertreter diesen Willen nicht zum Ausdruck bringt. Ist also nicht erkennbar, dass der Vertreter für einen anderen handeln will, schließt der Vertreter, selbst wenn er eine entsprechende Vollmacht hat, ein Eigengeschäft und ist selbst Vertragspartner geworden; insbesondere kann der Vertreter in diesen Fällen seine Willenserklärung dann auch nicht anfechten wegen Irrtums nach § 119 BGB. Es gilt demnach allein das nach außen Getretene, der entgegen stehende innere Wille des Vertreters bleibt unbeachtlich. Diese Regel existiert zugunsten des Vertragspartners, denn der soll grundsätzlich wissen, mit wem er es zu tun hat.

Im vorliegenden Fall liegt die zu § 164 Abs. 2 BGB umgekehrte Situation vor. Der Vertreter handelt zwar nach außen hin für den Vertretenen (also offenkundig), hat aber einen anderen inneren Willen, nämlich zum Abschluss eines eigenen Geschäfts. Es stellt sich die Frage, ob der entgegenstehende Wille des Vertreters die Wirksamkeit der Stellvertretung in analoger Anwendung des § 164 Abs. 2 BGB ausschließt.

Die Beantwortung dieser Frage ist umstritten:

a) Nach einer Auffassung soll bei diesen Konstellationen zwar auch ein wirksamer Vertrag zwischen dem Vertretenen und dem Geschäftspartner zustande gekommen, die Stellvertretung also grundsätzlich auch wirksam sein; da sich der Vertreter bei seiner Erklärung aber im Irrtum befunden habe, sei dessen Erklärung gemäß § 119 Abs. 1 BGB anfechtbar. Nach dieser Meinung komme eine entsprechende Anwendung des § 164 Abs. 2 BGB, wonach allein das nach außen Sichtbare zähle, nicht in Betracht. Der entgegen stehende

Wille des Erklärenden müsse Berücksichtigung finden, eine Analogie des § 164 Abs. 2 BGB scheide aus, da es sich um eine Sondervorschrift handele, die einer entsprechenden Anwendung auch für andere Konstellationen nicht zugänglich sei.

b) Dieser Auffassung kann aber nicht gefolgt werden. Zunächst einmal besteht für den rechtlich gebundenen Hintermann kein Schutzbedürfnis, er hat ja das Geschäft – mithilfe des Vertreters – geschlossen, das er wollte. Dass der Vertreter dieses Geschäft eigentlich für sich selbst tätigen wollte, berührt den Vertretenen nicht. Des Weiteren entspricht dieses Ergebnis auch den Interessen des Geschäftspartners, denn der wusste ja und vertraute auch darauf, dass er den Vertrag mit dem Hintermann abschließt; würde man nun dem Vertreter oder dem Vertretenen ein Anfechtungsrecht wegen Irrtums zubilligen (so wie es die andere Auffassung vertritt), wäre das Vertrauen des Geschäftspartners in das Auftreten des Vertreters verletzt. Schließlich muss auch der Vertreter nicht unter Heranziehung eines Anfechtungsrechtes geschützt werden, denn die rechtliche Bindung tritt allein zwischen dem Hintermann und dem Geschäftspartner ein, der Vertreter wird aus dem getätigten Geschäft nicht verpflichtet. Dem vom Gesetzgeber in § 164 Abs. 2 BGB zum Ausdruck gekommenen Gedanken, dass bei einer Stellvertretung zum Schutz des Rechtsverkehrs nur das nach außen zutage Getretene Geltung haben kann, ist mit dieser Auslegung Rechnung getragen.

Auf die vorliegende Konstellation ist die Regel des § 164 Abs. 2 BGB daher analog anwendbar und demnach der innere Wille des Vertreters auch hier unbeachtlich, solange der Handelnde nach außen hin als Stellvertreter in Erscheinung getreten ist. Der Vertreter schließt ein für den Hintermann wirksames Geschäft ab und kann seine Willenserklärung – ebenso wie im Normalfall des § 164 Abs. 2 BGB – nicht nach § 119 BGB wegen Irrtums anfechten. Das Geschäft bindet also in jedem Falle den Hintermann, der Vertreter selbst hat kein Eigengeschäft abgeschlossen, obwohl er dies wollte. Es bleibt bei der grundsätzlich geltenden Regel, dass nur das nach außen zutage Getretene rechtlich verbindlich ist.

Der Kaufvertrag zwischen R und H, dessen Zustandekommen weiter oben als Zwischenergebnis festgestellt wurde, wird nicht dadurch beeinträchtigt, dass F bei seiner Willenserklärung eigentlich ein Geschäft für sich selbst abschließen wollte. Weitere Zweifel am Kaufvertrag zwischen R und H bestehen nicht.

Erg.: Da ein Kaufvertrag zwischen R und H geschlossen wurde, kann F keine kaufrechtlichen Gewährleistungsansprüche aus § 439 Abs. 1 BGB geltend machen. Dieses Recht steht allein dem R zu.

4. Abschnitt

Die Geschäftsfähigkeit und das
Recht der Minderjährigen,
§§ 104 ff. BGB

Fall 20

Born to be wild

Der 17-jährige Schüler S möchte in den Sommerferien mit Freunden eine Moped-Tour unternehmen. Er begibt sich daher mit seinem angesparten Taschengeld (700 Euro) zum Händler H und kauft dort – ohne Wissen der Eltern – einen Motorroller für 1.000 Euro. Die mitgebrachten 700 Euro zahlt S in bar an und vereinbart mit H, dass er die restlichen 300 Euro in zwei Monatsraten zu jeweils 150 Euro per Anweisung von seinem Konto aus nachzahlt. H übergibt S daraufhin mit den Worten »viel Spaß mit deinem neuen Roller« das Gefährt, das S dann, damit seine Eltern nichts merken, bei einem Freund in dessen Garage unterstellt.

Als S am Ende des übernächsten Monats die letzte Rate des ausstehenden Geldes von seinem Konto aus angewiesen hat und die ganze Sache zwei Stunden später seinen verdutzten Eltern erzählt, widersprechen diese den Plänen des S. Mutter M ruft umgehend bei H an und erklärt, sie sei mit dem Geschäft nicht einverstanden; die Zahlung der letzten 150 Euro werde sie bei der Bank widerrufen und H solle die übrigen 850 Euro sofort zurückzahlen. H meint daraufhin, er werde gar nichts zurückzahlen, der S habe nämlich, was der Wahrheit entspricht, ihm gegenüber behauptet, seine Eltern seien einverstanden. Er verlange vielmehr die ausstehenden 150 Euro, die, was ebenfalls der Wahrheit entspricht, noch nicht auf seinem Konto eingegangen seien.

Rechtslage?

Schwerpunkte: Grundfall des Minderjährigenrechts; die beschränkte Geschäftsfähigkeit; Einwilligung und Genehmigung des gesetzlichen Vertreters; der lediglich rechtliche Vorteil im Sinne des § 107 BGB; der Taschengeldparagraf des § 110 BGB; Ansprüche aus Vertragsanbahnung und Delikt gegen den Minderjährigen.

Lösungsweg

Anspruch des H gegen S auf Zahlung der restlichen 150 Euro

<u>AGL.</u>: **§ 433 Abs. 2 BGB (Kaufvertrag)**

I.) Es muss für das Bestehen dieses Anspruchs ein Kaufvertrag zwischen S und H zustande gekommen sein, aus dem S verpflichtet ist, den Kaufpreis und damit auch die restlichen 150 Euro an H zu zahlen. Dass sich S und H diesbezüglich geeinigt haben, steht außer Frage. Problematisch ist aber, ob diese Einigung auch ***wirksam***

geworden ist. Und das ist natürlich nur deshalb problematisch, weil der S eben erst **17 Jahre** alt ist.

> **Prüfungseinstieg:** Als Ausgangspunkt der Fall-Lösung kommt im Falle der Minderjährigkeit regelmäßig die Vorschrift des **§ 108 Abs. 1 BGB** in Betracht. Nach dieser Norm hängt die Wirksamkeit eines von einem Minderjährigen ohne die erforderliche Einwilligung des gesetzlichen Vertreters geschlossenen Vertrages von der Genehmigung des Vertreters ab (bitte mal das Gesetz lesen).

In der Klausur hat man nun zunächst einmal festzustellen, dass die zu prüfende Person auch tatsächlich ***minderjährig*** ist, ansonsten macht die ganze Sache natürlich keinen Sinn.

> **Klausurtipp:** Und bei dieser Feststellung der Minderjährigkeit sollte man sich nicht darauf beschränken, nur den **§ 106 BGB** zu nennen, denn das wäre unvollständig. Aus § 106 BGB folgt nämlich nur, dass die §§ 107-113 BGB für Minderjährige gelten, die das **siebente** Lebensjahr vollendet haben. Damit ist aber nicht klar, bis zu welchem Alter das nach oben gilt. Und das steht in **§ 2 BGB** (lesen, bitte). Diese Norm sollte daher der Vollständigkeit halber neben § 106 BGB zitiert werden, wenn die Anwendbarkeit der §§ 107–113 BGB aufgrund der Minderjährigkeit der betreffenden Person begründet wird. Ist nur ein geringer Aufwand und macht garantiert einen guten Eindruck. Merken.

Und merken wollen wir uns im Übrigen dann auch noch – bevor es mit der inhaltlichen Prüfung richtig losgeht – eine Eselsbrücke, die die Begrifflichkeit des § 108 BGB betrifft. Die in § 108 BGB aufgeführten Begriffe »**Einwilligung**« und »**Genehmigung**« können und sollten wie folgt auseinander gehalten werden: Die in § 108 Abs. 1 BGB benannte Einwilligung meint immer die ***vorherige*** Zustimmung (steht in § 183 Satz 1 BGB); die in § 108 BGB ebenfalls erwähnte Genehmigung ist demgegenüber die ***nachträgliche*** Zustimmung (steht in § 184 Abs. 1 BGB). Der Oberbegriff ist demnach die ***Zustimmung***, die Einwilligung meint die vorherige, die Genehmigung die nachträgliche Zustimmung. Und man merkt sich das am besten, indem man beachtet, dass im Alphabet das »**E**« (Einwilligung) vor dem »**G**« (Genehmigung) kommt; Einwilligung mit »E« bedeutet deshalb stets die ***vorherige*** und die Genehmigung mit »G« immer die ***nachträgliche*** Zustimmung.

> **Beachte:** Die Worte *Einwilligung* und *Genehmigung* sind natürlich – wie eben schon jeweils in Klammern aufgeführt – im Gesetz in den **§§ 183, 184 BGB** legal definiert. Und da steht dann das drin, was wir gerade eben gelernt haben. Die Eselsbrücke mit den beiden Anfangsbuchstaben entbindet den Kandidaten mithin nicht davon, diese Normen auch möglichst zu zitieren, wenn die entsprechenden Begriffe verwendet werden. Dennoch ist sie wichtig und erleichtert die Arbeit ungemein, denn die meisten Studenten kennen im Regelfall weder die §§ 183, 184 BGB noch können sie die Worte erklären. Und da hilft jetzt diese Erläuterung; im Übrigen tauchen die Begriffe

noch an unzähligen anderen Stellen des BGB auf und haben dort selbstverständlich die gleiche Bedeutung. Alles klar!?

II.) Jetzt aber zurück zu § 108 BGB bzw. zur Prüfung unseres Falles; und da werden wir uns nun der Frage zuwenden, in welcher Reihenfolge und mit welchen Schritten die Minderjährigkeit Einfluss auf die Wirksamkeit der Willenserklärung und den Vertragsschluss haben kann:

Der gedankliche Aufbau und damit auch die Prüfung des § 108 Abs. 1 BGB bzw. der §§ 107 ff. BGB in der Klausur oder Hausarbeit ergibt sich glücklicherweise aus der ***Gesetzeslektüre***, allerdings auch nur, wenn man das Gesetz wirklich aufmerksam und sorgfältig nachliest. Und genau das wollen wir jetzt mal machen:

1.) Die Einwilligung

a) Die ausdrücklich erteilte Einwilligung

Im ersten Teil der Untersuchung der Wirksamkeit der Willenserklärung bzw. des Vertragsschlusses des Minderjährigen muss man fragen, ob eine **Einwilligung** (= ***vorherige*** Zustimmung, vgl. oben!) des gesetzlichen Vertreters vorliegt. Denn wenn das so ist, ist die Willenserklärung des Minderjährigen ohne Probleme **wirksam**. Diese Regel erkennt man beim Lesen der §§ 108 Abs. 1 und 107 BGB: Der § 108 Abs. 1 BGB besagt nämlich, dass bei einem ***ohne*** Einwilligung des gesetzlichen Vertreters geschlossenen Vertrag die Wirksamkeit des Geschäfts von der Genehmigung abhängt. Und das heißt, dass die Willenserklärung ohne Einwilligung offenbar nicht wirksam ist, sonst bräuchte man ja für die Wirksamkeit keine Genehmigung (= ***nachträgliche*** Zustimmung).

Wenn wir jetzt ein zweites Mal in § 108 Abs. 1 BGB reinschauen, lesen wir dort dann vor dem Wort »Einwilligung« noch das Wörtchen **»erforderliche«**, was logischerweise zu bedeuten hat, dass es wohl auch Geschäfte gibt, bei denen die Einwilligung eben ***nicht*** erforderlich ist. Und damit sind wir dann bei **§ 107 BGB** angelangt (bitte lesen). Der sagt, dass der Minderjährige nur dann eine Einwilligung braucht, wenn er eine Willenserklärung abgibt, durch die er ***nicht lediglich einen rechtlichen Vorteil erlangt***. Dann ist die Einwilligung »erforderlich« im Sinne des § 108 Abs. 1 BGB. In allen anderen Fällen ist die Einwilligung demnach ***nicht*** erforderlich, und deshalb gilt in diesen Konstellationen der § 108 Abs. 1 BGB eben nicht und das Geschäft bzw. die Willenserklärung ist ***ohne*** Einwilligung wirksam. Wenn der Minderjährige also eine Willenserklärung abgibt, durch die er lediglich einen rechtlichen Vorteil erlangt, braucht er hierfür ***keine*** Einwilligung (und auch keine Genehmigung!), denn § 108 Abs. 1 BGB spricht ja nur von »erforderlichen« Einwilligungen.

Beachte: Diese Geschichte mit dem lediglich rechtlichen Vorteil in § 107 BGB muss man streng wörtlich nehmen. Insbesondere in den Fällen, in denen der Minderjährige ein »Schnäppchen« macht, wird die Sache interessant. Also etwa dann, wenn der Minderjährige einen CD-Player, der einen Wert von 150 Euro hat, für 50 Euro kauft.

Hier darf man sich nicht blenden lassen vom wirtschaftlichen Vorteil; entscheidend ist – Wortlaut des Gesetzes! – allein der ***rechtliche*** Vorteil. Und der ist weg, sobald der Minderjährige eine Verpflichtung eingeht, egal wie wirtschaftlich vorteilhaft das ganze Geschäft auch sein mag (NK/*Baldus* § 107 BGB Rz. 20; MüKo/*Schmitt* § 107 BGB Rz. 27; *Palandt/Ellenberger* § 107 BGB Rz. 2). Merken.

Übertragen auf unseren Fall: S ein Geschäft abgeschlossen, aus dem er zur Kaufpreiszahlung verpflichtet ist (§ 433 Abs. 2 BGB) mit der Konsequenz, dass es sich ***nicht*** um einen Fall des § 107 BGB handelt und folglich eine Einwilligung im Sinne des § 108 Abs. 1 BGB »**erforderlich**« war. Diese erforderliche Einwilligung hat S von den Eltern aber – zumindest ausdrücklich – ***nicht*** bekommen, er hatte seinen gesetzlichen Vertretern (§§ 1626 und 1629 Abs. 1 BGB) ja gar nichts erzählt. Und daraus müsste man nun eigentlich schließen, dass gemäß § 108 Abs. 1 BGB die Wirksamkeit des Vertrages von der ***Genehmigung*** der Eltern abhängt und diese dann prüfen:

b) Die schlüssig (konkludent) erteilte Einwilligung

Aber: An dieser Stelle, also bei der Frage nach einer ***Einwilligung*** des gesetzlichen Vertreters, kommt der berühmte »**Taschengeldparagraf**« des **§ 110 BGB** ins Spiel. Die Vorschrift des § 110 BGB normiert nämlich, wie wir sogleich sehen werden, einen Fall der (vorherigen) Zustimmung der gesetzlichen Vertreter zu dem in Frage kommenden Geschäft, und das, obwohl im Wortlaut der Norm das Gegenteil steht (bitte prüfen, da steht »ohne« Zustimmung).

Durchblick: Der Taschengeldparagraf des **§ 110 BGB** soll die Fälle erfassen, in denen der Minderjährige mit den ihm für einen bestimmten Zweck oder zur freien Verfügung überlassenen Mitteln (= Taschengeld) ein Geschäft abschließt. Dieses Geschäft soll nun – ausnahmsweise – von Anfang an wirksam sein, wenn der Minderjährige die vertragsmäßige Leistung mit den eben benannten Mitteln **»bewirkt«**, das heißt ***erfüllt*** hat. Dahinter steckt der Gedanke, dass der Minderjährige frühzeitig lernen soll, sich am Geschäftsleben zu beteiligen und entsprechende Rechtsgeschäfte auch selbstständig und vor allem verbindlich vorzunehmen (RGZ **74**, 235). Voraussetzung ist allerdings – wie gesagt – zum einen die Überlassung entsprechender Mittel durch die gesetzlichen Vertreter und zum anderen das »Bewirken« der vertragsmäßigen Leistung. Und das außerordentlich Interessante ist nun, dass man nach herrschender Meinung in den § 110 BGB hineinliest, der gesetzliche Vertreter habe mit der Überlassung der zur freien Verfügung stehenden Mittel (also des Taschengeldes) eine – Achtung! – ***schlüssig*** erklärte, ***generelle Einwilligung*** in den Abschluss der mit den überlassenen Mitteln vorgenommenen Geschäfte erteilt; die Formulierung »ohne Zustimmung« in § 110 BGB ergänzt und liest man deshalb als »ohne ***ausdrückliche*** Zustimmung« (RGZ **74**, 235; MüKo/*Schmitt* § 110 BGB Rz. 9; *Palandt/Ellenberger* § 110 BGB Rz. 1; *Brox/Walker* AT Rz. 281). Die Eltern willigen durch die Überlassung des Taschengeldes schlüssig ein in sämtliche Geschäfte, die der Minderjährige mit dem Geld vornimmt.

Deutlich und vor allem im Gesetz sogar sichtbar wird dies übrigens, wenn man sich die 1. Var. des § 110 BGB genau anschaut, also die Überlassung der Mittel nicht zur freien Verfügung, sondern **»zu diesem Zwecke«:** Das bedeutet nämlich, dass die Eltern – anders als beim normalen Taschengeld – Geld übergeben mit einer bestimmten Zweckrichtung, **Beispiel:** Übergabe von 20 Euro, damit sich der Minderjährige einen neuen Fahrradsattel kauft. Das ist ein Fall des § 110, 1. Var. BGB (»zu diesem Zwecke«), an dem man prima sehen kann, dass die Überlassung der Mittel eine schlüssige Einwilligung in die hier jetzt nicht mehr nur generelle, sondern sogar ***konkrete Verwendung*** dieser Mittel darstellt. Und aufgepasst: Kauft der Minderjährige nun mit den 20 Euro keinen Sattel, sondern die neue CD von *Justin Timberlake*, ist dieses Geschäft wegen § 110 BGB (!) unwirksam; und zwar selbst dann, wenn der Minderjährige die vertragsgemäße Leistung vollständig bewirkt hat. Denn die Übergabe der Mittel durch die Eltern stellte nur eine Einwilligung in dieses ***konkrete*** Geschäft (Fahrradsattel) und damit die 1. Var. des § 110 BGB dar. ***Dieses*** Geschäft hat der Minderjährige aber nicht getätigt. Und eine Wirksamkeit nach § 110, 2. Var. BGB kommt deshalb nicht in Betracht, weil die Mittel nicht »zur freien Verfügung« waren. Kapiert!?

Der § 110 BGB behandelt also Fälle der schlüssig erteilten ***Einwilligung*** des gesetzlichen Vertreters: In der 1. Variante des § 110 BGB (»zu diesem Zwecke«) geht es um konkrete Geschäfte und folglich eine ***konkrete*** Einwilligung; in der 2. Variante (»zur freien Verfügung«) geht es um ***alle*** Geschäfte, die der Minderjährige mit dem Geld vornimmt bzw. bewirkt, die Einwilligung durch die Übergabe des Taschengeldes ist dann ***generell***.

Das war die rechtstechnische bzw. dogmatische Erläuterung, die man kennen sollte. Sie erleichtert das Verständnis und erklärt vor allem, warum § 110 BGB einen Fall der ***Einwilligung*** behandelt und deshalb bei der Fallprüfung auch entsprechend im Rahmen der §§ 107, 108 BGB eingeordnet werden muss. ***Klausurtaktisch*** hängt der Hammer des Taschengeldparagrafen allerdings vor allem noch an einer anderen Stelle, nämlich am im Gesetz verwendeten Wörtchen **»bewirkt«** (bitte mal suchen in § 110 BGB). Hinter diesem vergleichsweise unscheinbaren Wort verbergen sich in den universitären Übungsarbeiten die eigentlichen Probleme der Fälle, und so ist das auch bei uns hier. Im Einzelnen:

> Der Minderjährige muss, um die Wirksamkeit des Geschäfts nach § 110 BGB herbeizuführen, die vertragsmäßige Leistung mit den ihm überlassenen Mitteln ***bewirkt*** haben. Dieses Bewirken bedeutet eine ***vollständige*** Erfüllung im Sinne des **§ 362 Abs. 1 BGB**. Die Wirkung des § 110 BGB tritt demnach nur dann und auch erst in dem Moment ein, wenn der Minderjährige mit den überlassenen Mitteln die geschuldete Leistung ***vollständig*** erbracht hat und somit eine Erfüllung nach § 362 Abs. 1 BGB eingetreten ist (PWW/*Völzmann-Stickelbrock* § 110 BGB Rz. 2; *Palandt/Ellenberger* § 110 BGB Rz. 4). Solange das nicht passiert ist, ist die schlüssig erteilte Einwilligung des gesetzlichen Vertreters widerruflich, das Geschäft mithin noch im Zustand der ***schwebenden Unwirksamkeit*** (*Palandt/Ellenberger* § 108 BGB Rz. 2; *Medicus* AT Rz. 580). Erst mit der vollständigen Erbringung der Leistung tritt die Wirkung

des § 110 BGB ein, und zwar die Wirksamkeit des Geschäfts von Anfang an. Vorher war das Geschäft mithin (noch) nicht wirksam.

Zum Fall: Um eine Wirksamkeit des vorliegenden Kaufvertrages aus § 433 BGB gemäß § 110 BGB herbeizuführen, hätte S die vertragsmäßige Leistung »**bewirken**« müssen. Und nach dem, was wir soeben gelernt haben, ist dafür erforderlich die Erfüllungswirkung des § 362 Abs. 1 BGB. Erfüllt ist nach § 362 Abs. 1 BGB dann, wenn die geschuldete Leistung an den Gläubiger bewirkt ist (steht wörtlich so im Gesetz). Geschuldet war die Zahlung der 1.000 Euro. Bei H eingegangen sind bislang aber nur 850 Euro, denn zum Zeitpunkt der Erklärung der Mutter des S waren die letzten 150 Euro noch nicht auf dem Konto des H eingegangen. Bei einer Erfüllung durch Kontozahlung tritt die Wirkung des § 362 Abs. 1 BGB erst ein mit der Gutschrift auf dem Konto des Empfängers (BGH NJW **1999**, 210; *Erman/Buck-Heeb* § 362 BGB Rz. 8). Somit hat S zum Zeitpunkt, als seine Mutter ihre Erklärung gegenüber H abgibt, noch nicht die Erfüllungswirkung des § 362 Abs. 1 BGB herbeigeführt mit der Folge, dass eine Wirksamkeit des Geschäfts nach § 110 BGB ***nicht*** eingetreten ist.

Beachte: In diesen Zusammenhang gehört noch die Erläuterung bzw. Ausräumung der häufig nachzulesenden Behauptung, der § 110 BGB finde nie Anwendung bei **Ratenzahlungen**. Das ist ziemlicher Blödsinn, wie man anhand unseres Falles – wenn man ihn nur ein wenig weiterspinnt – sehen kann. Wäre die letzte Rate nämlich bereits auf dem Konto des H eingegangen, wäre das Geschäft gerade wegen § 110 BGB wirksam gewesen. Eine Ratenzahlung ist demnach sehr wohl von § 110 BGB gedeckt, allerdings nur dann, wenn der Minderjährige ***sämtliche*** Raten mit seinem Taschengeld zahlt und die Eltern vor dem Eingang der letzten Zahlung entweder gar nix wissen und nicht widersprechen oder aber stillschweigend einverstanden sind (*Medicus* AT Rz. 580). Merken.

Hier bei unserem Ausgangsfall war indessen die letzte Rate noch nicht bei dem H eingegangen mit der Folge, dass die Voraussetzungen des § 110 BGB ***nicht*** vorliegen, denn die vertragsmäßige Leistung war noch nicht »bewirkt« im Sinne der Vorschrift des § 110 BGB.

ZE.: Im vorliegenden Fall können wir somit nun ***endgültig*** feststellen, dass das Geschäft zwischen S und H weder durch eine ausdrückliche noch durch eine schlüssig erklärte Einwilligung (§ 110 BGB) Wirksamkeit erlangt hat. Und damit ist das Geschäft, weil es gänzlich ohne Einwilligung getätigt wurde, ***schwebend unwirksam*** und kann nun nur noch durch eine Genehmigung Wirksamkeit erlangen (NK/*Baldus* § 108 BGB Rz. 5; *Rüthers/Stadler* AT § 23 Rz. 21; *Palandt/Ellenberger* § 108 BGB Rz. 1).

2.) Die Genehmigung

Und damit sind wir wieder bei **§ 108 Abs. 1 BGB** angelangt und müssen nun noch prüfen, ob eine solche ***Genehmigung*** vorliegt (bitte noch mal § 108 Abs. 1 BGB lesen), denn diese könnte das ohne Einwilligung vorgenommene Geschäft schließlich noch heilen. Eine Genehmigung im Sinne des § 184 Abs. 1 BGB aber hat es im vorliegenden Fall *nicht* gegeben; im Gegenteil, die Mutter widerspricht dem Geschäft.

<u>ZE.</u>: Und damit ist festzustellen, dass das zwischen S und H getätigte Geschäft von der schwebenden in die *endgültige* Unwirksamkeit gelangt ist. Es liegt weder eine Einwilligung (ausdrücklich oder schlüssig erteilt) noch eine Genehmigung vor.

Feinkost: Hieran ändert schließlich auch der Umstand nichts, dass H aufgrund der Erklärung des S irrtümlich glaubte, die Eltern des S seien einverstanden, **denn:** Ein guter Glaube an diese Zustimmung oder etwa auch der gute Glaube an die Volljährigkeit des Vertragspartners findet im BGB keine Berücksichtigung, jedenfalls nicht im Rahmen der rechtsgeschäftlichen Einigung nach den §§ 106 ff. BGB. Denn dies würde den Minderjährigenschutz umgehen bzw. gefährden und wird deshalb auch grundsätzlich abgelehnt (BGHZ **205**, 90; BGH NJW **1998**, 3260; MüKo/*Schmitt* § 106 BGB Rz. 15; NK/*Baldus* § 104 BGB Rz. 39; *Rüthers/Stadler* AT § 23 Rz. 6). Ein guter Glaube an die Volljährigkeit des Vertragspartners oder auch an das Vorliegen einer Zustimmung des gesetzlichen Vertreters kann nicht bewirken, dass die Willenserklärung eines Minderjährigen Wirksamkeit erlangt (BGHZ **205**, 90). Hierfür sind alleine die Regeln der §§ 107 ff. BGB maßgeblich. Merken.

Erg.: Ein wirksamer Kaufvertrag zwischen S und H, aus dem sich der von H begehrte Zahlungsanspruch gegen S gemäß § 433 Abs. 2 BGB ergeben könnte, besteht nicht.

Anspruch des H gegen S auf Rückgabe des Motorrollers

<u>AGL.</u>: **§ 985 BGB (Anspruch aus dem Eigentum)**

Aufgepasst: Hier durfte man jetzt nicht reinfallen, denn ein Anspruch auf Rückübertragung der Sache kann sich aus dieser Norm erstaunlicherweise *nicht* ergeben. Voraussetzung dafür wäre nämlich, dass H auch weiterhin der Eigentümer des Rollers geblieben ist. Prüfen wir mal:

Eine Prüfung der Eigentumsverhältnisse vollzieht man immer *chronologisch*, was im vorliegenden Fall wie folgt funktioniert: *Ursprünglicher* Eigentümer des Rollers war selbstverständlich H. Der H könnte sein Eigentum nun gemäß **§ 929 Satz 1 BGB** an S verloren haben, als er S den Roller mit den Worten »viel Spaß mit deinem neuen Roller« übergab. § 929 Satz 1 BGB setzt eine »Einigung« voraus, die einen dinglichen Vertrag darstellt und somit aus zwei übereinstimmenden Willenserklärungen besteht.

> Und hier muss man sehen, dass der S trotz seiner Minderjährigkeit diesen *dinglichen* Vertragsschluss – im Unterschied zum schuldrechtlichen Vertrag – wegen § 107 BGB *wirksam* (!) vollziehen konnte (MüKo/*Schmitt* § 107 BGB Rz. 44; *Palandt/Ellenberger* § 107 BGB Rz. 4). Denn durch die Einigung nach § 929 Satz 1 BGB erlangt S das *Eigentum* an dem Roller, geht im Gegenzug aber keine Verpflichtung ein. Wie gesagt, hier geht es jetzt nur um die dingliche Einigung nach § 929 Satz 1 BGB, die vom schuldrechtlichen Grundgeschäft (Kaufvertrag) abstrakt zu sehen ist (→**Abstrakti-**

onsprinzip). Und daraus folgt, dass die Einigung nach § 929 Satz 1 BGB ein lediglich rechtlich vorteilhaftes Geschäft im Sinne des **§ 107 BGB** ist (BFH NJW **1989**, 1631; MüKo/*Schmitt* § 107 BGB Rz. 44; *Bamberger/Roth/Wendtland* § 107 BGB Rz. 8; *Palandt/Ellenberger* § 107 BGB Rz. 4).

Konsequenz: S wird durch die Einigung mit H gemäß § 929 Satz 1 BGB neuer Eigentümer des Rollers und muss den Roller folglich nicht an H über § 985 BGB zurückgeben. Oder besser und richtiger formuliert: H steht kein Anspruch aus § 985 BGB gegen S zu, da er nicht (mehr) Eigentümer der Sache ist.

Erg.: H kann von S die Herausgabe des Rollers nach § 985 BGB nicht fordern.

AGL.: § 812 Abs. 1 Satz 1 BGB (Bereicherung)

Der Bereicherungsanspruch hingegen geht dann bedenkenlos durch, da es für die Eigentumsübertragung an dem Roller (= Leistung des H an S) am rechtlichen Grund fehlt; der der Übereignung zugrunde liegende schuldrechtliche Vertrag war – wie oben ausführlich erörtert – unwirksam.

Ergebnis: S muss H das Eigentum und den Besitz an dem Roller gemäß § 812 Abs. 1 Satz 1 BGB zurück übertragen.

Und beachte noch:

Gelegentlich wird bei Fallgestaltungen, in denen der Minderjährige dem anderen Teil entweder seine Volljährigkeit oder aber die Zustimmung der Eltern vorschwindelt, noch über einen Anspruch aus Verschulden bei Vertragsschluss gemäß **§ 311 Abs. 2 Nr. 1 BGB** (früher hieß das: *culpa in contrahendo*) nachgedacht (*Medicus/Petersen BR* Rz. 177; *Canaris* in NJW 1964, 1987). Hiermit sollte man allerdings – wie die Herren *Medicus* und *Petersen* a.a.O. zutreffend mitteilen – außerordentlich vorsichtig umgehen und vor allem die §§ 276, 828 BGB nicht einfach analog anwenden. Dies könnte dann nämlich zur Aushöhlung des Minderjährigenschutzes führen; der Minderjährige haftet daher nur dann aus Verschulden bei Vertragsschluss, wenn er die Vertragsverhandlungen mit Zustimmung des gesetzlichen Vertreters geführt hat (MüKo/*Schmitt* vor § 106 BGB Rz. 16). Im Übrigen dürfte eine deliktische Haftung über die §§ 828, 823 Abs. 2 BGB i.V.m. § 263 StGB ausreichend sein und dann eben von der Einsichtsfähigkeit des Minderjährigen abhängen (vgl. insoweit *Jauernig/Teichmann* § 828 BGB Rz. 2).

Vorliegend kommen die gerade genannten Normen aus dem Deliktsrecht – aber auch § 311 Abs. 2 Nr. 1 BGB – deshalb schon nicht in Betracht, weil es in jedem Falle am Vortrag eines Schadens durch H mangelt. Dieser aber wäre Voraussetzung für einen entsprechenden **Schadens**ersatzanspruch.

Ansprüche des S gegen H: Die Rückzahlung des gezahlten Geldes

<u>AGL.</u>: § 812 Abs. 1 Satz 1 BGB

Der Bereicherungsanspruch geht hier bedenkenlos durch, denn H hat ohne rechtlichen Grund (der Kaufvertrag war ja nicht wirksam) die Mehrung seines Vermögens erlangt und muss diese logischerweise zurückgeben.

Ergebnis: H muss die geleistete Zahlung des S über § 812 Abs. 1 Satz 1 BGB zurückgewähren. Die beiden Ansprüche von H und S aus § 812 BGB, die sich im vorliegenden Fall gegenüberstehen, werden gemäß den §§ 273, 274 BGB ***Zug um Zug*** abgewickelt, da sie aus dem gleichen rechtlichen Verhältnis entstammen (= Moped gegen Geld).

Gutachten

H könnte gegen S einen Anspruch auf Zahlung des Kaufpreises und damit auch der noch ausstehenden 150 Euro aus § 433 Abs. 2 BGB haben.

Es muss für das Bestehen dieses Anspruchs ein Kaufvertrag zwischen S und H zustande gekommen sein, aus dem S verpflichtet ist, den Kaufpreis und damit auch die restlichen 150 Euro an H zu zahlen. Dass sich S und H diesbezüglich geeinigt haben, steht außer Frage. Problematisch ist aber, ob diese Einigung auch wirksam ist. Dies ist deshalb fraglich, da S als Vertragspartei erst 17 Jahre alt ist.

I.) Gemäß § 108 Abs. 1 BGB hängt die Wirksamkeit eines von einem Minderjährigen ohne die erforderliche Einwilligung des gesetzlichen Vertreters geschlossenen Vertrages von der Genehmigung des Vertreters ab. Aus den §§ 106 und 2 BGB folgt die Minderjährigkeit des 17-jährigen S im Sinne des § 108 Abs. 1 BGB.

II.) Es fragt sich zunächst, ob im vorliegenden Fall für das Geschäft des S eine erforderliche Einwilligung seitens des gesetzlichen Vertreters vorliegt. Einwilligung ist gemäß § 183 Satz 1 BGB die vorherige Zustimmung. Eine solche Einwilligung müsste erst einmal erforderlich sein. Dies richtet sich nach § 107 BGB. Demnach bedarf der Minderjährige zu einer Willenserklärung, durch die er nicht lediglich einen rechtlichen Vorteil erlangt, der Einwilligung des gesetzlichen Vertreters.

1.) S hat ein Geschäft abgeschlossen, aus dem er zur Kaufpreiszahlung verpflichtet ist (§ 433 Abs. 2 BGB) mit der Konsequenz, dass es sich nicht um einen Fall des § 107 BGB handelt und folglich eine Einwilligung im Sinne des § 108 Abs. 1 BGB erforderlich war. Diese erforderliche Einwilligung hat S von den Eltern jedenfalls ausdrücklich nicht bekommen, er hatte seinen gesetzlichen Vertretern gar nichts von seinem Vorhaben erzählt. Eine ausdrücklich erteilte Einwilligung liegt nicht vor.

2.) In Betracht kommt aber eine konkludent erteilte Einwilligung nach § 110 BGB. Die Vorschrift des § 110 BGB normiert einen Fall der (vorherigen) Zustimmung der gesetzlichen Vertreter zu dem in Frage kommenden Geschäft. Mit der Auszahlung der dem Minderjährigen zur Verfügung stehenden Mittel erteilen die gesetzlichen Vertreter schlüssig die Einwilligung in die mit diesem Geld getätigten Geschäfte.

Um eine Wirksamkeit des vorliegenden Kaufvertrages aus § 433 BGB gemäß § 110 BGB herbeizuführen, hätte S die vertragsmäßige Leistung mit diesen Mitteln nunmehr bewirken müssen. Erforderlich dafür ist die Erfüllungswirkung des § 362 Abs. 1 BGB. Erfüllt ist nach § 362 Abs. 1 BGB dann, wenn die geschuldete Leistung an den Gläubiger bewirkt ist. Geschuldet war die Zahlung der 1.000 Euro. Bei H eingegangen sind bislang aber nur 850 Euro, denn zum Zeitpunkt der Erklärung der Mutter des S waren die letzten 150 Euro noch nicht auf dem Konto des H eingegangen. Bei einer Erfüllung durch Kontozahlung tritt die Wirkung des § 362 Abs. 1 BGB erst ein mit der Gutschrift auf dem Konto des Empfängers. Somit hat S zum Zeitpunkt, als seine Mutter ihre Erklärung gegenüber H abgibt, noch nicht die Erfüllungswirkung des § 362 Abs. 1 BGB herbeigeführt mit der Folge, dass eine Wirksamkeit des Geschäfts nach § 110 BGB nicht eingetreten ist.

Daraus ergibt sich, dass keine schlüssig erteilte Einwilligung des gesetzlichen Vertreters vorliegt. Es ist mithin festzustellen, dass das Geschäft zwischen S und H weder durch eine ausdrückliche noch durch eine schlüssige Einwilligung Wirksamkeit erlangt hat. Und damit ist das Geschäft – weil es gänzlich ohne Einwilligung getätigt wurde – schwebend unwirksam und kann gemäß § 108 Abs. 1 BGB nun nur noch durch eine Genehmigung Wirksamkeit erlangen.

III.) Eine Genehmigung im Sinne des § 184 Abs. 1 BGB hat es im vorliegenden Fall nicht gegeben; die Mutter widerspricht dem Geschäft ausdrücklich.

Mithin ist das zwischen S und H getätigte Geschäft von der schwebenden in die endgültige Unwirksamkeit gelangt. Es liegt weder eine Einwilligung (ausdrücklich oder schlüssig erteilt) noch eine Genehmigung vor.

Eine andere Beurteilung ergibt sich schließlich auch nicht daraus, dass H aufgrund der Erklärung des S irrtümlich glaubte, die Eltern des S seien einverstanden. Ein guter Glaube an diese Zustimmung oder etwa auch der gute Glaube an die Volljährigkeit des Vertragspartners findet im BGB keine Berücksichtigung, jedenfalls nicht im Rahmen der rechtsgeschäftlichen Einigung nach den §§ 106 ff. BGB. Dies würde den Minderjährigenschutz umgehen bzw. gefährden und wird deshalb auch grundsätzlich abgelehnt. Ein guter Glaube an die Volljährigkeit des Vertragspartners oder auch an das Vorliegen einer Zustimmung des gesetzlichen Vertreters kann nicht bewirken, dass die Willenserklärung eines Minderjährigen Wirksamkeit erlangt. Hierfür sind alleine die Regeln der §§ 107 ff. BGB maßgeblich.

Ergebnis: Ein wirksamer Kaufvertrag zwischen S und H, aus dem sich der von H begehrte Zahlungsanspruch gegen S gemäß § 433 Abs. 2 BGB ergeben könnte, besteht nicht.

H könnte gegen S einen Anspruch auf Rückgabe des Rollers aus dem Eigentumsrecht des § 985 BGB haben.

Das setzt voraus, dass H auch weiterhin der Eigentümer des Rollers geblieben ist. Ursprünglicher Eigentümer des Rollers war H. Der H könnte sein Eigentum gemäß § 929 Satz 1 BGB an S verloren haben, als er S den Roller mit den Worten *»viel Spaß mit deinem neuen Roller«* übergab. § 929 Satz 1 BGB setzt eine Einigung voraus, die einen dinglichen Vertrag darstellt und somit aus zwei übereinstimmenden Willenserklärungen besteht.

Insoweit ist nun zu beachten, dass S trotz seiner Minderjährigkeit diesen dinglichen Vertragsschluss – im Unterschied zum schuldrechtlichen Vertrag – wegen § 107 BGB wirksam vollziehen konnte. Durch die Einigung nach § 929 Satz 1 BGB erlangt S das Eigentum an dem Roller, geht im Gegenzug aber keine Verpflichtung ein. Daraus folgt, dass die Einigung nach § 929 Satz 1 BGB ein lediglich rechtlich vorteilhaftes Geschäft im Sinne des § 107 BGB ist. S wird durch die Einigung mit H gemäß § 929 Satz 1 BGB neuer Eigentümer des Rollers und muss den Roller folglich nicht an H über § 985 BGB zurückgeben.

Ergebnis: H kann von S nicht die Herausgabe des Rollers nach § 985 BGB fordern.

H könnte gegen S einen Anspruch auf Rückgabe des Rollers aus § 812 Abs. 1 Satz 1 BGB haben.

Dann müsste S durch Leistung des H etwas ohne rechtlichen Grund erlangt haben. Für die Eigentums- und Besitzübertragung an dem Roller fehlt es am rechtlichen Grund. Der der Übereignung zugrunde liegende schuldrechtliche Vertrag ist unwirksam.

Ergebnis: S muss H das Eigentum und den Besitz an dem Roller gemäß § 812 Abs. 1 Satz 1 BGB zurück übertragen.

S könnte gegen H einen Anspruch auf Rückzahlung der 1.000 Euro aus § 812 Abs. 1 Satz 1 BGB haben.

H hat ohne rechtlichen Grund die Vermehrung seines Vermögens in Höhe des Kaufpreises erlangt und muss diese Vermögensvermehrung zurückgeben.

Ergebnis: H muss die geleistete Zahlung des S über § 812 Abs. 1 Satz 1 BGB zurückgewähren. Die beiden Ansprüche von H und S aus § 812 BGB, die sich im vorliegenden Fall gegenüberstehen, werden gemäß den §§ 273, 274 BGB Zug um Zug abgewickelt, da sie aus dem gleichen rechtlichen Verhältnis entstammen.

Fall 21

Opa ist der Beste!?

Opa O findet seinen Enkel E ziemlich prima und hat daher beschlossen, dem E zum 17. Geburtstag sein Grundstück (Wert: 250.000 Euro), auf dem ein Wohnhaus mit vier Mietparteien steht (monatliche Mieteinnahmen: 4.000 Euro), zu schenken. Da die Eltern des E nichts davon wissen sollen, treffen sich O und E heimlich vor einem Notar und schließen dort einen Schenkungsvertrag, vereinbaren des Weiteren, dass E der neue Eigentümer werden soll, und E wird drei Wochen darauf schließlich auch ins Grundbuch eingetragen.

Einen Monat später bekommt O allerdings Bedenken hinsichtlich der Wirksamkeit des Geschäfts, zumal das Grundstück zur Sicherung eines von O vor Jahren genommenen Darlehens zugunsten der Bank B noch mit einer Hypothek in Höhe von 280.000 Euro belastet ist. O ruft daher die Eltern des E an und bittet um Genehmigung des Geschäfts. Die überraschten Eltern nehmen sich Bedenkzeit und erklären drei Wochen später – trotz Zweifel hinsichtlich der Hypothek und der für das Grundstück zu zahlenden Grundsteuer – ihre Zustimmung.

Ist E der Eigentümer des Grundstücks geworden?

Schwerpunkte: Eigentumserwerb des Minderjährigen; Problem des lediglich rechtlichen Vorteils im Sinne des § 107 BGB; Steuerpflicht und Hypothek als rechtlicher Nachteil?; Leitentscheidung aus BGH NJW **2005**, 415; Eintritt in ein Mietverhältnis nach § 566 BGB als rechtlicher Nachteil für den Minderjährigen; Unbeachtlichkeit der wirtschaftlichen Beurteilung des Geschäfts.

Lösungsweg

Ist E der Eigentümer des Grundstücks geworden?

Ursprünglicher Eigentümer des Grundstücks war der O. Es fragt sich, ob er das Eigentum wirksam auf den E übertragen hat. Und um diese Frage vernünftig in den Griff zu bekommen, wollen wir uns zunächst mal kurz anschauen, wie denn überhaupt das Eigentum an einem Grundstück übertragen wird:

Der Eigentumsübergang an einem Grundstück richtet sich nach **§ 873 Abs. 1 BGB**, wonach zum einen die ***Einigung*** der Parteien über den Rechtsübergang sowie zum anderen die ***Eintragung*** des Eigentumsübergangs ins ***Grundbuch*** erforderlich sind.

Und beachtet werden sollte des Weiteren, dass die in § 873 Abs. 1 BGB benannte Einigung gemäß **§ 925 BGB** »Auflassung« heißt und vor der zuständigen Stelle (= Notar) zu erfolgen hat.

> **Durchblick:** Die Eigentumsübertragung am Grundstück (= unbewegliche Sache) gemäß § 873 Abs. 1 BGB entspricht in etwa der Eigentumsübertragung bei den beweglichen Sachen nach § 929 Satz 1 BGB, aber mit folgender **Änderung:** Da man ein Grundstück nicht im Sinne des § 929 Satz 1 BGB »übergeben« kann (wie soll das gehen?), erfolgt als Ersatz für diese Übergabe der Eintrag ins Grundbuch, denn dieser Eintrag bewirkt, dass nunmehr der Rechtsverkehr sehen kann, wem das Grundstück gehört (***Publizitätsprinzip***, lies bitte **§ 891 BGB**). Bei den beweglichen Sachen wird diese Publizität erreicht durch den für jedermann sichtbaren ***Besitz*** an der Sache (**§ 1006 BGB**). Die ***Einigung***, also der dingliche Vertrag, hat demgegenüber bei den unbeweglichen Sachen ebenso zu erfolgen wie bei den beweglichen Sachen, muss bei Grundstücken aber vor dem Notar stattfinden und heißt dann eben **»Auflassung«** (vgl. § 925 BGB).

Zum Fall: Wir müssen prüfen, ob zwischen O und E gemäß § 873 Abs. 1 BGB zum einen eine wirksame ***Einigung*** (= Auflassung nach § 925 BGB) und zudem dann auch der ***Eintrag*** ins Grundbuch erfolgt sind. Liegt beides vor (wirksam!), ist der E tatsächlich neuer Eigentümer des Grundstücks geworden.

I.) Schnell abhaken können wir zunächst mal die erforderliche ***Eintragung*** ins Grundbuch, die ist laut Auskunft des Sachverhaltes erfolgt.

II.) Deutlich problematischer ist indessen die Frage, ob auch die ***Einigung*** in Bezug auf den Eigentumsübergang im Sinne der §§ 873 Abs. 1, 925 BGB erfolgt ist.

Diese Einigung nach § 925 BGB (= dinglicher Vertrag) setzt sich, weil es eben eine **vertragliche** Einigung ist, logischerweise zusammen aus zwei übereinstimmenden Willenserklärungen.

Ansatz: Es fragt sich, ob diese vertragliche Einigung zwischen O und E, die den Eigentumsübergang herbeiführen sollte, unter Berücksichtigung der **§§ 106 ff. BGB** auch tatsächlich wirksam erfolgen konnte. Denn unser E als Empfänger des Grundstücks ist ja erst **17 Jahre** alt und damit gemäß **§ 106 BGB** in Verbindung mit **§ 2 BGB** nur ***beschränkt geschäftsfähig***. Die von E im Rahmen des § 925 BGB abgegebene Willenserklärung muss aus diesem Grund auf ihre Wirksamkeit hin überprüft werden. Gemäß **§ 108 Abs. 1 BGB** bedarf nämlich der Minderjährige für einen Vertragsschluss, den er ohne die erforderliche Einwilligung vornimmt, der Genehmigung des gesetzlichen Vertreters. Und in **§ 107 BGB** steht, dass der Minderjährige zu einer Willenserklärung, durch die er nicht lediglich einen rechtlichen Vorteil erlangt, der Einwilligung des gesetzlichen Vertreters bedarf.

Im vorliegenden Fall stellt sich die Frage, ob E angesichts der dem Grundstück anhaftenden »Nachteile« (Grundsteuer, Hypothek) bzw. »Vorzüge« (Mieteinnahmen) wirksam das Eigentum ohne vorherige Zustimmung (= Einwilligung) erlangen konnte. Eine Wirksamkeit des Eigentumserwerbs zugunsten des E kommt insoweit zunächst unter Anwendung des **§ 107 BGB** in Betracht. Und zwar namentlich dann, wenn das Geschäft (also die Eigentumsübertragung nach den §§ 873, 925 BGB) dem E einen ***lediglich rechtlichen Vorteil*** einbringt. Grundsätzlich ist der Erwerb eines Rechts (also auch und vor allem der Erwerb des Eigentums) für den Minderjährigen lediglich rechtlich vorteilhaft (MüKo/*Schmitt* § 107 BGB Rz. 44; *Palandt/Ellenberger* § 107 BGB Rz. 4; *Rüthers/Stadler* AT § 23 Rz. 11). Vorliegend ergeben sich aber Bedenken, und zwar:

1.) Es ist zunächst zu prüfen, ob der grundsätzlich lediglich rechtliche Vorteil des Eigentumserwerbs dadurch aufgehoben wird, dass das Grundstück im vorliegenden Fall mit einer ***Steuerpflicht*** (Grundsteuer) belastet ist; hieraus könnte sich ein rechtlicher Nachteil ergeben. Insoweit ist umstritten, ob die Regeln des § 107 BGB auf diesen Fall Anwendung finden:

- Nach ***einer Ansicht*** (Mindermeinung) begründet eine öffentliche Last, wie es z.B. die Grundsteuer ist, einen rechtlichen Nachteil mit der Folge, dass die Auflassungserklärung eines Minderjährigen hinsichtlich eines Grundstücks stets der Zustimmung des gesetzlichen Vertreters bedarf (*Preuß* in JuS 2006, 305; *Schmidt* in NJW 2005, 1090; *Lange* in NJW 1955, 1339; *Flume* AT § 13, 7 b; *Köhler* in JZ 1983, 225). Diese Meinung führt als Begründung an, dass mit dem Eigentumserwerb zugleich – automatisch – die Steuerpflicht entsteht und diese dann den rechtlichen Nachteil begründet. Im Übrigen sei der Gesetzesfassung und dem Zweck der Norm des § 107 BGB zu entnehmen, dass in Zweifelsfällen stets zugunsten eines Nachteils und damit des Schutzes des Minderjährigen entschieden werden müsse (*Köhler* in JZ 1983, 225).

- Nach ***anderer Auffassung*** (herrschende Meinung) beeinträchtigen die öffentlichen Lasten eines Grundstücks ***nicht*** den lediglich rechtlich vorteilhaften Charakter der aus einer Schenkung resultierenden Auflassungserklärung des Minderjährigen (BGH NJW **2005**, 415; BayObLG NJW **1968**, 941; *Stürner* in AcP 173, 420; *Soergel/Hefermehl* § 107 BGB Rz. 4; *Staudinger/Knothe* § 107 BGB Rz. 15; *Erman/Müller* § 107 BGB Rz. 6; *Palandt/Ellenberger* § 107 BGB Rz. 4; *Medicus/Petersen* BR Rz. 172; RGRK/*Krüger-Nieland* § 107 BGB Rz. 17). Diese Meinung behauptet für ihren Standpunkt einerseits, die öffentlichen Verpflichtungen seien nicht, wie vom Wortlaut des § 107 BGB gefordert, eine Folge der Willenserklärung, sondern träten kraft ***Gesetzes*** ein. Im Übrigen bedürfe der Minderjährige bei lebensnaher Betrachtung hier keines Schutzes, da wegen der Geringfügigkeit der Kosten unter Berücksichtigung des Schutzzweckes des § 107 BGB eine andere Auslegung angezeigt sei. Wörtlich heißt es in einer Entscheidung des BGH vom 25.11.2004 (= BGH NJW **2005**, 415) dazu:

»... *Der § 107 BGB bezweckt in erster Linie, den Minderjährigen vor Gefährdungen seines Vermögens zu schützen. Da die Beurteilung der wirtschaftlichen Folgen eines Rechtsgeschäfts allerdings mit erheblichen praktischen Schwierigkeiten verbunden sein kann, knüpft die Vorschrift die Genehmigungsbedürftigkeit im Interesse der Rechtssicherheit an das formale Kriterium des rechtlichen Nachteils an, das im Regelfall eine Vermögensgefährdung indiziert. Diese Entscheidung des Gesetzgebers schließt es zwar aus, den von § 107 BGB vorausgesetzten rechtlichen Vorteil durch den wirtschaftlichen Vorteil zu ersetzen. Möglich ist es jedoch,* ***bestimmte Rechtsnachteile*** *wegen ihres typischerweise ganz* ***unerheblichen Gefährdungspotentials*** *als von dem Anwendungsbereich der Vorschrift* ***nicht*** *erfasst anzusehen. Dies gilt jedenfalls für solche den Minderjährigen kraft Gesetzes treffenden persönlichen Verpflichtungen, die ihrem Umfang nach begrenzt und wirtschaftlich unbedeutend sind. Unter diesen Voraussetzungen wäre es reiner Formalismus, würde man die Wirksamkeit des Rechtsgeschäfts von der Erteilung der Genehmigung abhängig machen, obwohl das Ergebnis der dabei vorzunehmenden Prüfung von vorneherein feststünde. Mit der am Schutzzweck des § 107 BGB orientierten einschränkenden Auslegung ist eine Beeinträchtigung der Rechtssicherheit* ***nicht*** *verbunden, wenn geschlossene, klar abgegrenzte Gruppen von Rechtsnachteilen ausgesondert werden, die nach ihrer abstrakten Natur typischerweise keine Gefährdung des Minderjährigen mit sich bringen. Eine derartige Fallgruppe stellt die Verpflichtung des Minderjährigen dar, die laufenden öffentlichen Grundstückslasten zu tragen. Sie sind in ihrem Umfang begrenzt, können in der Regel aus den laufenden Erträgen des Grundstücks getragen werden und führen typischerweise zu keiner Vermögensgefährdung. Sie sind daher als rechtlich nicht nachteilig zu behandeln* ...« (BGH NJW **2005**, 415)

Beachte: Die gerade zitierte BGH-Entscheidung aus dem November **2004** ist außerordentlich beachtens- und vor allem lesenswert. Und zwar deshalb, weil der BGH hier – durchaus angreifbar – den tatsächlich rechtlichen Nachteil der Steuerpflicht aufgrund der ***wirtschaftlichen*** Bedeutungslosigkeit jetzt dennoch als *nicht* rechtlich nachteilig im Sinne des § 107 BGB qualifiziert. Da kann man sicherlich auch anderer Ansicht sein (vgl. etwa *Schmidt* in NJW 2005, 1090 oder *Preuß* in JuS 2006, 305), weshalb dieses Problem immer noch erfrischend prüfungsrelevant daherkommt und somit erstklassig für Klausuren und Hausarbeiten geeignet ist.

<u>ZE.</u>: Wir wollen hier – ohne Wertung – der herrschenden Ansicht und dem BGH folgen mit der Konsequenz, dass die Übereignung des mit der Grundsteuer belasteten Grundstücks für den E ***keinen*** rechtlichen Nachteil darstellt (vgl. zum Ganzen auch *Röthel/Krackhardt* in Jura 2006, 161).

2.) Des Weiteren stellt sich die Frage, ob die Belastung des Grundstücks mit der ***Hypothek*** zugunsten der Bank B einen rechtlichen Nachteil im Sinne des § 107 BGB beinhaltet.

Vorab: Eine Hypothek nach **§ 1113 BGB** wird bestellt zur ***Sicherung*** einer Forderung; wer also beispielsweise bei seiner Bank einen Kredit benötigt, kann zur Sicherung der Rückzahlungsverpflichtung der Bank an seinem Grundstück eine Hypothek bestellen. Das funktioniert dann – vereinfacht dargestellt – so, dass bei Ausbleiben der Rückzahlung des Darlehens die Bank in das Grundstück vollstrecken (= Zwangsversteigerung) und mit dem erlösten Geld ihre Forderung befriedigen kann. Die Hypothek ist demnach ein von der zu sichernden Forderung abhängendes ***Sicherungsrecht***, das auf den Wert des Grundstücks abstellt und dem Sicherungsnehmer die Möglichkeit eröffnet, die Forderung gegen den Schuldner notfalls durch Zwangsversteigerung des Grundstücks einzutreiben (Einzelheiten bei *Schwabe*, Lernen mit Fällen, Sachenrecht, Fälle 21–23).

Ob eine solche Hypothek, die in unserem Fall auch noch den Wert des Grundstücks übersteigt (Wert des Grundstücks: 250.000 Euro → Hypothek: 280.000 Euro), den lediglich rechtlichen Vorteil der Auflassungserklärung im Sinne des § 107 BGB aufhebt, ist ebenfalls ***umstritten:***

- Nach ***einer Ansicht*** (Mindermeinung) beinhaltet die Schenkung eines dinglich belasteten Grundstücks einen ***rechtlichen Nachteil*** und bedarf daher stets der Zustimmung des gesetzlichen Vertreters (*Köhler* in JZ 1983, 225; *Lange* in NJW 1955, 1339; *Köhler* § 17 Rz. 16; OLG München HRR **42**, Nr. 544). Nach dieser Auffassung trifft die Verwirklichung der dinglichen Belastung – also etwa die Duldung der Zwangsvollstreckung – den Minderjährigen persönlich und verschafft ihm damit einen rechtlichen Nachteil. Der Schutzzweck des § 107 BGB gebietet nach dieser Ansicht eine solche Auslegung, da der Minderjährige zwar Eigentümer des Grundstücks wird, mit diesem Eigentum aber dann nachher für die Belastung einstehen muss.

- Nach ***anderer Meinung*** (herrschend) bewirkt die dingliche Belastung des geschenkten Grundstücks mit einer Hypothek oder Grundschuld keinen rechtlichen Nachteil und ist daher, selbst wenn die Belastung den Wert des Grundstücks übersteigt, grundsätzlich ***zustimmungsfrei*** (BGH NJW **2005**, 415; BGHZ **15**, 168; BayObLGZ **79**, 53; BayObLGZ NJW **1967**, 1913; OLG Frankfurt OLGZ **1981**, 32; LG Tübingen FamRZ **1972**, 373; PWW/*Völzmann-Stickelbrock* § 107 BGB Rz. 10; *Palandt/Ellenberger* § 107 BGB Rz. 4; *Erman/Müller § 107* BGB Rz. 6; *Rüthers/Stadler* AT § 23 Rz. 12; *Staudinger/Knothe* § 107 BGB Rz. 16; MüKo/*Schmitt* § 107 BGB Rz. 40; *Brox/Walker* AT Rz. 281; *Medicus/Petersen* BR Rz. 172). Diese Ansicht verweist darauf, dass der unentgeltliche Erwerb eines belasteten Grundstücks nur den Wert des neu Erlangten mindert; die Hypothek begründet aber keine neue schuldrechtliche Verpflichtung des Minderjährigen. Der Minderjährige wird – durch eine Hypothek oder Grundschuld – ***nicht*** persönlich verpflichtet, vielmehr ist der Gläubiger nur berechtigt, sich »**aus dem Grundstück**« zu befriedigen (bitte genau lesen: **§ 1113 Abs. 1 BGB**). Der Minderjährige haftet im ungünstigsten Fall bis zur vollständigen Höhe des Wertes des Grundstücks, indessen immer nur mit dem Grundstück bzw. dessen Wert, nicht aber mit einer sonstigen Verpflichtung; und das gilt selbst dann, wenn – wie hier in unserem

Fall – die Belastung den Wert des Grundstücks übersteigt (BayObLGZ **79**, 53). Denn auch in diesem Fall kann der Gläubiger nur aus dem Grundstück vollstrecken, nicht aber in das sonstige Vermögen des Minderjährigen.

Zum Fall: Die beiden Ansichten führen bei uns zu unterschiedlichen Ergebnissen, da die Auflassungserklärung des E nach der ersten Meinung der Zustimmung der Eltern bedarf, der E nach der zweiten Auffassung indessen zustimmungsfrei das Eigentum erwerben konnte. In der ***Klausur*** entscheidet man sich auch hier sinnvollerweise, aber nicht notwendig, für die herrschende Ansicht, sie hat mit dem Wortlaut des § 1113 BGB wieder die besseren Argumente für sich. Man sollte indessen stets darauf achten, dass ***beide*** Ansichten in der Argumentation Erwähnung finden, ansonsten denkt der Prüfer, man kenne nur die eine. Merken.

<u>ZE.</u>: Wir wollen mit den oben benannten Argumenten dann hier der zweiten (herrschenden) Meinung folgen mit der Konsequenz, dass auch die Belastung des Grundstücks mit einer Hypothek die Übereignung nicht rechtlich nachteilig werden lässt im Sinne des § 107 BGB.

3.) Schließlich bleibt noch die Frage, wie es sich mit dem Umstand verhält, dass der E mit dem Eigentumsübergang nun auch möglicherweise neuer ***Vertragspartner*** der in dem Haus wohnenden Mietparteien wird (und dann unter anderem monatliche Mieteinnahmen in Höhe von 4.000 Euro einstreichen kann).

Durchblick: Gemäß **§ 566 Abs. 1 BGB** (bitte lesen) tritt der Erwerber eines Wohnraumes per Gesetz an die Stelle des vorherigen Vermieters. Wer also eine vermietete Wohnung kauft und neuer Eigentümer wird, wird kraft Gesetzes auch neuer ***Vermieter*** und tritt in das Vertragsverhältnis mit dem jeweiligen Mieter ein (BGH ZIP **2003**, 1658; BGH NJW **1989**, 451; PWW/*Riecke* § 566 BGB Rz. 1; *Palandt/Weidenkaff* § 566 BGB Rz. 16). Erwirbt man nun – wie unser E – sogar ein ***Grundstück***, auf dem ein vermietetes Haus steht, muss zudem der **§ 94 BGB** beachtet werden, wonach zu den wesentlichen Bestandteilen eines Grundstücks immer auch die mit dem Grund und Boden fest verbundenen Sachen (Gebäude) gehören; und wenn man nun noch **§ 93 BGB** liest, stellt man fest, dass man mit dem Erwerb des Grundstücks ***gleichzeitig*** auch Eigentümer des auf dem Grundstück stehenden Hauses wird, denn an dem Gebäude können keine besonderen Rechte bestehen. In der Regel kauft man daher auch nicht – wie im Volksmund zumeist behauptet – »ein Haus«, sondern man kauft das Grundstück; das Eigentum am Haus erwirbt man wegen der §§ 93, 94 BGB dann automatisch, und zwar ***per Gesetz***.

Zum Fall: Hier bei uns ist der E folglich mit dem möglichen Eigentumserwerb am Grundstück wegen der §§ 93, 94 BGB zugleich auch Eigentümer des ***Hauses*** und daher gemäß § 566 Abs. 1 BGB auch neuer ***Vermieter*** der im Haus wohnenden vier Mietparteien geworden. Und es fragt sich jetzt, ob diese Rechtsposition lediglich rechtlich vorteilhaft im Sinne des § 107 BGB ist und vor allem welche Auswirkungen insoweit die 4.000 Euro Mieteinnahmen, die zukünftig dem E zustehen würden, haben können:

Lösung: Der Eintritt in die Mietverhältnisse ist unstreitig ein ***rechtlicher Nachteil***, da der Minderjährige damit in ein gegenseitiges Vertragsverhältnis eingebunden wird und ihm aus diesem Verhältnis auch vertragliche Pflichten erwachsen (*Palandt/Ellenberger* § 107 BGB Rz. 4; NK/*Baldus* § 107 BGB Rz. 80/85; *Rüthers/Stadler* AT § 23 Rz. 13; *Brox/Walker* AT Rz. 281; *Medicus* AT Rz. 560; MüKo/*Schmitt* § 107 BGB Rz. 48).

So darf man sich in unserem Fall nämlich nicht davon blenden lassen, dass der E von nun an monatlich 4.000 Euro Mieteinnahmen einstreichen könnte; dies betrifft nur die eine Seite der Geschichte, und zwar seine Rechte und seine wirtschaftlichen Vorteile. Daneben beinhaltet der Eintritt in den Mietvertrag aber selbstverständlich auch beachtliche rechtliche ***Pflichten*** und damit ***Nachteile*** für den E: So muss der Vermieter beispielsweise gemäß § 535 Abs. 1 Satz 2 BGB die vermietete Sache nicht nur dem Mieter überlassen, sondern auch im vertragsgemäßen Zustand halten; also z.B. sämtliche notwendigen Reparaturen in der Regel auf eigene Kosten vornehmen oder die insoweit entstandenen Kosten des Mieters erstatten; der Vermieter wird des Weiteren gegebenenfalls auch Schuldner von vertraglichen Aufwendungsersatzpflichten nach § 536 a BGB, wenn er die Mängel nicht rechtzeitig behebt.

Dies aber sind fraglos ***rechtliche Nachteile*** im Sinne des § 107 BGB, die dem Minderjährigen nach Sinn und Zweck der §§ 107 ff. BGB nicht aufgebürdet werden dürfen (NK/*Baldus* § 107 BGB Rz. 80; *Palandt/Ellenberger* § 107 BGB Rz. 4; *Rüthers/Stadler* AT § 23 Rz. 13; *Brox/Walker* AT Rz. 280; *Medicus* AT Rz. 560). Schließt der Minderjährige einen gegenseitigen Vertrag, fällt dieses Geschäft im Zweifel immer unter § 107 BGB mit der Folge, dass er für diesen Vertrag stets eine ***Zustimmung*** benötigt. Unbeachtlich bleibt insoweit – wie oben schon angedeutet – der möglicherweise wirtschaftliche Vorteil des Vertrages, denn das Gesetz stellt seinem ***Wortlaut*** nach nur auf den ***rechtlichen Vorteil*** ab (*Palandt/Ellenberger* § 107 BGB Rz. 4).

ZE.: Der Eintritt in das Mietverhältnis ist ein rechtlicher Nachteil im Sinne des § 107 BGB mit der Konsequenz, dass die Eigentumsübertragung am Grundstück, also der dingliche Einigungsvertrag nach § 925 BGB, für den E ein ***zustimmungsbedürftiges*** Geschäft ist. Dieses ohne Einwilligung (vorherige Zustimmung, vgl. § 183 Satz 1 BGB) der Eltern geschlossene Geschäft ist somit zunächst ***schwebend unwirksam*** und kann nun nur noch gemäß **§ 108 Abs. 1 BGB** durch eine Genehmigung (= nachträgliche Zustimmung, vgl. § 184 Abs. 1 BGB) der gesetzlichen Vertreter geheilt werden.

O hat die Eltern gemäß **§ 108 Abs. 2 Satz 1 BGB** zur Abgabe einer Genehmigung aufgefordert. Die Eltern als gesetzliche Vertreter haben ihre Zustimmung nach **3 Wochen** bekannt gegeben, was zunächst auf die nachträgliche Heilung des gesamten Vorganges hindeuten könnte. Allerdings bestimmt § 108 Abs. 2 Satz 2 BGB, dass für die Genehmigung eine **2-Wochen-Frist** gilt. Wird diese Frist nicht eingehalten, gilt die Genehmigung gemäß § 108 Abs. 2 Satz 2, 2. Halbsatz BGB als ***verweigert***. Die Eltern haben ihre Zustimmung verspätet abgegeben und damit gilt die Genehmigung als verweigert (§ 108 Abs. 2 Satz 2, 2. Halbsatz BGB).

ZE.: Die Einigungserklärung des E im Rahmen des § 925 BGB ist sowohl ohne die erforderliche Einwilligung als auch ohne die – rechtzeitige – Genehmigung der Eltern gemäß § 108 Abs. 2 BGB erfolgt. Somit kann die Willenserklärung des E endgültig keine Wirksamkeit entfalten. Die zur Eigentumsübertragung nach § 925 BGB notwendige Einigung zwischen O und E ist mangels wirksamer Willenserklärung des E unwirksam.

Erg.: O hat sein Eigentum an dem Grundstück daher nicht verloren. Der E ist nicht Eigentümer geworden.

Noch eine Anmerkung:

Der aufmerksame Leser wird bemerkt haben, dass wir in der gesamten Lösung nicht mit einem einzigen Wort auf das ***schuldrechtliche*** Grundgeschäft (den Schenkungsvertrag) eingegangen sind. Das mussten und durften (!) wir aber auch gar nicht, denn es war alleine nach den ***Eigentumsverhältnissen*** gefragt; und diese Eigentumsverhältnisse richten sich ausschließlich nach dem ***dinglichen*** Geschäft. Und dieses dingliche Geschäft ist im vorliegenden Fall die Eigentumsübertragung nach den §§ 873, 925 BGB gewesen. Das schuldrechtliche Geschäft aus § 516 BGB (Schenkung) hat damit nichts zu tun und ist streng abstrakt davon zu betrachten (Abstraktionsprinzip!).

Gutachten

Es ist zu prüfen, ob E neuer Eigentümer des Grundstücks geworden ist.

Ursprünglicher Eigentümer des Grundstücks war der O. Es fragt sich, ob er das Eigentum wirksam auf den E übertragen hat.

Der Eigentumsübergang an einem Grundstück richtet sich nach den §§ 873 Abs. 1, 925 BGB, wonach zum einen die Einigung der Parteien über den Rechtsübergang sowie zum anderen die Eintragung des Eigentumsübergangs ins Grundbuch erforderlich sind. Es ist somit zu prüfen, ob zwischen O und E gemäß § 873 Abs. 1 BGB eine wirksame Einigung und der Eintrag ins Grundbuch erfolgt sind.

I.) Die Eintragung ins Grundbuch ist nach Auskunft des Sachverhaltes erfolgt.

II.) Es fragt sich, ob auch die Einigung in Bezug auf den Eigentumsübergang im Sinne der §§ 873 Abs. 1, 925 BGB erfolgt ist. Diese Einigung nach § 925 BGB ist ein dinglicher Vertrag und setzt sich zusammen aus zwei übereinstimmenden Willenserklärungen.

Problematisch ist insbesondere, ob die vertragliche Einigung zwischen O und E, die den Eigentumsübergang herbeiführen sollte, unter Berücksichtigung der §§ 106 ff. BGB wirksam erfolgen konnte. E als Empfänger des Grundstücks ist erst 17 Jahre alt und damit gemäß § 106 BGB in Verbindung mit § 2 BGB nur beschränkt geschäftsfähig. Die von E im Rahmen des § 925 BGB abgegebene Willenserklärung muss aus diesem Grund auf ihre

Wirksamkeit hin überprüft werden. Gemäß § 108 Abs. 1 BGB bedarf der Minderjährige für einen Vertragsschluss, den er ohne die erforderliche Einwilligung vornimmt, der Genehmigung des gesetzlichen Vertreters. Gemäß § 107 BGB bedarf der Minderjährige zu einer Willenserklärung, durch die er nicht lediglich einen rechtlichen Vorteil erlangt, der Einwilligung des gesetzlichen Vertreters.

Eine Wirksamkeit des Eigentumserwerbs zugunsten des E kommt insoweit zunächst unter Anwendung des § 107 BGB in Betracht. Und zwar namentlich dann, wenn das Geschäft – also die Eigentumsübertragung nach den §§ 873, 925 BGB – dem E einen lediglich rechtlichen Vorteil einbringt. Grundsätzlich ist der Erwerb eines Rechts für den Minderjährigen lediglich rechtlich vorteilhaft. Vorliegend ergeben sich aber Bedenken.

1.) Es ist zunächst zu prüfen, ob der grundsätzlich lediglich rechtliche Vorteil des Eigentumserwerbs dadurch aufgehoben wird, dass das Grundstück im vorliegenden Fall mit einer Steuerpflicht (Grundsteuer) belastet ist; hieraus könnte sich ein rechtlicher Nachteil ergeben. Es ist umstritten, ob die Regeln des § 107 BGB auf diesen Fall Anwendung finden:

a) Nach einer Ansicht begründet eine öffentliche Last, wie es z.B. die Grundsteuer ist, einen rechtlichen Nachteil mit der Folge, dass die Auflassungserklärung eines Minderjährigen hinsichtlich eines Grundstücks stets der Zustimmung des gesetzlichen Vertreters bedarf. Diese Meinung führt als Begründung an, dass mit dem Eigentumserwerb zugleich – automatisch – die Steuerpflicht entsteht und diese dann den rechtlichen Nachteil begründet. Im Übrigen sei der Gesetzesfassung und dem Zweck der Norm des § 107 BGB zu entnehmen, dass in Zweifelsfällen stets zugunsten eines Nachteils und damit des Schutzes des Minderjährigen entschieden werden müsse.

b) Nach zutreffender anderer Auffassung allerdings beeinträchtigen die öffentlichen Lasten eines Grundstücks nicht den lediglich rechtlich vorteilhaften Charakter der aus einer Schenkung resultierenden Auflassungserklärung des Minderjährigen. Die öffentlichen Verpflichtungen sind nämlich nicht, wie vom Wortlaut des § 107 BGB gefordert, eine Folge der Willenserklärung, sondern treten kraft Gesetzes ein. Im Übrigen bedarf der Minderjährige bei lebensnaher Betrachtung hier keines Schutzes, da es sich nicht mal um eine Gefährdung seines Vermögens handelt und außerdem jeder vernünftig denkende gesetzliche Vertreter zustimmen würde. Aufgrund der Absehbarkeit und Geringfügigkeit der Kosten sind diese nicht geeignet, einen rechtlichen Nachteil im Sinne des § 107 BGB zu begründen.

Dieser Ansicht ist daher zu folgen mit der Konsequenz, dass die Übereignung des mit der Grundsteuer belasteten Grundstücks für den E keinen rechtlichen Nachteil darstellt.

2.) Des Weiteren stellt sich die Frage, ob die Belastung des Grundstücks mit der Hypothek zugunsten der Bank B einen rechtlichen Nachteil im Sinne des § 107 BGB beinhaltet. Ob eine solche Hypothek, die im vorliegenden Fall den Wert des Grundstücks sogar übersteigt, den lediglich rechtlichen Vorteil eines Grundstückserwerbs im Sinne des § 107 BGB aufhebt, ist ebenfalls umstritten:

a) Nach einer Ansicht beinhaltet die Schenkung eines dinglich belasteten Grundstücks einen rechtlichen Nachteil und bedarf daher stets der Zustimmung des gesetzlichen Vertreters. Nach dieser Auffassung trifft die Verwirklichung der dinglichen Belastung – also etwa die Duldung der Zwangsvollstreckung – den Minderjährigen persönlich und verschafft ihm damit einen rechtlichen Nachteil. Der Schutzzweck des § 107 BGB gebietet nach dieser Ansicht eine solche Auslegung, da der Minderjährige zwar Eigentümer des Grundstücks wird, mit diesem Eigentum aber dann nachher für die Belastung einstehen muss.

b) Dem kann jedoch nicht gefolgt werden. Die dingliche Belastung des geschenkten Grundstücks mit einer Hypothek oder Grundschuld bewirkt keinen rechtlichen Nachteil und ist daher, selbst wenn die Belastung den Wert des Grundstücks übersteigt, grundsätzlich zustimmungsfrei. Der unentgeltliche Erwerb eines belasteten Grundstücks mindert nur den Wert des neu Erlangten; die Hypothek begründet aber keine neue schuldrechtliche Verpflichtung des Minderjährigen. Der Minderjährige wird – durch eine Hypothek oder Grundschuld – nicht persönlich verpflichtet, vielmehr ist der Gläubiger gemäß § 1113 BGB nur berechtigt, sich aus dem Grundstück zu befriedigen. Der Minderjährige haftet im ungünstigsten Fall bis zur vollständigen Höhe des Wertes des Grundstücks, indessen immer nur mit dem Grundstück bzw. dessen Wert, nicht aber aufgrund einer sonstigen Verpflichtung; und das gilt selbst dann, wenn – wie hier im vorliegenden Fall – die Belastung den Wert des Grundstücks übersteigt. Denn auch in diesem Fall kann der Gläubiger nur aus dem Grundstück vollstrecken, nicht aber in das sonstige Vermögen des Minderjährigen.

Aus den benannten Gründen ist daher der letztgenannten Meinung zu folgen mit der Konsequenz, dass auch die Belastung des Grundstücks mit einer Hypothek die Übereignung nicht rechtlich nachteilig werden lässt im Sinne des § 107 BGB.

3.) Schließlich ist noch zu prüfen, wie es sich mit dem Umstand verhält, dass der E mit dem Eigentumsübergang nun auch möglicherweise neuer Vertragspartner der in dem Haus wohnenden Mietparteien wird.

Gemäß § 566 Abs. 1 BGB tritt der Erwerber eines Wohnraumes per Gesetz an die Stelle des vorherigen Vermieters. Erwirbt man ein Grundstück, auf dem ein vermietetes Haus steht, ergibt sich aus den §§ 93, 94 BGB, dass man gleichzeitig auch Eigentümer des Gebäudes werden würde. Mit dem Eigentumserwerb am Grundstück würde E mithin gleichzeitig Eigentümer des Hauses und damit wegen § 566 BGB neue Vertragspartner der Mietparteien. Es fragt sich, ob diese Rechtsposition lediglich rechtlich vorteilhaft im Sinne des § 107 BGB ist und vor allem welche Auswirkungen insoweit die 4.000 Euro Mieteinnahmen, die zukünftig dem E zustehen würden, haben können:

Der Eintritt in die Mietverhältnisse ist ein rechtlicher Nachteil, denn der Minderjährige wird damit in ein gegenseitiges Vertragsverhältnis eingebunden und ihm erwachsen aus diesem Verhältnis auch vertragliche Pflichten.

Unberücksichtigt bleibt insoweit, dass der E von nun an monatlich 4.000 Euro Mieteinnahmen einnehmen könnte; dies betrifft nur die eine Seite der vertraglichen Abrede, und zwar die Rechte und die wirtschaftlichen Vorteile. Daneben beinhaltet der Eintritt in den Mietvertrag rechtliche Pflichten und damit Nachteile für den E: So muss der Vermieter beispielsweise gemäß § 535 Abs. 1 Satz 2 BGB die vermietete Sache nicht nur dem Mieter überlassen, sondern auch im vertragsgemäßen Zustand halten; also z.B. sämtliche notwendigen Reparaturen in der Regel auf eigene Kosten vornehmen oder die insoweit entstandenen Kosten des Mieters erstatten; der Vermieter wird des Weiteren gegebenenfalls auch Schuldner von vertraglichen Aufwendungsersatzpflichten nach § 536 a BGB, wenn er die Mängel nicht rechtzeitig behebt. Dies sind rechtliche Nachteile im Sinne des § 107 BGB, die dem Minderjährigen nach dem Sinn und Zweck der §§ 107 ff. BGB nicht aufgebürdet werden dürfen. Schließt der Minderjährige einen gegenseitigen Vertrag, fällt dieses Geschäft im Zweifel unter § 107 BGB mit der Folge, dass er für diesen Vertrag stets eine Zustimmung benötigt.

Der Eintritt in das Mietverhältnis ist ein rechtlicher Nachteil im Sinne des § 107 BGB mit der Konsequenz, dass die Eigentumsübertragung am Grundstück, also der dingliche Einigungsvertrag nach § 925 BGB, für den E ein zustimmungsbedürftiges Geschäft ist.

4.) O hat die Eltern gemäß § 108 Abs. 2 Satz 1 BGB zur Abgabe einer Genehmigung aufgefordert. Die Eltern als gesetzliche Vertreter haben ihre Zustimmung nach 3 Wochen bekannt gegeben, was zunächst auf die nachträgliche Heilung des gesamten Vorganges hindeuten könnte. Allerdings bestimmt § 108 Abs. 2 Satz 2 BGB, dass für die Genehmigung eine 2-Wochen-Frist gilt. Wird diese Frist nicht eingehalten, gilt die Genehmigung gemäß § 108 Abs. 2 Satz 2, 2. Halbsatz BGB als verweigert. Die Eltern haben ihre Zustimmung verspätet abgegeben und damit gilt die Genehmigung als verweigert.

Die Einigungserklärung des E im Rahmen des § 925 BGB ist sowohl ohne die erforderliche Einwilligung als auch ohne die – rechtzeitige – Genehmigung der Eltern gemäß § 108 Abs. 2 BGB erfolgt. Somit kann die Willenserklärung des E endgültig keine Wirksamkeit entfalten. Die zur Eigentumsübertragung nach § 925 BGB notwendige Einigung zwischen O und E ist mangels wirksamer Willenserklärung des E unwirksam.

Ergebnis: O hat sein Eigentum an dem Grundstück daher nicht verloren und E ist demnach nicht Eigentümer geworden.

Fall 22

Kündigung aus Liebe

Der verwitwete Vater V ist Eigentümer eines Grundstücks, auf dem ein Haus steht, das V mit seinem 17-jährigen Sohn S bewohnt. Seit sechs Monaten hat V zwei Zimmer an die Rechtsstudentin R vermietet. V entschließt sich eines Tages aus steuerlichen Gründen, dem S das Grundstück schenkweise zu übertragen. V und S schließen daher einen notariell beurkundeten Schenkungsvertrag über das Grundstück. Nach erfolgter formgerechter Auflassung, bei der V zum einen die Einigungserklärung für sich selbst und zum anderen als Vertreter des S abgibt, wird S als neuer Eigentümer ins Grundbuch eingetragen.

Einige Wochen später stellt V fest, dass S ein Verhältnis mit R angefangen hat. V, der die R heimlich verehrt, kündigt der R, die seit vier Monaten mit dem Mietzins im Rückstand ist, daraufhin schriftlich und unter Berufung auf den Mietrückstand fristlos. Die R hält die Kündigung für unzulässig, da nach ihrer Ansicht der S nach der Eigentumsübertragung ihr Vertragspartner und damit allein zur Kündigung berechtigt sei. R erhebt vor dem Amtsgericht Kündigungsschutzklage.

Mit Erfolg?

Schwerpunkte: Der Schenkungsvertrag mit Minderjährigen; Problem des rechtlichen Vorteils aus § 107 BGB; schuldrechtliche und dingliche Seite einer Schenkung; Gesamtbetrachtung beider Geschäfte im Rahmen des § 107 BGB; Abstraktionsprinzip; das Insichgeschäft nach § 181 BGB; die Ausnahmevorschrift des § 181, 2. Halbsatz BGB.

Lösungsweg

Vorab: Das ist ein sehr schwerer Fall, ehrlich gestanden ist es der mit Abstand schwierigste des ganzen Buches. Und zwar deshalb, weil er zum einen aus dem üblichen Anspruchsmuster heraus fällt und vielmehr die Frage stellt, ob eine ausgesprochene Kündigung wirksam ist. Zum anderen finden wir inhaltlich hier eine Mischung aus (ein wenig) Mietrecht, Minderjährigenrecht, den Regeln der Stellvertretung und das Ganze dann auch noch eingebunden in die Veräußerung eines Grundstücks. Starker Tobak also, aber wir werden es natürlich trotzdem bewältigen. Das müssen wir übrigens auch, denn hinter der Geschichte verbergen sich zwei ziemlich wichtige BGH-Entscheidungen zum Minderjährigenrecht (BGHZ **78**, 28 und BGH NJW **2010**,

3643). In beiden Fällen ging es um die Frage, ob ein Vater seinem Sohn eine Eigentumswohnung schenken kann, wenn der Sohn damit in die ***Eigentümerordnung*** des Hauses eintritt, aus der er ***rechtlich*** im Rahmen der Wohnungseigentümergemeinschaft verpflichtet wird. Hier in unserem Fall wird sich dieses Problem gleich auch stellen, denn der S bekommt von seinem Vater ein Haus (bzw. das Grundstück) geschenkt und würde damit – wie wir schon aus dem letzten Fall wissen – wegen **§ 566 BGB** gleichzeitig auch neuer Vermieter der Rechtsstudentin R (= rechtlicher Nachteil im Sinne des § 107 BGB). Wir werden sehen, ob das möglich ist.

> **Noch ein Tipp:** Bitte niemals davon entmutigen oder irritieren lassen, wenn ein Fall aus dem BGB-AT eine scheinbar schwierige Einkleidung aus einem ganz anderen Rechtsgebiet hat. In unserem Fall etwa sieht es auf den ersten Blick so aus, als wäre es eine Problematik aus dem Mietrecht; wir werden allerdings recht schnell sehen, dass es nach dem Überspringen dieser Einstiegshürde ziemlich zügig in den Allgemeinen Teil des BGB geht. Und so ist das im Übrigen bei fast allen BGB-AT-Klausuren: Die Einleitung solcher Aufgaben erfolgt zumeist über einen ***Vertrag***, dessen Wirksamkeit dann in der Regel überprüft werden muss. Die Verträge stehen aber nun mal nicht im AT, sondern ausnahmslos im besonderen Schuldrecht. Und deshalb muss man zunächst immer den Schlenker über das Schuldrecht, unter Umständen sogar über das Sachenrecht machen, um dann zur eigentlichen Problematik aus dem AT zu kommen. So war und ist das übrigens auch bei nahezu allen Fällen dieses Buches (schon aufgefallen?).

Also dann: Wir müssen prüfen, ob V der R wirksam das Mietverhältnis kündigen konnte. Und um die Wirksamkeit einer fristlosen Kündigung eines Mietverhältnisses beurteilen zu können, steigen wir ein mit der entsprechenden Norm aus dem Mietrecht. Und das ist:

§ 543 Abs. 2 Nr. 3 a, Abs. 1 BGB (bitte mal lesen).

Nach dieser Vorschrift, die gemäß § 549 Abs. 1 BGB auf Wohnraummietverhältnisse anwendbar ist, richtet sich, unter welchen Voraussetzungen eine fristlose Kündigung wegen Zahlungsverzuges wirksam bzw. unwirksam ist.

Voraussetzungen:

Eine Kündigung im Sinne des § 543 Abs. 1 BGB kann nur dann überhaupt wirksam sein, wenn sie auch vom ***Vermieter*** ausgesprochen wird. Das leuchtet nicht nur ein, sondern steht zudem auch noch im Gesetz, das nämlich in **§ 543 Abs. 1 Satz 1 BGB** von den »**Vertragsparteien**« spricht, die das Mietverhältnis aus wichtigem Grund kündigen können. Wir müssen folglich prüfen, wer im vorliegenden Fall zu den benannten »**Vertragsparteien**« gehört, insbesondere, ob der V, der die Kündigung ausgesprochen hat, tatsächlich im Zeitpunkt der Kündigung noch Vertragspartei der R gewesen ist:

1.) Ursprüngliche »**Vertragspartei**« und damit auch Vermieter der R war natürlich der Grundstückseigentümer V (steht so im Fall).

Feinkost: Bitte beachte hinsichtlich der Eigentumsverhältnisse an Grundstück und Haus, dass V als Eigentümer des Grundstückes wegen den **§§ 93 und 94 BGB** per Gesetz auch Eigentümer des Hauses gewesen ist. Selbstständiges Eigentum an einem Haus – also ohne auch Eigentümer des Grundstückes zu sein – funktioniert nur dann, wenn das Haus nicht ein wesentlicher Bestandteil des Grundstückes ist (§ 93 BGB). Und so was geht regelmäßig nur bei Fertighäusern oder etwa Gartenlauben, die nicht fest mit dem Boden verbunden sind. Davon aber steht bei uns nichts in der SV-Schilderung.

2.) Fraglich ist nun aber, ob V seine Vermieterstellung und damit seine Stellung als »Vertragspartei« im Sinne des § 543 BGB gegenüber der R nicht wegen einer möglichen Veräußerung des Grundstücks an S verloren hat. Dies kann sich ergeben aus der Vorschrift des **§ 566 Abs. 1 BGB** (bitte lesen).

Denn: Im Falle einer wirksamen Veräußerung des Grundstücks (= des Hauses, §§ 93, 94 BGB) tritt S gemäß **§ 566 Abs. 1 BGB** an die Stelle des vorherigen Vermieters (also des V) und ist damit logischerweise vor allem auch neue **»Vertragspartei«** der R. Und diese Stellung als neue Vertragspartei und Vermieter umfasst selbstverständlich auch das Recht zur **Kündigung:** Wie gesagt, kündigen kann gemäß § 543 BGB nur die jeweilige Vertragspartei – und das wäre dann der S und eben nicht mehr der V.

Die Rechtsfolgen des § 566 Abs. 1 BGB treten allerdings nur dann ein, wenn an dem fraglichen Grundstück bzw. der fraglichen Wohnung das **Eigentum** übergegangen ist (BGH ZIP **2003**, 1658; BGH NJW **1989**, 451; OLG Celle ZMR **2000**, 284; LG Marburg WuM **2001**, 439). Erforderlich für § 566 Abs. 1 BGB ist demnach die Durchführung des dinglichen Geschäfts, also der Eigentumsübergang von V auf S; die schuldrechtliche Verpflichtung zur Übertragung des Eigentums genügt für § 566 Abs. 1 BGB noch nicht. Wir müssen uns somit im vorliegenden Fall fragen, ob V dem S wirksam das ***Eigentum*** an dem Grundstück verschafft und damit die Rechtsfolgen des § 566 Abs. 1 BGB ausgelöst hat. Und das schauen wir uns jetzt mal in aller Ruhe an:

Die Eigentumsübertragung am Grundstück:

Die Eigentumsübertragung an einem Grundstück richtet sich nach den **§§ 873 Abs. 1, 925 Abs. 1 BGB**. Voraussetzung ist demnach eine Einigung über den Eigentumsübergang (§ 925 BGB = »Auflassung«) ***und*** die Eintragung in das Grundbuch.

1.) Eine Eintragung in das Grundbuch zugunsten des S hat nach Auskunft des Sachverhaltes stattgefunden.

2.) Fraglich ist allerdings, ob auch eine wirksame ***Einigung*** über den Eigentumsübergang (§ 925 Abs. 1 BGB – Auflassung –) vorliegt. Beachte bitte insoweit, dass diese Einigung zur Übertragung des Eigentums am Grundstück nach § 925 BGB natürlich auch ein ***Vertrag*** ist und sich demnach aus zwei übereinstimmenden Willenserklärungen zusammensetzt. Der Veräußerer V und der Erwerber S müssen sich somit vertraglich (dinglicher Vertrag!) auf den Übergang des Eigentums an dem Grundstück geeinigt haben.

> **Problem:** Die Einigungserklärung diesbezüglich hat auf ***beiden*** Seiten der V abgegeben, einmal für sich selbst und einmal für S als dessen gesetzlicher Vertreter. Es stellt sich die Frage, ob eine so erzielte Einigung, bei der auf beiden Seiten die gleiche Person handelt, Wirksamkeit erlangen kann. Die Norm, die diese Problematik regelt, ist **§ 181 BGB**, das sogenannte »**Insichgeschäft**«. Gemäß § 181 BGB kann ein Vertreter mit sich im eigenen Namen grundsätzlich ein Rechtsgeschäft nicht vornehmen, es sei denn, dass das Rechtsgeschäft ausschließlich in der Erfüllung einer Verbindlichkeit besteht (lies § 181 BGB).

Zum Fall: Der V schließt im vorliegenden Fall ein Rechtsgeschäft (hier: den Einigungsvertrag nach § 925 BGB) zum einen im eigenen Namen und zum anderen als Vertreter des S mit sich selbst. Das aber ist nach § 181 BGB grundsätzlich ***nicht*** möglich. Der S konnte mithin nicht das Eigentum nach § 925 BGB erwerben, da das Geschäft wegen § 181 BGB unwirksam ist.

Aber Vorsicht: Es gibt von diesem Grundsatz eine wichtige ***Ausnahme***, und die steht in § 181 BGB sogar drin, nämlich im zweiten Teil der gerade schon zitierten Norm: Demnach kommt ausnahmsweise doch eine Wirksamkeit des Insichgeschäfts in Betracht, wenn das Rechtsgeschäft ***ausschließlich in der Erfüllung einer Verbindlichkeit besteht*** (lies: § 181 2. Halbsatz BGB). Wenn die Einigung nach § 925 BGB, die V mit sich selbst schließt, also ausschließlich in Erfüllung einer Verbindlichkeit im Sinne des § 181 BGB erfolgt ist, ist sie wirksam.

Achtung: Jetzt wird es richtig interessant. Bis hierher war die Lösung noch vergleichsweise einfach und auch relativ problemlos nachvollziehbar. Das wird sich aber jetzt ändern, denn wir kommen nun zu der eigentlichen Problematik des Falles und steigen ein in die vertiefte Erörterung der Materie. Erforderlich ist deshalb jetzt deutlich erhöhte Konzentration und vor allem sorgfältiges Nachlesen des Gesetzestextes. Bereit?

Los geht's: Um den Ausnahmetatbestand des § 181 2. Halbsatz BGB annehmen zu können, muss zunächst eine ***Verbindlichkeit*** vorliegen, in deren ausschließlicher Erfüllung das fragliche Rechtsgeschäft erfolgt ist (bitte lies: § 181 2. Halbsatz BGB). Diese Verbindlichkeit kann im vorliegenden Fall nur der zwischen V und S nach § 516 BGB geschlossene ***Schenkungsvertrag*** sein. Zu prüfen ist somit, ob die Übereignung nach § 925 BGB ausschließlich in Erfüllung des Schenkungsvertrages erfolgt ist. Und an sich ist das auf den ersten Blick auch nicht fraglich, denn die Übereignung ist sowohl die logische Konsequenz als auch die dingliche Vollziehung des schuldrechtlichen Schenkungsvertrages; hierzu war V verpflichtet (§ 516 BGB).

> **Aber:** Der Schenkungsvertrag als »Verbindlichkeit« im Sinne des § 181 2. Halbsatz BGB muss natürlich selbst auch ***wirksam*** geschlossen worden sein; nur eine ***wirksa-***

me Verbindlichkeit löst die Rechtsfolgen des § 181 2. Halbsatz BGB aus (RGZ **94**, 150; *Palandt/Ellenberger* § 181 BGB Rz. 22). Wir müssen uns demnach fragen, ob der zwischen V und S geschlossene Schenkungsvertrag nach § 516 BGB, also das schuldrechtliche Grundgeschäft, ***wirksam*** zustande gekommen ist. Nur wenn das der Fall ist, liegen die Voraussetzungen des § 181, 2. Halbsatz BGB vor, denn dann hätte V »ausschließlich in Erfüllung einer (wirksamen!) Verbindlichkeit« das Insichgeschäft geschlossen. Und unter diesen Voraussetzungen wäre dann die Übereignung von V an S trotz des Insichgeschäfts tatsächlich wirksam erfolgt, § 181, 2. Halbsatz BGB. Also prüfen wir:

Die Wirksamkeit des Grundgeschäfts (Schenkungsvertrag):

1.) Die Formvorschriften dieses Vertrages (§ 518 Abs. 1 Satz 1 BGB) sind nach Auskunft des Falles eingehalten, V und S haben einen notariell beurkundeten Vertrag geschlossen.

2.) Der Schenkungsvertrag muss auch ***inhaltlich*** wirksam sein; es dürfen keine rechtsgeschäftlichen Mängel beim Abschluss des Vertrages vorliegen.

Und da gibt es hier natürlich ein Problem, denn der S ist als Vertragspartner des V beim Abschluss des Schenkungsvertrages ***minderjährig*** und folglich in seiner Geschäftsfähigkeit beschränkt (§§ 106, 2 BGB). Seine Erklärungen sind gemäß § 108 Abs. 1 BGB nur mit Einwilligung oder Genehmigung des gesetzlichen Vertreters wirksam, es sei denn, es liegt hier die Ausnahmevorschrift des **§ 107 BGB** vor:

> Für eine Wirksamkeit nach **§ 107 BGB** müsste das Geschäft, also der Schenkungsvertrag nach § 516 BGB, für S ***lediglich rechtlich vorteilhaft*** gewesen sein (Gesetz lesen). Und das kann hier dann auch problemlos angenommen werden, denn: Durch den Abschluss des Schenkungsvertrages mit V wird unser S lediglich Gläubiger aus § 516 Abs. 1 BGB; er erwirbt den Anspruch auf die Zuwendung, hier also auf die Übereignung des Grundstücks, er schuldet seinerseits aber nichts. Des Weiteren ist beachtlich, dass er mit dem Abschluss des Schenkungsvertrages ja noch nicht Eigentümer des Grundstücks wird. Denn der Schenkungsvertrag ist nur die ***schuldrechtliche*** Grundlage für die spätere Eigentumsübertragung. Und wenn er noch nicht Eigentümer wird, tritt er mit dem Schenkungsvertrag auch noch ***nicht*** gemäß § 566 BGB in die Rechte und Pflichten aus dem von V mit R geschlossenen Mietvertrag ein. Und deshalb hat der Schenkungsvertrag für S nur rechtlich vorteilhafte Wirkungen, S wird nur Gläubiger eines Anspruchs aus § 516 Abs. 1 BGB (wichtiger Gedankengang, bitte mindestens noch einmal lesen).

ZE.: Der Schenkungsvertrag zwischen V und S ist aufgrund des § 107 BGB auch inhaltlich wirksam geschlossen worden.

ZE.: Damit ist der Schenkungsvertrag zwischen V und S sowohl äußerlich (= Form) als auch inhaltlich (= keine rechtsgeschäftlichen Mängel) ***wirksam*** geschlossen.

ZE.: Damit liegt eine wirksame »Verbindlichkeit« vor, in dessen Erfüllung V bei der Einigungserklärung aus § 925 BGB gehandelt hat (§ 181 2. Halbsatz BGB).

ZE.: Damit handelt V, als er mit sich selbst als Vertreter des S die Einigung nach § 925 BGB erklärt hat, »*ausschließlich in Erfüllung einer Verbindlichkeit*« (Schenkungsvertrag) zwischen sich selbst und S. Und deshalb ist diese Einigung gemäß dem Wortlaut aus § 181 BGB wirksam und *kein* unzulässiges Insichgeschäft.

Pause: Das würde jetzt bedeuten, dass der S neuer Eigentümer des Grundstücks und damit dann wegen **§ 566 BGB** in diesem Moment auch neue »Vertragspartei« der R aus dem Mietvertrag geworden ist. Das ist das Ergebnis unserer eben durchgeführten, streng am *Wortlaut* der Normen orientierten Prüfung. Der S wäre also damit tatsächlich Eigentümer des Grundstückes geworden, und das, obwohl er minderjährig ist und mit dieser Eigentumsübertragung nun auch noch »Vertragspartner« der R geworden wäre (= rechtlicher Nachteil im Sinne des § 107 BGB). R hätte demnach aufgrund des von V durchgeführten zulässigen Insichgeschäfts am Ende doch einen rechtlichen Nachteil erlitten.

Überlegung: Dieses Ergebnis verstößt – obwohl dem Wortlaut der §§ 181 und 107 BGB entsprechend erzielt – gegen den grundsätzlich vom Gesetzgeber gewollten allumfassenden Schutz des Minderjährigen. Denn durch diese Konstruktion erleidet der Minderjährige – wie gerade erörtert – letztendlich einen **rechtlichen Nachteil**, denn er wird mit der Übereignung aus § 925 BGB wegen § 566 Abs. 1 BGB Verpflichteter aus dem vormals zwischen V und R bestehenden Mietverhältnis. Und das wiederum widerspricht eigentlich dem § 107 BGB.

Durchblick: Um die Problematik vollständig erfassen zu können, muss man die Besonderheit des hier vorliegenden Grundgeschäfts beachten: Normalerweise erleidet der Minderjährige nämlich bereits mit dem Abschluss des *schuldrechtlichen* Vertrages einen rechtlichen Nachteil (also z.B. beim Abschluss eines Kaufvertrages). Aus diesem Grund gibt es § 107 BGB, der dies gerade verhindern soll. Schuldrechtliche Verträge, die den Minderjährigen verpflichten (und das tun fast alle!), sind wegen § 107 BGB grundsätzlich nicht wirksam. Vorliegend aber erleidet S durch den Abschluss des schuldrechtlichen Schenkungsvertrages zunächst *keinen* Nachteil, da er aus diesem Vertrag nur etwas bekommt, nichts aber leisten muss (vgl. oben). Die Gefahr lauert hier – ausnahmsweise – erst nach der Durchführung des *dinglichen* Vertrages, also der Übereignung des Grundstücks. Und das liegt daran, dass hier per Gesetz – nämlich **§ 566 BGB** – die Rechtsfolgen erst an die *Eigentumsübertragung* geknüpft werden und nicht schon mit dem Abschluss des schuldrechtlichen Grundgeschäfts eintreten. Wir hatten ja weiter oben gelernt, dass die Rechtsnachfolge aus § 566 BGB erst mit der Übereignung des Grundstücks eintritt und nicht schon mit dem entsprechenden schuldrechtlichen Grundgeschäft. Würde man nun das Ergebnis so wie bislang herausgefunden bestehen lassen, wäre der Minderjährigenschutz umgangen, denn trotz rechtlichen Nachteils wäre das Geschäft wegen § 181 BGB wirksam erfolgt.

Lösung: Damit die Folgen der an sich wirksamen Veräußerung des Grundstücks den Minderjährigen unter Umgehung des § 107 BGB nun nicht doch treffen, hat der BGH im Jahre 1980 (BGHZ **78**, 28 = NJW **1981**, 109 = JuS **1981**, 281) folgende ***Regel*** aufgestellt, die mittlerweile als gesichert und herrschend bezeichnet werden kann (bestätigt vom BGH in NJW **2010**, 3643) und deshalb von den Studenten auch gekannt werden sollte, nämlich:

Merke: Für die Frage, ob das Grundgeschäft wirksam nach § 107 BGB ist, kommt es auf die ***Gesamtbetrachtung*** des ***schuldrechtlichen*** und des ***dinglichen*** Vertrages an (BGH NJW **2010**, 3643; BGHZ **78**, 28; MüKo/*Schmitt* § 107 BGB Rz. 38; *Palandt/Ellenberger* § 107 BGB Rz. 6; *Rüthers/Stadler* AT § 3 Rz. 15; *Medicus* AT Rz. 565; *Gitter-Schmitt* in JuS 1982, 253).

Das bedeutet: Bei der Beurteilung eines schuldrechtlichen Grundgeschäfts in Bezug auf den lediglich rechtlichen Vorteil im Sinne des § 107 BGB muss immer auch die ***dingliche Vollziehung*** dieses schuldrechtlichen Vertrages in Betracht gezogen werden. Ergibt die dingliche Vollziehung erst den rechtlichen Nachteil – so wie in unserem Fall – wirkt dieser rechtliche Nachteil auch auf das Geschäft zurück mit der Folge, dass dann auch das schuldrechtliche Grundgeschäft rechtlich nachteilig gemäß § 107 BGB ist (BGHZ **78**, 28). Für die Beurteilung des rechtlichen Nachteils im Sinne des § 107 BGB hat daher stets eine Gesamtbetrachtung des schuldrechtlichen ***und*** des daran anschließenden dinglichen Geschäfts zu erfolgen. Bewirkt erst die dingliche Vollziehung den rechtlichen Nachteil, wirkt dies auf den schuldrechtlichen Vertrag zurück mit der Folge, dass auch das Grundgeschäft dann als rechtlich nachteilig zu behandeln ist (BGHZ **78**, 28).

Feinkostabteilung: Umgekehrt soll das übrigens ***nicht*** gelten: Wenn der Minderjährige aufgrund eines unwirksamen Schenkungsvertrages ein Grundstück übereignet erhält, soll nach Ansicht des BGH die dafür notwendige Auflassung (also das Verfügungsgeschäft) rechtlich vorteilhaft und damit wirksam bleiben; eine Gesamtbetrachtung – also ein Erstrecken der Unwirksamkeit des Grundgeschäfts auf das Verfügungsgeschäft – käme dann nicht in Betracht (BGH NJW **2005**, 415). Im konkreten Fall hatte eine Mutter ihrer Tochter ein Grundstück geschenkt, sich im Schenkungsvertrag aber ein Rücktrittsrecht ausbedungen und dann das Grundstück an die Tochter aufgelassen (= übereignet). Der BGH hat den Schenkungsvertrag wegen des Rücktrittsvorbehaltes für unwirksam erachtet, die Auflassung aber gleichwohl als wirksam angesehen. Eine Gesamtbetrachtung sei hier nicht notwendig gewesen, da allein das Grundgeschäft unwirksam war und der Minderjährige durch die spätere Übereignung keinen Nachteil erleidet (BGH NJW **2005**, 415).

Zu unserem Fall: Der Schenkungsvertrag, den V und S schließen, war hier bei uns problemlos rechtlich vorteilhaft im Sinne des § 107 BGB, denn S erhielt so den schuldrechtlichen Anspruch auf die Zuwendung (das Grundstück). Erst mit der ***Eigentumsübertragung*** am Grundstück – also dem ***dinglichen*** Geschäft – erleidet S den rechtlichen Nachteil, denn mit dem Übergang des Eigentums treten die Wirkungen des

§ 566 BGB ein (vgl. oben). Der rechtliche Nachteil entsteht hier somit erst durch das dingliche Geschäft. Im Rahmen der »Gesamtbetrachtung« (BGHZ **78**, 28) reicht dies aber aus, um auch das schuldrechtliche Grundgeschäft wegen Verstoßes gegen § 107 BGB unwirksam werden zu lassen.

Konsequenz: Wir gehen zurück zur Fall-Lösung und § 181 BGB und müssen nun nach dem bisher Erarbeiteten folgendes feststellen:

→ Wir hatten bislang gesagt, dass der Ausnahmetatbestand des § 181 2. Halbsatz BGB deshalb vorliegt, weil V bei der Eigentumsübertragung des Grundstücks auf S »**in Erfüllung einer Verbindlichkeit**« handelt und dass diese Verbindlichkeit (Schenkungsvertrag) vor allen Dingen auch ***wirksam*** war. Denn der schuldrechtliche Schenkungsvertrag verstieß nicht gegen § 107 BGB, er war lediglich rechtlich vorteilhaft. Deshalb funktionierte § 181 BGB und das Insichgeschäft war nicht unzulässig.

→ Dieses Ergebnis ändert sich aber nach der von uns eben erlernten ***Gesamtbetrachtung*** bei der Beurteilung des rechtlichen Nachteils nach § 107 BGB: Da im vorliegenden Fall der rechtliche Nachteil für den S wegen § 566 BGB erst mit der dinglichen Vollziehung des Grundgeschäfts eintritt, muss dieses dingliche Geschäft in die Betrachtung mit einbezogen werden. Und das hat zur Folge, dass auch das schuldrechtliche Grundgeschäft hier gegen § 107 BGB verstößt und mithin unwirksam ist.

Und das bedeutet – Achtung! –, dass jetzt ***keine*** wirksame »Verbindlichkeit« im Sinne des § 181, 2. Halbsatz BGB mehr vorliegt, in dessen Erfüllung der V bei der Übereignung des Grundstücks handelte. Denn diese Verbindlichkeit (der Schenkungsvertrag) ist wegen Verstoßes gegen § 107 BGB (Gesamtbetrachtung!) unwirksam. Und das wiederum bedeutet, dass die Übereignung von V an S ein ***unzulässiges Insichgeschäft*** im Sinne des § 181 BGB darstellt, denn der Ausnahmetatbestand von § 181, 2. Halbsatz BGB liegt nicht (mehr) vor. V konnte also die Einigungserklärung nach § 925 BGB nicht für sich selbst und den S als Vertreter abgeben.

ZE.: V konnte mit sich selbst als Vertreter des S ***keinen*** Vertrag schließen und folglich auch keine Eigentumsübertragung gemäß § 925 BGB von sich auf S vornehmen. Es handelt sich bei dem Geschäft um ein unzulässiges Insichgeschäft im Sinne des § 181 BGB.

ZE.: V hat sein Eigentum nicht an S verloren.

ZE.: V ist mithin weiterhin Vertragspartner der R.

Erg.: V konnte R wegen Zahlungsverzuges wirksam kündigen; er war zum Zeitpunkt der Kündigung noch Eigentümer des Grundstückes und damit auch Vertragspartner der R. Die Klage der R ist unbegründet.

Noch ein Tipp zum Schluss:

Die oben schon mal erwähnte BGH-Entscheidung vom 30. September **2010** (→ NJW **2010**, 3643) sollte bei Gelegenheit mal nachgelesen werden. In diesem Fall arbeitet der BGH nämlich die gesamte Problematik um die Minderjährigen-Schenkungen von Grundstücken und Wohnungseigentum noch einmal schön sorgsam und prima verständlich auf. Das Besondere an dieser Entscheidung ist die Einbindung des ***Wohnungseigentümergesetzes*** (WEG), mit dem man auch in einer Klausur oder Hausarbeit ziemlich gut argumentieren kann. Namentlich die Verpflichtungen des (minderjährigen) Wohnungseigentümers aus § 16 Abs. 2 und § 10 Abs. 8 Satz 1 WEG lassen sich erstklassig als Nachweise dafür anführen, warum das Geschäft bzw. die Eigentumsübertragung an einer Wohnung eben ***nicht*** lediglich rechtlich vorteilhaft für den Minderjährigen ist.

Gutachten

Die Kündigungsschutzklage der R ist begründet, wenn die Kündigung unwirksam ist. Die Wirksamkeit einer wegen Zahlungsverzuges ausgesprochenen Kündigung bestimmt sich nach § 543 Abs. 2 Nr. 3 a, Abs. 1 BGB.

I.) Zu prüfen ist, ob die Voraussetzungen der Norm erfüllt sind. Dafür ist ein zwischen dem Kündigenden und dem Kündigungsempfänger bestehendes Mietverhältnis erforderlich. Eine Kündigung im Sinne des § 543 Abs. 1 BGB kann nur dann überhaupt wirksam sein, wenn sie auch vom Vermieter ausgesprochen wird. Es ist somit zu prüfen, wer im vorliegenden Fall zu den Vertragsparteien gehört, insbesondere, ob der V, der die Kündigung ausgesprochen hat, tatsächlich im Zeitpunkt der Kündigung noch Vertragspartei der R gewesen ist. Ursprüngliche Vertragspartei und damit auch Vermieter der R war der Grundstückseigentümer V.

II.) Fraglich ist aber, ob V seine Vermieterstellung und damit seine Stellung als Vertragspartei im Sinne des § 543 BGB gegenüber der R nicht wegen einer möglichen Veräußerung des Grundstücks an S verloren hat. Dies kann sich ergeben aus der Vorschrift des § 566 Abs. 1 BGB. Im Falle einer wirksamen Veräußerung des Grundstücks träte S gemäß § 566 Abs. 1 BGB an die Stelle des vorherigen Vermieters (also des V) und wäre damit vor allem auch neue Vertragspartei der R. Diese Stellung als neue Vertragspartei und Vermieter umfasst auch das Recht zur Kündigung. Kündigen kann gemäß § 543 BGB nur die jeweilige Vertragspartei – und das wäre dann der S und eben nicht mehr der V.

Die Rechtsfolgen des § 566 Abs. 1 BGB treten nur dann ein, wenn an dem fraglichen Grundstück bzw. der fraglichen Wohnung das Eigentum übergegangen ist. Erforderlich für § 566 Abs. 1 BGB ist demnach die Durchführung des dinglichen Geschäfts, also der Eigentumsübergang von V auf S. Die schuldrechtliche Verpflichtung zur Übertragung des Eigentums genügt für § 566 Abs. 1 BGB noch nicht. Somit ist im vorliegenden Fall zu fragen, ob V dem S wirksam das Eigentum an dem Grundstück verschafft und damit die Rechtsfolgen des § 566 Abs. 1 BGB ausgelöst hat.

III.) Die Eigentumsübertragung an einem Grundstück richtet sich nach den §§ 873 Abs. 1, 925 Abs. 1 BGB. Voraussetzung ist demnach zum einen eine Einigung über den Eigentumsübergang und die Eintragung in das Grundbuch.

1.) Eine Eintragung in das Grundbuch zugunsten des S hat nach Auskunft des Sachverhaltes stattgefunden.

2.) Fraglich ist allerdings, ob auch eine wirksame Einigung über den Eigentumsübergang vorliegt. Diese Einigung zur Übertragung des Eigentums am Grundstück nach § 925 BGB ist ein Vertrag und setzt sich demnach aus zwei übereinstimmenden Willenserklärungen zusammen. Der Veräußerer V und der Erwerber S müssen sich somit vertraglich auf den Übergang des Eigentums an dem Grundstück geeinigt haben. Problematisch ist im vorliegenden Fall, dass die Einigungserklärung auf beiden Seiten der V abgegeben hat, einmal für sich selbst und einmal für S als gesetzlicher Vertreter. Es stellt sich die Frage, ob eine so erzielte Einigung, bei der auf beiden Seiten die gleiche Person handelt, Wirksamkeit erlangen kann. Dies regelt sich nach § 181 BGB. Gemäß § 181 BGB kann ein Vertreter mit sich im eigenen Namen grundsätzlich ein Rechtsgeschäft nicht vornehmen, es sei denn, dass das Rechtsgeschäft ausschließlich in der Erfüllung einer Verbindlichkeit besteht.

a) Der V schließt im vorliegenden Fall ein Rechtsgeschäft zum einen im eigenen Namen und zum anderen als Vertreter des S mit sich selbst. Das aber ist nach § 181 BGB grundsätzlich nicht möglich. Der S konnte mithin nicht das Eigentum nach § 925 BGB erwerben, da das Geschäft wegen § 181 BGB unwirksam ist.

b) Etwas anderes könnte sich jedoch noch aus § 181, 2. Halbsatz BGB ergeben, nämlich wenn das Rechtsgeschäft ausschließlich in Erfüllung einer Verbindlichkeit besteht. Wenn die Einigung nach § 925 BGB, die V mit sich selbst schließt, ausschließlich in Erfüllung einer Verbindlichkeit im Sinne des § 181 BGB erfolgt ist, ist sie wirksam.

aa) Um den Ausnahmetatbestand des § 181, 2. Halbsatz BGB annehmen zu können, muss zunächst eine Verbindlichkeit vorliegen, in deren ausschließlicher Erfüllung das fragliche Rechtsgeschäft erfolgt ist. Diese Verbindlichkeit kann im vorliegenden Fall nur der zwischen V und S nach § 516 BGB geschlossene Schenkungsvertrag sein. Zu prüfen ist somit, ob die Übereignung nach § 925 BGB ausschließlich in Erfüllung des Schenkungsvertrages erfolgt ist. Dies ist zunächst unproblematisch, denn die Übereignung ist die dingliche Vollziehung des schuldrechtlichen Schenkungsvertrages; hierzu war V gemäß § 516 BGB verpflichtet.

bb) Allerdings muss der Schenkungsvertrag als »Verbindlichkeit« im Sinne des § 181, 2. Halbsatz BGB selbst auch wirksam geschlossen worden sein. Nur eine wirksame Verbindlichkeit löst die Rechtsfolgen des § 181, 2. Halbsatz BGB aus. Es ist demnach zu klären, ob der zwischen V und S geschlossene Schenkungsvertrag nach § 516 BGB, also das schuldrechtliche Grundgeschäft, wirksam zustande gekommen ist.

1.) Die Formvorschriften dieses Vertrages aus § 518 Abs. 1 Satz 1 BGB sind nach Auskunft des Falles eingehalten, V und S haben einen notariell beurkundeten Vertrag geschlossen.

2.) Der Schenkungsvertrag muss auch inhaltlich wirksam sein; es dürfen keine rechtsgeschäftlichen Mängel beim Abschluss des Vertrages vorliegen.

Dies ist allerdings fraglich, da der S als Vertragspartner des V beim Abschluss des Schenkungsvertrages minderjährig und folglich in seiner Geschäftsfähigkeit beschränkt gewesen ist. Seine Erklärungen sind gemäß § 108 Abs. 1 BGB nur mit Einwilligung oder Genehmigung des gesetzlichen Vertreters wirksam, es sei denn, es liegt hier die Ausnahmevorschrift des § 107 BGB vor

Für eine Wirksamkeit nach § 107 BGB müsste das Geschäft, also der Schenkungsvertrag nach § 516 BGB, für S lediglich rechtlich vorteilhaft gewesen sein. Dies kann hier angenommen werden, denn durch den Abschluss des Schenkungsvertrages mit V wird S lediglich Gläubiger aus § 516 Abs. 1 BGB. Er erwirbt den Anspruch auf die Zuwendung, hier also auf die Übereignung des Grundstücks, er schuldet seinerseits aber nichts. Des Weiteren ist beachtlich, dass er mit dem Abschluss des Schenkungsvertrages noch nicht Eigentümer des Grundstücks wird. Der Schenkungsvertrag ist nur die schuldrechtliche Grundlage für die spätere Eigentumsübertragung. Wenn S noch nicht Eigentümer wird, tritt er mit dem Schenkungsvertrag auch noch nicht gemäß § 566 BGB in die Rechte und Pflichten aus dem von V mit R geschlossenen Mietvertrag ein. Deshalb hat der Schenkungsvertrag für S nur rechtlich vorteilhafte Wirkungen im Sinne des § 107 BGB.

Damit ist der Schenkungsvertrag zwischen V und S sowohl von der Form her als auch inhaltlich wirksam geschlossen. Es liegt eine wirksame »Verbindlichkeit«, in dessen Erfüllung V bei der Einigungserklärung aus § 925 BGB gehandelt hat (§ 181 2. Halbsatz BGB), vor. Mithin handelt V, als er mit sich selbst als Vertreter des S die Einigung nach § 925 BGB erklärt, ausschließlich in Erfüllung einer Verbindlichkeit zwischen sich selbst und S. Und deshalb ist diese Einigung gemäß dem Wortlaut aus § 181 BGB wirksam und kein unzulässiges Insichgeschäft.

3.) Bedenken gegen dieses Ergebnis könnten sich allerdings noch daraus ergeben, dass mit der vorliegenden Lösung der S neuer Eigentümer und damit dann tatsächlich auch neuer Vertragspartner der Mieterin mit entsprechenden Rechten und Pflichten aus dem Mietverhältnis würde. Dieses Ergebnis verstößt gegen den grundsätzlich vom Gesetzgeber gewollten allumfassenden Schutz des Minderjährigen. Durch diese Konstruktion erleidet der Minderjährige letztendlich einen rechtlichen Nachteil, denn er wird mit der Übereignung aus § 925 BGB wegen § 566 Abs. 1 BGB Verpflichteter aus dem vormals zwischen V und R bestehenden Mietverhältnis. Und das wiederum widerspricht der Vorschrift des § 107 BGB. Dieses Ergebnis kann daher keinen Bestand haben.

Damit die Folgen der an sich wirksamen Veräußerung des Grundstücks den Minderjährigen unter Umgehung des § 107 BGB nicht treffen, ist eine andere Beurteilung der Wirksamkeit des schuldrechtlichen Schenkungsvertrages geboten. In den Fällen der vorliegenden Art gilt für die Frage, ob das Grundgeschäft wirksam nach § 107 BGB ist, dass dies anhand einer Gesamtbetrachtung des schuldrechtlichen und des dinglichen Vertrages festzustellen ist.

Ergibt die dingliche Vollziehung erst den rechtlichen Nachteil – so wie im vorliegenden Fall – wirkt dieser rechtliche Nachteil auch auf das schuldrechtliche Geschäft zurück mit der Folge, dass dann auch das schuldrechtliche Grundgeschäft rechtlich nachteilig gemäß § 107 BGB ist.

Im vorliegenden Fall hat diese Gesamtbetrachtung nunmehr folgende Konsequenzen: Der Schenkungsvertrag, den V und S schließen, war rechtlich vorteilhaft im Sinne des § 107 BGB, denn S erhielt so den schuldrechtlichen Anspruch auf die Zuwendung. Erst mit der Eigentumsübertragung am Grundstück – also dem dinglichen Geschäft – erleidet S den rechtlichen Nachteil, denn mit dem Übergang des Eigentums treten die Wirkungen des § 566 BGB ein. Der rechtliche Nachteil entsteht hier somit erst durch das dingliche Geschäft. Im Rahmen der »Gesamtbetrachtung« reicht dies aber aus, um auch das schuldrechtliche Grundgeschäft wegen Verstoßes gegen § 107 BGB unwirksam werden zu lassen.

Daraus ergibt sich des Weiteren nun, dass der schuldrechtliche Vertrag als »Verbindlichkeit« im Sinne des § 181 2. Halbsatz BGB – entgegen den bisherigen Ausführungen – unter Beachtung auch des dinglichen Vertrages zu beurteilen und demnach insgesamt nichtig ist.

Es liegt somit nunmehr keine wirksame »Verbindlichkeit« im Sinne des § 181, 2. Halbsatz BGB mehr vor, in dessen Erfüllung der V bei der Übereignung des Grundstücks handelte. Diese Verbindlichkeit ist wegen Verstoßes gegen § 107 BGB im Rahmen einer Gesamtbetrachtung unwirksam. Das bedeutet, dass die Übereignung von V an S ein unzulässiges Insichgeschäft im Sinne des § 181 BGB darstellt, denn der Ausnahmetatbestand von § 181, 2. Halbsatz BGB liegt nicht mehr vor. V konnte die Einigungserklärung nach § 925 BGB demnach nicht für sich selbst und den S als Vertreter abgeben. Es handelt sich bei dem Geschäft um ein unzulässiges Insichgeschäft im Sinne des § 181 BGB. V hat sein Eigentum nicht an S verloren und ist weiterhin Vertragspartner der R.

Ergebnis: V konnte R wegen Zahlungsverzuges wirksam kündigen; er war zum Zeitpunkt der Kündigung noch Eigentümer des Grundstückes und damit auch Vertragspartner der R. Die Klage der R ist unbegründet.

5. Abschnitt

Das Recht der Anfechtung,

§§ 119 ff. BGB

Fall 23

Man trinkt und spricht Kölsch!

Geschäftsmann G aus Bayern sitzt nach einem anstrengenden Tag auf der Kölner Messe im Brauhaus »Früh« (F) am Fuße des Kölner Doms und will eine Kleinigkeit essen. G lässt sich die Speisekarte geben und entscheidet sich spontan für einen »halven Hahn«, den er beim Kellner K bestellt. Als K wenig später anstatt des erwarteten halben Hähnchens ein Roggenbrötchen mit einer dicken Scheibe holländischem Käse bringt, traut G seinen Augen nicht. Mit den Worten *»joa bists dann narrisch, du Depp, wos soll i dann da domit?«* faucht G den Kellner an und verweigert die Zahlung des in der Speisekarte aufgeführten Preises von 3,80 Euro.

Muss G die 3,80 Euro zahlen?

Schwerpunkte: Die Anfechtung: Voraussetzungen und Rechtsfolgen; Anfechtung wegen Inhaltsirrtums nach § 119 Abs. 1 BGB; Auslegung von Willenserklärungen; Rückwirkung der Anfechtung gemäß § 142 Abs. 1 BGB; der Schadensersatzanspruch aus § 122 Abs. 1 BGB.

Lösungsweg

Anspruch des Brauhauses F gegen G auf Zahlung von 3,80 Euro

<u>AGL.</u>: § 433 Abs. 2 BGB (Kaufvertrag)

Voraussetzung für das Bestehen dieses Anspruchs ist selbstverständlich ein wirksamer Kaufvertrag gemäß § 433 BGB zwischen G und F über das gelieferte Käsebrötchen zum Preis von 3,80 Euro. Ein Kaufvertrag kommt zustande durch zwei übereinstimmende Willenserklärungen, den Antrag und die Annahme.

1.) Der Antrag

a) Der Antrag könnte zunächst in der ***Speisekarte*** des Brauhauses zu sehen sein. Insoweit muss allerdings die Definition des Antrages beachtet werden, wonach ein solcher nur dann vorliegt, wenn der andere Vertragsteil mit einem schlichten **»Ja«** den Vertrag zustande bringen kann (BGH NJW **2013**, 598; BAG NJW **2006**, 1832; BGH NJW **1990**, 1234; MüKo/*Busche* § 145 BGB Rz. 5; *Medicus* AT Rz. 358; *Erman/Armbrüster* § 145 BGB Rz. 2; *Palandt/Ellenberger* § 145 BGB Rz. 1).

Und das funktioniert beim Anblick einer Speisekarte selbstredend nicht, denn es wäre bei einem »Ja« schon nicht erkennbar, was genau aus der Karte der Besteller denn nun haben möchte. Die Speisekarte ist daher auch nur eine Aufforderung zur Abgabe eines Antrages (lateinisch: ***invitatio ad offerendum***), nicht aber schon ein verbindlicher Antrag (BGH NJW **1980**, 1388; MüKo/*Busche* § 145 BGB Rz. 11; PWW/*Brinkmann* § 145 BGB Rz. 6; *Medicus* AT Rz. 360; *Rüthers/Stadler* AT § 19 Rz. 5).

ZE.: Die Speisekarte des Brauhauses stellt keinen Antrag im Sinne der §§ 145 ff. BGB dar.

b) Der Antrag kann somit nur in der Bestellung des G liegen, als der G beim Kellner einen **»halven Hahn«** ordert. Auf diese Bestellung konnte das Brauhaus, vertreten durch den Kellner, mit einem schlichten »Ja« antworten und so den Vertrag zustande bringen.

> **Problem:** Offensichtlich wollte der G aber etwas anderes bestellen (nämlich ein halbes Hähnchen), als das, was der K verstanden und dann später auch gebracht hat (Roggenbrötchen mit Käse). Es fragt sich angesichts der Divergenz zwischen Willen und der nach außen getretenen Erklärung, welchen ***rechtsverbindlichen*** (= wirksamen) Inhalt die Erklärung des G hatte, als er einen »halven Hahn« bestellte. Wir haben ja vorne im Obersatz festgestellt, dass der Anspruch auf Zahlung der 3,80 Euro nur dann begründet sein kann, wenn zwischen F und G ein Vertrag über das zustande gekommen ist, was der Kellner gebracht hat; und das war eben das Brötchen und kein Hähnchen.

Die Willenserklärung des G ist in ihrem Inhalt im vorliegenden Fall demnach noch unklar; und wenn eine Willenserklärung bzw. deren konkreter Inhalt unklar ist, muss der verbindliche Inhalt der Erklärung mithilfe der ***Auslegung*** ermittelt werden; die Auslegung geht der Anfechtung stets vor (BGHZ **80**, 246; BGH NJW **1998**, 3268; *Palandt/Ellenberger* § 133 BGB Rz. 14; *Brox/Walker* AT Rz. 124).

> **Wiederholung:** Bei der Auslegung von Willenserklärungen hat man – wie wir weiter vorne in Fall Nr. 6 schon gelernt haben – zu unterscheiden zwischen den ***empfangsbedürftigen*** (§ 130 Abs. 1 BGB) und den ***nicht empfangsbedürftigen*** Willenserklärungen. Während bei den nicht empfangsbedürftigen Willenserklärungen allein die Sicht des ***Erklärenden*** ausschlaggebend (§ 133 BGB), also nach seinem wirklichen Willen zu forschen ist, kommt es bei den empfangsbedürftigen Willenserklärungen demgegenüber auf die Sicht des ***Empfängers*** an (§ 157 BGB). Empfangsbedürftige Willenserklärungen sind so auszulegen, wie sie der Erklärungsempfänger bei zumutbarer Sorgfalt nach Treu und Glauben und unter Berücksichtigung der Verkehrssitte verstehen musste (BGH NJW **2014**, 622; BGH NJW **1992**, 1446; *Erman/Arnold* § 133 BGB Rz. 19; *Soergel/Hefermehl* § 133 BGB Rz. 14).

Zum Fall: Der hier zu prüfende Antrag auf den Abschluss eines Kaufvertrages ist eine ***empfangsbedürftige*** Willenserklärung (*Rüthers/Stadler* AT § 17 Rz. 37) mit der

Folge, dass der Inhalt der Erklärung nach der eben benannten Definition aus der Sicht des ***Erklärungsempfängers*** zu ermitteln ist:

Erklärungsempfänger des Antrages des G ist das Brauhaus, vertreten durch den Kellner K. Es kommt demnach auf die Sicht des Kellners an, also was der K bei zumutbarer Sorgfalt und unter Berücksichtigung der Verkehrssitte verstehen musste: Und wenn man gegenüber einem Kellner im Brauhaus »Früh« am Fuße des Kölner Domes einen »halven Hahn« bestellt, hat man nach guter alter kölscher Sitte kein halbes Hähnchen, sondern vielmehr ein Roggenbrötchen (heißt in Köln übrigens »*Röggelchen*«) mit einer dicken Scheibe Käse aus Holland (mittelalt) geordert. So versteht das der Kellner in Köln, und nahezu alle Gäste wissen das auch. Bei zumutbarer Sorgfalt und unter Berücksichtigung der Verkehrssitte musste der Erklärungsempfänger K hier mithin die Bestellung des G so verstehen, dass G ein Roggenbrötchen mit Käse haben wollte.

ZE.: Der objektive Erklärungswert der Bestellung des G war somit ein Roggenbrötchen mit Holländer Käse zum Preis von 3,80 Euro. G hat folglich eine **wirksame Willenserklärung** dieses Inhalts abgegeben, obwohl der Wille des G (= subjektives Element der Willenserklärung) nicht mit der Erklärung (= objektives Element der Willenserklärung) übereinstimmte. Der G muss sich an das binden lassen, was nach Auslegung seiner Erklärung aus der Sicht des Empfängers als Inhalt erkennbar war. Es zählt das nach außen Sichtbare, nicht der innere Wille.

ZE.: Folglich liegt ein ***Antrag*** des G auf Abschluss eines Vertrages im Sinne der §§ 145 ff. BGB über ein Roggenbrötchen mit Holländer Käse zum Preis von 3,80 Euro vor.

2.) Die Annahme

Diesen Antrag des G muss das Brauhaus – in Person des K – auch ***angenommen*** haben, um einen entsprechenden Vertragsschluss herbeizuführen. Und das ist natürlich vorliegend kein Problem, denn K hat die Bestellung entgegen genommen und die Speise wenig später ja auch gebracht (= schlüssig erklärte Annahme).

ZE.: Den Antrag des G auf Abschluss eines Kaufvertrages über das Roggenbrötchen mit Holländer Käse hat das Brauhaus durch K angenommen.

ZE.: Mithin ist ein Kaufvertrag über das gebrachte Brötchen mit Käse geschlossen worden, aus dem der G zur Zahlung der 3,80 Euro gemäß § 433 Abs. 2 BGB verpflichtet ist. Der entsprechende Anspruch ist ***entstanden***.

Nächster Schritt der Prüfung:

Nachdem wir nun festgestellt haben, dass der Anspruch des Brauhauses gegen G aus § 433 Abs. 2 BGB entstanden ist, fragt sich, ob dieser einmal entstandene Anspruch nicht möglicherweise wieder ***untergegangen*** bzw. ***erloschen*** ist. Konkret kommt eine

Nichtigkeit des Kaufvertrages gemäß **§ 142 Abs. 1 BGB** nach erfolgter wirksamer Anfechtung durch G in Betracht.

> **Beachte:** Die Anfechtung hat gemäß § 142 Abs. 1 BGB zur Folge, dass das angefochtene Rechtsgeschäft als ***von Anfang an nichtig*** anzusehen ist. Eine wirksame Anfechtung beseitigt somit das Rechtsgeschäft mit ***Rückwirkung*** und hat aufbautechnisch zur Konsequenz, dass ein einmal aus diesem Rechtsgeschäft (zumeist einem Vertrag) resultierender Anspruch nachträglich wieder untergeht. Die Prüfung der Anfechtung in der Klausur erfolgt mithin logischerweise immer erst dann, wenn man ***zuvor*** festgestellt hat, dass der in Frage stehende Anspruch aus dem Vertrag tatsächlich zunächst besteht, dieser Anspruch nun aber durch eine mögliche Anfechtung mit Rückwirkung (§ 142 Abs. 1 BGB!) wieder erloschen sein kann. Der Anspruch wäre in der klausurmäßigen Prüfung dann zwar zunächst ***entstanden***, später durch die Anfechtung aber wieder ***untergegangen***.

Und eingeleitet wird die Anfechtungsprüfung in der Übungsarbeit dann so, dass man zum einen die Rechtsfolge (§ 142 BGB) und zum anderen auch den möglichen Anfechtungsgrund (hier wäre das § 119 BGB) in den Obersatz aufnimmt. In unserem Fall sähe das dann so aus:

Es fragt sich, ob der einmal entstandene Anspruch aus § 433 Abs. 2 BGB durch eine wirksame Anfechtung von Seiten des G gemäß den §§ 142 Abs. 1, 119 Abs. 1 BGB wieder untergegangen ist.

Aufbau der Anfechtungsprüfung:

1.) Erste Voraussetzung einer Anfechtung ist ein **anfechtbares Rechtsgeschäft**, so steht es in **§ 142 Abs. 1 BGB** drin (bitte prüfen). Im vorliegenden Fall kommt der zwischen G und F geschlossene Kaufvertrag als anfechtbares Rechtsgeschäft in Betracht.

Beachte: Seine Willenserklärung alleine kann der G nach dem Wortlaut des Gesetzes in § 142 Abs. 1 BGB nicht anfechten, denn diese Willenserklärung stellt kein »**Rechtsgeschäft**« dar, sondern ist nur ein Antrag auf den Abschluss eines Kaufvertrages. Eine einzelne Willenserklärung ist nur dann auch ein Rechtsgeschäft, wenn diese Willenserklärung die Rechtsfolgen unmittelbar herbeiführt (z.B. eine Kündigung, ein Testament oder eine Auslobung). Dennoch geht eine Meinung in der Literatur bei § 142 Abs. 1 BGB davon aus, dass man trotz des Wortlautes des § 142 Abs. 1 BGB immer nur seine ***Willenserklärung*** anfechten kann, da auch nur diese, und nicht das ganze Rechtsgeschäft von einem Willensmangel beeinflusst sei (*Rüthers/Stadler* AT § 25 Rz. 14; *Brox/Walker* AT Rz. 386; *Heerstraßen* in Jura 1995, 197; **anders** aber: NK/*Feuerborn* § 142 BGB Rz. 2; MüKo/*Busche* § 142 BGB Rz. 9; *Palandt/Ellenberger* § 142 BGB Rz. 1; *Medicus* AT Rz. 726; *Leenen* in Jura 1991, 393).

ZE.: Wir wollen uns hier dennoch – wie immer – zunächst mal an den Wortlaut des Gesetzes halten und demnach feststellen, dass ein anfechtbares ***Rechtsgeschäft*** in Form des Kaufvertrages vorliegt.

2.) Des Weiteren erforderlich ist eine ***Anfechtungserklärung*** gemäß § 143 Abs. 1 und Abs. 2 BGB. Diese Anfechtungserklärung erfolgt im Regelfall nicht ausdrücklich, sondern vielmehr ***schlüssig***. Sie ist eine empfangsbedürftige einseitige Willenserklärung und muss beinhalten, dass die anfechtende Partei das Geschäft wegen eines Willensmangels nicht gelten lassen will; das Wort »Anfechtung« braucht nicht zu fallen (BGH NJW-RR **1988**, 566; BGH NJW-RR **1995**, 859; BGHZ **88**, 245; BGHZ **91**, 331; MüKo/*Busche* § 143 BGB Rz. 2; NK/*Feuerborn* § 143 BGB Rz. 5; *Brox/Walker* AT Rz. 433).

In unserem Fall hat G durch seine Schimpfkanonade *»joa bists dann narrisch, du Depp, was soll i dann da domit?«* und der gleichzeitigen Weigerung, den Kaufpreis zu zahlen, schlüssig zu erkennen gegeben, dass er an dem Kaufvertrag wegen seines Willensmangels nicht festhalten möchte.

ZE.: G hat eine Anfechtungserklärung im Sinne des § 143 BGB abgegeben.

3.) Eine Anfechtung ist des Weiteren nur zulässig, wenn auf Seiten des Anfechtenden auch ein Anfechtungsgrund vorliegt. Im vorliegenden Fall kommt ein ***Inhaltsirrtum*** nach **§ 119 Abs. 1, 1. Alt. BGB** in Betracht.

> **Definition:** Ein solcher ***Inhaltsirrtum*** liegt vor, wenn der Erklärende über den Inhalt seiner Erklärung im Irrtum war und anzunehmen ist, dass er sie bei Kenntnis der Sachlage und bei verständiger Würdigung des Falles nicht abgegeben haben würde (= Gesetzeswortlaut des § 119 Abs. 1, 1. Alt. BGB).

Und ein solcher Irrtum liegt bei unserem G auch problemlos vor, denn G wollte offensichtlich ein Hähnchen und kein Käsebrötchen bestellen und hätte bei Kenntnis der wahren Sachlage und verständiger Würdigung des Falles diese Erklärung ***nicht*** abgegeben (= Inhaltsirrtum nach § 119 Abs. 1 BGB).

Tipp: Die Abgrenzung zwischen dem Inhalts- und dem ebenfalls in § 119 Abs. 1 BGB beschriebenen Erklärungsirrtum (das ist das berühmte ***Verschreiben*** oder ***Versprechen***) ist – wenn nicht gerade ein eindeutiger Fall vorliegt – häufig schwierig und nicht nur für Anfänger schwer zu bewältigen. Hier kann allerdings eine allgemeingültige ***Definition*** helfen, anhand derer man feststellen kann, ob es sich um einen Fall des § 119 Abs. 1 BGB handelt:

Ein Irrtum nach § 119 Abs. 1 BGB liegt immer dann vor, wenn das objektiv Erklärte vom subjektiv Gewollten abweicht.

Diese Definition passt zu beiden Irrtümern und kann aufklären, ob § 119 Abs. 1 BGB überhaupt einschlägig ist (*Palandt/Ellenberger* § 119 BGB Rz. 7; NK/*Feuerborn* § 119 BGB Rz. 26). Ist man sich also nicht sicher, ob ein Fall des § 119 Abs. 1 BGB vorliegt, überprüft man, inwieweit das subjektiv Gewollte und das objektiv Erklärte divergieren. Wenn das der Fall ist, kann man im zweiten Schritt dann noch die Unterscheidung zwischen Inhalts- und Erklärungsirrtum vornehmen, die Definitionen stehen im Gesetz selbst drin (lies: § 119 Abs. 1 BGB). **Und noch was:** Man sieht angesichts der eben benannten Definition jetzt auch, wie wichtig es für die Prüfung des Falles ist, dass wir weiter oben bei der Auslegung der Willenserklärung des G im Rahmen des Vertragsschlusses schön säuberlich geklärt haben, was das ***objektiv Erklärte*** und was das ***subjektiv Gewollte*** gewesen ist und dass dies bei G nicht übereinstimmte.

In unserem Fall können wir das gerade eben Gelernte überprüfen und stellen zunächst noch mal fest, dass G objektiv erklärt hat, er wolle ein Roggenbrötchen mit Käse, während er subjektiv aber ein halbes Hähnchen vor Augen hatte. Das objektiv Erklärte weicht mithin vom subjektiv Gewollten ab (= Irrtum nach § 119 Abs. 1 BGB). G befand sich konkret in einem ***Inhaltsirrtum***, da er über den Inhalt seiner Erklärung im Irrtum war und anzunehmen ist, dass er sie bei Kenntnis der Sachlage und bei verständiger Würdigung des Falles nicht abgegeben haben würde (§ 119 Abs. 1 BGB).

ZE.: Dem G steht als Anfechtungsgrund im vorliegenden Fall der ***Inhaltsirrtum*** aus § 119 Abs. 1 BGB zur Seite.

4.) Schließlich muss eine Anfechtung immer auch ***fristgemäß*** erfolgen.

Im vorliegenden Fall ergibt sich die Frist aus **§ 121 Abs. 1 Satz 1 BGB**, da es sich um eine Anfechtung aus § 119 BGB handelt (bitte lies § 121 BGB). Die Anfechtung hat mithin ***unverzüglich***, also ohne schuldhaftes Zögern, zu erfolgen. Und das ist hier auch kein Problem, denn G mault direkt, nachdem der K ihm die Speise gebracht hat.

ZE.: G hat die Anfechtung fristgerecht erklärt.

ZE.: Damit liegen sämtliche Voraussetzungen einer wirksamen Anfechtung nach den §§ 142 Abs. 1, 119 Abs. 1 BGB vor.

ZE.: Das Rechtsgeschäft (Kaufvertrag), das G und F über das Roggenbrötchen mit Käse geschlossen hatten, ist somit gemäß § 142 Abs. 1 BGB als von Anfang an nichtig anzusehen.

Erg.: Dem Brauhaus F steht gegen G kein Anspruch auf Zahlung der 3,80 Euro aus § 433 Abs. 2 BGB zu, der Vertrag ist als von Anfang an nichtig anzusehen. Der Anspruch aus § 433 Abs. 2 BGB war zwar entstanden, ist aber aufgrund der Anfechtung des G wieder untergegangen.

AGL.: § 122 Abs. 1 BGB (Schadensersatz)

Beachte: Wenn wirksam angefochten wurde, hat zumeist eine Partei einen Schaden erlitten; sei es, weil sie schon geleistet hat oder weil sie zwar noch nicht geleistet, aber

– wie in unserem Fall – schon Aufwendungen getätigt hat. Um diesen Schaden bzw. diese Aufwendungen auszugleichen, gibt es **§ 122 Abs. 1 BGB**, der dem Anfechtungsgegner – verschuldensunabhängig! – jetzt einen Ersatzanspruch gewährt (*Medicus* AT Rz. 783). Ersatzfähig ist der Schaden, den der Anfechtungsgegner dadurch erleidet, dass er auf die Gültigkeit der Erklärung vertraut hat (sogenannter **»Vertrauensschaden«** oder auch **»negatives Interesse«**). Der Anfechtungsgegner soll also – wenn er schon keine Erfüllung aus dem Vertrag verlangen kann (der Vertrag ist ja nichtig, § 142 BGB!) – wenigstens seine Aufwendungen ersetzt bekommen.

Prüfen wir mal:

Im vorliegenden Fall hat G das Rechtsgeschäft mit F, also den Kaufvertrag über das Brötchen, wirksam gemäß den §§ 142, 119 BGB **angefochten**. Der G muss somit nach § 122 Abs. 1 BGB dem Brauhaus den Schaden ersetzen, den das Brauhaus dadurch erlitten hat, dass es auf die Gültigkeit der Erklärung des G vertraut hat.

> **Achtung:** Dieser Schaden ist nun aber nicht der Kaufpreis, das wäre nämlich der sogenannte »**Erfüllungsschaden**«, bzw. das »**positive Interesse**«. Der § 122 Abs. 1 BGB stellt darauf aber gerade nicht ab, was auch einleuchtet, denn: Müsste der Anfechtungsgegner immer den Erfüllungsschaden – also die Erfüllung seiner vertraglichen Pflicht – leisten, würde sich die Frage stellen, was denn dann die ganze Anfechtung überhaupt soll, wenn später sowieso der Vertrag erfüllt wird. Das kann nicht sein.

Genau. Und deshalb stellt § 122 Abs. 1 BGB eben nur auf das ***negative Interesse*** ab und das berechnet man dann so: Der Anfechtungsgegner muss so gestellt werden, wie er stünde, wenn er von dem Geschäft überhaupt nichts gehört hätte (BGH NJW **2004**, 2601; BGH NJW **1984**, 1950; NK/*Feuerborn* § 122 BGB Rz. 9; PWW/*Ahrens* § 122 BGB Rz. 5; MüKo/*Armbrüster* § 122 BGB Rz. 17).

Zum Fall: Hätte das Brauhaus F von dem Vertrag mit G nichts gehört, hätte es das Brötchen mit Käse nicht produziert und dementsprechend keine Kosten aufgewendet. Der § 122 Abs. 1 BGB gewährt dem Brauhaus somit nur die tatsächlich aufgewendeten Kosten hinsichtlich des »halven Hahns«; und die dürften deutlich unter den 3,80 Euro liegen (sonst macht das Brauhaus ja keinen Gewinn!).

Erg.: Das Brauhaus F kann von G nur die tatsächlich für die Produktion des Roggenbrötchens mit Käse aufgewendeten Kosten fordern, nicht aber den Kaufpreis in Höhe von 3,80 Euro.

Gutachten

F könnte gegen G ein Anspruch auf Zahlung der 3,80 Euro aus § 433 Abs. 2 BGB zustehen.

I.) Voraussetzung für das Bestehen dieses Anspruchs ist ein wirksamer Kaufvertrag gemäß § 433 BGB zwischen G und F über das gelieferte Käsebrötchen zum Preis von 3,80 Euro. Ein Kaufvertrag kommt zustande durch zwei übereinstimmende Willenserklärungen, den Antrag und die Annahme.

1.) Der Antrag könnte zunächst in der Speisekarte des Brauhauses zu sehen sein. Ein Antrag im Sinne der §§ 145 ff. BGB liegt dann vor, wenn der andere Vertragsteil mit einem schlichten »Ja« den Vertrag zustande bringen kann. Insoweit bestehen indessen Bedenken, denn es wäre bei einem »Ja« schon nicht erkennbar, was genau aus der Karte der Besteller haben möchte. Die Speisekarte ist daher nur eine Aufforderung zur Abgabe eines Antrages, nicht aber schon ein verbindlicher Antrag. Die Speisekarte des Brauhauses stellt keinen Antrag im Sinne der §§ 145 ff. BGB dar.

2.) Der Antrag kann somit nur in der Bestellung des G liegen, als der G beim Kellner einen »halven Hahn« ordert. Auf diese Bestellung konnte das Brauhaus, vertreten durch den Kellner, mit einem schlichten »Ja« antworten und so den Vertrag zustande bringen.

a) Problematisch ist insoweit allerdings, dass G etwas anderes bestellen wollte, als das, was der K verstanden und dann später auch gebracht hat. Es fragt sich angesichts der Divergenz zwischen Willen und der nach außen getretenen Erklärung, welchen rechtsverbindlichen Inhalt die Erklärung des G hatte, als er einen »halven Hahn« bestellte. Der Anspruch auf Zahlung der 3,80 Euro kann nur dann begründet sein, wenn zwischen F und G ein Vertrag über das zustande gekommen ist, was der Kellner gebracht hat.

b) Die Willenserklärung des G ist in ihrem Inhalt im vorliegenden Fall demnach noch unklar. Der verbindliche Inhalt der Erklärung muss mithilfe der Auslegung ermittelt werden.

Bei der Auslegung von Willenserklärungen hat man zu unterscheiden zwischen den empfangsbedürftigen (§ 130 Abs. 1 BGB) und den nicht empfangsbedürftigen Willenserklärungen. Während bei den nicht empfangsbedürftigen Willenserklärungen allein die Sicht des Erklärenden ausschlaggebend (§ 133 BGB), also nach seinem wirklichen Willen zu forschen ist, kommt es bei den empfangsbedürftigen Willenserklärungen demgegenüber auf die Sicht des Empfängers an (§ 157 BGB). Empfangsbedürftige Willenserklärungen sind so auszulegen, wie sie der Erklärungsempfänger bei zumutbarer Sorgfalt nach Treu und Glauben und unter Berücksichtigung der Verkehrssitte verstehen musste.

c) Der hier zu prüfende Antrag auf den Abschluss eines Kaufvertrages ist eine empfangsbedürftige Willenserklärung mit der Folge, dass der Inhalt der Erklärung nach der eben benannten Definition aus der Sicht des Erklärungsempfängers zu ermitteln ist. Erklärungsempfänger des Antrages des G ist das Brauhaus, vertreten durch den Kellner K. Es kommt demnach auf die Sicht des Kellners an, also was der K bei zumutbarer Sorgfalt und unter Berücksichtigung der Verkehrssitte verstehen musste. Wenn man gegenüber einem Kellner im Brauhaus »Früh« am Fuße des Kölner Domes einen »halven Hahn« bestellt, hat man nach den örtlichen Gepflogenheiten kein halbes Hähnchen, sondern vielmehr ein

Roggenbrötchen mit einer dicken Scheibe Käse aus Holland geordert. So versteht das der Kellner in Köln und nahezu alle Gäste wissen das auch. Bei zumutbarer Sorgfalt und unter Berücksichtigung der Verkehrssitte musste der Erklärungsempfänger K hier mithin die Bestellung des G so verstehen, dass G ein Roggenbrötchen mit Käse haben wollte.

Der objektive Erklärungswert der Bestellung des G war somit ein Roggenbrötchen mit Käse zum Preis von 3,80 Euro. G hat folglich eine wirksame Willenserklärung dieses Inhalts abgegeben, obwohl der Wille des G nicht mit der Erklärung übereinstimmte. Der G muss sich an das binden lassen, was nach Auslegung seiner Erklärung aus der Sicht des Empfängers als Inhalt erkennbar war. Es zählt das nach außen Sichtbare, nicht der innere Wille. Folglich liegt ein Antrag des G auf Abschluss eines Vertrages im Sinne der §§ 145 ff. BGB über ein Roggenbrötchen mit Käse zum Preis von 3,80 Euro vor.

3.) Diesen Antrag des G muss das Brauhaus – in Person des K – auch angenommen haben, um einen entsprechenden Vertragsschluss herbeizuführen. K hat die Bestellung entgegen genommen und die Speise wenig später auch gebracht; hierin liegt eine schlüssig erklärte Annahme.

Den Antrag des G auf Abschluss eines Kaufvertrages über das Roggenbrötchen mit Holländer Käse hat das Brauhaus durch K angenommen. Mithin ist ein Kaufvertrag über das gebrachte Brötchen mit Käse geschlossen worden, aus dem der G zur Zahlung der 3,80 Euro gemäß § 433 Abs. 2 verpflichtet ist. Der entsprechende Anspruch ist entstanden.

II.) Es fragt sich, ob der einmal entstandene Anspruch aus § 433 Abs. 2 BGB durch eine wirksame Anfechtung von Seiten des G gemäß den §§ 142 Abs. 1, 119 Abs. 1 BGB wieder untergegangen ist.

1.) Erste Voraussetzung einer Anfechtung ist ein anfechtbares Rechtsgeschäft. Im vorliegenden Fall ist der zwischen G und F geschlossene Kaufvertrag das anfechtbare Rechtsgeschäft.

2.) Des Weiteren erforderlich ist eine Anfechtungserklärung gemäß § 143 Abs. 1 und Abs. 2 BGB. Zu beachten ist insoweit, dass diese Anfechtungserklärung im Regelfall nicht ausdrücklich, sondern vielmehr schlüssig erfolgt. Sie ist eine empfangsbedürftige einseitige Willenserklärung und muss beinhalten, dass die anfechtende Partei das Geschäft wegen eines Willensmangels nicht gelten lassen will; das Wort »Anfechtung« braucht nicht zu fallen.

Im vorliegenden Fall hat G durch seine Schimpfkanone *»joa bists dann narrisch, du Depp, was soll i dann da domit?«* und der gleichzeitigen Weigerung, den Kaufpreis zu zahlen, schlüssig zu erkennen gegeben, dass er an dem Kaufvertrag wegen seines Willensmangels nicht festhalten möchte. G hat eine Anfechtungserklärung im Sinne des § 143 BGB abgegeben.

3.) Eine Anfechtung ist des Weiteren nur zulässig, wenn auf Seiten des Anfechtenden auch ein Anfechtungsgrund vorliegt. Im vorliegenden Fall kommt ein Inhaltsirrtum nach § 119 Abs. 1, 1. Alt. BGB in Betracht. Ein Inhaltsirrtum liegt vor, wenn der Erklärende über den Inhalt seiner Erklärung im Irrtum war und anzunehmen ist, dass er sie bei Kenntnis der Sachlage und bei verständiger Würdigung des Falles nicht abgegeben haben würde.

Ein solcher Irrtum liegt bei G vor, der G wollte offensichtlich ein Hähnchen und kein Käsebrötchen bestellen und hätte bei Kenntnis der wahren Sachlage und verständiger Würdigung des Falles diese Erklärung nicht abgegeben. Dem G steht als Anfechtungsgrund im vorliegenden Fall der Inhaltsirrtum aus § 119 Abs. 1 BGB zur Seite.

4.) Schließlich muss eine Anfechtung immer auch fristgemäß erfolgen. Im vorliegenden Fall ergibt sich die Frist aus § 121 Abs. 1 Satz 1 BGB, da es sich um eine Anfechtung aus § 119 BGB handelt. Die Anfechtung hat mithin unverzüglich, also ohne schuldhaftes Zögern, zu erfolgen. G hat unmittelbar nach Erhalt der Speise die Anfechtung erklärt und mithin die Frist des § 121 BGB gewahrt. G hat die Anfechtung fristgerecht erklärt.

Damit liegen sämtliche Voraussetzungen einer wirksamen Anfechtung nach den §§ 142 Abs. 1, 119 Abs. 1 BGB vor. Das Rechtsgeschäft, das G und F über das Roggenbrötchen mit Käse geschlossen hatten, ist somit gemäß § 142 Abs. 1 BGB als von Anfang an nichtig anzusehen.

Ergebnis: Dem Brauhaus F steht gegen G kein Anspruch auf Zahlung der 3,80 Euro aus § 433 Abs. 2 BGB zu, der Vertrag ist als von Anfang an nichtig anzusehen. Der Anspruch aus § 433 Abs. 2 BGB war zwar entstanden, ist aber aufgrund der Anfechtung des G wieder untergegangen.

F könnte aber gegen G einen Anspruch auf Schadensersatz aus § 122 Abs. 1 BGB haben.

Im vorliegenden Fall hat G das Rechtsgeschäft mit F, also den Kaufvertrag über das Brötchen, wirksam gemäß den §§ 142, 119 BGB angefochten. Der G muss somit nach § 122 Abs. 1 BGB dem Brauhaus den Schaden ersetzen, den das Brauhaus dadurch erlitten hat, dass es auf die Gültigkeit der Erklärung des G vertraut hat.

Hätte das Brauhaus F von dem Vertrag mit G nichts gehört, hätte es das Brötchen mit Käse nicht produziert und dementsprechend keine Kosten aufgewendet. Der § 122 Abs. 1 BGB gewährt dem Brauhaus somit die tatsächlich aufgewendeten Kosten hinsichtlich des »halven Hahns«.

Ergebnis: Das Brauhaus F kann von G nur die tatsächlich für die Produktion des Roggenbrötchens mit Käse aufgewendeten Kosten fordern.

Fall 24

Dame in grüner Jacke

In der Kunstgalerie des A hängt ein Gemälde aus den frühen Jahren des vergangenen Jahrhunderts, das eine Dame in grüner Jacke zeigt. Da das Bild nicht signiert ist und A es für das Werk eines unbekannten Expressionisten hält, verkauft und übereignet er es für 30.000 Euro an den Kunstliebhaber L. Einige Wochen später erfährt A per Zufall, dass es sich bei dem Bild um ein Original des weltberühmten Expressionisten *August Macke* (*1887–1914) handelt und dass der Marktwert des Gemäldes bei 500.000 Euro liegt. A ruft daraufhin umgehend L an und erklärt, dass er sich beim Verkauf des Bildes sowohl über den Wert als auch über den Urheber des Werkes geirrt habe und deshalb jetzt den Kaufvertrag anfechte. L hatte den Wert des Bildes beim Kauf auf ca. 400.000 Euro geschätzt.

A verlangt von L die Herausgabe des Gemäldes. Zu Recht?

Schwerpunkte: Die Anfechtung wegen Eigenschaftsirrtums nach § 119 Abs. 2 BGB; Beachtlichkeit eines Motivirrtums; die verkehrswesentliche Eigenschaft einer Sache; Wirkung der Anfechtung im Rahmen des § 812 Abs. 1 Satz 1 BGB; der Bereicherungsausgleich nach erfolgter Anfechtung; Rückgewähr der Leistungen Zug um Zug.

Lösungsweg

Anspruch des A gegen L auf Herausgabe des Bildes

AGL.: **§ 812 Abs. 1 Satz 1 BGB (Bereicherung)**

Vorbemerkung: Im letzten Fall haben wir gesehen, dass eine Anfechtung in der Fallprüfung zur Folge haben kann, dass ein vertraglicher Erfüllungsanspruch, der zunächst entstanden war, wegen der Wirkung des § 142 Abs. 1 BGB nachträglich wieder untergeht. Und dies hatte dann zur Konsequenz, dass der geprüfte Erfüllungsanspruch aus dem Vertrag nicht durchgeht und der Anfechtungsgegner sich mit dem ***Vertrauensschaden*** aus **§ 122 BGB** bescheiden muss.

Hier in diesem Fall lernen wir nun die zweite wichtige Funktion, die eine Anfechtung in der Klausurprüfung haben kann: Die Anfechtung bewirkt nämlich auch, dass wenn in einem Vertragsverhältnis die Leistungen schon ausgetauscht sind, durch die rückwirkende Vernichtung (§ 142 Abs. 1 BGB!) dieses Vertragsverhältnisses die Parteien die Leistungen bei genauer Betrachtung dann ***ohne Rechtsgrund*** erbracht haben (der Vertrag ist ja weg). Und wenn die Parteien ihre Leistungen ohne rechtlichen Grund erbracht haben, gewähren die **§§ 812 ff. BGB** eine Rückabwicklung, also die Rückgewähr der ohne Rechtsgrund erbrachten Leistungen (bitte lies: § 812 Abs. 1 Satz 1 BGB). Die Anfechtung führt in solchen Fällen, also wenn die Leistungen aus dem vermeintlich wirksamen Vertrag bereits ausgetauscht sind, dann zur Rückabwicklung nach den §§ 812 ff. BGB. Der § 812 Abs. 1 BGB als Anspruchsgrundlage setzt voraus, dass jemand etwas **»ohne rechtlichen Grund«** erlangt hat; und das sind genau die Anwendungsfälle, in denen nämlich eine Anfechtung das ursprüngliche Vertragsverhältnis rückwirkend vernichtet (= Rechtsgrund weggefallen). Und wie das im Einzelnen funktioniert, schauen wir uns jetzt an:

Voraussetzungen des § 812 Abs. 1 Satz 1 BGB:

I.) Der L als Anspruchsgegner aus § 812 Abs. 1 Satz 1 BGB müsste zunächst ***etwas erlangt*** haben. Im vorliegenden Fall hat L im Zuge der dinglichen Abwicklung des mit A geschlossenen Kaufvertrages sowohl den **Besitz** als auch das **Eigentum** an der Sache erhalten.

II.) Dies müsste durch eine ***Leistung*** des Anspruchsstellers A geschehen sein.

> **Definition:** ***Leistung*** im Sinne des § 812 Abs. 1 Satz 1 BGB ist die bewusste und zweckgerichtete Vermehrung fremden Vermögens (BGH NJW **1999**, 1393; BGHZ **58**, 184; PWW/*Prütting* § 812 BGB Rz. 15; *Staudinger/Lorenz* § 812 BGB Rz. 4; *Palandt/Sprau* § 812 BGB Rz. 3).

Der A hat das Vermögen des L um den Besitz und das Eigentum an der Sache vermehrt, um zweckgerichtet seiner Verpflichtung aus dem Kaufvertrag gemäß § 433 Abs. 1 BGB nachzukommen. Eine Leistung des A an L im Sinne des § 812 Abs. 1 Satz 1 BGB liegt vor.

III.) Diese Leistung müsste des Weiteren auch ***ohne rechtlichen Grund*** erfolgt sein (lies: § 812 Abs. 1 Satz 1 BGB).

Einstieg: Der rechtliche Grund für die Leistung des A an L war ursprünglich der zwischen beiden geschlossene Kaufvertrag. Aus § 433 Abs. 1 BGB war A verpflichtet, dem L das Eigentum (und den Besitz) zu verschaffen. Dieser rechtliche Grund in Form des Kaufvertrages könnte aber nun durch eine wirksame Anfechtung gemäß § 142 Abs. 1 BGB ***rückwirkend*** wieder weggefallen sein. Und wenn der Kaufvertrag nach § 142 Abs. 1 BGB mit Rückwirkung erloschen wäre, gäbe es ***von Anfang an*** (§ 142 Abs. 1 BGB!) keinen Rechtsgrund für die Leistung des A an L, die Leistung wäre mithin ***ohne*** rechtlichen Grund im Sinne des § 812 Abs. 1 Satz 1 BGB erfolgt (*Soergel/Mühl* § 812 BGB Rz. 195; MüKo/*Schwab* § 812 BGB Rz. 140; *Staudinger/Lorenz* § 812 BGB Rz. 87).

Wir müssen demnach im Rahmen des § 812 Abs. 1 Satz 1 BGB prüfen, ob A gegenüber L wirksam die Anfechtung gemäß § 142 Abs. 1 BGB erklärt hat. Sollte das der Fall sein, kann A von L gemäß § 812 Abs. 1 BGB die Herausgabe der Sache fordern.

Voraussetzungen der Anfechtung:

1.) Es muss zunächst gemäß § 142 Abs. 1 BGB ein ***anfechtbares Rechtsgeschäft*** vorliegen. Das ist hier kein Problem, das anfechtbare Rechtsgeschäft ist der zwischen A und L geschlossene Kaufvertrag aus § 433 BGB.

2.) Erforderlich ist des Weiteren eine ***Anfechtungserklärung*** gemäß § 143 BGB, die im vorliegenden Fall ebenfalls zwanglos bejaht werden kann, denn A erklärt gegenüber L ausdrücklich, dass er den Kaufvertrag anfechten möchte.

3.) Dem A muss zur Anfechtung aber auch ein ***Anfechtungsgrund*** zur Seite stehen.

a) In Betracht kommt zunächst ein Irrtum nach **§ 119 Abs. 1 BGB**. Dafür notwendig ist eine Divergenz zwischen dem subjektiv Gewollten und dem objektiv Erklärten auf Seiten des A (vgl. bitte insoweit den vorherigen Fall).

> **Aber:** Davon kann hier nicht die Rede sein, denn: Als A mit L den Kaufvertrag über das Bild schließt, will A genau das auch erklären. Er erklärt, er verkaufe das vorliegende Bild an L zum Preis von 30.000 Euro. ***Diese*** zum Vertragsschluss führende Willenserklärung gibt A ohne jeden nach § 119 Abs. 1 BGB relevanten Willensmangel ab. Denn – wie gesagt – A will das Bild völlig zweifelsfrei an den L für 30.000 Euro verkaufen. Insoweit irrt A sich nicht. Der Irrtum des A bezieht sich bei genauer Betrachtung vielmehr auf einen dieser Erklärung vorgelagerten Zeitpunkt, und zwar auf den Zeitpunkt der ***Willensbildung***. A verkauft das Bild an L zum Preis von 30.000 Euro, weil A glaubt, das Bild sei nur diesen Preis wert und stamme von einem unbekannten Künstler. Der A ging bei seiner Willensbildung demnach von irrtümlichen Voraussetzungen aus. Dieser Irrtum aber ist ein für § 119 Abs. 1 BGB unbeachtlicher ***Motivirrtum***; wer sich lediglich bei der Bildung seines Willens, nicht aber bei der Abgabe der Erklärung irrt, ist grundsätzlich auch nicht zur Anfechtung nach § 119 Abs. 1 BGB befugt (BGH NJW **1988**, 2597; PWW/*Ahrens* § 119 BGB Rz. 42; *Rüthers/Stadler* AT § 25 Rz. 47; *Bamberger/Roth/Wendtland* § 119 BGB Rz. 37; *Palandt/Ellenberger* § 119 BGB Rz. 29; *Brox/Walker* AT Rz. 418).

<u>ZE.</u>: A kann seine zum Vertragsschluss führende Willenserklärung nicht wegen eines Willensmangels nach § 119 Abs. 1 BGB anfechten; es besteht keine Divergenz zwischen dem objektiv Erklärten und dem subjektiv Gewollten. A unterlag lediglich einem für § 119 Abs. 1 BGB unbeachtlichen Motivirrtum.

b) In Betracht kommt aber ein sogenannter ***Eigenschaftsirrtum*** nach **§ 119 Abs. 2 BGB**. Gemäß § 119 Abs. 2 BGB gilt als Irrtum über die Erklärung auch der Irrtum über solche Eigenschaften der Person oder der Sache, die im Verkehr als wesentlich angesehen werden (Gesetz lesen).

Durchblick: Bei diesem Irrtum liegt die Sache nun anders als bei § 119 Abs. 1 BGB. Der Irrtum nach § 119 Abs. 2 BGB betrifft mit seinem Anwendungsbereich den eben bei § 119 Abs. 1 BGB schon beschriebenen, der eigentlichen Willenserklärung vorgelagerten Zeitpunkt der ***Willensbildung*** und verleiht diesem (Motiv-) Irrtum mit dem Anfechtungsrecht ausnahmsweise Relevanz (*Staudinger/Singer* § 119 BGB Rz. 45; *Palandt/Ellenberger* § 119 BGB Rz. 29; *Wolf/Neuner* § 41 Rz. 51; *Brox/Walker* AT Rz. 417). Wer also bei seiner Willensbildung einem Irrtum über die verkehrswesentliche Eigenschaft der Sache oder der Person unterliegt, kann ausnahmsweise doch anfechten, obwohl der Irrtum lediglich bei der Willensbildung aufgetreten ist und nicht bei der Abgabe der Erklärung als solcher. Der § 119 Abs. 2 BGB normiert damit einen ausnahmsweise beachtlichen Motivirrtum (BGH NJW **1988**, 2597; NK/*Feuerborn* § 119 BGB Rz. 63; MüKo/*Armbrüster* § 119 BGB Rz. 106; *Palandt/Ellenberger* § 119 BGB Rz. 29; *Hübner* AT Rz. 786; *Rüthers/Stadler* AT § 25 Rz. 47).

Zum Fall: Unser A müsste sich also in einem der eben benannten Irrtümer (also über die Sache oder die Person) befunden haben. Und selbstverständlich kommt nur ein Irrtum über eine verkehrswesentliche Eigenschaft der ***Sache*** in Betracht, denn über den L als Person und Vertragspartner hat sich A nicht geirrt. Es müsste sich bei dem Wert des Bildes und dem Urheber somit um verkehrswesentliche Eigenschaften der Sache handeln.

Definition: Zu den ***Eigenschaften*** einer Sache gehören alle ***wertbildenden Faktoren***; dazu zählen insbesondere die auf der natürlichen Beschaffenheit beruhenden Merkmale und die tatsächlichen und rechtlichen Verhältnisse des Gegenstandes, die infolge ihrer Beschaffenheit und Dauer auf die Brauchbarkeit und den Wert von Einfluss sind (BGHZ **88**, 245; BGHZ **34**, 41; OLG Stuttgart MDR **1983**, 751; NK/*Feuerborn* § 119 BGB Rz. 64; *Brox/Walker* AT Rz. 418; *Staudinger/Singer* § 119 BGB Rz. 38; *Rüthers/Stadler* AT § 25 Rz. 49).

aa) Es fragt sich demnach zunächst, ob der ***Wert*** (also der Preis) des Gemäldes, über den A sich geirrt hatte, unter diese Definition der Eigenschaft subsumiert werden kann.

Antwort: Der Wert oder der Marktpreis einer Sache fallen unstreitig ***nicht*** unter die Eigenschaftsdefinition des § 119 Abs. 2 BGB (BGHZ **16**, 54; NK/*Feuerborn* § 119 BGB Rz. 74; *Rüthers/Stadler* AT § 25 Rz. 49; *Palandt/Ellenberger* § 119 BGB Rz. 27), was im Übrigen auch einleuchtet, denn: Zu den Eigenschaften gehören nach der Definition von oben alle – Achtung! – ***wertbildenden*** Faktoren. Der Preis bzw. Wert der Sache ist aber erst das Ergebnis sämtlicher wertbildender Faktoren, bildet aber nicht den Wert selbst. Der Wert einer Sache bestimmt sich nicht nach dem Preis, sondern der Preis bestimmt sich nach den wertbildenden Faktoren. Kapiert!?

ZE.: Der Irrtum des A in Bezug auf den Wert der Sache berechtigt nicht zur Anfechtung wegen Eigenschaftsirrtums nach § 119 Abs. 2 BGB.

bb) Als Eigenschaftsirrtum gemäß § 119 Abs. 2 BGB kommt dann aber noch der Irrtum über die Herkunft des Bildes bzw. über den Künstler, der es gemalt hat, in Betracht.

Insoweit kann zunächst festgestellt werden, dass bei einem Gemälde die Herkunft als wertbildender Faktor angesehen wird (BGH NJW **1988**, 2597). Kunstwerke berühmter Maler kosten auch und gerade deshalb so viel Geld, weil sie eben von diesen Personen gefertigt wurden. Im Zweifel macht die Herkunft den eigentlichen Marktwert eines Bildes aus. Ein Original kostet etwa ungleich mehr, als ein – durchaus auch täuschend echt – angefertigtes Plagiat. Die Echtheit bzw. Herkunft des Werkes ist ein wertbildender Faktor im Sinne der Eigenschaftsdefinition (BGH NJW **1988**, 2579; OLG Düsseldorf NJW **1992**, 1326; *Köhler/Fritzsche* in JuS 1990, 17; NK/*Feuerborn* § 119 BGB Rz. 75; *Palandt/Ellenberger* § 119 BGB Rz. 27; *Brox/Walker* AT Rz. 418).

ZE.: Die Herkunft des Bildes ist eine Eigenschaft im Sinne des § 119 Abs. 2 BGB.

Des Weiteren muss diese Eigenschaft auch ***verkehrswesentlich*** sein.

> **Definition:** ***Verkehrswesentlich*** ist eine Eigenschaft dann, wenn sie aufgrund ausdrücklicher oder konkludenter Vereinbarung zum Inhalt des Geschäfts gehört; ist eine entsprechende Vereinbarung nicht ersichtlich, ist unter Berücksichtigung der Verkehrssitte festzustellen, worauf bei Geschäften der in Frage stehenden Art üblicherweise abgestellt bzw. Wert gelegt wird (BGHZ **88**, 240; NK/*Feuerborn* § 119 BGB Rz. 73; *Bamberger/Roth/Wendtland* § 119 BGB Rz. 40).

Und das ist hier dann kein Problem, denn beim Verkauf von Kunstwerken wird üblicherweise und vor allem besonderer Wert darauf gelegt, von wem und aus welcher Zeit die Bilder stammen (BGH NJW **1988**, 2597). Die Eigenschaft ist im vorliegenden Fall mithin auch verkehrswesentlich im Sinne des § 119 Abs. 2 BGB.

ZE.: Es handelt sich bei der Herkunft des Bildes um eine verkehrswesentliche Eigenschaft im Sinne des § 119 Abs. 2 BGB, über die sich A im vorliegenden Fall geirrt hat. Der A ist somit gemäß § 119 Abs. 2 BGB zur Anfechtung seiner Erklärung gegenüber L grundsätzlich berechtigt, ihm steht ein entsprechender Anfechtungsgrund zur Seite.

4.) Das gilt aber nur dann, wenn A schließlich auch die erforderliche **Anfechtungsfrist** eingehalten hat. Diese ergibt sich im vorliegenden Fall aus § 121 Abs. 1 Satz 1 BGB, wonach eine Anfechtung nach § 119 BGB ohne schuldhaftes Zögern (unverzüglich) zu erfolgen hat.

Kein Problem: In der Sachverhaltsschilderung steht, dass A umgehend bei L anruft und die Anfechtung des Vertrages erklärt.

ZE.: Der A hat auch die geforderte Anfechtungsfrist eingehalten.

<u>ZE.</u>: Damit hat A sämtliche Voraussetzungen einer wirksamen Anfechtung nach den §§ 142 Abs. 1, 119 Abs. 2 BGB erfüllt mit der Konsequenz, dass das angefochtene Rechtsgeschäft – also der Kaufvertrag zwischen A und L – gemäß § 142 Abs. 1 BGB als von Anfang an nichtig anzusehen ist.

<u>ZE.</u>: Folglich hat für die Leistung des A an L – also die Eigentums- und Besitzverschaffung am Bild – ein rechtlicher Grund im Sinne des § 812 Abs. 1 Satz 1 BGB ***nicht*** bestanden, und zwar zu keiner Zeit, denn die Anfechtung hat gemäß § 142 Abs. 1 BGB Rückwirkung. A hat demnach das Eigentum und den Besitz an dem Bild »ohne rechtlichen Grund« übertragen.

<u>ZE.</u>: Die Voraussetzungen des § 812 Abs. 1 Satz 1 BGB liegen vollständig vor.

Rechtsfolge: L ist dem A gemäß § 812 Abs. 1 Satz 1 BGB zur Herausgabe des Erlangten verpflichtet. Und das heißt, dass L dem A sowohl den Besitz als auch das Eigentum an dem Gemälde zurück übertragen muss.

Erg.: Der A kann von L die Herausgabe des Bildes (die Verschaffung von Eigentum und Besitz) aus § 812 Abs. 1 Satz 1 BGB verlangen.

Zwei Anmerkungen zum Schluss:

1.) Selbstverständlich muss A dem L die gezahlten 30.000 Euro auch zurückzahlen, und zwar ebenfalls aus § 812 Abs. 1 Satz 1 BGB. Da der Kaufvertrag durch die Anfechtung vernichtet wurde, hat A natürlich auch die 30.000 Euro ohne Rechtsgrund erlangt (= Herausgabepflicht nach § 812 Abs. 1 Satz 1 BGB). Die Abwicklung der beiden Ansprüche – also Bild gegen Geld – erfolgt dann gemäß den §§ 273 Abs. 1, 274 BGB ***Zug um Zug***.

2.) Abschließend ist darauf hinzuweisen, dass es sich bei dem vorliegenden Fall nicht um eine Konstellation des sogenannten »**Doppelirrtums**«, die im Zweifel unter **§ 313 Abs. 2 BGB** fällt, handelt. Die Vorschrift des § 313 Abs. 2 BGB erfasst nur die Fälle, in denen ein gemeinschaftlicher Irrtum über wesentliche Umstände der Willensbildung vorliegt (vgl. dazu *Schwabe/Kleinhenz*, Lernen mit Fällen, Schuldrecht I, Fall 5; *Palandt/Grüneberg* § 313 BGB Rz. 20). Hier in unserem Fall aber liegt kein solcher beidseitiger Irrtum, der zur Vertragsgrundlage geworden ist, vor. L hatte den Wert des Bildes nämlich deutlich höher eingeschätzt als der A.

Gutachten

A könnte gegen L einen Anspruch auf Herausgabe des Bildes aus § 812 Abs. 1 Satz 1 BGB haben.

Der Anspruch ist begründet, wenn L durch Leistung des A etwas ohne rechtlichen Grund erlangt hat.

I.) Der L als Anspruchsgegner aus § 812 Abs. 1 Satz 1 BGB müsste zunächst etwas erlangt haben. Im vorliegenden Fall hat L im Zuge der dinglichen Abwicklung des mit A geschlossenen Kaufvertrages sowohl den Besitz als auch das Eigentum an der Sache erhalten.

II.) Dies müsste durch eine Leistung des Anspruchsstellers A geschehen sein. Leistung im Sinne des § 812 Abs. 1 Satz 1 BGB ist die bewusste und zweckgerichtete Vermehrung fremden Vermögens. A hat das Vermögen des L um den Besitz und das Eigentum an der Sache vermehrt, um zweckgerichtet seiner Verpflichtung aus dem Kaufvertrag gemäß § 433 Abs. 1 BGB nachzukommen. Eine Leistung des A an L im Sinne des § 812 Abs. 1 Satz 1 BGB liegt vor.

III.) Diese Leistung müsste des Weiteren auch ohne rechtlichen Grund erfolgt sein. Der rechtliche Grund für die Leistung des A an L war ursprünglich der zwischen beiden geschlossene Kaufvertrag. Aus § 433 Abs. 1 BGB war A verpflichtet, dem L das Eigentum zu verschaffen.

Dieser rechtliche Grund in Form des Kaufvertrages könnte aber nun durch eine wirksame Anfechtung gemäß § 142 Abs. 1 BGB rückwirkend wieder weggefallen sein. Die Leistung wäre dann ohne rechtlichen Grund im Sinne des § 812 Abs. 1 Satz 1 BGB erfolgt. Es ist demnach im Rahmen des § 812 Abs. 1 Satz 1 BGB zu prüfen, ob A gegenüber L wirksam die Anfechtung gemäß § 142 Abs. 1 BGB erklärt hat.

1.) Es muss zunächst gemäß § 142 Abs. 1 BGB ein anfechtbares Rechtsgeschäft vorliegen. Das anfechtbare Rechtsgeschäft ist der zwischen A und L geschlossene Kaufvertrag aus § 433 BGB.

2.) Erforderlich ist des Weiteren eine Anfechtungserklärung gemäß § 143 BGB, die im vorliegenden Fall ebenfalls angenommen werden kann, denn A erklärt gegenüber L ausdrücklich, dass er den Kaufvertrag anfechten möchte.

3.) Dem A muss zur Anfechtung ein Anfechtungsgrund zur Seite stehen.

a) In Betracht kommt zunächst ein Irrtum nach § 119 Abs. 1 BGB. Dafür zwingend notwendig ist eine Divergenz zwischen dem subjektiv Gewollten und dem objektiv Erklärten auf Seiten des A.

Davon kann hier indessen nicht ausgegangen werden. Als A mit L den Kaufvertrag über das Bild schließt, will A genau das auch erklären. Er erklärt, er verkaufe das vorliegende Bild an L zum Preis von 30.000 Euro. Diese zum Vertragsschluss führende Willenserklärung gibt A ohne jeden nach § 119 Abs. 1 BGB relevanten Willensmangel ab. A will das Bild an den L für 30.000 Euro verkaufen. Insoweit irrt A sich nicht. A unterliegt lediglich einem Irrtum bei der Willensbildung. Wer sich aber nur bei der Bildung seines Willens, nicht aber bei der Abgabe der Erklärung selbst irrt, ist grundsätzlich auch nicht zur Anfechtung nach § 119 Abs. 1 BGB befugt.

A kann seine zum Vertragsschluss führende Willenserklärung nicht wegen eines Willensmangels nach § 119 Abs. 1 BGB anfechten; es besteht keine Divergenz zwischen dem objektiv Erklärten und dem subjektiv Gewollten. A unterlag lediglich einem für § 119 Abs. 1 BGB unbeachtlichen Motivirrtum.

b) In Betracht kommt aber ein sogenannter Eigenschaftsirrtum nach § 119 Abs. 2 BGB. Gemäß § 119 Abs. 2 BGB gilt als Irrtum über die Erklärung auch der Irrtum über solche Eigenschaften der Person oder der Sache, die im Verkehr als wesentlich angesehen werden.

A müsste sich also in einem der eben benannten Irrtümer (also über die Sache oder die Person) befunden haben. Insoweit kommt nur ein Irrtum über eine verkehrswesentliche Eigenschaft der Sache in Betracht, denn über den L als Person und Vertragspartner hat sich A nicht geirrt. Es müsste sich bei dem Wert des Bildes und dem Urheber somit hier um eine verkehrswesentliche Eigenschaft der Sache handeln. Zu den Eigenschaften einer Sache gehören alle wertbildenden Faktoren; dazu zählen insbesondere die auf der natürlichen Beschaffenheit beruhenden Merkmale und die tatsächlichen und rechtlichen Verhältnisse des Gegenstandes, die infolge ihrer Beschaffenheit und Dauer auf die Brauchbarkeit und den Wert von Einfluss sind.

aa) Es fragt sich demnach zunächst, ob der Wert (also der Preis) des Gemäldes, über den A sich geirrt hatte, unter diese Definition der Eigenschaft subsumiert werden kann. Diesbezüglich ist allerdings zu beachten, dass der Wert oder der Marktpreis einer Sache nicht unter die Eigenschaftsdefinition des § 119 Abs. 2 BGB fallen. Zu den Eigenschaften gehören nach der Definition alle wertbildenden Faktoren. Der Preis bzw. Wert der Sache ist aber erst das Ergebnis sämtlicher wertbildender Faktoren, bildet aber nicht den Wert selbst. Der Wert einer Sache bestimmt sich nicht nach dem Preis, sondern der Preis bestimmt sich nach den wertbildenden Faktoren.

Der Irrtum des A in Bezug auf den Wert der Sache berechtigt nicht zur Anfechtung wegen Eigenschaftsirrtums nach § 119 Abs. 2 BGB.

bb) Als ein Eigenschaftsirrtum gemäß § 119 Abs. 2 BGB kommt dann aber noch der Irrtum über die Herkunft des Bildes bzw. über den Künstler, der es gemalt hat, in Betracht. Insoweit kann zunächst festgestellt werden, dass bei einem Gemälde die Herkunft fraglos zum wertbildenden Faktor gehört. Kunstwerke berühmter Maler kosten auch und gerade deshalb so viel Geld, weil sie eben von diesen Personen gefertigt wurden. Im Zweifel macht die Herkunft den eigentlichen Marktwert eines Bildes aus. Ein Original kostet etwa ungleich mehr, als ein – durchaus auch täuschend echt – angefertigtes Plagiat. Die Echtheit bzw. Herkunft des Werkes ist ein wertbildender Faktor im Sinne der Eigenschaftsdefinition. Die Herkunft des Bildes ist mithin eine Eigenschaft im Sinne des § 119 Abs. 2 BGB.

Des Weiteren muss diese Eigenschaft auch verkehrswesentlich sein. Verkehrswesentlich ist eine Eigenschaft dann, wenn sie aufgrund ausdrücklicher oder konkludenter Vereinbarung zum Inhalt des Geschäfts gehört; ist eine entsprechende Vereinbarung nicht ersichtlich, ist unter Berücksichtigung der Verkehrssitte festzustellen, worauf bei Geschäften der in Frage stehenden Art üblicherweise abgestellt bzw. Wert gelegt wird. Beim Verkauf von

Kunstwerken wird üblicherweise und vor allem besonderer Wert darauf gelegt, von wem und aus welcher Zeit die Bilder stammen. Die Eigenschaft ist im vorliegenden Fall mithin verkehrswesentlich im Sinne des § 119 Abs. 2 BGB. Es handelt sich bei der Herkunft des Bildes um eine verkehrswesentliche Eigenschaft im Sinne des § 119 Abs. 2 BGB, über die sich A im vorliegenden Fall geirrt hat. Der A ist somit gemäß § 119 Abs. 2 BGB zur Anfechtung seiner Erklärung gegenüber L grundsätzlich berechtigt, ihm steht ein entsprechender Anfechtungsgrund zur Seite.

4.) A muss schließlich auch die erforderliche Anfechtungsfrist eingehalten haben. Diese ergibt sich im vorliegenden Fall aus § 121 Abs. 1 Satz 1 BGB, wonach eine Anfechtung nach § 119 BGB ohne schuldhaftes Zögern (unverzüglich) zu erfolgen hat. A hat umgehend bei L angerufen und die Anfechtung des Vertrages mithin fristgemäß erklärt. Der A hat auch die geforderte Anfechtungsfrist eingehalten. Damit hat A sämtliche Voraussetzungen einer wirksamen Anfechtung nach den §§ 142 Abs. 1, 119 Abs. 2 BGB erfüllt mit der Konsequenz, dass das angefochtene Rechtsgeschäft – also der Kaufvertrag zwischen A und L – gemäß § 142 Abs. 1 BGB als von Anfang an nichtig anzusehen ist.

Folglich hat für die Leistung des A an L ein rechtlicher Grund im Sinne des § 812 Abs. 1 Satz 1 BGB nicht bestanden, und zwar zu keiner Zeit, denn die Anfechtung hat gemäß § 142 Abs. 1 BGB Rückwirkung. A hat demnach das Eigentum und den Besitz an dem Bild ohne rechtlichen Grund übertragen. Die Voraussetzungen des § 812 Abs. 1 Satz 1 BGB liegen vollständig vor. L ist dem A gemäß § 812 Abs. 1 Satz 1 BGB zur Herausgabe des Erlangten verpflichtet. L muss A sowohl den Besitz als auch das Eigentum an dem Gemälde zurück übertragen.

Ergebnis: A kann von L die Herausgabe des Bildes (die Verschaffung von Eigentum und Besitz) aus § 812 Abs. 1 Satz 1 BGB verlangen.

Fall 25

Ein Satz zu viel?!

Rechtsstudent R hat beim Autohändler H einen gebrauchten, fünf Jahre alten Golf zum Preis von 4.000 Euro gekauft und den Wagen auch gleich übergeben bekommen. Den Kaufpreis soll R in vier Raten zu je 1.000 Euro begleichen. Anlässlich einer Inspektion erfährt R zwei Wochen später, dass der Wagen bereits einen erheblichen Unfall hatte. H wusste von diesem Umstand, hatte ihn aber gegenüber R verschwiegen, um R, der nicht nach einem Unfall gefragt hatte, nicht vom Kauf abzuhalten.

R ist zunächst ratlos und ruft seinen Kommilitonen K, der sich mit Autos auskennt, an. Als K meint, trotz des Unfalls sei der Preis in Ordnung, überlegt R einen Moment und meint dann, ob K nicht jemanden wisse, dem man das Auto gewinnbringend weiterverkaufen könne. Nachdem K dies verneint hat, ruft R, der den Wagen angesichts des Unfalls keinesfalls behalten will, bei H an. Dem H erklärt er dann, er fechte den Vertrag wegen arglistiger Täuschung an und werde den Kaufpreis nicht zahlen; sein Auto könne H zurück haben.

H fordert dennoch von R den Kaufpreis. Zu Recht?

> **Schwerpunkte:** Die Anfechtung wegen arglistiger Täuschung nach § 123 BGB; Täuschung durch Unterlassen; Voraussetzungen einer Aufklärungspflicht; die Bestätigung des anfechtbaren Rechtsgeschäfts nach § 144 Abs. 1 BGB; Problem der Bestätigung als empfangsbedürftige Willenserklärung im Sinne des § 130 Abs. 1 Satz 1 BGB.

Lösungsweg

Anspruch des H gegen R auf Zahlung der 4.000 Euro

AGL.: § 433 Abs. 2 BGB (Kaufvertrag)

I.) Damit der Anspruch auf Zahlung des Kaufpreises begründet ist, muss ein wirksamer Kaufvertrag im Sinne des § 433 BGB über den Wagen zum Preis von 4.000 Euro vorliegen. Dass sich H und R ursprünglich darüber geeinigt haben, steht außer Frage. Der Anspruch ist mithin zunächst einmal ***entstanden***.

II.) Der Anspruch könnte aber aufgrund einer wirksamen Anfechtung seitens des R gemäß § 142 Abs. 1 BGB wieder ***untergegangen*** sein. Eine wirksame Anfechtung beseitigt das Rechtsgeschäft mit Rückwirkung, es ist als von Anfang an nichtig anzusehen (vgl. § 142 Abs. 1 BGB). Es ist somit zu prüfen, ob R den Kaufvertrag wirksam angefochten hat.

Voraussetzungen der Anfechtung:

1.) Es muss zunächst gemäß § 142 Abs. 1 BGB ein ***anfechtbares Rechtsgeschäft*** vorliegen. Das ist hier kein Problem, das anfechtbare Rechtsgeschäft ist der zwischen R und H geschlossene Kaufvertrag aus § 433 BGB.

2.) Erforderlich ist des Weiteren eine ***Anfechtungserklärung*** gemäß § 143 BGB, die im vorliegenden Fall ebenfalls bejaht werden kann, denn R erklärt gegenüber H ausdrücklich, dass er den Kaufvertrag wegen arglistiger Täuschung anfechten möchte.

3.) Fraglich ist, ob dem R auch ein ***Anfechtungsgrund*** zur Seite steht. In Betracht kommt der von R selbst benannte Grund der arglistigen Täuschung. Gemäß **§ 123 Abs. 1 BGB** ist zur Anfechtung berechtigt, wer zur Abgabe einer Willenserklärung durch arglistige Täuschung oder widerrechtliche Drohung bestimmt worden ist (BGH NJW **2013**, 1591).

a) Der R müsste demnach zunächst einmal von H **»getäuscht«** worden sein.

Definition: ***Täuschung*** ist jedes Verhalten, das darauf abzielt, in einem anderen eine unrichtige Tatsachenvorstellung hervorzurufen, zu bestärken oder zu unterhalten (BGH NJW **2013**, 1591; BGH NJW **2007**, 357; NK/*Feuerborn* § 123 BGB Rz. 26; *Bamberger/Roth/Wendtland* § 123 BGB Rz. 7; *Rüthers/Stadler* AT § 25 Rz. 75; *Palandt/Ellenberger* § 123 BGB Rz. 3; MüKo/*Busche* § 123 BGB Rz. 27).

aa) Verwirklicht werden kann eine Täuschung im gerade benannten Sinne zunächst durch ***aktives Tun***. Und zumeist sind das dann die Fälle, in denen der Täuschende durch ausdrückliche Erklärung versucht, den anderen zum Vertragsschluss zu bewegen (z.B.: *»Der Wagen ist selbstverständlich unfallfrei!«*). Dazu zählen außerdem aber auch die Täuschungen durch ***konkludentes Handeln*** (NK/*Feuerborn* § 123 BGB Rz. 27; *Rüthers/Stadler* § 25 Rz. 76; *Palandt/Ellenberger* § 123 BGB Rz. 4). Im Unterschied zur ausdrücklichen Erklärung ergibt sich hier die Täuschung schon aus dem Handeln selbst: Wer also beispielsweise eine Sache auf Kredit kauft, erklärt damit schlüssig, dass er fähig und auch willens ist, den Kredit später abzuzahlen (OLG Köln NJW **1967**, 740); oder wer beim Autokauf einen Mangel ausdrücklich angibt, erklärt damit konkludent, dass der Wagen im Übrigen mangelfrei ist (OLG Köln OLGZ **87**, 228).

bb) Weitaus klausurträchtiger als die beiden gerade dargestellten Varianten ist dann aber vor allem die letzte Möglichkeit, eine Täuschung nach § 123 BGB zu begehen, und zwar das Täuschen durch ***Unterlassen*** bzw. ***Verschweigen***. Ein Unterlassen ist nämlich nur dann beachtlich im Sinne des § 123 BGB und demnach als Täuschung anzusehen, wenn hinsichtlich der verschwiegenen Tatsache eine ***Aufklärungspflicht*** bestand (BGH NJW **2014**, 3296; BGH MDR **2012**, 1228; BGH NJW-RR **2005**, 1082; RGZ **77**, 314; *Bamberger/Roth/Wendtland* § 123 BGB Rz. 11; *Palandt/Ellenberger* § 123 BGB Rz. 4); Herr *Medicus* nennt diese Aufklärungspflicht anschaulich auch »***die Pflicht zum Reden***« (vgl. BGB AT Rz. 795).

> **Durchblick:** Aufgrund der Tatsache, dass bei einem Vertragsschluss jede Partei grundsätzlich nur ihre eigenen Interessen wahrnimmt und auf den eigenen Vorteil aus ist, existiert keine allgemeine Pflicht zur Aufklärung von Umständen, die für den Entschluss der anderen Seite von Bedeutung sind (BGH MDR **2016**, 814; *Rüthers/Stadler* AT § 25 Rz. 77). Jeder ist nur für sich selbst und seine Entscheidungen verantwortlich, das gilt auch und vor allem für den Abschluss von Verträgen. Eine Pflicht zur Aufklärung bzw. zum »Reden« über Tatsachen besteht daher im Regelfall nicht, das Schweigen ist insoweit unbeachtlich im Hinblick auf § 123 BGB (BGH NJW **2014**, 3296; BGH MDR **2012**, 1228; BGH NJW-RR **1998**, 1406). Ungünstige Eigenschaften der Person oder des Vertragsgegenstandes brauchen ungefragt nicht offenbart zu werden (OLG München NJW **1967**, 158; LG Darmstadt NJW **1999**, 365). Etwas anderes kann sich aber dann ergeben, wenn dies die besonderen Umstände des Falles bzw. des Geschäfts erfordern. Das ist in der Regel dann gegeben, wenn der andere Teil nach Treu und Glauben und unter Berücksichtigung der Verkehrssitte in der konkreten Situation mit einer Aufklärung rechnen durfte (vgl. etwa BGH MDR **2016**, 814; BGH ZGS **2006**, 266; BGH ZIP **2001**, 1678; NK/*Feuerborn* § 123 BGB Rz. 30; *Medicus* AT Rz. 795; *Rüthers/Stadler* AT § 25 Rz. 77). Gut merken kann man sich neben dieser allgemeinen Formulierung auch, dass zulasten des einen Vertragspartners ein »**Informationsgefälle**« bestehen muss (OLG Brandenburg NJW **1996**, 724). In diesen Fällen müssen die Umstände, die für die Willensbildung des Vertragspartners offensichtlich von Bedeutung sind, ungefragt offenbart werden (BGH NJW **1971**, 1799).

Und selbstverständlich kommen solche Fallgestaltungen, in denen entsprechende Aufklärungspflichten bestehen und dann auch gerne verletzt werden, im richtigen Leben hauptsächlich bei ***einem*** Gewerbe vor, und zwar beim ***Gebrauchtwagenverkauf*** (vgl. etwa OLG Koblenz DAR **2015**, 26; *Medicus* AT Rz. 796; *Palandt/Ellenberger* § 123 BGB Rz. 7). Beim Gebrauchtwagenverkauf besteht nämlich in der Regel ein beachtliches Informationsgefälle zulasten des Käufers, da der Käufer – anders als etwa beim Neuwagenkauf – die Eigenschaften der Kaufsache nicht selbstständig abschätzen kann. Hier hat der Verkäufer im Normalfall einen deutlichen Informationsvorsprung, ihm sind im Zweifel die Qualitätsmerkmale und vor allem auch die vorhandenen Mängel bekannt. Und aus genau dieser Tatsache folgt, dass beim Gebrauchtwagenverkauf dem Verkäufer die eben beschriebenen Aufklärungspflichten in besonderem Maße zukommen, er muss also »reden«, will er nicht eine Täuschung durch Unterlassen bzw. Verschweigen begehen (OLG Koblenz DAR **2015**, 26).

Zum Fall: Bei der Veräußerung eines gebrauchten Wagens besteht vollkommen ***unstreitig*** eine Pflicht zur Offenbarung eines Unfalls, soweit nicht nur lediglich unbedeutende Blechschäden durch den Unfall verursacht worden sind (BGH NJW-RR

1987, 436; BGH NJW **1982**, 1386; BGHZ **29**, 148; BGHZ **63**, 328). Klärt der Verkäufer über diesen Umstand nicht auf, begeht er eine Täuschung durch Unterlassen im Sinne des § 123 Abs. 1 BGB (BGH NJW-RR **1987**, 436; *Rüthers/Stadler* AT § 25 Rz. 77). Und im vorliegenden Fall hat das zur Konsequenz, dass H den R über den erheblichen Unfall des Fahrzeugs aufklären musste, auch wenn der R darüber gar nicht nachgedacht und somit auch nicht nachgefragt hatte. H hat den R somit **»getäuscht«** im Sinne des § 123 Abs. 1 BGB.

b) Diese Täuschung (durch Unterlassen) war fraglos auch ***arglistig***, denn H hat den Unfall absichtlich verschwiegen, um den R nicht vom Kauf abzuhalten.

c) Schließlich muss die arglistige Täuschung auch ***ursächlich*** für die abgegebene Willenserklärung gewesen sein (Gesetz lesen: »Wer zur Abgabe einer Willenserklärung ***durch*** arglistige …«). Dieses Merkmal liegt vor, wenn die Erklärung ohne die Täuschung nicht oder nicht in dieser Art abgegeben worden wäre (RGZ **134**, 51; BGHZ **2**, 287; BGH WM **1974**, 1023; *Rüthers/Stadler* AT § 25 Rz. 80; *Brox/Walker* AT Rz. 451). In unserem Fall erkennt man die Ursächlichkeit der Täuschung für die Abgabe der Willenserklärung des R daran, dass R den Wagen angesichts des Unfalls keinesfalls behalten möchte. Er hätte das Fahrzeug also bei Kenntnis der Umstände nicht erworben oder möglicherweise weniger Geld geboten. Ohne die Täuschung des H hätte R jedenfalls ***diese*** Erklärung zum Vertragsschluss nicht abgegeben.

ZE.: Der H hat eine arglistige Täuschung durch Unterlassen im Sinne des § 123 Abs. 1 BGB begangen, als er den R nicht darüber informierte, dass der Wagen bereits einen erheblichen Unfall hatte. Diese Täuschung war auch ursächlich für die von R abgegebene Willenserklärung.

4.) Eine wirksame Anfechtung setzt des Weiteren voraus, dass der Anfechtende die ***Anfechtungsfrist*** eingehalten hat. Bei der Anfechtung wegen arglistiger Täuschung folgt diese Frist aus **§ 124 BGB**. Gemäß § 124 Abs. 1 BGB kann die Anfechtung nur binnen Jahresfrist erfolgen, wobei die Frist gemäß § 124 Abs. 2 BGB mit der Kenntnis des Umstandes der Täuschung beginnt.

ZE.: In unserem Fall hat R diese Frist eingehalten, er hat die Täuschung 4 Monate nach dem Kauf bemerkt und dann den Vertrag sogleich angefochten.

ZE.: Damit liegen die Voraussetzungen der Anfechtung gemäß den §§ 142 Abs. 1, 123 Abs. 1 BGB vor und R kann folglich das Vertragsverhältnis mit seiner Erklärung gegenüber H mit Rückwirkung nach § 142 Abs. 1 BGB vernichten.

Aber: Dem könnte noch **§ 144 Abs. 1 BGB** (lesen) entgegenstehen. Gemäß § 144 Abs. 1 BGB ist die Anfechtung ***ausgeschlossen***, wenn das anfechtbare Rechtsgeschäft von dem Anfechtungsberechtigten ***bestätigt*** wird. Eine Bestätigung nach § 144 BGB hebt das Anfechtungsrecht auf (MüKo/*Busche* § 144 BGB Rz. 1; NK/*Feuerborn* § 144

BGB Rz. 1; *Erman/Arnold* § 144 BGB Rz. 4) und ist in der Fallprüfung daher stets im Anschluss an die Prüfung der Anfechtungsvoraussetzungen zu erörtern.

> **Beachte:** Die Anfechtung mit der Folge der rückwirkenden Nichtigkeit des Rechtsgeschäfts gemäß § 142 Abs. 1 BGB soll nach dem Willen des Gesetzgebers nur dann möglich sein, wenn der Anfechtungsberechtigte das Geschäft in Kenntnis seines Anfechtungsrechtes in keinem Fall mehr für sich gelten lassen will. Dies ist notwendig, da die Anfechtung mit ihren einschneidenden Rechtsfolgen sowohl den Berechtigten als auch den Anfechtungsgegner erheblich beeinträchtigt: Immerhin nämlich wird mit der Anfechtung ein vormals geschlossenes Geschäft rückwirkend und vollständig vernichtet, was zur Folge hat, dass beide Vertragsteile keine Erfüllung mehr beanspruchen können, oder – soweit Leistungen schon ausgetauscht sind – diese Leistungen sogar zurück gewährt werden müssen (§ 812 BGB). Ein solcher Einschnitt in ein bereits bestehendes Vertragsverhältnis erfordert deshalb schnellstmögliche Klarheit für beide Seiten.

Und um das zu garantieren, gibt es den **§ 144 BGB**. Demnach ist die Anfechtung für den Berechtigten ausgeschlossen, wenn er in Kenntnis seines Anfechtungsrechts das anfechtbare Rechtsgeschäft ***bestätigt***. Das Gesetz verlangt somit, dass der Berechtigte, der vom Anfechtungsrecht weiß, keine Handlungen mehr vollzieht, die den Anfechtungsgegner glauben lassen, dass der andere Teil nun doch am Vertrag festhalten will; der Anfechtungsgegner soll möglichst schnell und verbindlich Klarheit darüber haben, ob er mit einer Rückabwicklung des Geschäfts rechnen muss oder nicht (*Medicus* AT Rz. 534; *Wolf/Neuner* § 42 Rz. 169).

Das also steckt hinter der Vorschrift des § 144 BGB, und wir sehen uns das jetzt mal am konkreten Fall an, beginnen aber schön brav mit der Definition des Begriffs der »**Bestätigung**« aus § 144 BGB:

> **Definition: *Bestätigung*** im Sinne des § 144 BGB ist jedes Verhalten, das den Willen offenbart, trotz Kenntnis der Anfechtbarkeit an dem Rechtsgeschäft festzuhalten (BGH MDR **2012**, 450; BGHZ **110**, 222; BGH NJW-RR **1992**, 779; NK/*Feuerborn* § 144 BGB Rz. 3; *Erman/Arnold* § 144 BGB Rz. 3; PWW/*Ahrens* § 144 BGB Rz. 3).

Diese Bestätigung ist im Übrigen formfrei (§ 144 Abs. 2 BGB) und kann auch ***schlüssig*** erfolgen. Erforderlich ist demnach nur ein Verhalten, aus dem man erkennen kann, dass der Anfechtungsberechtigte – und sei es auch nur unter gewissen Umständen – an dem anfechtbaren Geschäft festhalten möchte (BGH MDR **2012**, 450; RGZ **68**, 398; *Brox/Walker* AT Rz. 437; NK/*Feuerborn* § 144 BGB Rz. 3; *Palandt/Ellenberger* § 144 BGB Rz. 2; *Rüthers/Stadler* AT § 25 Rz. 22).

Zum Fall: Als R den K fragt, ob er jemanden wisse, dem er den Wagen gewinnbringend weiterverkaufen könne, dokumentiert R in Kenntnis des Anfechtungsrechts (er weiß ja schon von dem Unfall) mit diesem ***einen*** Satz (deshalb heißt auch der Fall so!), dass er den PKW unter Umständen – zumindest vorübergehend – behalten will.

Deutlich wird das, wenn man sich vorstellt, der K hätte positiv geantwortet, etwa wenn er jemanden gekannt hätte, an den der Wagen hätte verkauft werden können. Unter diesen Umständen hätte R den H selbstverständlich später nicht mehr angerufen und sein Geld zurück gefordert. Die Erklärung bzw. Frage des R gegenüber K ist folglich die ***Bestätigung*** des Rechtsgeschäfts im Sinne des § 144 Abs. 1 BGB, denn R gibt zu erkennen, dass er unter diesen Umständen den Wagen behalten würde (um ihn weiter zu verkaufen).

Aber Vorsicht: Es gibt noch ein Problem, **nämlich**: Der R gibt diese Bestätigung nicht gegenüber seinem Vertragspartner H ab, sondern gegenüber dem insoweit unbeteiligten Dritten K. Der H als Anfechtungsgegner hingegen erfährt davon nichts. Es stellt sich angesichts dessen die Frage, ob die Bestätigung aus § 144 Abs. 1 BGB, um wirksam zu werden, gegenüber dem Anfechtungsgegner erklärt werden muss oder auch gegenüber einer beliebig anderen Person abgegeben werden kann. Die Beantwortung dieser Frage ist streitig:

- Nach einer Meinung handelt es sich bei der Bestätigung gemäß § 144 Abs. 1 BGB um eine ***nicht empfangsbedürftige*** Willenserklärung, die demnach auch nicht dem Anfechtungsgegner gegenüber erfolgen oder ihm gar zugehen muss. Sie wirkt auch dann, wenn sie einem unbeteiligten Dritten gegenüber abgegeben wird (RGZ **68**, 399; BayObLG NJW **1954**, 1039; OLG Nürnberg DAR **1962**, 202; PWW/*Ahrens* § 144 BGB 1; *Wolf/Neuner* AT § 42 Rz. 169; *Soergel/Hefermehl* § 144 BGB Rz. 3; *Palandt/Ellenberger* § 144 BGB Rz. 2; *Rüthers/Stadler* AT § 25 Rz. 22; *Brox/Walker* AT Rz. 437).
- Demgegenüber verlangt eine andere Ansicht, dass die Erklärung aus § 144 Abs. 1 BGB nur dann wirksam wird, wenn sie auch dem Anfechtungsgegner ***zugeht***. Die Erklärung nach § 144 BGB soll mithin nach dieser Auffassung eine ***empfangsbedürftige*** Willenserklärung im Sinne des § 130 Abs. 1 BGB sein (NK/*Feuerborn* § 144 BGB Rz. 7; *Erman/Arnold* § 144 BGB Rz. 2; MüKo/*Busche* § 144 BGB Rz. 4; *Köhler* AT § 22 Rz. 35; *Staudinger/Roth* § 144 BGB Rz. 4; *Medicus* AT Rz. 534; *Petersen* in Jura 2008, 666).

Wie man sich hier entscheidet, ist im besten Sinne des Wortes »gleichgültig«. Die besseren Argumente dürfte aber die letztgenannte Auffassung für sich haben: Berücksichtigt man nämlich, dass die Bestätigung des Rechtsgeschäfts vor allem den Anfechtungsgegner betrifft, denn der soll ja wissen »wo er dran ist« (so *Medicus* AT Rz. 534; MüKo/*Busche* § 144 BGB Rz. 4; NK/*Feuerborn* § 144 BGB Rz. 7), macht es Sinn, die Erklärung nach § 144 Abs. 1 BGB mit einem Zugangserfordernis zu versehen. Es erscheint im Übrigen auch nicht geboten, den Anfechtungsberechtigten an eine Erklärung zu binden, die er nicht seinem »Vertragspartner« gegenüber abgegeben hat. Die Bestätigung nach § 144 Abs. 1 BGB wird demnach nur dann wirksam, wenn sie dem ***Anfechtungsgegner*** auch ***zugeht*** (§ 130 Abs. 1 BGB).

Wir wollen aus den genannten Gründen daher auch der Ansicht folgen, die die Bestätigung als eine ***empfangsbedürftige Willenserklärung*** ansieht, und stellen demnach fest, dass die Bestätigung des R, die er nur dem gegenüber K erklärt hat, in Bezug auf den H nicht wirksam geworden ist. R hat das Rechtsgeschäft somit nicht bestätigt im Sinne des § 144 Abs. 1 BGB.

ZE.: Die Anfechtung des Vertrages nach den §§ 142 Abs. 1, 123 Abs. 1 BGB ist wegen § 144 Abs. 1 BGB ***nicht*** ausgeschlossen (a.A. vertretbar).

ZE.: Der R hat den Vertrag mit H wirksam nach den §§ 142, 123 BGB anfochten. Der Vertrag ist damit als von Anfang an nichtig anzusehen.

Erg.: Der Anspruch des H gegen R aus § 433 Abs. 2 BGB ist folglich unbegründet, denn der Kaufvertrag hat keinen Bestand.

Gutachten

H könnte gegen R einen Anspruch auf Zahlung der 4.000 Euro aus einem Kaufvertrag gemäß § 433 Abs. 2 BGB haben.

I.) Damit der Anspruch auf Zahlung des Kaufpreises begründet ist, muss ein wirksamer Kaufvertrag im Sinne des § 433 BGB über den Wagen zum Preis von 4.000 Euro vorliegen. Dass sich H und R ursprünglich darüber geeinigt haben, ist nicht fraglich. Der Anspruch ist mithin entstanden.

II.) Der Anspruch könnte aber aufgrund einer wirksamen Anfechtung seitens des R gemäß § 142 Abs. 1 BGB wieder untergegangen sein. Eine wirksame Anfechtung beseitigt das Rechtsgeschäft mit Rückwirkung, es ist als von Anfang an nichtig anzusehen. Es ist somit zu prüfen, ob R den Kaufvertrag wirksam angefochten hat.

1.) Es muss zunächst gemäß § 142 Abs. 1 BGB ein anfechtbares Rechtsgeschäft vorliegen. Das anfechtbare Rechtsgeschäft ist der zwischen R und H geschlossene Kaufvertrag aus § 433 BGB.

2.) Erforderlich ist des Weiteren eine Anfechtungserklärung gemäß § 143 BGB, die im vorliegenden Fall ebenfalls angenommen werden kann; R erklärt gegenüber H ausdrücklich, dass er den Kaufvertrag wegen arglistiger Täuschung anfechten möchte.

3.) Fraglich ist, ob dem R auch ein Anfechtungsgrund zur Seite steht. In Betracht kommt der von R selbst benannte Grund der arglistigen Täuschung. Gemäß § 123 Abs. 1 BGB ist zur Anfechtung berechtigt, wer zur Abgabe einer Willenserklärung durch arglistige Täuschung oder widerrechtliche Drohung bestimmt worden ist.

a) Der R müsste demnach von H getäuscht worden sein. Täuschung ist jedes Verhalten, das darauf abzielt, in einem anderen eine unrichtige Tatsachenvorstellung hervorzurufen, zu bestärken oder zu unterhalten.

Im vorliegenden Fall kommt allein ein Täuschen durch Unterlassen in Betracht. Eine Täuschung durch Unterlassen ist dann beachtlich im Sinne des § 123 BGB, wenn hinsichtlich der verschwiegenen Tatsache eine Aufklärungspflicht bestand. Das ist in der Regel dann gegeben, wenn der andere Teil nach Treu und Glauben und unter Berücksichtigung der Verkehrssitte in der konkreten Situation mit einer Aufklärung rechnen durfte. Zulasten des einen Vertragspartners muss ein sogenanntes Informationsgefälle bestehen. In diesen Fällen müssen die Umstände, die für die Willensbildung des Vertragspartners offensichtlich von Bedeutung sind, ungefragt offenbart werden.

Beim Gebrauchtwagenverkauf besteht in der Regel ein Informationsgefälle zulasten des Käufers, da der Käufer – anders als etwa beim Neuwagenkauf – die Eigenschaften der Kaufsache nicht selbstständig abschätzen kann. Hier hat der Verkäufer im Normalfall einen deutlichen Informationsvorsprung, ihm sind im Zweifel die Qualitätsmerkmale und vor allem auch die vorhandenen Mängel bekannt. Aus dieser Tatsache folgt, dass beim Gebrauchtwagenverkauf dem Verkäufer die eben beschriebenen Aufklärungspflichten in besonderem Maße zukommen.

Bei der Veräußerung eines gebrauchten Wagens besteht daher eine Pflicht zur Offenbarung eines Unfalls, soweit nicht nur lediglich unbedeutende Blechschäden durch den Unfall verursacht worden sind. Klärt der Verkäufer über diesen Umstand nicht auf, begeht er eine Täuschung durch Unterlassen im Sinne des § 123 Abs. 1 BGB. Im vorliegenden Fall hat das zur Konsequenz, dass H den R über den erheblichen Unfall des Fahrzeugs aufklären musste, auch wenn der R darüber gar nicht nachgedacht und somit auch nicht nachgefragt hatte. H hat den R somit getäuscht im Sinne des § 123 Abs. 1 BGB.

b) Diese Täuschung war auch arglistig, H hat den Unfall absichtlich verschwiegen, um den R nicht vom Kauf abzuhalten.

c) Schließlich muss die arglistige Täuschung auch ursächlich für die abgegebene Willenserklärung gewesen sein. Dieses Merkmal liegt vor, wenn die Erklärung ohne die Täuschung nicht oder nicht in dieser Art abgegeben worden wäre. Im vorliegenden Fall erkennt man die Ursächlichkeit der Täuschung für die Abgabe der Willenserklärung des R daran, dass R den Wagen angesichts des Unfalls keinesfalls behalten möchte. Er hätte das Fahrzeug also bei Kenntnis der Umstände nicht erworben oder möglicherweise weniger Geld geboten. Ohne die Täuschung des H hätte R jedenfalls diese Erklärung zum Vertragsschluss nicht abgegeben.

Der H hat eine arglistige Täuschung durch Unterlassen im Sinne des § 123 Abs. 1 BGB begangen, als er den R nicht darüber informierte, dass der Wagen bereits einen erheblichen Unfall hatte. Diese Täuschung war auch ursächlich für die von R abgegebene Willenserklärung.

4.) Eine wirksame Anfechtung setzt des Weiteren voraus, dass der Anfechtende die Anfechtungsfrist eingehalten hat. Bei der Anfechtung wegen arglistiger Täuschung folgt diese Frist aus § 124 BGB. Gemäß § 124 Abs. 1 BGB kann die Anfechtung nur binnen Jahresfrist erfolgen, wobei die Frist gemäß § 124 Abs. 2 BGB mit der Kenntnis des Umstandes der Täuschung beginnt.

Vorliegend hat R diese Frist eingehalten, er hat die Täuschung 4 Monate nach dem Kauf bemerkt und dann den Vertrag angefochten. Damit liegen die Voraussetzungen der Anfechtung gemäß den §§ 142 Abs. 1, 123 Abs. 1 BGB vor und R kann folglich das Vertragsverhältnis mit seiner Erklärung gegenüber H mit Rückwirkung nach § 142 Abs. 1 BGB vernichten.

III.) Dem könnte allerdings noch § 144 Abs. 1 BGB entgegenstehen. Gemäß § 144 Abs. 1 BGB ist die Anfechtung ausgeschlossen, wenn das anfechtbare Rechtsgeschäft von dem Anfechtungsberechtigten bestätigt wird. Eine Bestätigung nach § 144 BGB hebt das Anfechtungsrecht auf.

1.) Bestätigung im Sinne des § 144 BGB ist jedes Verhalten, das den Willen offenbart, trotz Kenntnis der Anfechtbarkeit an dem Rechtsgeschäft festzuhalten. Erforderlich ist eine Erklärung oder aber ein schlüssiges Verhalten, aus dem man erkennen kann, dass der Anfechtungsberechtigte – und sei es auch nur unter gewissen Umständen – an dem anfechtbaren Geschäft festhalten möchte.

Als R den K fragt, ob er jemanden wisse, dem er den Wagen gewinnbringend weiterverkaufen könne, dokumentiert R in Kenntnis des Anfechtungsrechts mit diesem einen Satz, dass er den PKW unter Umständen – zumindest vorübergehend – behalten will. Hätte K positiv geantwortet und demnach die Möglichkeit bestanden, den Wagen weiter zu veräußern, hätte R den H später nicht mehr angerufen und sein Geld zurück gefordert. Die Erklärung bzw. Frage des R gegenüber K ist folglich die Bestätigung des Rechtsgeschäfts im Sinne des § 144 Abs. 1 BGB, denn R gibt zu erkennen, dass er unter diesen Umständen den Wagen behalten würde (um ihn weiter zu verkaufen).

2.) Etwas anderes könnte sich schließlich noch daraus ergeben, dass R diese Bestätigung nicht gegenüber seinem Vertragspartner H abgibt, sondern gegenüber dem insoweit unbeteiligten Dritten K. Der H als Anfechtungsgegner hingegen erfährt davon nichts. Es stellt sich angesichts dessen die Frage, ob die Bestätigung aus § 144 Abs. 1 BGB, um wirksam zu werden, gegenüber dem Anfechtungsgegner erklärt werden muss oder auch gegenüber einer beliebig anderen Person abgegeben werden kann. Die Beantwortung dieser Frage ist streitig:

a) Nach einer Meinung handelt es sich bei der Bestätigung gemäß § 144 Abs. 1 BGB um eine nicht empfangsbedürftige Willenserklärung, die demnach auch nicht dem Anfechtungsgegner gegenüber erfolgen muss. Sie wirkt auch dann, wenn sie einem unbeteiligten Dritten gegenüber abgegeben wird.

b) Demgegenüber verlangt eine andere Ansicht, dass die Erklärung aus § 144 Abs. 1 BGB nur dann wirksam wird, wenn sie auch dem Anfechtungsgegner zugeht. Die Erklärung nach § 144 BGB soll mithin nach dieser Auffassung eine empfangsbedürftige Willenserklärung im Sinne des § 130 Abs. 1 BGB sein.

Die besseren Argumente hat die letztgenannte Auffassung für sich: Berücksichtigt man, dass die Bestätigung des Rechtsgeschäfts vor allem den Anfechtungsgegner betrifft, denn der soll wissen, inwieweit das Geschäft Gültigkeit behält, ist es allein sinnvoll und billig, die Erklärung nach § 144 Abs. 1 BGB mit einem Zugangserfordernis zu versehen. Es erscheint des Weiteren auch nicht geboten, den Anfechtungsberechtigten an eine Erklärung zu binden, die er nicht seinem Vertragspartner gegenüber abgegeben hat. Die Bestätigung nach § 144 Abs. 1 BGB wird demnach nur dann wirksam, wenn sie dem Anfechtungsgegner auch zugeht.

Somit ist die Bestätigung des R, die er nur dem gegenüber K erklärt hat, in Bezug auf den H nicht wirksam geworden ist. R hat das Rechtsgeschäft folglich nicht bestätigt im Sinne des § 144 Abs. 1 BGB.

Die Anfechtung des Vertrages nach den §§ 142 Abs. 1, 123 Abs. 1 BGB ist wegen § 144 Abs. 1 BGB nicht ausgeschlossen. Der R hat den Vertrag mit H wirksam nach den §§ 142, 123 BGB anfochten. Der Vertrag ist damit als von Anfang an nichtig anzusehen.

Ergebnis: Der Anspruch des H gegen R aus § 433 Abs. 2 BGB ist folglich unbegründet, denn der Kaufvertrag hat keinen Bestand.

Sachverzeichnis